suhrkamp taschenbuch
wissenschaft 1270

Will die sich entwickelnde globale Zivilisation nicht neue Formen von Kolonialisierung zulassen, so braucht sie einen Dialog zwischen den Kulturen, der sich auf die Grundbedingungen des Zusammenlebens – einschließlich des Zusammenlebens im globalen Maßstab – richtet, ohne sich auf die Bedingungen nur einer der Kulturen zu verpflichten. Es bedarf eines interkulturellen Diskurses, der, insoweit er sich einer Grammatik des Zusammenlebens – dem Recht – zuwendet, die Gestalt eines interkulturellen Rechtsdiskurses annimmt.

Das Vermögen, das die Menschen unterschiedlicher Kulturen und Epochen miteinander teilen und das die allen Menschen gemeinsamen Elemente sowohl zu erkennen als auch handelnd zu realisieren erlaubt, heißt bekanntlich Vernunft. Die Vernunft bietet sich daher für den interkulturellen Rechtsdiskurs als Leitbegriff an. Nach einer Vergewisserung über einen heute noch vertretbaren Vernunftbegriff werden in bezug auf das Recht eine rechtsdefinierende und eine rechtsnormierende Vernunft unterschieden.

Das Buch behandelt sowohl Grundfragen als auch politisch aktuelle Probleme.

Otfried Höffe, Professor für Philosophie an der Universität Tübingen, hat im Suhrkamp Verlag veröffentlicht: *Ethik und Politik. Grundmodelle und -probleme der praktischen Philosophie* (stw 266); *Politische Gerechtigkeit. Grundlegung einer kritischen Philosophie von Recht und Staat* (stw 800); *Kategorische Rechtsprinzipien. Ein Kontrapunkt der Moderne* (stw 1170); *Moral als Preis der Moderne. Ein Versuch über Wissenschaft, Technik und Umwelt* (stw 1046).

Otfried Höffe

Vernunft und Recht

Bausteine
zu einem interkulturellen Rechtsdiskurs

Suhrkamp

Die Deutsche Bibliothek– CIP-Einheitsaufnahme
Höffe, Otfried:
Vernunft und Recht :
Bausteine
zu einem interkulturellen Rechtsdiskurs /
Otfried Höffe. –
1. Aufl. – Frankfurt am Main :
Suhrkamp, 1996
(Suhrkamp-Taschenbuch Wissenschaft ; 1270)
ISBN 3-518-28870-9
NE: GT

suhrkamp taschenbuch wissenschaft 1270
Erste Auflage 1996

Satz und Druck: Wagner GmbH, Nördlingen
Printed in Germany
Umschlag nach Entwürfen von
Willy Fleckhaus und Rolf Staudt

1 2 3 4 5 6 – 01 00 99 98 97 96

Inhalt

ZWEITER TEIL: AKTUELLE FRAGEN

1. Zur Einführung

Die Philosophie kann sich ihren Grundfragen schwerlich nur aus Bescheidenheit entziehen. Die Fragen mögen zwar gelegentlich ins Unwegsame führen und dann keine verläßliche Antwort erlauben. Sie aber nur deshalb abzuweisen, weil man sich ihrer Beantwortbarkeit nicht sicher ist, steht vielleicht den Einzelwissenschaften offen, nicht jedoch dem Unternehmen, zu dem das Weiterfragen und Tieferansetzen hinzugehört, eben der Philosophie. Im übrigen bleiben die Fragen deshalb aufgegeben, weil sie sich ohnehin stellen, weil sie außerdem einen existentiellen Wert zu haben pflegen und weil sie sich nur dann überzeugend behandeln – nicht notwendigerweise auch beantworten – lassen, wenn man ihnen mit Begriff und Argument, also philosophisch entgegentritt.

Im Bereich von Gesellschaft, Recht und Staat lautet eine der nichtabweisbaren Grundfragen: Ist es gleichgültig, ob die Menschen ihr Zusammenleben rechtsförmig organisieren oder aber auf die Rechtsform verzichten? Die akademische Philosophie drängt heute zwar die Frage in den Hintergrund oder lehnt sie sogar ausdrücklich ab. Spätestens bei einer aktuellen Aufgabe, der einer internationalen Rechtsgemeinschaft, läßt sie sich aber nicht mehr abweisen. Wie soll man nämlich für die internationale Koexistenz die Rechtsform einfordern können, wenn sie sich nicht schon für die gewöhnliche Koexistenz, dann also grundsätzlich verlangen läßt?

Um den Vorzug der Rechtsform vor der Rechtlosigkeit auszuweisen, braucht es allerdings Aussagen, deren Möglichkeit seit längerem umstritten ist, Aussagen über den Menschen überhaupt. Nach der *Genealogie der Moral*, ihrer dritten Abhandlung, hat der Mensch »mehr gewagt, geneuert, getrotzt ... als alle übrigen Thiere zusammengenommen«. Nietzsche geht hier auf die Conditio humana ein und setzt zugleich den entsprechenden Aussagen enge Grenzen. Indem er die Bereitschaft zur Neuerung betont, erkennt er an, was Pufendorf und Rousseau die Perfektionsfähigkeit des Menschen nennen, die Veränderbarkeit, auch Verbesserbarkeit, und gibt sich gegen weitergehende Annahmen skeptisch.

Ein erster Blick in die Sozialgeschichte gibt der Skepsis Recht. Es gibt zwar Kulturen, in denen sich über viele Generationen hinweg wenig ändert, so daß man die Perfektionsfähigkeit als Eigenart nur weniger Kulturen ansehen möchte, jener sogenannten dynamischen Gesellschaften, die wir aus dem europäisch-amerikanischen Kulturkreis kennen. Die Conditio humana tritt aber erst dann zutage, wenn man auch in den Unterschieden, die zwischen statischen und dynamischen Gesellschaften bestehen, Besonderungen erkennt, die sich auf dem Hintergrund einer elementaren Selbigkeit entfalten. Dann sieht man, daß sich für die Art, mit seinesgleichen zu leben, die Menschheit im Laufe ihrer Geschichte und in der Fülle ihrer Kulturen auf einen derart reichen Strauß von Neuerungen eingelassen hat, daß jede andere substantielle Bestimmung als eine dogmatische Fixierung erscheint. Etwas, das die Spezies *homo sapiens* vor allen anderen biologischen Arten auszeichnet, eine »Natur« des Menschen, gibt es durchaus. Sie scheint aber in einer so gut wie unbegrenzten Variabilität zu liegen und in nichts sonst.

Der zweite und genauere Blick in die Sozialgeschichte relativiert die Skepsis. Er entdeckt Neuerungen, die der Mensch erst gar nicht versucht oder rasch wieder verwirft. Nicht etwa bloß aus Achtung vor der Tradition oder aus Scheu vor den Göttern, sondern aufgrund von Erfahrungen, die er mit sich und seinesgleichen generell macht, aufgrund von kollektiven Einsichten, hält er für sein Wagen und Neuern gewisse Grenzen ein. Zu den Wagnissen, die der Mensch nicht eingeht, zumindest nicht für längere Zeit, gehört ein Leben ohne das Recht. In der Art der Rechtsregeln und in der Regelungsdichte, auch in der Art und der Häufigkeit der Nachfrage nach professionellem Rechtsbeistand treten zwar große Unterschiede auf. Daß man das Zusammenleben rechtsförmig, zumindest rechtsanalog organisiert, findet sich jedoch ab einer gewissen Entwicklungshöhe in so gut wie allen Kulturen. Trotz der neueren Skepsis gegen Anthropologie darf man daher den Mensch das Wesen nennen, das sich Rechtsverhältnisse schafft; die Rechtsform des Sozialen hat einen anthropologischen Rang.

Wer für die Rechtsform sensibel geworden ist, entdeckt unschwer weitere Gemeinsamkeiten. Schon sehr früh, etwa im altbabylonischen Kodex Hammurabi, sehen wir die gleichen Grundsachgebiete geregelt, namentlich Fragen des Strafrechts und des Zivilrechts. Überdies gibt es in beiden Bereichen bemerkenswert viele durchlaufende Rechtsthemen. Hier, fürs Zivilrecht, finden wir Bestimmungen zum Ehe- und Familienrecht einschließlich Erbrecht, ferner zum Vertrags- und Handelsrecht; dort, im Strafrecht, gibt es Ehr- und Eigentums-, Sexual- und Tötungsdelikte. Anlaß für anthropologische Überlegungen bietet also nicht nur die Rechtsform der gesellschaftlichen Selbstorganisation, sondern auch ein nicht zu unterschätzender Anteil der Rechtsthemen. Die neuere Rechts- und Staatsethik pflegt sich trotzdem mit der Rechtsform der Moderne zu begnügen. Sie rekonstruiert den normativen Gehalt: den Vernunftcharakter bzw. die Gerechtigkeitsprinzipien, nur des demokratischen Rechtsstaates und verzichtet auf eine Rekonstruktion des normativen Gehaltes der bloßen Rechtsform. Rawls (1992, 83) sucht ausdrücklich keine Gerechtigkeitskonzeption, die für alle Gesellschaften unabhängig von ihren sozialen und historischen Umständen angemessen ist. Und nach Habermas (1992, 143) ist die Rechtsform »überhaupt kein Prinzip, das sich, sei es epistemisch oder normativ, ›begründen‹ ließe«.

Beide Autoren blenden die Frage aus, mit der diese Studien beginnt, die systematisch erste Frage einer Rechts- und Staatsethik: Welche kollektive Einsicht spricht sich in der Rechtsform des Zusammenlebens und in den in der Geschichte durchlaufenden Rechtsthemen aus? Für eine allerorten realisierte Einsicht dürfte ein Vermögen verantwortlich sein, das die Menschen über alle Unterschiede der Kulturen und Epochen hinweg miteinander teilen: die allgemeinmenschliche Vernunft. Weil die Einsicht nicht verbal bleibt, sich vielmehr im tatsächlichen Zusammenleben niederschlägt, dürfte die praktische, näherhin: die soziale Vernunft zuständig sein. Meine Hypothese lautet: Daß der Mensch sein Zusammenleben allerorten rechtsförmig gestaltet, ist Ausdruck der praktischen bzw. sozialen Vernunft (Kapitel 2).

Weil das Recht einen anthropologischen Rang hat, reicht die Untersuchung in eine Anthropologie, in ihren noch wenig diskutierten Teil, in eine Rechtsanthropologie hinein. Diese ist freilich keine bloß deskriptive Disziplin. Durch die soziale Vernunft als Leitbegriff ordnet sie sich einer Rechtsethik zu, die ihrerseits, insofern der Rechtsbegriff zu klären ist, zu einer konzeptuellen oder analytischen Rechtstheorie gehört. Nicht zuletzt handelt es sich um einen Beitrag zur Sozialphilosophie; denn das Recht wird als

Form der Vergesellschaftung erörtert. Die Frage nach der Vernunft im Recht läuft also auf ein Zusammenspiel von vier Disziplinen, die sich in der Regel wechselseitig ignorieren, hinaus, auf die Verbindung einer Rechtsanthropologie mit einer Rechtsethik, einer (analytischen bzw. konzeptuellen) Rechtstheorie und einer Sozialphilosophie. Aus ihrer Verbindung geht eine weitgehend neue Disziplin hervor, eine normative Sozialphilosophie.

Ihr Leitbegriff, die soziale Vernunft, ist freilich im Recht nicht so uneingeschränkt vorhanden, daß man sich mit dem jeweils geltenden, positiven Recht zufriedengeben müßte. Im Gegenteil gehört die Aufgabe, das positive Recht zu bewerten und, wo nötig, zu kritisieren, zur sozialen Vernunft hinzu. Die entsprechende Kritik ist denn auch weit verbreitet und zumindest als Potential mit der Rechtsform von Anfang an verbunden. Darin spricht sich eine weitere kollektive Einsicht aus; ihre Realisierung reicht bis in archaische Zeiten zurück: Die nähere Gestalt des Rechts verdient nicht stets nur Anerkennung. Eine Sozialphilosophie, die nur die Rechtsform der gesellschaftlichen Selbstorganisation und die durchlaufenden Rechtsgebiete, aber nicht deren Fortentwicklung, sogar Fortschritt beachtet, wäre jedenfalls einseitig, sogar im pejorativen Sinn konservativ.

Die normative Sozialphilosophie erörtert die Vernunft in zwei Stufen. Auf der ersten, bescheideneren Stufe befaßt sie sich mit der Vernunft, die der bloßen Rechtsform, auf der zweiten, anspruchsvolleren Stufe mit der Vernunft, die gewissen Gestalten der Rechtsform zu eigen ist. Dort geht es um die das Recht ebenso konstituierende wie legitimierende, die rechtsdefinierende Vernunft, hier um die die Rechtsform zur immanenten Vollendung führende, rechtsnormierende Vernunft.

Früher war die westliche Kultur auf vieles stolz, zum Beispiel auf ihre Wissenschaft und Technik und auf ihre Wirtschaft samt dem ihr innewohnenden Handelsgeist. Heute schätzt sie diese Dinge durchaus noch, aber in Bescheidenheit und verbunden mit Kritik. Noch immer und zugleich ungebrochen stolz ist sie auf die Menschenrechte und die Demokratie bzw. auf ihre Verbindung, den demokratischen Verfassungsstaat. Ihm traut der Westen noch zu, was ihm ansonsten abhanden gekommen ist, die Kraft einer humanen Vision, verbunden mit einem Sendungsbewußtsein; wegen der Humanität der Vision will man in alle Welt gehen und sie allen Völkern predigen. Das Sendungsbewußtsein muß sich allerdings rechtfertigen lassen. Die entsprechende Frage, mit der die Überlegungen zur anspruchsvolleren Stufe, der rechtsnormierenden Vernunft, beginnen, hat den Rang einer zweiten Grundfrage: Gibt es ein Recht, die im Westen vorherrschende Rechtsform, den demokratischen Verfassungsstaat, anderen Kulturen anzudienen, sogar die Anerkennung einzufordern, oder besteht nicht die Gefahr, daß man auf subtilere Weise fortsetzt, was im Prinzip längst geächtet ist, einen Kulturimperialismus? Wir erörtern sie im Ausgang von den Menschenrechten. Bekannt sind sie zwar nur aus dem Abendland. Soll es tatsächlich Rechte geben, die dem Menschen, bloß weil er Mensch ist, zukommen, so müssen sie aber von abendlandspezifischen Bedingungen unabhängig und für die verschiedenen Rechtskulturen gleichermaßen gültig sein.

Ein Rechtsinstitut, das alle Kulturen miteinander teilen sollen, muß sich in einem entsprechenden Diskurs klären lassen. Die Rechtfertigung der Menschenrechte gehört daher in eine Debatte, die wir noch zu selten pflegen, dessen Grundlagen und Bedingungen wir auch noch kaum kennen, in einen Diskurs, der weder in unserer Kultur allein stattfindet noch sich an deren Voraussetzungen bindet: in einen interkulturellen Rechtsdiskurs. Begonnen hat er schon bei der ersten Grundfrage. Denn eine Rechtfertigung der Rechtsform, die sich auf anthropologische Aussagen und eine allgemeinmenschliche Vernunft beruft, macht sich von kulturspezifischen Argumenten frei.

Eine neue Dringlichkeit gewinnt der interkulturelle Diskurs durch die Globalisierung der Lebensverhältnisse. Unter ihr ist nicht etwa die Entwicklung einer Gesellschaft zu verstehen, in der die gesamte Weltbevölkerung zu einer sowohl sprachlich und religiös als auch wirtschaftlich und rechtlich homogenen Weltgemeinschaft verschmelzen müßte. Ein globaler Charakter findet sich aber in drei Dimensionen. Er beginnt bei den vielfältigen Kontakten, auch Verflechtungen etwa im Bereich von Wirtschaft, Medien, Wissenschaft und Kultur. Er setzt sich in der Gesellschaftsform fort, die sich bei den Vernetzungen mehr und mehr durchsetzt, in jener Zivilisation, die sich durch das Zusammenspiel von drei Faktoren auszeichnet, durch Wissenschaft und Technik, durch ein rationales Wirtschaften und durch jene Verbindung von Menschenrechten, Demokratie und Gewaltenteilung, die den demokratischen Verfassungsstaat bzw. die liberale Demokratie ausmacht. Einen globalen Charakter hat schließlich jene

Gesellschaftsform, die das Zusammenleben der teils ähnlich, teils verschieden geformten Gesellschaften regelt: die sich abzeichnende internationale Rechtsgemeinschaft. Alle drei Dimensionen darf man nicht länger nur von der Kirchturmperspektive der eigenen Kultur aus betrachten. Man braucht vielmehr, worauf Rawls glaubt verzichten zu können: einen Diskurs, der auf eine Konzeption zusteuert, die für alle Gesellschaften, unabhängig von ihren sozialen und historischen Umständen, angemessen ist. Zu diesem Zweck berufe man sich in der Rechts*theorie* nicht auf partikulare Elemente der europäisch-amerikanischen Rechtskultur, sondern ausschließlich auf Elemente, die einem interkulturellen Rechtsdiskurs standhalten. Und in der Rechts*praxis* verwirkliche man die interkulturell gerechtfertigten Grundsätze so behutsam und so formal, daß sie für Unterschiede der Kulturen offen bleiben.

In einem einflußreichen Aufsatz behauptet Huntington (1993), Konflikte und Kriege hätten früher zwischen Fürsten, danach zwischen Nationalstaaten und später zwischen Ideologien stattgefunden; in Zukunft seien die Konfliktparteien jedoch Gesellschaftsformen, Zivilisationen. Selbst wenn Huntington die Einwände gegen seine wohl oberflächliche Diagnose entkräften könnte und tatsächlich ein globaler Zivilisationskampf (»clash of civilizations«) zu befürchten wäre, drängt sich ein interkultureller Diskurs auf. Er bietet nämlich die Chance, den Zivilisationskampf zu zivilisieren. Einerseits weckt er unter den Konfliktparteien Verständigungsbereitschaft und kann mit ihrer Hilfe das Konfliktpotential verringern. Andererseits klärt er die Vor- und Rahmenbedingungen, unter denen ein Austragen der Konflikte legitim ist, einschließlich der Frage, ob der Krieg ein legitimes Mittel darstellt. Der interkulturelle Diskurs ist ein unverzichtbarer Bestandteil einer globalen Friedensstrategie.

Zugunsten des interkulturellen Diskurses spricht auch ein wachsender Pluralismus selbst innerhalb vieler Kulturen. Wegen tiefgreifender Unterschiede nehmen die *intra*kulturellen Auseinandersetzungen oft schon den Charakter von *inter*kulturellen Debatten an (Kapitel 3 und 4).

Die Steigerung der rechtsdefinierenden zur rechtsnormierenden Vernunft verbindet sich mit einer zweiten Steigerung. Was die soziale Vernunft für die einzelnen Gruppen besagt – daß sie sich rechtsförmig zu organisieren und die Rechtsform zum demokratischen Verfassungsstaat fortzubilden haben –, trifft sinngemäß auch auf die Koexistenz der Gruppen zu. Wenn die entsprechenden Gruppen, die Einzelstaaten, nicht nur intern, sondern auch untereinander ein Minimum an Vernunft realisieren wollen, müssen sie sich auf eine internationale Rechtsgemeinschaft einlassen. Und wenn sie zu einem Mehr an Vernunft bereit sind, müssen sie diese Rechtsgemeinschaft zu einem demokratischen Verfassungsstaat fortentwickeln. Das Ergebnis, eine Weltrepublik, löst die Einzelstaaten aber nicht etwa auf, sondern ist zunächst einmal nur für deren Koexistenz zuständig. Wie schon der Schritt zurück, der zum Recht überhaupt, so spielt auch der Schritt über den Einzelstaat hinaus in den neueren Rechtstheorien kaum eine Rolle. Abgesehen von einer Spezialdebatte, ist er allenfalls in einer Art Nachtrag gegenwärtig, nicht im Ansatz selbst. Für dieses Defizit könnte das Defizit an einer Theorie von Recht überhaupt mitverantwortlich sein. Eine Rechtstheorie, die mit der Rechtsform selbst beginnt, enthält jedenfalls das größere kritische Potential, da sie aus sich heraus auf die internationale Rechtsgemeinschaft drängt (Kapitel 5).

Die in den Kapiteln 2-5 entwickelte Rechts- und Staatskonzeption läuft auf einen moralisch-politischen Liberalismus hinaus, der neuerdings von einer Gruppe von Moral- und Sozialtheoretikern, den Kommunitaristen, kritisiert wird. Nach einem Blick auf zwei Sozialphilosophen, die sich auf die beiden sozialphilosophischen Grundfragen nicht einlassen, auf Rawls und Habermas (Kapitel 6), endet unsere Grundlagendiskussion mit einer Kritik der kommunitaristischen Kritik (Kapitel 7).

Im Unterschied zu den üblichen Rechtstheorien begnügen sich die hier vorgelegten Studien nicht mit der Grundlagendiskussion und ihrer Vertiefung zur Frage nach dem Recht überhaupt. Sie nehmen eine zweite Themenerweiterung vor und gehen auf Aktualisierungen ein, insofern sie im Zusammenhang mit den zuvor erörterten Grundlagen stehen. Dazu gehört die Frage, ob die Sozialtheorie vom Begriff des Staates Abschied nehmen sollte (Kapitel 8), ferner die Frage, wie man einem unscharf gewordenen, überdies der Kritik enthobenen Begriff, dem der sozialen Gerechtigkeit, zu einem genaueren Profil und zur Rechtfertigung verhelfen kann (Kapitel 9). Zu einem dringenden Thema, der Europa-Politik, hat die Philosophie bislang, zumal in Deutschland, weitgehend geschwiegen. Unter zwei Stichworten, der Subsidiarität (Kapitel 10) und dem Gesellschaftsvertrag (Kapitel 11), versuche ich, auch hier die Philosophie zu Wort kommen zu lassen. Schließlich verdient eine Institution erörtert zu werden, die zum Hüter des demokratischen Verfassungsstaates berufen ist, aber in Spannung zum Element der Demokratie treten kann: ein (Bundes-)Verfassungsgericht (Kapitel 12).

Die meisten Kapitel gehen auf Abhandlungen zurück, die in den letzten Jahren erschienen sind (s. das Literaturverzeichnis). Vielleicht gewinnen sie durch ihre gründliche Überarbeitung etwas mehr Klarheit; außerdem sollte ihr sachlicher Zusammenhang deutlicher werden. – Für vielfältige Anregungen danke ich meinen Mitarbeitern Christoph Horn und Nico Scarano.

Erster Teil:
Grundlagen

2. Vernunft im Recht

2.1 Skepsis gegen Vernunftskepsis

»Vernunft« hieß lange Zeit der Gegenstand jeder ernsthaften Philosophie; neuerdings heißt er eher »Abschied von der Vernunft«. Gemeint war die großgeschriebene Vernunft, die selbstverständlich im Singular auftrat. Insbesondere in der Neuzeit schien nur sie der Philosophie zu erlauben, neben den überaus erfolgreichen Einzelwissenschaften sich nicht nur als deren Hilfswissenschaft zu behaupten, sei es in Form von Wissenschaftstheorie, sei es als Platzhalter und Interpret. Verstanden als Höchstform von Rationalität, versprach die »Vernunft« in zweierlei Hinsicht eine eigenständige Leistung. Einerseits sollte sie den Rationalitätsformen der Einzelwissenschaften – und nicht nur ihnen – einen legitimen Platz anweisen; andererseits sollte sie die Grenzen bestimmen, mit denen man der stets drohenden Gefahr einer Absolutsetzung der eigenen Rationalität entgegenwirkte.

Der naiven Ansicht, die große, ebenso dominierende wie integrierende Vernunft sei als strenges Apriori oder als ein gewisser Common sense schlicht vorgegeben, hing von den bekannten Wortführern keiner an. Ohne daß sie es so formuliert hätten, übernahmen sie eine Eigenschaft von Aristoteles' Fundamentalphilosophie, die der »gesuchten Wissenschaft« (z. B. *Metaphysik* I 1, 983a 21), und betrachteten ihr Thema, wenigstens zunächst, lediglich als ein Projekt. Die große Vernunft war jeweils »die gesuchte Vernunft«: die Idee einer Höchstform von Rationalität, ohne daß man sich der Idee schon sicher war. Auf dem Höhepunkt der neuzeitlichen Philosophie, bei Kant, noch deutlicher bei Fichte, Schelling und Hegel, scheint aber aus dem Projekt der gesuchten das der gefundenen Vernunft zu werden. Dagegen richtet sich nun eine Tendenz, die zwar verschiedene Namen trägt, die sich auch in unterschiedlichen Spielarten zeigt und doch aus einem gemeinsamen Kern heraus lebt. Sie untergräbt, worauf nicht nur die Philosophie so stolz war; das nachhegelsche Denken lebt aus einer Subversion der Vernunft.

Daß überhöhte Ansprüche als Anmaßungen zurückzuweisen sind, versteht sich von selbst. Eine Diskussion verdient erst die Frage, ob das nachhegelsche Projekt sich nicht erneut zu hohen Ansprüchen unterwirft: Verdient die Vernunft lediglich Subversion, oder läßt sie, weil an entsprechender Stelle die Affirmation geboten bleibt, ein Sowohl-als-Auch zu? Manche Autoren scheinen die Subversion tatsächlich erst dann abschließen zu wollen, wenn die abendländische Vernunftidee endgültig begraben ist. Dieses Projekt mag sich seiner Radikalität rühmen; tatsächlich läßt es nicht nur das Augenmaß vermissen, es fehlt auch die genaue Diagnose. Ohne deshalb die Welt für rundum zustimmungsfähig, für nichts als vernünftig zu halten, läßt sich das andere Extrem, eine Wirklichkeit, die nichts als Subversion verdient, ebensowenig vertreten.

Ein deutliches Beispiel bildet das in diesem Zusammenhang noch wenig erörterte Recht. Daß die Menschen sich ihm allerorten unterwerfen, läßt nämlich auf eine kollektive Einsicht schließen, für die wiederum nur ein Vermögen verantwortlich sein kann, das die Menschen unterschiedlicher Epochen und Kulturen miteinander teilen, die Rationalität. Weil diese im Fall des Rechts nicht zugunsten höherer Rationalitätsstufen relativiert wird, jedenfalls nicht grundsätzlich, dürfte es sich um eine höchststufige Rationalität, eben Vernunft, handeln. Und dabei braucht es nicht, was heute als obsolet gilt, einen essentialistischen Begriff von Vernunft.

Im Rahmen des Rechts tritt zur angedeuteten philosophiegeschichtlich motivierten Vernunftskepsis eine zweite, sozialgeschichtliche Form hinzu. Weil ein Plädoyer für Vernunft eher dann überzeugt, wenn es sich an der einschlägigen Skepsis abarbeitet, stellen wir, auf das Recht bezogen, die beiden Formen von Vernunftskepsis vor, prüfen ihre Stichhaltigkeit, machen dabei auf eine dritte Skepsis aufmerksam und gehen von ihr zu konstruktiven Überlegungen über.

Die sozialgeschichtliche Vernunftskepsis ist in der Rechtssoziologie prominent geworden. Nach Ansicht von Luhmann (1984, 467f.) zählt die Vernunft generell zu einer Semantik, die im 18. Jahrhundert legitim gewesen sein mag, sich aber heute im »Bezugsnetz von Funktionsorientierung, Ausdifferenzierung, Kritik, Kontingenzbewältigung ... nicht weiterverwenden läßt«. Der Soziologe vertritt keine grundsätzliche, ahistorische, wohl aber eine sozialgeschichtlich gültige, eine modernitätstheoretische Vernunftskepsis. Bedingt durch die Auflösung der alteuropäischen Gesellschaft, sei eine ehemals berechtigte Perspektive jetzt funktionslos geworden.

Auch die philosophiegeschichtlich motivierte Vernunftskepsis versteht sich als Baustein zu einer Theorie der Moderne. Nach einer Ansicht, die schon zu einem Topos geworden ist, werde auf dem Höhe- und Wendepunkt der europäischen Aufklärung, bei Kant und im Deutschen Idealismus, ein derart übersteigerter Vernunftanspruch vertreten, daß als Reaktion eine Depotenzierung von Vernunft geradezu provoziert werde. Wir beginnen mit dieser zweiten, in der Reichweite bescheideneren Diagnose. Sollte sie zutreffen und die nachidealistische Vernunftskepsis tatsächlich aus einer idealistischen Vernunftüberschätzung resultieren, dann bliebe nicht bloß für einen anspruchsloseren, »realistischen« Vernunftbegriff noch Raum. Es müßten auch zwei Tatbestände erfüllt sein. Die Skepsis dürfte im wesentlichen erst *nach* den einschlägigen Texten beginnen und müßte sich danach tatsächlich durchsetzen. Beide Tatbestände treffen nicht zu.
Die Neuzeit diskutiert die fürs Recht zuständige Vernunft unter den Titeln »Naturgesetz« (z. B. Hobbes) und »Naturrecht« (z. B. Kant). Wer empfiehlt, sich damit erst gar nicht zu befassen, spricht seine Vernunftskepsis deutlich genug aus. Genau diese Empfehlung, vorgetragen unter dem beziehungsreichen Titel *Lehrbuch des Naturrechts als einer Philosophie des positiven Rechts*, gibt der Göttinger Jurist Gustav Hugo, und er gibt sie schon im Jahr 1798, mithin sehr bald nach Fichtes *Grundlage des Naturrechts* (1796) und Kants *Rechtslehre* (1797). Ein zweiter Beleg: Lange bevor Hegels Rechtsphilosophie erscheint (1821), verpflichtet ein anderer Jurist – er hat immerhin in Jena bei Reinhold Philosophie studiert und wird später zum Begründer einer Strafrechtswissenschaft in Deutschland, außerdem zu einem der Wegbereiter des konstitutionellen Rechtsstaates –, verpflichtet Paul Johann Anselm Feuerbach seine Wissenschaft aufs Studium nicht des Vernunftrechts, sondern des positiven Rechts. Daß die Vernunft wegen ihrer idealistischen Überschätzung depotenziert werde, diese Diagnose mag andernorts zutreffen, vielleicht für die Wissenschaft oder für die Kunst, beim Recht läßt sie sich jedenfalls schwerlich bestätigen.
Wenn die Ätiologie nicht stimmt, könnte zumindest das Resultat zutreffen, die von Luhmann behauptete Dominanz der Vernunftskepsis in der Zeit nach der Französischen Revolution. In Wahrheit setzt sie sich im Falle des Rechts nie durch. Selbst Feuerbach (1804, 11 f.) hält für »die letzte Quelle aller Rechte und aller Ver-

bindlichkeiten das Gesetz der Vernunft« und folgt damit der Kantischen *Rechtslehre* (§ A). Nur zum Zweck, daß dieses Rechtsgesetz ›wirklich herrsche‹, also zur Durchsetzung und nicht zur Entmachtung der Vernunft, müsse es »in ein Positivgesetz verwandelt« werden. Nicht gegen die Vernunft selbst wendet er sich, sondern lediglich gegen eine Vernunft im Recht, von der später Hegel sagen wird, sie komme über das Sollen nicht hinaus (*Wissenschaft der Logik*, 1812, in: *Werke* v, 181); Feuerbach kritisiert lediglich eine zur Ohnmacht bestimmte Vernunft. Zugleich deutet er an, wo die Aufgabe der Vernunft denn liegt; er sieht in ihr eine Vorgabe für das positive Recht, ihr moralisches Maß und Kriterium.

Nun könnte man Feuerbachs Ansicht für eine falsche Einschätzung der Wirklichkeit, zugespitzt formuliert: für Ideologie, halten. In gewissen Grenzen erkennt aber das positive Recht die genannte Aufgabe bereitwillig an. Im Gegensatz zur sozialgeschichtlichen Diagnose geschieht es sogar vor allem in jener Epoche, in der die entsprechende Semantik angeblich funktionslos werde, in der Zeit nach Auflösung der alteuropäischen Gesellschaft.

Der im Natur- bzw. Vernunftrecht begründete Gedanke unveräußerlicher Rechte (s. Kap. 3-4) stößt zwar in der Rechtstheorie eines Bentham auf heftige Ablehnung, nennt er doch die Menschenrechtserklärung jener Republik, die ihn zum Ehrenbürger ernennen wird, die des revolutionären Frankreichs, »nonsense upon stilts«, »gestelzten Unsinn« (Bentham 1816/1973, 269; die Kritik erfolgt allerdings unabhängig von einem Bezug auf idealistische Vernunftkonzeptionen). Und Luhmann (vgl. 1981 und 1984), fixiert auf die Semantik von Funktionsorientierung, Ausdifferenzierung und Kontingenzbewältigung, schenkt dem Gedanken unveräußerlicher Rechte wenig Aufmerksamkeit. In der Rechtswirklichkeit finden wir dagegen eine überwältigende Anerkennung; so gut wie alle Rechtsordnungen erklären die Menschenrechte zum Grundbestandteil des positiven Rechts. Damit wird die angebliche Ohnmacht des Sollens außer Kraft gesetzt und der Vernunft eine rechtsnormierende Funktion de facto eingeräumt.

Weil also die Skepsis gegen das Vernunftrecht *vor* den idealistischen Entwürfen beginnt und weil darüber hinaus deren Kritik entweder wie im Fall von Feuerbach das Vernunftrecht selbst nicht in Zweifel zieht oder aber wie bei Bentham und Luhmann von der Rechtsentwicklung dementiert wird, weil also zwei erforderliche Tatbestände in Wahrheit nicht erfüllt sind, verdient der philosophiegeschichtliche Gemeinplatz einer nachidealistischen Depotenzierung der Vernunft seinerseits eine Depotenzierung. Ebenso zu depotenzieren ist Luhmanns sozialgeschichtliche Diagnose. Zumindest im Fall des Rechts können beide Argumentationstypen zugunsten einer Vernunftskepsis nicht überzeugen.

Eine andere Depotenzierung trifft allerdings zu. Im Paragraphen A seiner *Rechtslehre* reserviert Kant den Ausdruck Rechtswissenschaft (Iurisscientia) für die systematische Kenntnis der natürlichen Rechtslehre (Ius naturae). Eine Wissenschaft im strengen Sinn, so glaubt er, gibt es beim Recht erstens nur als Philosophie und zweitens nur als normative Disziplin, mithin als jene Rechtsethik, die er in Übereinstimmung mit der Tradition »Naturrecht« nennt. Hier werden in der Tat übersteigerte Ansprüche erhoben, allerdings nicht von seiten der Vernunft selbst, sondern lediglich von ihrer Theorie, der Ethik. Gegen diese Ansicht, im Fall des Rechts könne es eine Wissenschaft nur als Theorie der juridisch-praktischen Vernunft geben, richtet sich ein Großteil der nachidealistischen Debatte sowohl zu Recht als auch mit großem Erfolg. Nicht nur hebt sie den Exklusivitätsanspruch der Rechtsethik auf Wissenschaftlichkeit auf; ihr gelingt sogar eine Umwertung. Während man bei der Rechtsethik, sofern sie überhaupt noch gepflegt wird, die Wissenschaftlichkeit in Frage stellt, billigt man sie den positiven Wissenschaften mehr und mehr zu. Vor allem zwei positive Disziplinen werden etabliert, die Rechtsdogmatik (exemplarisch: G. Hugo und P. J. A. Feuerbach, deutlich später John Austin, 1832) und die Rechtssoziologie (exemplarisch: Durkheim 1896-1915), während man eine dritte positive Wissenschaft, die Rechtsgeschichte, schon des längeren anerkennt.

Hugo dürfte sein Werk übrigens unter dem Einfluß von Kants *Kritik der reinen Vernunft* geschrieben haben. Es verhält sich also eher so, daß ein voridealistischer Vernunftoptimismus durch Kants Vernunftkritik korrigiert wird, daß ebendiese Kritik, sofern sie wissenschaftstheoretisch gelesen wird, die Entwicklung neuer Wissenschaften philosophisch begleitet und dadurch, aufs Recht bezogen, den Themenkreis der Debatten erweitert. Kants *Kritik* inspiriert zur Grundlegung neuer Erfahrungswissenschaften. Nicht die Rechtsvernunft selbst wird depotenziert, wohl aber der Anspruch der für die Rechtsvernunft zuständigen Disziplin, der

Philosophie, näherhin der Rechtsethik, sie allein habe Wissenschaftscharakter. Wer sich für das Recht auf das Zusammenspiel von idealistischer Übersteigerung und nachidealistischer Depotenzierung einlassen will, der beziehe sich daher direkt nicht auf Fragen der Vernunft, sondern auf Fragen der Wissenschaftlichkeit.

2.2 Recht und Moral

Ob man sie als Rechtsgeschichte, als Rechtsdogmatik oder als Rechtssoziologie etabliert – eine positive Rechtswissenschaft braucht einen Begriff des Gegenstandes. Für diesen Zweck wird erneut über die Vernunft im Recht diskutiert, und im wesentlichen ist die Vernunftskepsis erst hier aktuell. Nicht schlechthin zweifelt man an der Vernunft im Recht, wohl aber an der Vernunft, sofern sie zum positiven Recht als solchem gehören soll. Diese dritte Form der Vernunftskepsis tritt in Gestalt jener Trennungsthese auf, die zum Grundbestand der analytischen Rechtstheorie gehört und unter dem Stichwort »Recht und Moral« abgehandelt wird. Das Stichwort klingt nach einem homogenen Titel, in Wahrheit bezeichnet es aber verschiedene Problemfelder, die, zusammen genommen, von den Themen einer Rechtstheorie mehr als die Hälfte abdecken – und zusätzlich einen Großteil der Gesellschaftstheorie und der Ethik. Wegen der Mehrdeutigkeit des Stichworts und wegen seiner Reichweite skizzieren wir es, bevor wir auf die dritte Form von Vernunftskepsis eingehen.
Einer bloß begriffsanalytischen Betrachtung erscheinen die Problemfelder als schlicht heterogen. Sozialgeschichtlich gesehen dürfte es aber zunächst einen Zusammenhang gegeben haben, jene Einheit, auf die Nietzsche in den »Gedanken über die moralischen Vorurteile« anspielt: »Ursprünglich gehörte die ganze Erziehung und Pflege der Gesundheit, die Ehe, die Heilkunst, der Feldbau, der Krieg, das Reden und Schweigen, der Verkehr untereinander und mit den Göttern in den Bereich der Sittlichkeit«. Ersetzt man »Sittlichkeit« durch »Recht und Moral«, so gibt das Wort aus der *Morgenröte* (Buch 1, Nr. 9) den Ansatz vor. In der Sozialgeschichte bilden »Recht und Moral« zunächst eine Einheit, die sich später, und dann vornehmlich in Form von Ausdifferenzierungen, mehr und mehr auflöst. Mindestens fünf Formen von Ausdifferenzierung sind zu unterscheiden:

(1) Schon früh in der Menschheitsgeschichte löst sich aus dem Gesamtkomplex der Verhaltensregelung das Recht als ein relativ selbständiger Teil heraus und setzt sich gegen eine Moral im empirischen oder deskriptiven Verständnis ab, gegen die Moral als Brauch, Sitte und Ethos, gegen die positive Moral. Einer Theorie, die den Vernunftcharakter des Rechts entschlüsseln will, stellen sich hier zwei Fragen. Die erste Frage, die der begrifflichen Abgrenzung, hat zwar das Gewicht nur einer Vorfrage. Ohne sie ist aber die Hauptfrage nicht schlüssig zu beantworten, welche Lebensbereiche oder -aspekte die Gesellschaft sinnvollerweise durch das positive Recht und welche sie sinnvollerweise durch die positive Moral regeln soll.

(2) Die Ursachen und Gründe einer zweiten Ausdifferenzierung können wir beiseite lassen; von Belang ist hier nur das Resultat: An den tatsächlich geltenden Regelungen entzündet sich die Frage der Gültigkeit oder Legitimität. Dadurch tauchen neben den positiven Begriffen von Recht und Moral normative Begriffe auf, und die »moralische Moral« tritt ins Leben, der sogenannte Standpunkt der Moral.

Wegen der ursprünglichen Einheit von positiver Geltung und moralischer Gültigkeit ist die Frage, wie man den moralischen Standpunkt, sofern er sich aufs Recht bezieht, nennen soll, nicht leicht zu beantworten. Denn der heute dominierende Ausdruck »Gerechtigkeit« ist nicht unproblematisch. Die entsprechenden griechischen und lateinischen Ausdrücke – *dikaion* und *iustum* – bedeuten jene Einheit von Geltung und Gültigkeit, die uns von der Bezeichnung des Gerichtswesens als »Justiz« noch heute gegenwärtig ist. Es lohnt einmal, der Frage nachzugehen, wann sich der Sprachgebrauch und warum er sich ändert. Noch bei Kant bedeutet die Gerechtigkeit des Rechts nicht den aufs Recht bezogenen moralischen Standpunkt, sondern die Übereinstimmung mit dem Recht und die – vom Gericht vorgenommene – Sorge für die Übereinstimmung. Nach der einschlägigen Stelle der *Rechtslehre* (§ 36) ist die Gerechtigkeit für die Durchsetzung des Rechts verantwortlich: »Die moralische Person, welche der Gerechtigkeit vorsteht, ist der *Gerichtshof*«.

Um deutlich zu machen, was in den Ausdrücken *ethos*, *ēthos* und *dikaion* nicht zweifelsfrei geschieht, um den im heutigen Verständnis genuin moralischen Gesichtspunkt zu bezeichnen, bedarf es eines qualifizierenden Zusatzes. Es ist eine gewisse

Verlegenheit, wenn man zu diesem Zweck auf jene Instanzen zurückgreift, die man als der menschlichen Verfügung offensichtlich entzogen schon kennt. Voraufgeklärte Gesellschaften sprechen vom Göttlichen, vom Heiligen oder Sakralen, nach einer Aufklärung bezieht man sich auf die Natur. Mag uns heute dieser Bezug auch befremden – bis Kant und Hegel ist problemlos klar, daß das Naturrecht nicht weniger, aber auch nicht mehr als »das nichtstatuarische«, das nicht bloß positive Recht meint (für Kant: *Rechtslehre*, § A und § 36).

Die religiöse Rückendeckung, die das Recht in der Frühzeit hat, zerfällt lange vor der Neuzeit. Der Zerfall beginnt schon in Alt-Babylon, deutlich sichtbar im Kodex Hammurabi. Der König ist zur Gesetzgebung zwar nicht vom Volk, sondern noch von der Gottheit autorisiert. Inhaltlich dagegen, und hier wohl im Unterschied zu Israel, zu Indien und zum Islam seit dem sogenannten Modell von Medina, ist die »genetische Verbindung zwischen Gesetzesrecht und Sakralwesen schon sehr früh überwunden« (San Nicolò 1931, 64). Im antiken Griechenland zerfällt die religiöse Rückendeckung spätestens in der Epoche der Sophisten. Die christliche Theologie wiederum unterscheidet schon im zweiten Jahrhundert innerhalb des alttestamentlichen Gesetzes drei Gruppen: Kultgesetze, positive Gesetze und moralische Gebote, und setzt jene dritte Gruppe, die in etwa die zweite Tafel des Dekalogs, die Gebote IV-X, umfaßt, mit einem Naturrecht gleich, das in die Herzen aller Menschen eingeschrieben ist (z. B. mit Bezug auf Röm 2, 14: Irenäus, *Adversus haereses* IV 13, 1 und 4 sowie IV 16, 1). Und in der frühen Neuzeit, vorbereitet seit dem späten Mittelalter, findet ein erneuter Zerfall statt; deutlich sieht man es bei Hobbes. Seit den *Elements of Law, Natural and Politic* (1640), also von Anfang an, geht er von einer weitgehend profanisierten Gesellschaft aus. Im übrigen gibt es gute Gründe, die entsprechende Selbstbezeichnung zu vermeiden und den Ausdruck der Gerechtigkeit dem des Naturrechts vorzuziehen.

Ein Blick in das altbabylonische Recht weckt auch Bedenken gegen die prominente Ansicht, den »älteren Gesellschaften war die Vorstellung, daß Recht gemacht werden könnte, durchweg fremd. Die Gesellschaft fand es vor und erlebte es als unveränderbar ... Recht war der politischen Herrschaft ... vorgeordnet« (Grimm 1995, 91). Alt-Babylon kennt zwei Rechtsquellen, neben dem Gewohnheitsrecht auch das Gesetz im Sinne einer Rechtsschöpfung von seiten des Herrschers (San Nicolò 1931, 63); und mit dem Gesetz macht schon der altorientalische Herrscher, was Grimm erst der Neuzeit einräumen will; er treibt Rechtspolitik. Das altorientalische Recht dürfte übrigens über Byzanz das römische Recht beeinflußt haben, sowohl im Bereich des Privatrechts als auch des öffentlichen Rechts und des Strafrechts. Dieser Umstand ist für einen interkulturellen Rechtsdiskurs zweifelsohne wichtig: In jenem Höhepunkt antiker Rechtsentwicklung, der die westliche Rechtsentwicklung fortan prägt, dem römischen Recht, leben uralte orientalische Rechtsanschauungen fort.

(3) Hinsichtlich des Zusammenlebens erlaubt der Standpunkt der Moral zwei Arten von Verbindlichkeiten. Das Recht ist lediglich für das zuständig, was die Menschen einander schulden, nicht für den Bereich des Supererogatorischen, für jene verdienstlichen Mehrleistungen, die die Tradition der (sozial orientierten) Tugendmoral zuordnet. Im Zusammenhang dieses neuen Problemfelds von Recht und Moral, dem von Gerechtigkeit und Mehr-als-Gerechtigkeit, stellt sich die Modalitätsfrage: Wo ist dem Recht eine Regelung (a) geboten, (b) wo verboten und (c) wo erlaubt? Das Muster der Antwort lautet: Geboten ist ihm der Bereich des Geschuldeten, verboten der des lediglich Verdienstlichen, und erlaubt ist ihm der Teil, der sich der einfachen Alternative »entweder geschuldet oder verdienstlich« entzieht.

(4) Weiterhin differenziert sich die nichtpositive Moral in zwei Optionen aus: in Fragen des guten oder gelungenen Lebens, in eine eudämonistische Moral, und in Fragen des freien Willens, in eine autonome Moral. Die erste Option, die einer Könnensethik, geht auf die Antike zurück und wird im Mittelalter durch christliches Gedankengut modifiziert. Die zweite Option, die einer Sollensethik, hat zwar eine christliche Vorgeschichte, wird aber erst in der Neuzeit voll entfaltet. Unter dem hier maßgeblichen Einfluß Kants gelten die beiden Optionen lange Zeit als Entweder-Oder. Heute bahnt sich das Verständnis für ein Verhältnis der Komplementarität an; daß auch Fragen des gelungenen Lebens zu einer umfassenden Ethik, selbst zu einer Gesellschaftstheorie gehören, dürfte inzwischen mehr und mehr Zustimmung finden. Allerdings ist noch lange nicht geklärt, wo genau diese Fragen ihren Ort haben; ein einfaches Nebeneinanderstellen von Könnens- und Sollensfragen läßt sich vom Autonomieprinzip her nicht denken. Die entsprechende Klärung kann aber der ethischen

Grundlagendebatte überlassen bleiben. Die Rechtstheorie selbst befaßt sich nur mit der Frage, inwieweit eine Rechtsmoral für eudämonistische Ergänzungen offen ist. Der Umstand, daß zur Rechtsmoral eine Zwangsbefugnis rein begrifflich hinzugehört, mahnt hier zur Skepsis.

(5) Andererseits gibt es zu dem, was der moralische Standpunkt für Recht und Staat besagt, zwei verschiedenartige Einstellungen. Entweder erfüllt man das Gebotene »aus freien Stücken«, bloß um der Gerechtigkeit willen, oder aber deshalb, weil man nicht auffallen will, weil man keine Alternativen sieht, vielleicht auch aus Angst vor Strafe. Für die damit angesprochene fünfte Ausdifferenzierung, für das Auseinandertreten von Rechtsgesinnung und Rechtslegalität, stellt sich die schwierige Frage, auf welche Einstellung seiner Bürger der demokratische Rechtsstaat zählt. Sofern die Bürger den privaten Rechtsgeschäften nachgehen, reicht die Legalität aus. Wie sieht es aber mit dem Bürger aus, sofern er – mittelbar oder unmittelbar – an der Gesetzgebung partizipiert? Kann eine Parteien- und Verbändedemokratie »sicherstellen«, sei es auch nur in Annäherung, was für die Gesetzgebung erforderlich wäre, eine Rechtsgesinnung, die sich, in Distanz von nur privaten Interessen, dem Allgemeinwohl verpflichtet (s. u. Abschnitt 2.5)?

2.3 Zwangsbefugte Regeln

Die von der analytischen Rechtstheorie vertretene Trennungsthese besagt gelegentlich nur, der Begriff des positiven Rechts sei vom Begriff eines moralisch legitimen Rechts streng zu unterscheiden. Hier handelt es sich um eine eher triviale Aussage; außerdem liegt noch keine Vernunftskepsis vor, sondern eine vernunftneutrale, positivismusindifferente Interpretation. In der Regel behauptet man aber mehr. Das Recht – »of laws in general«, wie es schon bei Hobbes (*Leviathan*, Kap. 26), später bei Bentham (*Of Laws in General*) heißt – könne und müsse man ohne jedes moralische Element, sprich: ohne ein Vernunftelement, definieren. Nach dieser profilierteren, nicht mehr bloß analytischen, sondern genuin positivistischen Trennungsthese gehört die Vernunft vielleicht zum Begriff des legitimen Rechts, zum Recht als solchem jedenfalls nicht.

Die profilierte Trennungsthese läßt sich als Einwand gegen Feuerbach lesen; ist das Recht ohne Vernunft definierbar, so kann sie nicht als letzte Quelle aller Rechte gelten. Nennen wir die zum legitimen Recht gehörende Vernunft »rechtsnormierend« und die schon zum bloßen Rechtsbegriff gehörende Vernunft »rechtsdefinierend«, so setzt die Skepsis-Debatte bei der ersten Vernunftstufe, der rechtsdefinierenden Vernunft, an.

Zu den Quellen des heutigen Rechts gehört das Natur- und Vernunftrecht des 17. und 18. Jahrhunderts. Schon aus diesem Grund erstaunt es nicht, daß das positive Recht heute von Vernunftelementen durchwirkt ist: teils unmittelbar, etwa in Gestalt der Menschenrechte, teils mittelbar, in Form eines Gerechtigkeitsbewußtseins, das die noch nötige Kritik am geltenden Recht inspiriert. Ebensowenig ist es verwunderlich, daß eine Theorie, die sich am heutigen Rechtsbewußtsein orientiert, an wohlüberlegten Gerechtigkeitsurteilen und an den entsprechenden Institutionen, daß Rawls (1971, §§ 4, 9 u. ö. und 1993, bes. Kap. 6) die Vernunft (bei ihm unter dem Stichwort »Gerechtigkeit«) in der geltenden Rechtsordnung wiederfindet. Nicht so selbstverständlich ist eine Frage, mit der sich Rawls nicht mehr befaßt und die auch Habermas (z. B. 1992, 143) beiseite schiebt, wenn er »eine normative Begründung des Rechts« ausschließt, die Frage, ob Vernunft schon für das Recht als solches, ob sie für das Recht überhaupt konstitutiv ist.

Gehört die Vernunft schon zur Definition des Rechts, so ist die positivistische Trennungsthese zu korrigieren und die Rechtsform der gesellschaftlichen Selbstorganisation als eine Bedingung für deren Vernünftigkeit anzuerkennen. Nun halten wir eine Praxis, die dem Anspruch von Vernunft genügt, für legitim; der Begriff Vernunft hat insofern eine legitimatorische Kraft. Damit tritt für die Vernunft eine weitere, rechts*legitimierende* Funktion in den Blick. Sie fällt aber mit der rechtsdefinierenden Vernunft weitgehend zusammen; eine Vernunft, die zum Recht als solchem gehört, bietet der Rechtsform gesellschaftlicher Selbstorganisation eine Legitimation. Das dabei angesprochene Vermögen ist eine soziale Vernunft, nicht insofern sie ein Unternehmen *von* Gesellschaft, sondern *für* die Gesellschaft ist; es geht um eine im thematischen Sinn soziale Vernunft.

Der entsprechenden Untersuchung kann die Vernunftskepsis in ihren beiden Varianten, können weder die sozial- noch die philosophiegeschichtlich inspirierte Skepsis ihre Zustimmung versagen. Statt einen Vernunftanspruch von außen zu postulieren, wird sie nämlich im Recht, wie es ist, im positiven Recht, selbst aufgesucht. Zu diesem Behuf sammeln wir die für das Recht überhaupt charakteristischen Elemente und prüfen sie auf Vernunftrelevanz. Von dem entsprechenden, fürs Recht spezifischen, genuin juridischen Vernunftbegriff erwarten wir nicht – darin liegt ein Nebenmotiv der Überlegungen –, daß er das Paradigma der üblichen Vernunftdebatte, der theoretischen Vernunft, übernimmt. Man könnte schon von einem »theoretischen Vorurteil« sprechen, demzufolge die Vernunft in der Rechtfertigung durch Gründe einer besonderen Art besteht. Daß es auch beim Recht auf derartige Gründe ankommt, versteht sich von selbst; es fragt sich aber, ob der Vernunftcharakter genau darin liegt.

In der Regel hält man das Merkmal, das beim Recht als erstes auffällt, sein Zwangsmoment, für eine glatte Provokation der Vernunft. Über dieses Merkmal besteht nicht erst in der Neuzeit, und hier von der Imperativentheorie eines Hobbes (dazu Höffe 1996a) über Bentham zu John Austin und ebenso von Kant über Durkheim bis zu Max Weber, Kelsen und Hart, ein überwältigender Konsens. Schon Platon (*Kriton*, 50a-54d) und Aristoteles (*Nikomachische Ethik* x 10, 1180a 21 ff.) wissen, daß das Gesetz mit einer Zwangsmacht einhergeht. Da der direkte Blick aufs Recht – man erinnere sich des Strafrechts – das Merkmal bestätigt, muß, wer im Recht Vernunft sucht, es trotz des Zwangsmomentes tun, vielleicht sogar seinetwegen. Für die Rechtsform der Gesellschaft kann es Vernunft nur dann geben, wenn sich die Gleichsetzung von Zwang mit Nichtvernunft oder gar Antivernunft aufheben läßt.

Nach einer klassischen Definition – sie nimmt den Gedanken einer Höchstform von Rationalität auf – besteht Vernunft in einem Transzendieren von empirischen Bedingungen bzw. der (natürlichen) Natur. Für eine normative Sozialphilosophie ist daher wichtig zu wissen, was im Fall der Gesellschaft »Natur« bedeutet. Dabei kann es mehrere Bedeutungen geben, weshalb es den folgenden Überlegungen, da sie nur zwei hervorheben, nicht auf zureichende, allenfalls auf notwendige Bedingungen sozialer Vernunft ankommt.

»Natur« liegt im Fall der Gesellschaft erstens dort vor, wo über soziale Probleme das persönliche Gutdünken, die private Meinung, und zweitens die dahinter stehende Macht, die private Macht, das heißt letztlich die Macht des Stärkeren, entscheiden. Der im thematischen Sinn sozialen Vernunft obliegt daher zweierlei. Sie hat sowohl das persönliche Gutdünken als auch eine Gewalt, die von den Mitmenschen ausgeht, eine soziale, nicht natürliche Gewalt, als Entscheidungsinstanz zu überwinden. Die soziale Vernunft schützt vor der Meinung und der Macht der anderen. Beide Aufgaben sind ersichtlich von praktischer Bedeutung, weisen also, rein thematisch gesehen, die unter Philosophen verbreitete Vorliebe für die theoretische Vernunft in ihre Grenzen. Außerdem laufen sie auf einen Vernunftbegriff zu, dem man aufgrund seiner Bescheidenheit die Zustimmung kaum versagen kann. Unsere Frage: Läßt sich so etwas in der für das Recht charakteristischen Art des Zwangs entdecken? Tritt in der Rechtsform der Gesellschaft eine Vernunft zutage, die sich gegen persönliches Gutdünken und private Gewalt richtet, oder erweist sich die Rechtsform als vernunftneutral, vielleicht sogar als im Widerspruch zur Vernunft stehend?

Die Möglichkeit, Vernunft im Recht zu entdecken, ist der genannten Imperativentheorie versperrt. Indem sie in Begriffen von Befehl, Übelandrohung und Gehorsam denkt, erscheint ihr das Recht lediglich als eine effektive Zwangsordnung. Daß ein funktionierendes Rechtswesen auf diese Elemente nicht verzichten kann, ist ohne Zweifel richtig. Einen derartigen Zwang übt aber auch das organisierte Verbrechen aus, pars pro toto: die Mafia. Infolgedessen ist das einschlägige Vernunftdefizit nicht dem Recht selbst anzulasten, sondern der Theorie des Rechts. Wer den Rechtszwang nicht von krimineller Gewalt unterscheiden kann, verfügt über keinen sachgemäßen Begriff.

Als Unterscheidungsmerkmal bietet sich der Regelcharakter an, sofern er über die Bestimmung hinausgeht »jeder tut, was der jeweilige Herrscher sagt«. Weil der Rechtszwang in Gestalt von Regeln auftritt, erscheint das Recht als Inbegriff zwangsbefugter Regeln. Da zwangsbefugte Regeln zum Recht überhaupt gehören, das Recht wiederum in so gut wie allen Kulturen und Epochen das Rückgrat der Vergesellschaftung bildet, hat es den Rang einer Grammatik, zumindest Teilgrammatik des Sozialen.

Um den Regelcharakter des Rechts weiß die Philosophie nicht etwa erst seit Hart (1961, Kap. v ff.), auch nicht erst – von Hart unbemerkt – seit Durkheim (1896-1915). Bekannt ist er so lange, wie die Philosophie über Gesetze diskutiert. Einen guten Beleg bietet die antike Erörterung der Billigkeit bzw. Epikie. Die Skepsis gegen die Alleinherrschaft der Gesetze, die sich darin ausspricht, kann hier dahingestellt bleiben. Entscheidend ist, daß diese Skepsis ein Wissen um den Regelcharakter voraussetzt; denn die Epikie braucht es, wie es im Gerechtigkeitsbuch der *Nikomachischen Ethik* (v 14, 1137b 13 f.) heißt, nur deshalb, weil jedes Gesetz allgemein (*katholou*) ist, also die Regel für eine Vielzahl von Fällen (für Platon vgl. *Politikos*, 294a-d). Ebenso lang kennt man den normativen Sinn von Regeln, die Gleichbehandlung; denn gerecht, sagt Aristoteles im selben Buch (v 2, 1129a 34 f.), ist das Gesetzliche (*nomimon*) und das Gleiche (*ison*).

Darin deutet sich ein erstes Mal Vernunft an: Wo Regeln herrschen, regiert nicht etwa ein Regelfetischismus, wohl aber der Einspruch gegen ein Zusammenleben, das dem Muster eines Sozialdarwinismus im kruden Verständnis folgt. Soziale Probleme werden nicht länger aufgrund persönlichen Gutdünkens gelöst und auch nicht nach Maßgabe der den Individuen je eigenen und je verschiedenen Gewalt. Zuständig ist eine davon unabhängige Instanz, die für alle einschlägigen Fälle und für alle betroffenen Personen gleichermaßen geltende Regel. Wer gewisse Gesetze vernünftig, andere nichtvernünftig nennt, verwendet den Vernunftbegriff im anspruchsvolleren, rechtsnormierenden Sinn. Wegen des Regelcharakters kommt aber nicht erst diesem oder jenem Gesetz, sondern schon dem Gesetz überhaupt Vernunft zu; folglich gibt es in der Tat eine rechtsdefinierende Vernunft.

Nun können zwangsbefugte Regeln auch im Dienst von Gewalt, dem des organisierten Verbrechens, stehen, so daß in ihnen noch keine genuine Vernunft, sondern bestenfalls ein Instrument für Vernunft vorliegt. Außerdem ist das Recht, weil vom organisierten Verbrechen nicht unterscheidbar, als solches noch nicht begriffen. Ein analoges Defizit an trennscharfer Definition ist den gängigen soziologischen Begriffen zu eigen. Zu denken ist an die bescheidene Schwester des Hegelschen Gedankens substantieller Sittlichkeit, an die gesellschaftliche Integration, ferner an Luhmanns Begriffe der Verhaltensstabilisierung und Erwartungssicherung. Gewiß, Rechtsregeln bezwecken unmittelbar eine Verhaltenssteuerung; und dort, wo sie zuverlässig durchgesetzt werden, erwartet man ein entsprechendes Verhalten der anderen; die Erwartungssicherung ist die selbstverständliche Kehrseite der

Verhaltenssteuerung. Der doppelte Zweck trifft aber auf jedwede Sozialregulierung zu. Nicht nur dem Recht, auch Brauch und Sitte, selbst dem organisierten Verbrechen gelingt es, Verhalten zu steuern und Erwartungen zu sichern. Insofern erliegt Luhmann wie manch anderer Rechtssoziologe der Gefahr, erst die Gattung des Gegenstandes, Vergesellschaftung überhaupt, und noch nicht das unverwechselbar Besondere, die Rechtsform der Gesellschaft, zu bestimmen.

Gegen die gesellschaftliche Integration als Leitbegriff spricht der Umstand, daß sie in der Regel von denen geleistet wird, die eine Ehe eingehen, eine Familie oder einen Verein gründen oder Tauschgeschäfte vornehmen. Zuständig sind also die Sozialpartner selber. Weil das entsprechende Zivilrecht nur die verbindliche Gestalt festlegt, hat es keine primäre, nur eine sekundäre und subsidiäre Bedeutung. Es nimmt die Integration nicht vor, lenkt sie aber – vorausgesetzt, sie findet überhaupt statt – in sowohl erwartungsstabilisierende als auch verhaltenssteuernde Bahnen. Anders sieht es beim Strafrecht, etwa beim Lebens- und beim Eigentumsschutz, aus. Hier räumt das Recht in der Regel lediglich Barrieren aus dem Weg, trägt zur gesellschaftlichen Integration aber nicht konstruktiv bei. Es befaßt sich mit Vorbedingungen von Koexistenz, nicht mit dieser selbst. Ein Gedankenexperiment zeigt deutlich genug, daß das Recht für die soziale Integration nur subsidiär tätig ist: Gesetzt den Fall, daß sich jemand an die einschlägigen Verbote peinlich genau hält und weder tötet noch stiehlt, noch betrügt, ansonsten aber nur seine eigenen Wege geht, so entzieht er sich der gesellschaftlichen Integration ganz.

Im Rahmen der Vernunftfrage spricht gegen die genannten soziologischen Bestimmungen noch ein anderes Argument: In einem erweiterten Vernunftbegriff haben derartige Funktionen durchaus Platz; sie ordnen sich aber einer am Wohlergehen orientierten, nur pragmatischen Vernunft zu. Wenig gewonnen ist mit ihr nicht; dort, wo pragmatische Vernunft herrscht, können sich gesellschaftliche Energien auf wesentlichere Dinge richten. Die wirkliche und eigentliche, die »vernünftige Vernunft« ist in diesen Funktionen aber noch nicht benannt.

Nun könnte der bloß pragmatische Vernunftbegriff dem Recht angemessen sein; die entsprechenden Funktionen müßten sich allerdings als rechtsspezifisch erweisen. Unser Verhalten stabilisieren jedoch auch unsere Bedürfnisse, ferner Naturvorgaben,

beispielsweise der Wechsel der Tages- und der Jahreszeiten. Und eine gesellschaftliche Integration leisten außer dem Recht auch Brauch und Sitte, auch die Religion, auch Spiel und Sport.
Ziehen wir eine Zwischenbilanz: Durch die Begriffe der Verhaltensstabilisierung und der sozialen Integration wird die Funktion des (modernen) Rechts teils zu weit, teils zu eng bestimmt. Geeignet sind die Begriffe für eine vorläufige, aber auch erst vorläufige Funktionsbestimmung; eine Theorie, die sich mit diesen Begriffen zufriedengibt, bleibt unterkomplex.

2.4 Anthropologische Interessen

Eine Sozialphilosophie, die die fehlenden Bestimmungen zunächst nachträgt und dann in ihnen genuine Vernunft entdeckt, tritt zur Soziologie nicht nur als Ergänzung, sondern auch als Konkurrenz und Kritik auf. Sie sieht: Im Unterschied zu einem Zwang von seiten der Natur liegt beim Recht keine dem Menschen fremde Macht vor, sondern ein selbstgesetztes Regelwerk. Gleichwohl tritt es dem Individuum im Unterschied zu seinen Bedürfnissen als äußere, nämlich soziale Macht entgegen, die wiederum anders als die individuellen Bedürfnisse die Menschen gleich behandelt. Und anders als bei Spiel und Sport besteht zumindest ein Teil der Rechtsregeln aus Verbindlichkeiten, die über das Merkmal verfügen, mit dem sich das Recht auch vom organisierten Verbrechen unterscheidet: Die Menschen schulden sich gegenseitig deren Anerkennung.
Auf welcherart Regeln trifft diese Bedingung zu? Von Regeln gilt generell, daß der Mensch sie sich nur deshalb setzen kann, weil er in seinem Tun und Lassen ungewöhnlich offen oder, wie Nietzsche in der *Genealogie der Moral* (3. Abh., Abschn. 13) sagt, »unfestgestellter als irgend ein Thier sonst« ist. Wie schon in der »Einführung« gesagt, sieht Nietzsche in dieser Offenheit zu Recht die Chance zu Wagnissen und Neuerungen. Fragen muß man sich daher, warum der Mensch, indem er sich Rechtsregeln setzt, die Chance wieder einschränkt? Hat er etwa Angst vor seiner Offenheit; fürchtet er sich vor seiner Handlungsfreiheit?
In einer gewissen Hinsicht trifft die positive Antwort zu. Regeln schränken eine Freiheit, die Beliebiges tun und lassen will, ein. Und im Fall des Rechts steht es dem Menschen nicht etwa frei, die

entsprechenden Freiheitseinschränkungen anzuerkennen oder aber zu verweigern. Bei Rechtsregeln wird man im Unterschied zu moralischen Regeln zur Anerkennung gegebenenfalls gezwungen. In anderer Hinsicht stehen aber die Rechtsregeln im Dienst der Handlungsfreiheit, und dafür gibt es anthropologische Gründe. Ein klares Beispiel bietet das Strafgesetz. Seine kulturunabhängig gültige, anthropologische Grundlage besteht aus der Verbindung von drei Elementen: der Gewaltfähigkeit – der Mensch kann die Hand gegen seinesgleichen erheben –, dem Fehlen eines gewaltresistenten Schutzpanzers und dem Umstand, daß eine Gewalthemmung gegen seinesgleichen, selbst eine Tötungshemmung, fehlt. Nach einem Grundwort der abendländischen Anthropologie ist der Mensch ein soziales Wesen, das seinesgleichen teils zum bloßen Überleben braucht (Stichworte: Fortpflanzung und Hilfsbedürftigkeit der Kinder), teils zum angenehmen und guten Leben (Stichworte: Vorteile der Kooperation, Selbstfindung mit anderen, Anerkennung durch andere). Eine Reflexion auf das Rechtsinstitut des Strafrechts stellt die Sozialnatur des Menschen nicht etwa in Frage, erweitert jedoch den Blick und entdeckt eine Komplikation. Für seinesgleichen ist der Mensch nicht bloß eine Hilfe und Ergänzung, sondern angesichts knapper Mittel auch eine Konkurrenz, wegen der Gewaltfähigkeit sogar eine Gefährdung. Wegen der Komplikation erhält nun, was bisher schlicht »Sozialwesen« hieß, jetzt einen qualifizierenden Zusatz; es wird zum Sozialwesen im positiven Sinn – Menschen können sich gegenseitig helfen und ergänzen –, dem ein Sozialwesen in negativer Bedeutung, die der wechselseitigen Gefährdung, entgegentritt.

Aus der erweiterten Sozialanthropologie – Kooperation plus Konflikt – hebt eine Theorie des Strafrechts die Gefährdungen durch seinesgleichen heraus, insbesondere die von wahrhaft existentiellem Gewicht. Weil sie von seiten der Mitmenschen erfolgen, ist bei ihnen der Mensch potentiell Täter und Opfer zugleich. Die Konfliktgefahr wird nun gegenüber der Kooperationsnatur insofern privilegiert, als sie das Strafrecht nötig macht. Wo die Sozialbeziehungen lediglich in gegenseitiger Hilfe bestehen und die Hilfe immer spontan, überdies verläßlich zustande kommt, wo also ausschließlich die positive Sozialnatur am Werk ist, verliert das Strafrecht seine Geschäftsgrundlage.

Gäbe es nun keinerlei Freiheitseinschränkung, so wäre erlaubt, was physisch möglich ist: man dürfte seine Mitmenschen töten, bestehlen oder sonstwie mit Gewalt bedrohen. Indem das Strafgesetz diese Optionen verbietet, schützt es die Handlungsfreiheit. Und dieser Umstand erklärt die interkulturelle Gültigkeit des Strafrechts. Es schützt Dinge, die dem Menschen kulturunabhängig wichtig, sogar lebenswichtig und die ebenso kulturunabhängig bedroht sind; mag die Bedrohung auch in manchen Kulturen stärker, in anderen schwächer sein, gegeben ist sie jedenfalls in jeder Kultur. Vorgegeben ist damit freilich erst die Aufgabe, eine Freiheitsgefährdung von seiten der Artgenossen zu verhindern. In der Gleichbehandlung, mit der das Recht die Aufgabe löst, mit jener Einschränkung von Freiheit – etwa dem Tötungsverbot –, die zugleich die Freiheit – hier: das Lebensrecht – sichert, ist aber die rechtsdefinierende Vernunft anwesend.

Eine weitere Freiheitsaufgabe erfüllt das Recht beim Eigentum. Denken darf man dabei nicht etwa nur an das Eigentum an Sachen; ebenso wichtig ist das an der Arbeitskraft. Gäbe es keinerlei Recht, so stünde dem Menschen nur die Möglichkeit eines Besitzes offen, das heißt eines physischen Innehabens von Sachen und Dienstleistungen. Weder verfügt er über die Dinge, die er aus der Hand gibt, noch über die Dinge, die ihm ein anderer streitig macht; und auch Verträge – über Wohnrechte, Dienstleistungen usw. – sind ihm versperrt. Fehlt das Recht, so entscheiden hier lediglich Bedürfnisse und Macht; erst mit Hilfe des Rechts kann man zu Sachen und Dienstleistungen eine Freiheitsbeziehung eingehen. Es ist das Recht, das den Menschen erstens zu dieser Freiheitsbeziehung überhaupt ermächtigt, das zweitens – als detailliertes Privatrecht – die nähere Gestalt dieser Beziehung definiert und bei Regelverletzungen den gesuchten Rechtsakt für nichtig hält und das schließlich – damit kommen wir wieder zum Strafrecht – die Freiheitsbeziehungen gegen die Gewalt von Mitmenschen schützt. Das Recht erfüllt hier mindestens drei Funktionen, und sie alle dienen der Handlungsfreiheit.

Kant hat zwei anthropologische Hinsichten unterschieden. »Die physiologische Menschenkenntnis geht auf die Forschung dessen, was die *Natur* aus dem Menschen macht, die pragmatische auf das, was *er* als frei handelndes Wesen aus sich selber macht, oder machen kann und soll« (*Anthropologie in pragmatischer Hinsicht*, Akad. Ausg. VII, 119). In eine Rechtstheorie gehen beide Hinsichten ein. Die physiologische Hinsicht benennt die doppelte Fähigkeit, Opfer und Täter von Gewalt zu sein, und das Fehlen einer angeborenen Gewalthemmung. Die pragmatische Hinsicht zeigt, daß der Mensch nur dann handlungsfähig wird und bleibt, wenn er der Bedrohung der Handlungsfähigkeit mit dem Recht begegnet. Und sie ergänzt: Auch wenn das Recht überlebensnotwendig ist – und sich schon deshalb in allen Kulturen findet –, hat es auch einen Mehrwert. Es trägt zu dem bei, woran ebenfalls alle Kulturen interessiert sind, zum guten und gerechten, kurz: humanen Leben. Etwas, das man die anthropologische Notwendigkeit des Rechts nennen kann, meint daher beides: das Recht als Überlebensnotwendigkeit des Menschen und als Notwendigkeit zum humanen Leben.

Auf Naturvorgaben kann man sich zwar einstellen, gleichwohl bleibt man ihnen schlicht ausgeliefert; sozialen Regeln vermag man sich dagegen zu entziehen. Dieser Gefahr, einer bewußten Regelverletzung, tritt der Rechtszwang mit Sanktionen entgegen. Rechtfertigen könnte man dieses zweite Begriffselement mit der Endlichkeit, das heißt hier: mit der Unzuverlässigkeit, menschlicher Vernunft. Da man auf eine innere Verpflichtung, auf eine Selbstbindung bzw. Rechtsgesinnung, einen Gerechtigkeitssinn, aber nur hoffen, nicht bauen kann, bräuchte es eine äußere, soziale Bindung. Die Unzuverlässigkeit selbst berechtigt jedoch noch nicht zu einem Zwang. Damit sich in Sanktionen nicht Gewalt, sondern soziale Vernunft zeigt, müssen Regeln vorliegen, deren Einhaltung die anderen verlangen dürfen, weshalb sie im Fall der Regelverletzung ein Recht zu zwingen haben. Das Merkmal, das den Rechtszwang vor krimineller Gewalt auszeichnet, eine Zwangsbefugnis, trifft nur auf eine geschuldete Gegenseitigkeit zu.

Mit Ausnahme der Ermächtigungen erfüllt das Recht seine verschiedenen Funktionen durch verschiedenartige Sanktionen. Für die Verletzung der Strafgesetze werden Sanktionen im engeren Sinn, Strafen, angedroht; die Verletzung (privatrechtlicher) Formvorschriften (für eine Ehe, ein Testament, einen Kaufvertrag) hat dagegen die Nichtigkeit des intendierten Rechtsaktes zur Folge. Selbst Rechtssoziologen achten zu wenig darauf, daß gemäß den zwei Regelarten das Recht zwei verschiedene Funktionen erfüllt. Indem Strafgesetze vor Übergriffen auf Leib und Leben, auf Eigentum, auf einen guten Namen usw. schützen, negieren sie unmittelbar partikulare Gewalt, sie dienen also der Rechtsvernunft direkt. Nicht schon mit dem Regelcharakter, wohl aber mit

Regeln, die sich gegen Gewalt richten, tritt im Recht eine mehr als nur subsidiäre, eine genuine Vernunft zutage. Bei Formvorschriften dagegen sorgt das Recht lediglich dafür, daß man in gewissen Grenzen eindeutig und unmißverständlich weiß, *daß* der gesuchte Rechtsakt vollzogen und *was* in ihm vollzogen ist. Die Frage, ob der Rechtsakt vernünftig ist, stellen diese Vorschriften, Gebotsnormen, dagegen nicht; gegenwärtig ist nur eine instrumentelle, bestenfalls eine pragmatische Vernunft.

Außer den Verbots- und den Gebotsnormen gibt es noch die Ermächtigungsregeln. Als Bestimmungen über Mündigkeit zum Beispiel autorisieren sie, die entsprechenden Rechtsakte selbständig vorzunehmen. In diesen Bereich fällt auch das Recht, etwas Äußeres (Sachen, Dienstleistungen ...) als das Seine zu haben, also die Einrichtung von Eigentum. Da der Mensch, wie angedeutet, als ein Leibwesen ohne die Möglichkeit von Eigentum nicht frei zu sein vermag, so gibt es hier eine genuine Vernunft; es wäre eine gewisse Freiheitsräume zuweisende Vernunft (zu naturrechtlichen Eigentumstheorien s. Merle 1996; zur Gegenposition Dagognet 1992).

Der unterschiedlichen Vernunftart entspricht eine unterschiedliche Art zu reagieren, eine andere Grammatik. Beim Strafrecht reagiert das Recht kategorisch – was auch immer man sonst will: Mord, Diebstahl, Beleidigung sind aus dem Kreis legitimer Handlungen grundsätzlich ausgeschlossen. Bei Formvorschriften reagiert es hypothetisch: ob man den entsprechenden Rechtsakt überhaupt will, ist freigestellt; wer ihn aber will, muß sich an die einschlägigen Bestimmungen halten. Bei den Ermächtigungen schließlich zeigt sich das genuine Vernunftmoment in einer dritten Regelart, weder in kategorischen Verboten noch in hypothetischen Geboten, wohl aber in kategorisch gebotenen Erlaubnissen. Der Rechtsordnung ist geboten, die entsprechenden Ermächtigungen, beispielsweise zu Eigentum, überhaupt vorzunehmen, während die nähere Ausgestaltung der Ermächtigungen, eine konkrete Eigentumsordnung, von nicht nur genuinen Vernunftfaktoren abhängt.

Bei den genuin vernunftbestimmten Regeln stellt sich die Anschlußfrage nach der Modalität: Steht es einer Rechtsordnung frei, für die Regeln Sorge zu tragen, oder ist sie dazu verpflichtet? Im ersten Fall – das Recht *darf* eingreifen – gehören die Regeln zur zweiten Vernunftstufe, der rechtsnormierenden Vernunft, im anderen Fall – das Recht *muß* eingreifen – sind sie Bestandteil schon

der ersten Stufe, der rechtsdefinierenden Vernunft. Behandeln wir die Frage exemplarisch, in bezug auf die kategorischen Verbote.
Der Rechtsvergleich spricht zugunsten der zweiten Option. Die uns bekannten Rechtsgesellschaften gestalten das Strafrecht zwar unterschiedlich aus; gemeinsam ist aber, daß sie überhaupt ein Strafrecht kennen. Darüber hinaus ist ein Großteil dessen gemeinsam, was als Rechtsverstoß gilt; Diebstahl und Ehrverletzungen, Raub, sexuelle Gewalt und Mord gelten in den verschiedenen Gesellschaften gleichermaßen als Strafdelikte.
Wichtiger als der Rechtsvergleich ist indessen ein zweiteiliges systematisches Argument. Erstens dienen die genannten Verbote nicht nur ihrem Autor, sondern auch dem Adressaten, und zwar dergestalt, daß die Gruppe der vom (Verbots-)Zwang Betroffenen, der von ihm Benachteiligten, mit der Gruppe der von ihm Bevorteilten zusammenfällt. Zweitens läßt sich ohne ein derartiges Zusammenfallen der Rechtszwang nicht von krimineller Gewalt unterscheiden. Die Mafia kann ihren Zwang durchaus regelförmig organisieren; ihr Zwang dient aber letztlich nur dem, der ihn organisiert, den Mafiosi, so daß der Autor und der Adressat, die Gruppe der Bevorteilten und die Gruppe der Benachteiligten, auseinanderfallen. Während die Mafia das Problem, die Gewalt, zuerst produziert, bevor sie anschließend die Lösung, ein Schutzgeld, anbietet, löst das Recht ein ihm vorgegebenes Problem, die wechselseitig drohende Gewalt. Weil die kategorischen Verbote zum Recht als solchem gehören – selbst ein Recht, das nur aus Zivilrecht besteht, bedarf ihrer als des schützenden Rahmens – und weil diese Verbote qua Gewaltnegation eo ipso soziale Vernunft realisieren, zählen sie zur rechtsdefinierenden Vernunft.
Um jene Wirksamkeit zu erreichen, die schon P. J. A. Feuerbach verlangt, müssen die kategorischen Verbote ihrer Alternative, der Gewalt, Paroli bieten können und entweder die Gewalt erst gar nicht aufkommen lassen oder aber sie dort, wo es sie trotzdem gibt, brechen. Zum Zweck beider Optionen, mithin lediglich subsidiär zu den die Gewalt negierenden Regeln und doch unverzichtbar, verbindet sich das Recht – so das dritte Definitionselement – seinerseits mit einer Gewalt. Und eine Gesellschaft braucht diese Verbindung, um der stets drohenden Gegenvernunft, der Gewalt, entgegenzutreten.
Die Institutionen der Gegengewalt können allerdings zur schlich-

ten Gewalt degenerieren. Es geschieht zwar insofern nicht vollständig, als die Gegengewalt qua autorisierter Macht (*potestas*) von der bloßen, privaten Gewalt (*violentia*) begrifflich verschieden bleibt. In der Wirkung läuft die Gegengewalt aber dort auf eine schlichte Gewalt hinaus, wo sie, statt die Menschen gegenseitig vor Gewalt zu schützen, ihrerseits gegen die Menschen gewalttätig wird – und sich dabei noch eines größeren Machtapparates bedient. Grundsätzlich ausschließen läßt sich diese Möglichkeit zwar nicht, durch geeignete Vorsichtsmaßnahmen läßt sich aber ihre Wahrscheinlichkeit stark senken. Eine Vernunftskepsis würde es sich daher zu leicht machen, wenn sie unter Berufung auf die stets drohende Gefahr des Mißbrauchs die Institutionen der Gegengewalt für vernunftindifferent hielte.

»Sanktionsbewehrt«, wie es bei Durkheim heißt (1896-1915/1991, 10 u. ö.), sind nicht bloß Rechtsregeln, sondern ebenso Brauch, Sitte und Konvention. Da auch bei ihnen die Identität von Bevorteilten und Benachteiligten zutreffen kann, bleibt der bisherige Begriff unvollständig. Nach Max Webers berühmter Bestimmung ist für das Recht ein eigens darauf abgestellter Stab von Menschen zuständig (*Wirtschaft und Gesellschaft*, § 6; eine äquivalente Bedeutung hat Durkheims Rede vom »Staat«: 1896-1915, 4. Vorlesung). Interpretiert man dieses inzwischen vierte Definitionselement vernunftneutral – es bedeutet dann Ausdifferenzierung und Professionalisierung –, so geht der Umstand verloren, daß das Recht lange Zeit ohne einen eigenen Berufsstand auskam und doch schon jene Aufgabe erfüllte, der der »Stab von Menschen« dient. Auch in wenig differenzierten Gesellschaften sind für das Recht nicht die jeweils Betroffenen zuständig, sondern Nicht-Involvierte, die überdies sowohl vorab, vor Ausbruch des jeweiligen Rechtsstreites, als auch für alle entsprechenden Fälle bestimmt sind; sie üben ein (Richter-)Amt aus.

Da sich die Regeln nicht selber anwenden, ist in der jeweiligen Anwendung ihr Vernunftzweck, die Gleichbehandlung, gefährdet; dem tritt das Amt des unparteiischen Dritten, des Richters, entgegen. Die Gleichbehandlung schlicht garantieren kann das Amt nicht; es erhöht aber die Wahrscheinlichkeit, daß geschieht, was schon Aristoteles von den Amtsinhabern verlangt, »nur Wächter und Diener der Gesetze« zu sein (*Politik* III 16, 1287a 20-22). Einmal mehr erhöht sich die Wahrscheinlichkeit der Gleichbehandlung dort, wo die Amtsausübung Regeln unterwor-

fen ist, deren Anwendung in entwickelten Rechtsgesellschaften noch durch übergeordnete Gerichtsinstanzen überprüft wird.
Ein trennscharfer Begriff von Recht überhaupt ergibt sich erst aus der Verbindung von drei Definitionsmerkmalen rechtlichen Zwangs. In jedem Element: (1) im Regelcharakter, (2) in den Sanktionen und (3) in der öffentlichen Gewalt einschließlich einer Kontrolle durch unparteiische Dritte, tritt mittelbar oder unmittelbar Vernunft zutage. Aus diesem Grund darf eine rechtsförmig organisierte Gesellschaft als solche Vernunft für sich in Anspruch nehmen. Weil die soziale Vernunft nicht nur rechtsförmig existiert und weil es außer der rechtsdefinierenden auch eine rechtsnormierende Vernunft gibt, weil man sich also nicht mit irgendeiner Rechtsordnung zufriedengeben darf, ist die entsprechende Gesellschaft zwar nicht rundum und vollständig vernünftig, vernünftig in einem elementaren Sinn aber doch. Wo das Recht herrscht, herrscht auch Vernunft; durch ihre rechtsförmige Selbstorganisation unterwirft sich eine Gesellschaft gewissen Ansprüchen der Vernunft; umgekehrt gehört zur Vernunft der Gesellschaft das Recht unaufgebbar hinzu. Insofern ist es dem Menschen von der Vernunft geboten, in einen Rechtszustand mit seinesgleichen einzutreten.
Im Verlauf der Sozialgeschichte erhält das Recht mehr und mehr Gewicht. Angefangen mit dem Verbot, das Ungeborene als bloße Sache zu behandeln, über Alltäglichkeiten wie das Mieten einer Wohnung oder den Kauf eines Autos bis zum Eingehen einer Ehe und ihrer Auflösung, ferner zum Verbot, zu töten und zu stehlen, und dem Recht zu erben, ist das moderne Leben in einen Strauß von Rechtsverbindlichkeiten eingebunden, der immer üppiger wird. Nimmt deshalb die Vernunft der Gesellschaft zu? Korreliert die wachsende Macht des Rechts, die zunehmende Verrechtlichung, mit einer Zunahme an sozialer Vernunft? Kann man, um nur einen Gesichtspunkt herauszugreifen, das Durkheim-Wort (1896-1915/1991, 85) »Je stärker der Staat, desto größer die Achtung vor dem Individuum« abwandeln und behaupten: ›Je stärker das Recht, desto größer die Achtung vor den Individuen‹? Oder ist diese Ansicht nicht eher zu »juridizistisch«, jedenfalls zu optimistisch?
Die Verrechtlichung schränkt den Spielraum des Individuums wieder ein. Außerdem geht sie mit zunehmender Bürokratisierung einher, ferner mit geringerer Flexibilität. Weiterhin fördert

sie Einstellungen wie die Anspruchshaltung, zugleich verringert sie Initialkräfte und Kreativität und schwächt dabei Spiel und Kunst, Entdeckungslust (»Forschergeist«) und Unternehmungsfähigkeit ab. Außerdem wohnt der Verrechtlichung ein antidemokratischer Charakter inne. Sie macht nämlich das Alltagshandeln von professionellen Rechtsberatern abhängig und verringert dabei, indem sie die Kompetenz des rechtlichen Common sense einschränkt, die Fähigkeit der Bürger, den überwältigenden Anteil ihres Lebens selbständig und ohne große Gefahr von Rechtsverletzungen oder rechtlichen Benachteiligungen zu bestreiten. Kurz: Unproblematisch ist die Verrechtlichung nicht.
Bei einer Vernunftbeurteilung sind zunächst zwei Dimensionen der Verrechtlichung zu unterscheiden. Dort, wo gewisse Bereiche erstmals vom Recht erfaßt werden, kann man einen Vernunftzuwachs durchaus behaupten, allerdings nicht schlechthin, sondern nur insofern und in dem Maße, wie Willkürmeinung und private Gewalt überwunden werden. Anders sieht es mit der Durchreglementierung eines schon rechtlich erfaßten Bereiches aus. Hier gibt es durchaus ein Zuviel, das die Vernunft nicht etwa steigert, sondern im Gegenteil schmälert.
Die Alternative heißt allerdings nicht Entrechtlichung. Denn mindestens zum Teil ist nicht die Verrechtlichung selbst, sondern ihre nähere Art problematisch: eine fortschreitende Kodifizierung, die das Gewohnheitsrecht zurückdrängt; ferner jene zu enge, zu sehr reglementierende Kodifizierung, die das Recht der Generalklauseln einschränkt; Begriffe wie »Treu und Glauben« oder »gute Sitten«, auch »Billigkeit« haben einen doppelten Wert: dem Richter erlauben sie, sowohl dem Einzelfall als auch gewachsenen Üblichkeiten gerecht zu werden; und dem Rechtsgenossen könnten sie – vorausgesetzt, die Richter reichen dazu die Hand – die Abhängigkeit vom professionellen Rechtsbeistand verringern. Allerdings droht die Gefahr, daß die Richterschaft, zumal in ihren höchsten Instanzen, die judikative Macht ausweitet und einem Richterstaat Vorschub leistet (s. Kap. 12).
Erstaunlicherweise wird eine zu starke Reglementierung schon seit langem beklagt. Die Klage wird sogar als berechtigt anerkannt, und trotzdem schreitet die Reglementierung munter fort. Hier kann von Vernunft im Recht die Rede nicht sein.
Ein generelles Caveat: So sehr das Recht zur Vernunft im Sozialen beiträgt, so wenig darf man den Vernunftcharakter des Rechts

überschätzen. Weder ist es sicher, daß die Rechtsform immer die soziale Vernunft erhöht, noch, daß es zur sozialen Vernunft qua Recht keine Alternative gibt. Schließlich kann man innerhalb des Rechts nach Alternativen zur vorherrschenden Form des Rechts suchen. Es gibt informelles Recht, außerdem Schieds- und Schlichtungsinstanzen und vor allem die Möglichkeit, den Rechtszwang nicht nur in der harten Form von autoritativen Sanktionen und Nichtigkeitserklärungen vorzunehmen.

2.5 Vernunft und Demokratie

Offen ist noch die Frage, wer denn für die Rechtssetzung zuständig sei. Die Frage leitet von der rechtsdefinierenden zur rechtsnormierenden Vernunft über. Denn das Recht als solches ist nicht an eine bestimmte Rechtssetzung gebunden. Nach der Antwort, auf die die Neuzeit zu Recht stolz ist, nach dem Prinzip Demokratie, sind es die Betroffenen, das Volk, verstanden als die Gesamtheit der Rechtsgenossen. Nun verliert ein Zwang, den man sich selbst auferlegt, den Zwangscharakter. Nach dem Grundsatz »volenti non fit iniuria« hebt sich dort, wo der Urheber des Zwangs und sein Adressat identisch sind, der Zwang als Zwang auf. Zu Recht heißt es daher in der politischen Legitimation, daß alle Gewalt vom Volk ausgeht. Damit gibt es eine zweite Identität. Beim Gehalt der Gesetze, etwa den kategorischen Verboten, liegt eine Identität der vom Zwang Bevorteilten und der von ihm Benachteiligten vor; die demokratische Selbstorganisation, die die Herkunft der Gesetze betrifft, beinhaltet dagegen die Identität von Autor und Adressat des Zwangs. Es fragt sich allerdings, wo die zweite Identität tatsächlich vorliegt. Mit dieser Frage gehen wir nicht auf die Legitimation von Demokratie ein (vgl. Kap. 3.1), vielmehr befassen wir uns mit der empirischen Gestalt von Demokratien.
Nichteuropäische und vorneuzeitliche Gesellschaften kennen eine politische Institution, deren Vernunftcharakter übersieht, wer zu sehr auf die europäische Moderne achtet. In Afrika ist es eine Versammlungsform mit jahrhundertealter Tradition: das Palaver. Die Umgangssprache versteht darunter ein endloses Gerede und zeigt damit, wie sehr sie in eurozentrischen Vorurteilen befangen ist; sie übersieht den Zweck, die Suche nach, sogar Selbstver-

pflichtung auf Einhelligkeit. Von diesem Zweck her wird depotenziert, was in der abendländischen Politik de facto gern den Vorrang erhält: die Entscheidungshast, die für wirkliche Konsensfindung keine Zeit hat, oder der agonale Charakter, der, statt eine breite Zustimmung zu suchen, auf die gerade noch erforderliche parlamentarische Mehrheit, sprich: auf Sieg, aus ist. Im Palaver wird dagegen solange miteinander gesprochen, bis nicht bloß der Idee nach, sondern in der Wirklichkeit alle miteinander übereinstimmen. Zwangsbefugnisse, die aus einem Palaver hervorgehen, erfüllen die Bedingung sozialer Vernunft mit besonderer Deutlichkeit: der Zwang ist selbstauferlegt, er verliert den Gewaltcharakter. Das Palaver, eine vorneuzeitliche und zugleich nichteuropäische Form von Demokratie, tritt nicht bloß jeder Machtkonzentration entgegen; es ist auch eine Institution jener konsensuellen Herrschaft, die wir etwa aus dem frühen Island kennen (vgl. Byock 1988, Kap. 6) und generell von der germanischen Volksversammlung, die zugleich die Gerichtsbefugnisse hatte, vom Ding bzw. Thing.

Es wäre eine gemeinsame Aufgabe von Sozialtheoretikern und Ethnologen zu untersuchen, ob sich das Palaver als Vorbild konsensueller Demokratie eignet. Dazu hier nur wenige Bemerkungen (vgl. Bujo 1989, 601 f.): Einberufen wird ein Palaver in Situationen von existentiellem Ernst, etwa dort, wo die Gemeinschaft – durch den plötzlichen Tod eines Mitglieds, durch eine Naturkatastrophe, durch Raub oder Überfall – zu zerbrechen droht. Anlaß kann aber auch die Beleidigung eines Älteren durch einen Jüngeren sein. Charakteristisch für das Palaver ist die rundum offene Diskussion; jeder darf mitreden, wobei die Rede an keinerlei Tabus oder Rücksichtnahmen gebunden ist; auch gibt es kein festes Protokoll.

Wir wissen, daß sich den Verzerrungen, die stets drohen, kein faktischer Konsens vollständig zu entziehen vermag. Ein Palaver kann deshalb nur Vorschein einer vernünftigen Gesellschaft sein und noch nicht diese selbst. Gegen den Versuch, unsere Demokratien an das Palaver zu binden, sprechen auch die veränderten Randbedingungen. Was in Kleingruppen möglich ist, haben sich unsere Großgesellschaften als solche verbaut; und ebenso: was relativ statischen Gesellschaften offensteht, ist den dynamischen Industriegesellschaften versperrt. Dieser Umstand gibt Anlaß, sich die Kosten einer dynamischen Industrie- und Massengesellschaft zu vergegenwärtigen: Jene gesellschaftliche Dynamik, die einen bisher unbekannten Wohlstand und gewiß auch ein früher kaum gegebenes Durchschnittsniveau von Bildung und Kultur erlaubt, verbietet sich – ich vermute: eo ipso – die früher mögliche Art politischer Selbstorganisation. Vielleicht sind aber gewisse Äquivalente denkbar. Einstmals erhoffte man es sich von den Medien; heute sieht man klare Grenzen. Medien sind längst nicht bloß eine Gegenmacht; sie verfügen über eine Eigenmacht, die sich überdies darin von den traditionellen öffentlichen Gewalten unterscheidet, daß sie kaum eine medienexterne Kontrolle kennt.

Noch einmal: Die Tatsache einer Übereinstimmung verbürgt nicht den normativen Gehalt dessen, was »Konsens«, verstanden als Legitimationsprinzip für sozialen Zwang, bedeutet. Eine mehr als nur faktische, eine nicht mehr von Zwängen oder Illusionen bestimmte, eine wirklich legitimationsverbürgende Zustimmung liegt dort, aber auch nur dort vor, wo sich jeder mit seinen ureigenen Interessen wiederfindet. Mit Sicherheit realisieren läßt sich diese Bedingung weder durch ein langes Miteinanderreden noch durch eine schließliche Einstimmigkeit, sondern nur dadurch, daß der soziale Zwang dem Interesse des vom Zwang Betroffenen, und zwar jedes einzelnen, tatsächlich dient, mehr noch: daß der Zwang für das Interesse jedes einzelnen unverzichtbar ist.

Aufgrund dieser Bedingung führt unsere zweite Identität, die von Autor und Adressat, auf die erste, die von Bevorteilten und Benachteiligten, zurück. Im Fall der positiven Antwort und in ihrem Fall allein ist der betreffende Sozialzwang von der Vernunft nicht bloß erlaubt, sondern wegen der Unverzichtbarkeit auch geboten. Andernfalls liegt eine Abschwächung der Vernunftansprüche vor, oft genug sogar ein Widerspruch gegen sie. Dieses Resultat hat eine einschneidende Konsequenz: Wichtiger für die reale Vernunft einer Gesellschaft als ihre demokratische Organisation, freilich nicht wichtiger als ihre demokratische Legitimation, ist ihre Rechtsform – insofern und insoweit diese im Dienst unverzichtbarer Interessen steht.

Die Bedingung ist zweifelsohne streng. Individuen, Gruppen und Gesellschaften unterscheiden sich in den gewöhnlichen Interessen so stark, daß diese nicht unverzichtbar sein können. Erfüllt wird die Bedingung – werden wir sehen – nur von Interessen zweiter Stufe, von Interessen, die als Bedingung der Möglichkeit gewöhn-

licher Interessen (relativ) transzendentale Interessen genannt werden können. Derartige Interessen liegen dort vor, wo es um Menschenrechte im strengen Sinn des Ausdrucks, nämlich um Rechte geht, ohne die der Mensch kein handlungsfähiges Subjekt sein kann (s. Kap. 3).
Im Verlauf der Rechtsgeschichte treten allerdings die Menschenrechte erst spät und nur in einer bestimmten Rechtstradition auf. Folglich scheint nicht erst die Demokratie, sondern scheinen schon die kategorischen Verbote eine rechts*normierende* Funktion auszuüben, so daß der rechtsdefinierende Anteil im Recht sehr klein zu werden droht. Behandelt werden die genannten Rechte aber nicht nur in den neuzeitlichen Menschenrechtskatalogen, sondern schon im traditionellen Strafrecht, etwa in dessen Schutz von Leib und Leben, von Eigentum, von sexueller Selbstbestimmung usw. Nun gehört zumindest ein Teil des Strafrechts zu jedem Recht hinzu, weshalb der rechtsdefinierende Anteil doch nicht zu klein wird. Allerdings behandelt das traditionelle Strafrecht nur einen Teil der transzendentalen Interessen. Deshalb enthält das Element, das hier in rechts*definierender* Funktion eingeführt ist, die kategorischen Verbote, zugleich eine rechts*normierende* Kraft. Dort, wo ein Schutz transzendentaler Interessen ganz fehlt, herrscht die Gewalt, nicht das Recht. Und dort, wo der Schutz über ein strafrechtliches Minimum hinaus ausgebaut, außerdem etwa in Richtung auf Sozialrechte, Kulturrechte und ökologische Rechte erweitert wird, steigert eine Gesellschaft ihre Vernunftqualität.
Ziehen wir eine zweite Zwischenbilanz: Eine Gesellschaft organisiert sich dann nach Vernunft, wenn sie ihre Probleme, statt sie der Gewalt anheimzugeben, erstens von Regeln bestimmen läßt, deren Anwendung zweitens mit Hilfe von Sanktionen erfolgt, die drittens auf eine autorisierte Gewalt, eine *potestas*, keine *violentia*, zurückgeht und die nicht nur durch unparteiische Dritte ausgeübt wird, sondern sich viertens auch auf jene Art universaler Prinzipien verpflichtet, die wir heute als Demokratie und als Menschenrechte kennen und die die Rechtsordnungen zwar nicht vollständig und umfassend, aber zumindest in Ansätzen schon seit Anbeginn schützen.
Nicht alles, was heute als Menschenrecht firmiert, erfüllt die Bedingungen problemlos. Schon in die genaue Definition des entsprechenden Menschenrechts können partikulare Interessen ein-

gehen. Dabei setzt sich das Übliche durch: wer die Kunst beherrscht, Interessen gegeneinander auszuspielen, wer die Medien politisch oder intellektuell beherrscht, kurz: wer für sich die erforderlichen Mehrheiten gewinnt. Derartige Phänomene wären nur dann vermeidbar, wenn man Rousseaus Bedingung erfüllen könnte und über jene »höhere Vernunft« verfügte, die alle Leidenschaften des Menschen sieht und selbst keine hat (*Du contrat social* II 7). Dem demokratischen Souverän, sofern es nicht um seine Idee, sondern die Wirklichkeit empirischer Menschen geht, ist aber diese Möglichkeit grundsätzlich versperrt. In der Rechtssetzung durch die Betroffenen wächst also der Vernunftcharakter und wird trotzdem in der politischen Wirklichkeit gefährdet. Statt lediglich die Vernunft zu steigern, bleibt das Element ambivalent. Und wenn eine Rechtsordnung erreicht, was man ihr heute zuschreibt, wenn sie deliberativ und reflexiv wird (s. Kap. 8.1), nimmt sie durchaus an Vernunft zu, vermutlich allerdings nur an pragmatischer, nicht genuiner Vernunft, die Ambivalenz hebt sie aber nicht auf.

Diesen Hinweis darf man nicht mißverstehen, so als ob es zur demokratischen Rechtssetzung eine nichtdemokratische, dafür aber ambivalenzfreie Alternative gäbe. Im Gegenteil entfällt schon deshalb eine vernunftreichere Option, weil nach dem Argument »volenti non fit iniuria« die Selbstgesetzgebung als solche den Vernunftcharakter steigert. Trotzdem bleibt die Schwierigkeit, daß eine regelförmige Selbstorganisation zwar vernunftreicher als eine regelfreie ist, weil, wie Aristoteles sagt, etwas, das von Leidenschaften ganz frei ist, besser ist als etwas, dem sie angeboren sind (*Politik* III 15, 1287a 17 ff.). Aber der Ursprung der Regelsetzung kann nur der Idee nach regelförmig bleiben, während die Wirklichkeit, weil an empirische Menschen gebunden, defizitär bleibt.

Weil auch andere Amtsinhaber Leidenschaften haben, fragt sich, warum es beim Gesetzgeber gravierender sein soll als etwa bei einem Richter. Ein Richter, der irgendwie mit Privatinteressen involviert ist, wird aber wegen Befangenheit abgelehnt. Abgeordnete dagegen heißen zwar Volksvertreter, werden jedoch selbst dann, wenn die Interessen ihrer Gruppen betroffen sind, nicht wegen Befangenheit abgelehnt. Im Gegenteil finden sie nicht selten deswegen, als Interessensvertreter, Stimme und Zustimmung. Die Grundform der Rechtsvernunft, die Regelform, läßt sich also am Ursprung der Regeln, bei der Gesetzgebung, nicht mehr durchhalten. Zugegeben: Abgeordnete folgen Verfahrensregeln, auch halten sie in glücklichen Stunden diskursanaloge Debatten; Interessen verfolgen sie aber auch. Außerdem haben sowohl die Parteien als auch die Verwaltung und darüber hinaus ein an Kompetenzen so reiches Verfassungsgericht wie das deutsche (s. Kap. 12) ein Gewicht erhalten, das vom Ideal der Demokratie kaum gedeckt ist. Infolgedessen läßt sich in der zwar rechtsförmigen, aber empirischen Selbstorganisation der Gesellschaft eine reine Gegenwart der Vernunft nicht erwarten.

3. Menschenrechte

Einige Kritiker nennen die Menschenrechte abschätzig die Zivilreligion der Moderne. Andere fürchten von ihrer Ausbreitung eine subtile Form von Imperialismus, einen Rechtskulturimperialismus, der anderen ihnen fremde Werte aufzwingt. Tatsächlich gehören die Menschenrechte zu jener universalistischen Moral, näherhin der Rechtsmoral, die vom Westen und seiner Neuzeit nicht entdeckt, wohl aber in größerer Radikalität gedacht wird. Gegründet in allgemeinen Bedingungen des Menschseins, vor allem der Vernunft, findet sich die universalistische Moral in bemerkenswertem Umfang schon in der Antike, beispielsweise bei Aristoteles (s. Höffe 1995a, 283 ff.). Und in Form des Strafrechts werden gewisse Menschenrechte von so gut wie allen Rechtskulturen anerkannt (s. Kap. 2.4).
Innerhalb der westlichen Rechtskultur sind die Menschenrechte inzwischen so selbstverständlich geworden, daß auf ihre Theorie das vielzitierte Hegel-Wort paßt, die Eule der Minerva, sprich: die Philosophie, beginne erst mit der einbrechenden Dämmerung ihren Flug. Merkwürdigerweise wirft die Legitimation der Menschenrechte trotzdem, also mehr als zwei Jahrhunderte nach den ersten Erklärungen, noch gravierende Schwierigkeiten auf. Einige von ihnen schlagen sogar auf die Geltung durch, und nur deshalb gehört die Menschenrechtstheorie, statt eine verspätete Eule der Minerva zu sein, zu einer im emphatischen Sinn praktischen und politischen Philosophie. Die Schwierigkeiten sind teils politischer (3.1), teils interkultureller (3.2) und teils anthropologischer Natur (3.3).

3.1 Menschenrechte und Grundrechte

Die ersten, politischen Schwierigkeiten beginnen damit, daß eine Menschenrechtserklärung bloße Deklaration bleiben kann. Beispielsweise setzt die Volksrepublik China, obwohl sie in ihrer Verfassung, Artikel 87, die Freiheit der Prozession und Demonstration anerkennt, gegen demonstrierende Studenten Panzer ein. Die Antwort darauf heißt Positivierung. Damit die Menschenrechte, statt bloße Worte zu bleiben, die Kraft der Verwirklichung erhalten, müssen sie zum festen Bestandteil der sozialen Welt werden.

Nach der europäisch-amerikanischen Rechtstradition gehen sie zu diesem Zweck in die bald geschriebene, bald ungeschriebene Verfassung ein, binden von dort die öffentlichen Gewalten und eröffnen gegen eine Rechtsverletzung die Möglichkeit einer Klage vor Gericht. Denkbar sind allerdings auch andere Wege der Positivierung. Beispielsweise plädiert der wichtigste verfassungstheoretische Text der frühen Vereinigten Staaten, die *Federalist Papers* (Hamilton/Jay/Madison 1788, Nr. 84), für eine Verfassung ohne Grundrechte; denn Gerechtigkeit und Freiheit seien durch Gewaltenteilung und repräsentative Demokratie besser gesichert. Und dort, wo man die entsprechenden Rechte selbstverständlich anerkennt, könnte eine rechtsförmige Positivierung kontraproduktiv sein. In diesem Sinn befürchtet Japan, durch einklagbare Menschenrechte von Kindern jenen Schutz eher zu gefährden als zu verbessern, denen es den Kindern in der Tat zu einem Höchstmaß angedeihen läßt. Kürzlich (1995) hat es aber die Konvention der Vereinten Nationen über die Rechte des Kindes ratifiziert.

Weil man also einerseits die Positivierung unterschiedlich vornehmen und andererseits dort, wo sich die Anerkennung von selbst versteht, eine einklagbare Garantie kontraproduktiv sein kann, vertritt die Rechtsphilosophie zunächst nur eine Positivierung überhaupt und hält sich mit Vorschlägen für die nähere Gestalt zurück. Sie macht allerdings auf die einschlägige begriffliche Differenz aufmerksam. Dort, wo sie in die Verfassung eingehen und von ihr aus die öffentlichen Gewalten binden, werden die Menschenrechte, die vorher nur Bestandteil der universalistischen Rechtsmoral waren, jetzt zu Elementen des positiven Rechts, zu Grundrechten einer partikularen Rechtsgemeinschaft. Sofern diese die drei Gruppen von Menschenrechten anerkennt, nicht lediglich die liberalen Freiheitsrechte, sondern auch die demokratischen Mitwirkungsrechte, nicht zuletzt die Sozialrechte, nennt man sie einen demokratischen Rechts- und Verfassungsstaat.

Die Unterscheidung richtet sich nicht nur gegen bloße Deklarationen, sondern macht auch auf den vor- und überstaatlichen Ursprung der Grundrechte aufmerksam. Während positive Grundrechte von einem konkreten Staat erlassen werden und daher vornehmlich seinen Bewohnern zukommen, erheben Menschenrechte den elementaren Anspruch, zum Menschen, nur weil er Mensch ist, zu gehören. Die Menschenrechte betreffen den Menschen bloß als Menschen, die Grundrechte den Menschen als Mitglied eines konkreten Staatswesens. Nicht wie Recht und Moral unterscheiden sie sich, sondern wie staatliches und vorstaatliches Recht. Dabei entspricht das vorstaatliche Recht der Rechtsvernunft bzw. dem moralischen Recht, also der Moral dessen, was die Menschen einander schulden; die Menschenrechte sind juridische und zugleich überpositive, moralische Rechte.

Wer die Menschenrechte nur als gesatzte Grundrechte thematisiert, verkennt nicht nur ihren rechtsmoralischen Status; er verkürzt auch ihr kritisches Potential. Nur wer Menschen- und Grundrechte sowohl klar trennt als auch aufeinander bezieht, bringt einerseits die Möglichkeit auf den Begriff, die in einem Gemeinwesen tatsächlich geltenden Grundrechte im Namen der Menschenrechte kritisch fortzuentwickeln, und kann andererseits die Aufgabe formulieren, den Grundrechtsschutz über ein einzelnes Gemeinwesen hinaus auf die Koexistenz aller Gemeinwesen, auf eine internationale Rechtsgemeinschaft, auszudehnen.

Insbesondere die ersten Deklarationen sind sich der elementareren Bedeutung von Menschenrechten bewußt (s. auch Renaut/Sosoe 1991, 35). Die *Virginia Bill of Rights* (1776) hat einen Aufbau, dem die französische *Déclaration* (1789) im wesentlichen folgt. Den Anfang – in Virginia Artikel 1, in Frankreich die Artikel 1 und 2 – bilden vorstaatlich gültige Rechte. Im Anschluß daran wird für alle Staatsmacht die Legitimationsgrundlage aufgeführt; Virginias Artikel 2 und Frankreichs Artikel 3 sagen, daß alle Gewalt vom Volke ausgeht. Erst in einem dritten Schritt kommt die Staatstätigkeit zur Sprache, und dann sowohl die Selbstbeschränkung der Staatsmacht als auch positive Staatsaufgaben (s. Kervégan 1995).

Diese Abfolge reflektiert die Einsicht, daß, legitimationstheoretisch gesehen, die in Frage stehenden Ansprüche von den Menschen primär gegeneinander erhoben und gegenseitig gewährt werden. In den Menschenrechten erkennen sich die Menschen als gleichberechtigte Rechtsgenossen an. Erst sekundär und dann subsidiär zu den Menschenrechten erhalten das positive Recht und der Inbegriff der öffentlichen Gewalten, der Staat, ihre Legitimation: Ihnen obliegt die Aufgabe, die angeborenen Rechte auf dem Weg der Verfassungs- und Gesetzgebung ins positive Recht zu verwandeln und dieses mittels Exekutive und Jurisdiktion durchzusetzen. Der Jurist sagt, die Rechte werden gewährleistet, und meint damit eine sekundäre, vom primären Gewähren streng unterschiedene Leistung.

Dieser Sachverhalt läßt sich durch zwei Begriffe oder Stufen von Demokratie erläutern. Sie entsprechen dem Unterschied von natürlicher und politischer Gerechtigkeit (vgl. Höffe 1987, Teil III). Nach dem gewöhnlichen, staatstheoretischen Begriff, dem der politischen Gerechtigkeit, heißt jene Staatsform demokratisch, in der alle öffentliche Gewalt von den ihr Unterworfenen, dem Volk, ausgeht. Dieser »politischen Demokratie« sind die Menschenrechte als nicht zu verletzende Vorgaben vorgeordnet. Wie jeder Staat, so kann auch der demokratische die Menschenrechte nur gewährleisten, während das originäre Gewähren den Rechtsgenossen selbst obliegt. Nun kann man schon die Gemeinschaft der Rechtsgenossen als eine Demokratie verstehen. In dieser von öffentlichen Gewalten noch freien, insofern vorstaatlichen bzw. vorpolitischen Demokratie haben die Menschenrechte ihren Ursprung. In der »natürlichen Demokratie« gewähren sich die Rechtsgenossen gegenseitig jene Rechte, die in der politischen Demokratie sowohl ausbuchstabiert als auch durchgesetzt werden.

Seit Georg Jellineks *System der subjektiven öffentlichen Rechte* (1892, ^{2}1905) unterscheidet man für das Rechtssubjekt drei Arten von Ansprüchen gegen die Rechts- und Staatsordnung. (Jellinek geht es also um Grundrechte, nicht um Menschenrechte.) Der *status negativus* umfaßt die persönlichen Freiheitsrechte, verstanden als Abwehrrechte gegen den Staat; der *status activus* bezeichnet die demokratischen Mitwirkungs- bzw. Partizipationsrechte; und der Inbegriff jener Leistungsansprüche des Bürgers an sein Gemeinwesen, die vom Rechtsschutz bis zum Anspruch auf sozial- und kulturstaatliche Verwaltungstätigkeiten reichen, heißt *status positivus*. Jellinek führt noch eine vierte Art, den *status passivus* oder *status subjectionis*, an. Hier ist der Bürger, weil gewissen Pflichten des Staates unterworfen, ein Untertan. In seine *Allgemeinen Staatslehre* (^{3}1914, 418-424) nimmt er aber diese »Position der Person zum Staate« nicht mehr auf.

Durch Jellinek erhält die Theorie der Grundrechte eine Systematik, deren Unterscheidungsvermögen und Problemweite, nicht zuletzt die Fähigkeit, eine Kontinuität zum antiken Recht herzustellen, bis heute überzeugt. Sieht man sich die inzwischen weltberühmten Gerechtigkeitsgrundsätze von John Rawls (1971) an, so kann man die drei Arten wiederfinden; allerdings fehlt Jellineks klare Unterscheidung. Rawls' erstes Gerechtigkeitsprinzip, das der größten gleichen Freiheit, deckt die beiden ersten Arten ab – und läßt zugleich die doch grundlegende Differenz von Freiheitsrechten und Mitwirkungsrechten vermissen. Und Rawls' zweites Gerechtigkeitsprinzip übernimmt im Unterschiedsprinzip Aufgaben das *status positivus*. Hinsichtlich der Freiheitsrechte ist aber die vorstaatliche von der staatlichen Existenzform zu unterscheiden. Ursprünglich, in der natürlichen Demokratie, in der die Freiheitsrechte konstituiert werden, indem die Rechtsgenossen sie sich gegenseitig gewähren, werden lediglich Übergriffe der Rechtsgenossen abgewehrt. In der politischen Demokratie und jedem anderen Staatswesen, in dem die Freiheitsrechte nur anerkannt und gewährleistet werden, gilt es zusätzlich, Übergriffe der öffentlichen Gewalten abzuwehren. Erst damit werden die Freiheitsrechte zu Abwehrrechten im Jellinekschen und bis heute üblichen Sinn.

3.2 Ein interkultureller Rechtsdiskurs

Die zweite Schwierigkeit besteht in dem Umstand, daß man die Menschenrechte allen Kulturen zumutet, der Diskurs über sie aber noch immer vornehmlich innerhalb nur einer Kultur geführt wird. Wo zu einem angeblich kulturübergreifenden Rechtsinstitut fast nur eine kulturinterne Debatte stattfindet, droht die Gefahr, daß die Menschenrechte ihr Wesen verraten und, statt den Kern einer universalen Rechtsmoral auszumachen, zu einem »Exportartikel westlicher Kultur« herabsinken. In diesem Sinn und aufgrund einer gewissen Sprachlosigkeit wirft man dem Westen plakativ »Kulturimperialismus« oder ein ethno- bzw. eurozentrisches Denken vor.

Der Vorwurf tritt in zweierlei Form auf. Erstens seien die Menschenrechte nicht aus kontingenten Umständen, sondern mit gutem Grund anderen Kulturen unbekannt. Denn man brauche sie nur unter den Bedingungen des Abendlandes, einerseits wegen seines individualistischen Menschenbildes; andererseits, weil es – etwa mit der Sklaverei, der religiösen Intoleranz, der Kolonialisierung und dem Imperialismus – unter jenen Pathologien leidet, für deren Therapie die Menschenrechte notwendig werden. Zweitens komme den anderen Kulturen ein Recht auf Nichteinmischung zu; das Abendland sei nicht befugt, mittels der Menschenrechtsidee fremde Kulturen zu beeinflussen. Außerdem droht – drittens – die Gefahr, daß die Menschenrechte wie in einem Paket exportiert werden, also nicht allein, sondern eng verbunden mit anderen Elementen westlicher Kultur, namentlich ihrer Technik, ihrer Ökonomie und ihrer dominierenden Sprache, dem Englisch-Amerikanischen. Auf den dritten Gesichtspunkt gehen wir aber erst später ein.

Der doppelte Vorwurf ist für afrikanische Staaten südlich der Sahara nicht ganz unberechtigt. Da ihre Eliten in Paris, Oxford, Cambridge oder Harvard, also in der Rechtskultur der einstigen Eroberer, ausgebildet sind, lassen sie die Verfassungen zwar wie selbstverständlich mit Menschenrechtserklärungen beginnen. Diese sind aber nicht aus einem Diskurs mit den eigenen Rechtstraditionen hervorgegangen, sie sind ihnen vielmehr wie ein exotischer Schmuck aufgesetzt. Mit Recht beklagt man für viele Teile Afrikas die mangelnde Durchsetzungsfähigkeit der Menschenrechte. Mindestens ebenso bedenklich ist aber, daß selbst die »African Charter on Human and Peoples' Rights« (1981; der Text in: Ginther/Benedek 1983, 247-261) sich wie eine Kopie der amerikanisch-europäischen Erklärungen liest. Deren sowohl individualistischer wie geschichtsloser Rechtsbegriff widerspricht aber dem autochthonen afrikanischen Recht. Dafür charakteristisch ist eine Solidarität, die nicht erst aus Nächstenliebe geboten ist und in zwei Dimensionen vorherrscht: synchron als eine Sippensolidarität, der sogar eine subjektkonstituierende Kraft zukomme (»ich bin verwandt, also bin ich«: Bujo 1990, 711), und diachron als eine anamnetische Solidarität, hier in einer namentlich für Deutsche fremd gewordenen Form: als Dankbarkeit gegen die Vorfahren, die Ahnen.

Die Antwort auf die neue Schwierigkeit heißt nicht mehr Positivierung. Sollen die Menschenrechte anderen Kulturen zugemutet werden, ohne ihnen dabei Gewalt anzutun, dann bedarf es statt einer einseitigen Belehrung der anderen eines interkulturellen Gesprächs. Dabei reicht es nicht aus, daß man sich gegenseitig die eigenen Ansichten vorträgt und Rückfragen erlaubt. Weil man sich auch der Legitimationsfrage stellen und die Grundlagen einer Kultur erarbeiten muß, geht das Gespräch in einen Diskurs über.

Zu führen ist der interkulturelle Diskurs nicht nur mit den afrikanischen, sondern beispielsweise auch mit den islamischen Staaten. Die »Allgemeine Erklärung der Menschenrechte im Islam« (1981; engl. und frz. Übersetzungen in Islamochristia 9, 1983, 103-140) bestätigt zwar eine Reihe von Rechten und führt für sie Belegstellen aus dem Koran, aus der Tradition des Propheten und dem Verhalten der ersten Kalifen an. Von Traditionalisten verfaßt, richtet sich die Erklärung aber nicht gegen die Ungleichheit von Mann und Frau und setzt sich nur ungenügend für die Religionsfreiheit und gegen Körperstrafen ein. Außerdem sieht sie nicht jenes Element vor, das dort, wo die Rechte bedroht sind, unverzichtbar ist: eine einklagbare Garantie, verbunden mit Instrumenten für ihre Durchsetzung. Außerdem genießt der Verfasser, eine Gruppe islamischer Denker, keinerlei politische oder rechtliche Autorität. Noch schwerer wiegt, daß der Text nicht dort ratifiziert wird, wo er der herrschenden Religion Einschränkungen zumuten müßte, in den islamischen Staaten selbst; verabschiedet wird er, nur auf Initiative des Islamischen Rates in Europa, im Rahmen der UNESCO in Paris.
Man sagt gern, zumindest ein formelles Bekenntnis der Staaten zu den Menschenrechten sei heute universell (Ermacora 1983, 33). Um so bemerkenswerter ist, daß von den internationalen Verträgen über Menschenrechte, die die Vereinten Nationen nach ihrer Erklärung von 1948 verabschieden, die islamischen Staaten nur einen Teil ratifizieren. Das Land, das seit 1948 im Zivilrecht die religiösen Vorschriften von den rechtlichen getrennt behandelt, Ägypten, ratifiziert immerhin zwei Drittel. Dort aber, wo der Monarch als Stellvertreter Allahs dessen Willen auf Erden noch direkt repräsentiert – nicht zufällig in einem der wenigen Staaten ohne eigene Verfassung –, in Saudi-Arabien, werden von mehr als 20 Verträgen lediglich drei ratifiziert (nach United Nations 1982). Allerdings nehmen auch einige westliche Länder manche Ratifikation überhaupt nicht oder erst spät vor.
Ohnehin darf man aus Fairneßgründen drei Gesichtspunkte nicht übersehen: *Erstens* nahm sich auch das Christentum zur Anerkennung der Menschenrechte Zeit (s. Kap. 4.1); es mußte sich nämlich zu einem langen Prozeß der Modernisierung zwei Einsichten erarbeiten. Nach der philosophischen Einsicht besteht zwischen der Grundlage der Menschenrechte, einem bestimmten Freiheitsbewußtsein, und der Grundlage der Religion, der Orientierung

auf Gott, kein Widerspruch; im Gegenteil gibt es sogar Entsprechungen. Und die politische Einsicht besagt, daß zu ihrem eigenen Wohlergehen die Religion keine Verquickung von Staat und Kirche benötigt, vielmehr kann sie, die Einheit von Thron und Altar, der Religion sogar schaden. Um nun die doppelte Einsicht zu gewinnen, kommt der Islam nicht um die Aufgabe herum, jene Sakralisierung von Gesellschaft und Politik zurückzunehmen, die der genuin religiösen Grundlage, dem Koran, ohnehin nur aufgepfropft ist. (Zur Kritik am Wahrheitsmonopol islamischer »Fundamentalisten« vgl. Abu Zaid 1996.) Lösen muß sich der Islam vom sogenannten Modell von Medina, das heißt vom Ideal eines durch göttliche Autorität geleiteten Gemeinwesens, in dem Religion und Politik derart ineinandergreifen, daß die religiösen Gesetze – fast – das gesamte soziale, kulturelle und politische Leben unmittelbar bestimmen. Statt dessen gilt es, »Geschichte, Recht und Staat zu entsakralisieren, wie umgekehrt die Religion von allem Juridischen freizumachen« (Charfi 1993, 118).
Zweitens wird die erforderliche Modernisierung durch den Umstand erschwert, daß die koloniale Expansion Europas den islamischen Raum politisch, wirtschaftlich und vor allem im kulturellen Selbstbewußtsein tief verletzt hat. In dieser Hinsicht, der »kulturellen Aggression des Westens« (al-ghazw al-fibri: Arkoun 1993, 313), trägt Europa, freilich nicht Europa pauschal, sondern tragen lediglich die im Mittelmeerraum führenden Kolonialmächte eine beachtliche Mitverantwortung. In intellektueller Hinsicht läßt sich die Verantwortung übrigens dadurch mitabtragen, daß man einerseits die Schattenseiten westlicher Kultur einräumt: Sklaverei, Kolonialisierung und Imperialismus, ferner jene religiöse Intoleranz, die zu den Glaubenskriegen und zu Auswanderungen großen Stils führte. Andererseits sind die genannten zwei Einsichten zu betonen. Wenn der Islam sich auf seine religiöse Grundlage, den Koran, besinnt, außerdem dessen Vereinbarkeit mit den Menschenrechten feststellt, braucht er hier nicht länger eine Beeinträchtigung der islamischen Identität zu fürchten.
Drittens sind es islamische Rechtsschulen des achten und neunten Jahrhunderts, die wahrscheinlich unter den monotheistischen Religionen zum ersten Mal ein Instrument entwickeln, um mit nationalen, kulturellen und religiösen Minderheiten umzugehen. Die »dhimmis«, die Angehörigen nichtmuslimischer Religionsgemeinschaften, genießen eine kollektive Autonomie. Sie dürfen

ihre inneren Angelegenheiten selber bestimmen, stehen unter dem Schutz des Staates und entrichten dafür eine »Kopfsteuer«, die sie zugleich von bestimmten Gemeinschaftsaufgaben, etwa der Wehrpflicht, entbindet (vgl. Afshar 1994; kritischer Khoury 1993). Dieses Instrument – wenn es denn gehandhabt wird (die Wirklichkeit sieht anders aus: vgl. Tibi 1994, 110) – räumt den Minderheiten Freiheit ein. Es gewährt sie allerdings nur kollektiv; es schützt nicht die »häretischen« und laizistischen Gruppen oder Individuen, die es sowohl innerhalb der Nichtmuslime als auch der Muslime gibt. Wenn aber der Mensch als Mensch zählt und nicht bloß als Glied einer Gruppe, dann braucht es zusätzlich zur kollektiven Autonomie eine zweite, individuelle Autonomie. Mit ihr hat der traditionelle Islam Schwierigkeiten bis heute.

Schon die »gewöhnlichen« interkulturellen Diskurse sind schwierig. Noch schwieriger gestalten sie sich mit grundsätzlich Abwesenden. Für die eine Gruppe, die zukünftigen Generationen, beginnen wir sensibel zu werden; ohnehin wird der einschlägige Diskurs dadurch erleichtert, daß sich deren Interessen mit unseren überlappen. Aus demselben Grund, der partiellen Koinzidenz von Gerechtigkeit und Selbstinteresse, ist zu hoffen, daß zunächst die Theorie, dann die Praxis der Menschenrechte auch jene zweite Gruppe einschließt, mit der ein direkter Rechtsdiskurs – man muß es so deutlich sagen – tödlich wäre. Völker wie die Amazonas-Indianer werden nur dann überleben (schon in physischer, noch mehr in kultureller Hinsicht), wenn sie vor Außeneinflüssen so gut wie vollständig geschützt werden. Die willkommene, »egoistische« Nebenfolge: Gelingt es, den Lebensraum dieser Völker für sakrosankt zu erklären, so erhalten alle anderen Völker einen ökologischen Vorteil.

Schon vom Begriff her sind die Menschenrechte für interkulturelle Diskurse prädestiniert. Denn was die einschlägige Rhetorik sagt, daß nämlich niemand wegen seines Geschlechts, seiner Abstammung, seiner Rasse, seiner Sprache ... benachteiligt oder bevorzugt werden darf, bedeutet mehr als eine lediglich erste Stufe von Universalismus, jene kulturinterne Universalität, derzufolge die Rechtsgleichheit nur innerhalb einer Kultur, etwa der westlichen Rechtsgesellschaften, gelte. Wenn die Menschenrechte ihren Namen verdienen, dann erheben sie den größeren Anspruch, weder aufs Abendland noch auf dessen Neuzeit festgelegt zu sein. In welcher Gesellschaft und welcher Epoche der Mensch auch immer lebe – bloß deshalb, weil er Mensch ist, soll er gewisse Rechte besitzen. Wegen dieser zweiten Universalitätsstufe liegt sowohl der Anspruch auf eine interkulturelle als auch der auf eine überepochale Gültigkeit schon im Begriff. Infolgedessen ist jene beliebte Entlastungsstrategie menschenrechtsfeindlicher Regime hinfällig, die Menschenrechte seien, weil an eine bestimmte Kultur gebunden, nur für diese und nicht für die anderen Kulturen verbindlich. Die in Wahrheit weiter reichende Verbindlichkeit hat eine politische Konsequenz. Sie erlaubt, Verstöße gegen Menschenrechte in den verschiedensten Rechtskulturen, sowohl in westlichen als auch östlichen, sowohl in religiösen als auch in säkularisierten Gemeinwesen, zu kritisieren. Freilich darf die Kritik weder mit leichtfertiger Ignoranz noch aus politischem Kalkül erfolgen.

Angesichts des Vorwurfs »abendländischer Kulturimperialismus« zieht sich die Philosophie nicht auf den Begriff der Menschenrechte zurück. Vielmehr leiht sie, obwohl selber ein Produkt des Abendlandes, den nichtabendländischen Kulturen ihre Stimme. Sie tut es nicht in der heute beliebten Form einer Mutation, die aus Philosophen eine Art von Fundamentalethnologen macht: Theoretiker der Weltgesellschaft, die sich der Sache nach in die Tradition der amerikanischen Ethnologie seit den vierziger Jahren stellen (vgl. Herskovits' »Statement on Human Rights«, 1947) und aus Angst, andernfalls die Eigenart fremder Kulturen zu erdrücken, einen puren Relativismus vertreten.

Die Philosophie beginnt mit einer Entkräftung der Angst. Dem, was man drastisch die »Tyrannei des Allgemeinen« nennt, liegt ein Mißverständnis zugrunde, die Verwechslung von Universalität mit Uniformität oder die Gleichsetzung universaler Rechtsgrundsätze mit dem Einebnen sozialer und kultureller Unterschiede. Das Prinzip sprachlicher Gleichberechtigung beispielsweise bedroht nicht die Existenz der betreffenden Sprachen, sondern gewährleistet deren Koexistenz, das Miteinander des Verschiedenen. Die Gefahr eines »Kulturimperialismus« droht nicht von seiten universaler Rechtsgrundsätze, sondern von anderorts, etwa vom »Export« von Verhaltensmustern, Konsumgewohnheiten und fremder Kultur (von der Popkultur über Bildungsgüter bis hin zur Sprache). Ohne Zweifel kann der entsprechende Import die eigene Kultur bereichern; er kann aber auch Hegemonietendenzen befördern und Identitätskrisen heraufbeschwören. Die

Philosophie transformiert weiterhin den Vorwurf des Kulturimperialismus in eine philosophische Aufgabe, das heißt in eine Frage, deren Antwort tatsächlich noch aussteht; es ist die doppelte Grundfrage eines interkulturellen Rechtsdiskurses: (1) Wieso darf ein Rechtsinstitut, das im Abendland, zudem sehr spät entsteht, trotzdem jeder anderen Kultur und jeder anderen Epoche zugemutet werden? (2) Wie ist das Rechtsinstitut zunächst zu denken, dann zu realisieren, daß es der befürchteten Tyrannei des Allgemeinen entgeht und das Besondere, statt es im Allgemeinen verschwinden zu lassen, in seiner Besonderheit anerkennt?

Ohne Zweifel darf man die Menschenrechte nur dann allen Kulturen zumuten, wenn kein nur partikular gültiges Rechtsinstitut vorliegt. Offensichtlich partikular, manchmal sogar auf eine provozierende Weise kontingent sind die genauen Entstehungsbedingungen. Wir erinnern uns: Religionsflüchtlinge, die sich gleichwohl ihrem Mutterland verbunden fühlen, beharren auf angestammten Rechten. Da sie wegen der ablehnenden Haltung der Krone die Rechte nicht mehr als britische Bürger reklamieren können, greifen sie faute de mieux sehr hoch. Nicht von der nächsthöheren Stufe, von Rechten eines Christenmenschen, sprechen sie oder von denen eines zivilisierten Weißen, vielmehr reden sie im Überschwang von Rechten des Menschen als Menschen.

Bekanntlich greifen sie wirklich zu hoch. Im Staat der überhaupt ersten Menschenrechtserklärung bleibt bedenkenlos gültig, was der Erklärung eklatant widerspricht und was Sartres (1988, 156) böse Diagnose vom »rassistischen Humanismus« – daß »der Europäer nur dadurch sich zum Menschen hat machen können, daß er Sklaven ... hervorbrachte« – leider bestätigt. In Virginia lebt die Sklaverei noch lange unangefochten fort. Zu Recht macht Edmund S. Morgan in seiner Studie *American Slavery, American Freedom* (1975) auf den kleinen Fehler der aufgeklärten Rechtstheorie der Vereinigten Staaten aufmerksam: Verfaßt werden die ersten Menschenrechtserklärungen von jenen White-Anglosaxon Protestants (Whaps), die für die Rechts- und Verfassungsgebung nur durch die Arbeit ihrer Sklaven frei waren.

Das Rechtsinstitut kann seine interkulturelle, sogar universale Geltung nur dann beanspruchen, wenn sich die Legitimation von den Entstehungsverhältnissen abkoppeln läßt. Soll der Mensch tatsächlich bloß als Mensch über gewisse Rechte verfügen, können die abendländischen Erfahrungen zwar eine heuristische Be-

deutung haben; die Kraft der Rechtfertigung kommt aber nur abendlandunabhängigen, interkulturell gültigen Argumenten zu.
Obwohl sich die Bedingung argumentationslogisch gesehen von selbst versteht – andernfalls begeht man einen naturalistischen Fehlschluß –, wird ihre Reichweite gern unterschätzt. Man muß nämlich von der vertrauten Geistes- und Begriffsgeschichte der Menschenrechte abstrahieren, auch von ihrer Rechts- und Sozialgeschichte, beispielsweise von der Frage nach ökonomischen Voraussetzungen. Wenn es Menschenrechte geben soll, dann nicht erst deshalb, weil die neuzeitliche Wirtschaftsform, der Kapitalismus, eines globalen Rechtsschutzes bedarf. Im übrigen ist mit einem globalen Rechtsschutz verträglich, was der Menschenrechtsidee widerspricht und trotzdem noch lange praktiziert wird: die Sklaverei und die Leibeigenschaft, die Ungleichheit von Mann und Frau, die Rechtlosigkeit von Kindern und die Kolonisierung. Abzukoppeln ist die Legitimation der Menschenrechte auch von einer bestimmten Entwicklungsphase des modernen Staates, von der Reformationszeit und dem Absolutismus.
Der Wert historischer Studien wird nicht bestritten; selbst ihr Gewicht hängt aber von systematischen Vorfragen ab. Die etwa von Gauchet vorgelegte minutiöse Rekonstruktion der Menschenrechtsdebatte, die in Frankreich zwischen dem 9. Juli und dem 26. August 1789 stattfand, bliebe bei aller Gelehrsamkeit farblos, wenn sie bloß die damaligen Kontroversen und Konversionen in Erinnnerung riefe. Gauchet will weit mehr. Er sucht nach den Äquivokationen und Antinomien, nach den Dilemmata, sogar Widersprüchen, die in den verabschiedeten Texten stehen bleiben und die ihn zu einer Bilanz nötigen, die allerdings nicht unstrittig ist, zu dem scharfen Urteil, die revolutionäre Erfahrung sei gescheitert wegen »l'échec à constituer une organisation de pouvoir traduisant de manière adéquate la liberté et l'égalité des citoyens« (Gauchet 1989, 201). Selbst dort, wo man von einem Scheitern spricht, schreibt man die Geschichte der Menschenrechte noch aus dem Selbstbewußtsein Europas und seiner Neuzeit heraus. Im übrigen empfiehlt es sich, wenn man schon historische Studien treibt, sie um ein interkulturelles Interesse zu erweitern. Wie es beispielsweise die »Allgemeine Erklärung der Menschenrechte im Islam« unternommen hat, so suche man Menschenrechtszeugnisse auch außerhalb der abendländischen Rechtstradition auf.

Zugunsten einer ahistorischen, genuin systematischen Legitimation kann man auch strategisch argumentieren. Um Kulturen, denen das Rechtsinstitut relativ fremd ist, trotzdem zu überzeugen, sucht man eine Rechtfertigung, die gegen die Differenz der Kulturen indifferent ist. Die kulturneutrale Legitimation verfolgt hier den politischen Zweck, zu einem vorab definierten Ziel die Zustimmungsbereitschaft zu wecken oder zu erhöhen. Ein zweites strategisches Argument ist didaktischer Natur. Wer die Menschenrechtsidee verständlich machen will, muß sie, wenn nicht schon in der Sprache der anderen Kulturen, dann zumindest in einer neutralen Sprache formulieren.

Entscheidend ist aber der weitere, weder strategische noch politische, vielmehr legitimatorische Grund, daß die kulturneutrale Argumentation schon wegen des Anspruchs vonnöten ist, den das Rechtsinstitut erhebt. Die Erfolgsbedingungen eines interkulturellen Rechtsdiskurses koinzidieren mit den Erfolgsbedingungen der Legitimation selbst. Wenn es angeborene Rechte wirklich gibt, können die abendländischen Erfahrungen durchaus eine heuristische Bedeutung haben; die Kraft der Rechtfertigung kommt aber lediglich kulturinvariant gültigen Argumenten zu.

Aus der Idee der Menschenrechte, also in Antizipation des Beweiszieles, folgt ein flankierendes Argument. Es verbindet den normativen Kerngehalt des Rechtsinstitutes, die Gleichberechtigung, mit dem anthropologischen Befund, daß jeder Mensch in eine Kultur oder auch »Mischung« von Kulturen hineingeboren und von ihr tiefgreifend geprägt wird. Wenn zutreffen soll, was die Menschenrechte postulieren: daß niemand wegen seiner Abstammung benachteiligt werden darf, dann ist eine Diskriminierung der Mitglieder fremder Kulturen verboten. Nun gibt es ohne die jeweilige Kultur nur abstrakte Individuen, keine konkreten Menschen. Folglich muß, damit die Individuen gleichberechtigt sind, für ihre soziale Heimat, ihre Kultur, ebenfalls eine Gleichberechtigung existieren.

3.3 Konversion der Anthropologie

Eine dritte Schwierigkeit mit den Menschenrechten ist in der Frage enthalten, was noch übrig bleibt, wenn man die Trennung der Legitimation von der Genese vornimmt und von allen Besonderheiten der Neuzeit abstrahiert. Weit verbreitet ist die Ansicht, das Rechtsinstitut sei an ein bestimmtes Menschenbild gebunden. Zu diesem gehört aber ein Zusatz, der die Sache nicht nur inhaltlich profiliert, sondern auch in ihrer Gültigkeit einschränkt: Das eine Menschenbild stellt sich als jüdisch dar, ein anderes – mit dem ersten nur verwandt – als christlich, ein drittes als muslimisch, ein viertes als buddhistisch, ein fünftes – im strengen Weder-Noch – als atheistisch. Und das Menschenbild der europäischen Neuzeit ist individualistisch und relativ geschichtslos, während sich das der Afrikaner, wie gesagt, von einer charakteristischen Solidarität her bestimmt. Menschenbilder sind also kulturabhängig.

Allerdings ist nicht jede Kulturabhängigkeit störend. Dank ihres Menschenbildes könnten beispielsweise die Europäer bereit sein, nicht nur ihresgleichen, den Europäern, sondern allen Menschen jedweder Kultur gewisse Rechte zuzubilligen. Drei Schwierigkeiten tauchen gleichwohl auf: Erstens ist die europäische Kultur inzwischen so radikal pluralistisch, daß sie kein einheitliches Menschenbild mehr kennt. Zweitens dürfte sie, selbst wenn sie noch über ein einheitliches Menschenbild verfügte, dieses nicht anderen Kulturen aufzwingen. Drittens bindet man die Menschenrechte dort, wo man sie von einem Menschenbild abhängig macht, auf mehr oder weniger subtile Weise an eine Interpretation von begrenzter Gültigkeit. Folglich setzt man die eigene Voraussetzung aufs Spiel, den Gedanken eines von allen Interpretationskontroversen unabhängigen Wesens, die »Idee« des Menschen sans phrase.

Nun könnte eines der Menschenbilder das richtige sein. In der Tat ist die Ansicht weit verbreitet, die Synthese, die sich aus der Begegnung der jüdisch-christlichen Offenbarung mit dem griechischen, römischen und germanischen Denken herausbildet und zusätzlich von den Erfahrungen der frühen Neuzeit geprägt wird, sei geschichtlich entstanden und dennoch überzeitlich wahr. Die Eigenschaft, möglicherweise wahr zu sein, können aber auch Elemente anderer Kulturen haben. Vor allem kommt es nicht auf das Bild und seine Überlieferung, sondern auf die Argumente an.

Nicht notwendigerweise in den Inspirationsquellen, wohl aber in der Argumentationslogik müssen wir uns von den abendlandspezifischen Menschenbildern lösen und uns einer Aufgabe unterziehen, die heute, im Zeitalter des praktizierten Historismus und Relativismus, durchaus anstößig ist; es bedarf einer Anthropologie.

Der junge Habermas (1958, 52 f.), damals noch unter Einfluß des Kulturanthropologen Erich Rothacker, äußerte die Befürchtung: »Wenn Anthropologie trotzdem daran festhält, gewissermaßen ›ontologisch‹ zu verfahren, nämlich nur das Wiederkehrende, das Immergleiche, das Zugrundeliegende an Mensch und Menschenwerk zum Gegenstand zu machen, wird sie unkritisch und führt am Ende gar zu einer Dogmatik mit politischen Konsequenzen, die um so gefährlicher ist, wo sie mit dem Anspruch wertfreier Wissenschaft auftritt.« Ob das von Habermas angeführte Beispiel, Gehlens *Urmensch und Spätkultur* (1956), die These belegt, kann dahingestellt bleiben. Für die Menschenrechte gilt die Umkehrung: Um eine dogmatische Verfestigung des jeweils positiv geltenden Rechts zu verhindern, bedarf es eines Rechtsinstituts, das seine kritische Kraft nur unter Bezug auf das Immergleiche des Menschen entfaltet.

Einen Begriff des Menschen, der von den Besonderheiten der Kulturen unabhängig, also interkulturell gültig ist, kennt das abendländische Denken seit langem. Neuerdings herrscht aber Skepsis vor, jenes Mißtrauen, das wir seit Lukács (1922, 204) und Horkheimer (1935) kennen, eigentlich schon seit Nietzsche, wenn er den Menschen »unfestgestellter als irgendein Thier sonst« nennt (*Genealogie der Moral*, 3. Abh., Nr. 13), und seit Dilthey (*Ges. Schriften* VIII, 226), wenn er behauptet: »Was der Mensch sei, sagt ihm nur die Geschichte«. Wer für das Mißtrauen sensibel geworden ist, entdeckt sogar Ansätze schon weit früher. Skepsis klingt etwa bei Hegel an, wenn er in der *Enzyklopädie* im § 387 von der Anthropologie sagt, sie behandele den noch nicht freien Geist, ferner in Kants Rezension von Herders *Ideen zur Philosophie der Geschichte der Menschheit* und davor in Rousseaus zweiter Abhandlung, dem *Discours sur l'origine de l'inégalité parmi les hommes*. Hört man auf Philosophen wie Rorty (1989, 44), so ist die Skepsis gegen Anthropologie inzwischen so selbstverständlich, daß man sich mit einer kurzen Nebenbemerkung – »fruitless by way of anthropology« – begnügen kann. Sollte die

Skepsis berechtigt sein und die Menschheit nicht bloß, wie häufig behauptet, in einem nachmetaphysischen, sondern zusätzlich in einem nachanthropologischen Zeitalter leben, so wäre es um die Legitimation von *Menschen*rechten schlecht bestellt.

Tatsächlich kommt die Skepsis übereilt. Sie übersieht, daß von den zwei grundverschiedenen Begriffen der Anthropologie die Menschenrechte nur den zweiten, anspruchsloseren Begriff voraussetzen. Die anspruchsvollere, teleologische (»perfektionistische«) Anthropologie definiert den Menschen von jenen Aufgaben oder Chancen her, die jeder wahrnehmen muß, der in einem emphatischen Sinn Mensch sein will. Dabei läuft sie Gefahr, daß letztlich nur der zählt, mit dem sich eine derartige Anthropologie befaßt, der wahrhaft humane Mensch, während man dem nicht so »humanen« Menschen – den Sklaven, den Frauen, den kolonialisierten Völkern – grundlegende Rechte abspricht.

In der Antike sind selbst die führenden Intellektuellen, Philosophen wie Platon und Aristoteles, der Ansicht, wer hinsichtlich der Vernunft ein grundsätzliches Defizit aufweise, pointiert gesprochen: der intellektuell Behinderte, sei zwar als *diakonos*, als Diener, verwendungsfähig, ansonsten aber *mē pany axiokoinōnētos* (*Politeia* II, 371e), er sei ein für die Gemeinschaft wenig wünschenswertes Mitglied. Für Aristoteles ist der intellektuell Behinderte sogar ein *physei doulos*: von Natur und mit gutem Grund ein Mensch minderen Rechts, ein Sklave (*Politik* I 3 ff.). Analoge Ansichten finden wir bei christlichen Theologen bis hin zum Hochmittelalter und bei vielen Reformatoren. Noch die Väter der *Virginia Bill of Rights* haben, wie gesagt, keine Schwierigkeiten, selber Sklaven zu besitzen.

Der Gefahr, Ungleichheiten zum Recht zu verhelfen, entgeht eine Anthropologie, die die Frage, wo der Mensch zu sich selbst kommt, offen läßt. Die entsprechende Offenheit kann verschiedene Gründe haben. Moderne Gesellschaften zeichnen sich durch eine Vielfalt nicht nur der Religionen, Konfessionen und Weltanschauungen, sondern auch der Gewohnheiten des Alltagslebens und der zugrundeliegenden Wertvorstellungen, kurz: durch einen vieldimensionalen Pluralismus aus. Die Vielfalt ist nicht bloß eine beobachtbare Eigenschaft. Sie vermag etwas, das homogenen Gruppen verschlossen bleibt: sie weist einen Reichtum von Optionen aus, läßt den Menschen die Freiheit, die ihnen zusagende Option zu leben, und verbindet diese Freiheit, indem sie sie allen gewährt, mit Gerechtigkeit. Der Pluralismus hat also seinerseits einen humanen Wert (vgl. Höffe 1988, 105 ff.), weshalb ein Verzicht auf die Frage nach dem Humanum aus durchaus humanen Gründen erfolgen kann.

Der humane Wert des Pluralismus ist allerdings begrenzt, da nicht jede Option dieselben Chancen zu einem sinnerfüllten Leben bietet. Im Gegenteil gibt es Lebensformen, in denen der Mensch leichter, andere, in denen er weiter zu sich kommt, und wieder andere, die ein erfülltes Leben erschweren, vielleicht sogar unmöglich machen. In diesem Sinn könnte Aristoteles' These zutreffen, daß, wer stets seinen momentanen Leidenschaften folgt, ein erfülltes Leben strukturbedingt verfehlt (*Nikomachische Ethik* I 3, 1095b 19-22 u. a.; vgl. Höffe 1988a). Ebensowenig könnte Nietzsche Recht haben, wenn er von einem Menschen, der selbst gegen seine Schädiger gerecht bleibt, sagt, das sei »ein Stück Vollendung und höchster Meisterschaft auf Erden« (*Genealogie der Moral*, 2. Abh., Nr. 11).

Aus diesem Grund erklärt eine Anthropologie der Menschenrechte die teleologische Anthropologie nicht für schlechthin unmöglich und legt sich trotzdem hinsichtlich der Frage nach dem wahrhaft Humanen strengste Zurückhaltung auf. Ihr Verzicht auf jeden normativen Begriff des Menschen hat einen anderen, thematischen Grund. Dort, wo nach Rechten des Menschen bloß als Menschen gefragt ist, stellt sich die Frage nach dem erfüllten Menschsein gar nicht, so daß nicht mehr als eine Partialanthropologie gesucht ist. Scheinbar ein Mangel, ist die Unbestimmtheit in Wahrheit ein Vorzug, weder eine Gleichgültigkeit gegen das wahrhaft Humane noch eine Reduktion, sondern ein Ausblenden der störenden Faktoren. Damit gehen wir schon auf die zweite Grundfrage eines interkulturellen Rechtsdiskurses ein: Der befürchteten Tyrannei des Allgemeinen entgeht eine Anthropologie der Menschenrechte dadurch, daß sie sich auf das hier Wesentliche konzentriert, deshalb die Frage nach dem Humanum offen läßt. Und genau deshalb kann sie den verschiedenen Kulturen und Epochen gleichermaßen zugemutet werden.

Dank ihrer charakteristischen Unbestimmtheit nehmen die Menschenrechte ein Motiv der »Fundamentalethnologen« auf und entgehen trotzdem deren Relativismus. Sie sind universal gültig, ohne in die von universalen Konzepten befürchtete Uniformität zu fallen. Weil die Idee der Menschenrechte gegen anspruchsvol-

lere Definitionen des Menschseins nicht indifferent, wohl aber offen ist, bleibt erstens den verschiedenen Kulturen, bleibt zweitens innerhalb derselben Kultur den verschiedenen Subkulturen und bleibt schließlich innerhalb beider – vorausgesetzt, die entsprechenden Randbedingungen liegen vor – den Individuen ein Recht, das die vom Islam bekannte, bloß kollektive Autonomie noch nicht garantiert: das Recht auch auf individuelle Andersartigkeit, sogar Exzentrizität.
Unbeschränkt ist dieses Recht allerdings nicht. Das unter den sogenannten postmodernen Denkern beliebte Plädoyer zugunsten eines radikalen Pluralismus erscheint im Licht der Menschenrechte als leichtfertig. Denn wie soll lebensfähig sein, wofür votiert wird, die soziale Vielfalt, wenn es im Sozialen nichts anderes denn eine Vielfalt gibt? Gegen eine radikale Pluralisierung und eine ebenso radikale Historisierung erheben die Menschenrechte Einspruch und erklären gewisse Bedingungen für weder pluralisierbar noch historisierbar. Somit gehen Bescheidenheit und Unbescheidenheit eine charakteristische Verbindung ein. Jenes Element, das allem Recht auf Vielfalt und Nonkonformität eine Grenze setzt, die anspruchsvolle Annahme von übergeschichtlich gültigen Bedingungen des Menschseins, verbindet sich mit einer Bedingung für Vielfalt und Nonkonformität, nämlich mit einem Verzicht, freilich keinem absoluten, sondern einem lediglich themenbestimmten Verzicht auf jeden normativen Begriff des Humanen.
Möglich wird diese Verbindung durch eine Umkehrung des anthropologischen Blicks, durch eine Konversion, die den anspruchsvollen Titel verdient, den sich die neuzeitliche Philosophie für grundlegende Veränderungen reserviert. Zur Begründung der Menschenrechte braucht es eine kopernikanische Revolution, hier freilich nicht für die Astronomie oder, wie bei Kant, für die Erkenntnistheorie, wohl aber für die Anthropologie. Außerdem ist sie nicht grundsätzlich vonnöten, sondern nur auf ein präzises Thema beschränkt.
Statt den Menschen von dem her zu definieren, was ihm Glück, Selbstverwirklichung oder eine sinnerfüllte Existenz erlaubt, muß die Anthropologie normative und teleologische Begriffe verabschieden. Menschwerden im anspruchsvollen Sinn heißt, sich Vollendungsbedingungen des Humanum zu unterwerfen. Der Gedanke der Menschenrechte begnügt sich dagegen mit dem, was

den Menschen als Menschen möglich macht. In einer anthropologischen Bescheidenheit konzentriert er sich auf jene Anfangsbedingungen, die den Menschen als Menschen erst möglich machen, und nur deshalb verdienen sie die bekannte Qualifikation: Als dem Menschen unverzichtbare Elemente sind sie ihm angeboren und unveräußerlich; sie haben einen anthropologischen Rang.

3.4 Transzendentale Interessen und transzendentaler Tausch

Weil es auf Bedingungen der Möglichkeit ankommt, kann man den seit Kant einschlägigen Ausdruck verwenden und von – relativ – transzendentalen Interessen sprechen. Mit ihrer Hilfe, also durch die Verbindung von Anthropologie mit Transzendentalphilosophie, sollte sich das Mißtrauen gegen das Moment des Immergleichen in der Anthropologie zerstreuen lassen. Außerdem erhält die Legitimation der Menschenrechte ein weiteres Mal eine praktische Bedeutung. Zur Aufgabe des interkulturellen Rechtsdiskurses tritt ein Votum zur Debatte um das Projekt der Moderne hinzu.

Bekanntlich wird die Debatte teilweise scharf geführt. Einer der wirkungsmächtigen Kritiker der Moderne, Alasdair MacIntyre, geht zur Verteidigung seiner Position in die Offensive über. Eine gute Offensivstrategie verändert entweder die Beweislastregel oder entlarvt angebliche Beweise als durch und durch fehlerhaft. MacIntyre wählt die zweite Strategie. Er wirft in bezug auf die Moral der Moderne vor, was sie gegen das Mittelalter einzuwenden pflegt, und schlägt ihr damit einen Beweislastvorteil aus der Hand. Die Epoche, die sich selbst als Aufklärung apostrophiert, erscheint bei MacIntyre (^{2}1985, 69) als Aberglaube, vergleichbar mit dem Glauben an Hexen und Einhörner; denn jeder Versuch, gute Gründe für die moderne Konzeption der Moral zu finden, sei bislang fehlgeschlagen. Dieser Umstand sei auch gar nicht verwunderlich, da der neuzeitliche, entweder protestantische oder aber jansenistisch-katholische Begriff der Vernunft eine Bedingung aufgegeben habe, die für jede Moralbegründung unverzichtbar sei: den Gedanken eines wahren Zwecks des Menschen (»man's true end«: MacIntyre ^{2}1985, 53), mithin eine sowohl normative (»true«) als auch teleologische (»end«) Anthropologie.

Den vorangehenden Überlegungen zufolge ist die Kritik schon deshalb unberechtigt, weil für einen wichtigen Bereich innerhalb der modernen Moral, für das Kernstück der Rechtsmoral, die Menschenrechte, der Verzicht auf eine Teleologie zu den Erfolgsbedingungen der Legitimation gehört. Nicht wegen eines neuen Begriffs von Vernunft oder Moral wird die Teleologie verabschiedet. Es geschieht auch nicht aus dem wissenschaftstheoretischen Argument, die Frage »Wozu?« sei obsolet geworden. Schließlich wird nicht behauptet, für die teleologische Perspektive sei in der Anthropologie grundsätzlich kein Ort. Die Verabschiedung erfolgt überhaupt nicht aus externen, sondern aus sachinternen Gründen, wegen der Menschenrechte selbst. Auf zweierlei kommt es an. In rechtspraktischer Hinsicht entwickelt die Moderne eine neue rechtsmoralische Sensibilität; ihretwegen gebühren jedem Menschen aus jedweder Kultur unverzichtbare Rechte. Und legitimationstheoretisch gesehen geht es um die Einsicht, daß die neue Sensibilität sich nur durch einen neuen, nicht mehr teleologischen Begriff des Menschen begründen lasse.

Nur in Parenthese sei gegen MacIntyre eine kleine Polemik erlaubt: Wer das Projekt der Moderne in globo verwirft, sollte sich die Mühe machen, den Globus »Moderne« kennenzulernen. Wer Kant als einen der wegweisenden Denker nimmt, findet für die Teleologie eine erstaunlich breite Präsenz. Nicht nur in der *Kritik der Urteilskraft* ist sie gegenwärtig, und hier in mindestens vierfacher Weise: für die Ästhetik, für die Wissenschaft des Organischen, die Biologie, für die Ethik in Verbindung mit der Theologie und für den Gesamtzusammenhang der Philosophie. Teleologische Elemente entdecken wir auch in der Geschichtsphilosophie, ferner in der Ethik, allerdings nicht in der Rechtsethik, außer in ihrer geschichtsphilosophischen Ergänzung; und die skizzierte Überlegung zeigt, daß die Teleologie in der Rechtsethik mit gutem Grund fehlt.

Mit transzendentalen Interessen allein ist die Legitimationsaufgabe noch unterbestimmt. Wenn es Menschenrechte geben soll, muß es einen universalen Begriff des Menschen als Menschen geben. Ein solcher Begriff ist dem Abendland seit der jüdisch-christlichen Bestimmung als Ebenbild Gottes und ebenso seit der griechischen Bestimmung als *zōon logon echon* vertraut. Trotzdem zieht weder die eine noch die andere Kultur aus ihrem universalen Begriff des Menschen Rechtskonsequenzen. Daher sollten beide Traditionen, sowohl die Philosophie als auch die christliche Theologie, bescheidener werden. Eine erste Bescheidenheit hieß: Verzicht auf Ideengeschichte, eine zweite: Abschied von Menschenbildern; und die dritte sagt: weder die griechische Philosophie noch die christliche Theologie schöpfen ihre Chancen, Menschenrechte zu begründen und zu etablieren, aus. Im Gegensatz zu den üblichen Glättungen der Ideengeschichte herrscht vielmehr ein gravierendes Defizit vor:

Seit dem 13. Jahrhundert kennt Europa Freiheitsbriefe bzw. Rechtserklärungen vom Typ der *Magna Charta Libertatum* und der Goldenen Bulle Andreas' II. von Ungarn. Die Dokumente werden in Staaten ausgefertigt, denen beide Gedanken, Ebenbild Gottes und Vernunftbegabung, selbstverständlich sind. Trotzdem werden die Freiheiten nicht dem Menschen als Menschen zugesprochen. Die entsprechenden Rechte hat nicht der Mensch als Mensch, sondern nur der Mensch als Untertan, überdies nur deshalb, weil sie ihm der Herr gnädiglich gewährt. Wie schon Hobbes (*Leviathan*, Kap. 26, letzter Absatz) betont, sind die Freiheitsbriefe Charten, das heißt Schenkungen der Souveräne, die allerdings, wie die *Federalist Papers* (Hamilton/Jay/Madison 1788, Nr. 84) zu Recht sagen, dem König von seinen Baronen »mit dem Schwert in der Hand abgerungen« worden sind.

Der pragmatische Widerspruch, den die Verfassungsväter von Virginia begehen, könnte durch diese Tradition partikularer Privilegien statt universaler Rechte erleichtert worden sein: Die *Magna Charta* gewährt in Artikel 1 die Freiheiten »an erster Stelle« der englischen Kirche, erst danach wendet sie sich an »alle freien Männer unseres Königreiches«, während die Frauen, die Kinder und alle Unfreien, außerdem die Fremden (»Ausländer«) unerwähnt bleiben. Die *Magna Charta* ist ein Freiheitsbrief, mit dem die englische Kirche und der englische Adel die Hoheitsrechte des Königs zugunsten ihrer Privilegien einschränken.

Damit stoßen wir *e contrario* auf eine weitere, noch größere Schwierigkeit. Von gewissen anthropologischen bzw. relativ transzendentalen Interessen wird behauptet, man habe auf ihre Anerkennung einen subjektiven Anspruch. Angeborene Interessen, wenn sie sich denn finden lassen, machen im Begriff der Menschenrechte nur die erste Hälfte verständlich; die andere Hälfte, daß ein subjektives Recht, ein Anspruch, vorliegt, bleibt unerklärt.

Von einem Anspruch kann man generell nur dort reden, wo ein anderer den Anspruch zu erfüllen hat. Wer Rechte legitimieren will, muß daher die entsprechenden Pflichten rechtfertigen. Im Gegensatz zu einer politischen Tendenz, Rechte zu beanspruchen, ohne die entsprechenden Pflichten auszuweisen, muß, wer von Menschenrechten spricht, die korrelativen Menschenpflichten legitimieren. An diesem Sachverhalt verdienen zwei Momente eine Betonung. Einerseits bestehen die Ansprüche nicht in einem absoluten Sinn. Das Lebensrecht meint nicht das Recht – an wen sollte es sich richten? –, sterben müsse man entweder gar nicht oder erst im hohen Alter, wenn man, wie es von Abraham heißt, »des Lebens satt« ist. Noch wichtiger ist das andere Moment, daß sich das nur relative, trotzdem nicht bedingte Recht an die Mitmenschen richtet und von ihnen, und zwar ausnahmslos von jedem, eine Leistung verlangt, deren Minimum heißt: keine Gewalt auszuüben.

Ein interkultureller Diskurs rechnet an dieser Stelle mit einem Einwand. Namentlich auf afrikanischer Seite achtet man bei den Menschenrechten besonders auf die Freiheitsrechte und wirft ihnen vor, das individualistische Menschenbild des Abendlandes zu privilegieren. Gegen diesen Einwand spricht der Umstand, daß die Integrität von Leib und Leben in den Bereich der Freiheitsrechte gehört und trotzdem an eine Leistung der Mitmenschen gebunden ist. Selbst den Freiheitsrechten liegt eine Sozialanthropologie zugrunde, womit sie sich als sowohl kulturneutral wie in anthropologischer Hinsicht traditionell erweisen. Nicht mehr traditionell und eventuell interkulturell umstritten ist erst die genaue Art.

Aristoteles begründet sein wirkungsmächtiges Wort vom Menschen als von Natur aus politischem Lebewesen (*physei politikon zōon*) mit jenem Zusammenspiel zweier Argumente, dem wechselseitigen Vorteil und gewissen Sozialimpulsen, aus dem – über die Stufen des Hauses und der Sippe bzw. des Dorfes vermittelt – die Polis entsteht. (Zur Interpretation vgl. Höffe 1996, Kap. 15.) Die Anthropologie der Menschenrechte stellt weder Aristoteles' Sozialimpulse, die Sexualität und den Drang zur wirtschaftlichen Kooperation, in Frage noch den Vorteil der größeren Sozialeinheiten. Sie erweitert aber den Blick und entdeckt eine Komplikation. Infolgedessen liegt der Grund für die kopernikanische Revolution in der Anthropologie nicht in einem neuen Menschen-

bild, sondern – was in einem neutralen Sinn Fortschritt bedeutet – in einem gewachsenen Problembewußtsein.
Die Folge der Komplikation: Was bisher schlicht »Sozialwesen« hieß, erhält die Qualifikation des *Positiven*. Ihr, der gegenseitigen Hilfe und Ergänzung, kurz: Kooperation, tritt als *negatives* Komplement die wechselseitige Gefährdung zur Seite. Der Mensch ist sowohl verletzbar wie gewaltfähig, also potentieller Täter und potentielles Opfer zugleich. Bei diesem Tatbestand achtet ein interkultureller Rechtsdiskurs auf den Begriff des »Täters«. Ein zu enges Verständnis leistete nämlich einer liberalistischen Interpretation Vorschub, gegen die die anderen Kulturen eine stärker soziale Rechtstradition verteidigen würden. Der Begriff »Täter« ist aber in einem weiten Sinn aufzufassen; »Täter« ist das handlungsfähige Subjekt, das seinesgleichen durch Gewalt bedrohen kann: durch offene Gewalt, durch versteckte Gewalt oder durch ein bewußtes Unterlassen, beispielsweise durch Verweigern einer lebenswichtigen Hilfe. Die Gewaltfähigkeit läßt sich nun letztlich biologisch ausweisen – die Haut ist verletzbar, die Hände sind zum Verletzen tauglich –, weshalb man hier keinem kulturabhängigen Menschenbild aufsitzt. Ebenso kulturneutral gültig ist die Einsicht, daß die Gewaltfähigkeit nicht erst die Vollendungsbedingungen des Menschseins bedroht, sondern schon die veritablen Anfangsbedingungen. Der einfachste Beleg für die interkulturelle Gültigkeit: alle Rechtsordnungen rechnen mit Delikten gegen Leib und Leben.
Die Anthropologie des Sowohl-Opfer-als-auch-Täter-Seins erinnert an ein Hobbes-Wort und sieht sich ebenso wie dieses – homo homini lupus – dem Vorwurf ausgesetzt, auf einem einseitigen, pessimistischen Menschenbild aufzubauen. Für die Grundidee der Menschenrechte ist der Vorwurf unberechtigt. Ein weiteres Mal bescheiden, wird die negative Sozialanthropologie nicht als exklusiv gültig behauptet, sondern nur als eine Partialanthropologie in Anspruch genommen. Daß der Mensch gegen seinesgleichen lediglich Wolf sei, ist sicherlich falsch. Daß er aber auch aggressiv werden und Leib und Leben bedrohen kann, wird auch der nicht bestreiten, der Hobbes' Widerpart, Rousseau mit seinem zweiten Diskurs oder ferner Adam Smith, Hutcheson oder neuerdings Lévinas (1974) und Spaemann (1989, Teil II), folgt. Die existentielle Bedrohung besteht auch dann, wenn man eine »impulsion intérieure de la commisération«, ein natürliches Mitleiden

mit der Not anderer, annimmt (*Discours sur l'inégalité*, Préface u. ö.). Die bald unmittelbare, bald mittelbare Gewalt gegen seinesgleichen ist nicht ein Grundzug des Menschen, wohl aber eine nicht auszuschließende Gefahr. Eine Anthropologie der Menschenrechte hebt diese Gefahr, die universale Wirklichkeit der Gewaltfähigkeit, hervor; ansonsten enthält sie sich jeder Beurteilung. Ohne sich auf eine positive oder negative Bewertung einzulassen, stellt sie bloß ein anthropologisches Faktum fest.

Den Rang eines anthropologischen Faktums hat zwar auch die Sozialnatur. Der deutliche Beleg: Ohne die Verbindung von Mann und Frau und ohne die Fürsorge für Kinder gibt es keine Fortsetzung menschlichen Lebens. Daß trotzdem das andere Faktum privilegiert wird, hat einen einfachen Grund. Dort, wo die Sozialbeziehungen lediglich in gegenseitiger Hilfe bestehen und wo die Hilfe immer spontan, überdies verläßlich zustande kommt, dort also, wo allein und stets die positive Sozialnatur am Werk ist, verlieren die Menschenrechte ihre Geschäftsgrundlage. Daß die Menschenrechte auf eine negative Sozialanthropologie abheben, resultiert also nicht aus einem pessimistischen Menschenbild, das sich eventuell spezifisch abendländischen Entwicklungen verdankt, etwa der traumatischen Erfahrung mit den (konfessionellen) Bürgerkriegen, vielleicht zusätzlich den Erfahrungen mit dem Frühkapitalismus. Die negative Sozialanthropologie behält vielmehr das Gewicht einer Partialanthropologie, die aus der Conditio humana für die Menschenrechte die Anwendungsbedingungen heraushebt.

Weil die Konfliktgefahr zur Conditio humana gehört, kann man nicht länger der Aristoteles-Tradition folgen und soziale Institutionen vornehmlich aus der natürlichen Entfaltung vorgegebener Sozialimpulse heraus verstehen. (In *Politik* I 2, 1253a 6f. und a 27-29 klingt allerdings auch die Konfliktnatur an.) Eine größere Eigenleistung ist vonnöten; obwohl der Mensch ein Sozialwesen »von Natur« ist, muß er sich als aktuales Sozialwesen selber hervorbringen: Gesellschaft entsteht erst aus wechselseitiger Anerkennung. An dieser Aufgabe heben die Menschenrechte einen kleinen, wohlbestimmten Teil heraus, die Elementarschicht angeborener Interessen. Bevor man sich um die Chancen der Selbstverwirklichung kümmert, sorge man für die Grundbedingungen des Menschseins.

Der Umstand, daß derartige Bedingungen auf dem Spiel stehen, macht den existentiellen Ernst verständlich, der hinter der Menschenrechtsidee steht. Er erklärt aber nicht die charakteristische Leidenschaft, die den Protest gegen Menschenrechtsverletzungen trägt: ein Pathos nicht der Enttäuschung oder der Verachtung, sondern der Empörung. Berechtigt ist diese Reaktion, weil es nicht nur um angeborene Interessen, sondern auch um Interessen geht, deren Anerkennung den Charakter eines Anspruchs hat. Meist wird dieser Punkt übersehen, daß zwischen einer anthropologischen Vorgabe, der Bedrohung angeborener Interessen, und einer rechtsmoralischen Aufgabe eine begriffliche Differenz besteht. Wer die Differenz überspringt, versucht einen legitimatorischen Salto, mit dem er doch nur die Frage offenläßt: Wieso darf ich von den anderen beanspruchen, daß sie die mir unverzichtbaren Interessen anerkennen?

Den Weg weist die Korrelation von Rechten und Pflichten; wobei der maßgebliche Gedanke generell, nicht etwa nur bei angeborenen Interessen gilt. Auf die Anerkennung einer Leistung besteht dort ein moralischer Anspruch, wo die Leistung nicht einfachhin, sondern lediglich unter einem Vorbehalt erbracht wird: unter der Voraussetzung, daß eine korrespondierende Gegenleistung erfolgt. Weil Menschenrechte einen Anspruch meinen, stellen sie kein Geschenk dar, das man sich entweder wechselseitig oder – aus Sympathie, aus Mitleid oder auf Bitten – einseitig offeriert. Vielmehr handelt es sich um eine Gabe, die nur unter Bedingung der Gegengabe erfolgt. Menschenrechte legitimieren sich aus einer Wechselseitigkeit heraus, pars pro toto: aus einem Tausch. Nun steht in der Menschen*pflicht*, wer die Leistungen, die lediglich unter Bedingung der Gegenleistung erfolgen, von den anderen tatsächlich in Anspruch nimmt. Umgekehrt besitzt er das Menschen*recht*, sofern er die Leistung, die nur unter Voraussetzung der Gegenleistung erfolgt, wirklich erbringt. (Dieses Argument fehlt bei Gewirth 1978, 63, weshalb MacIntyre ²1985, 66f. ihn nicht zu Unrecht kritisiert.)

Gegeben ist diese Situation, wo man ein unverzichtbares Interesse nur in und durch Wechselseitigkeit realisieren kann. Wo sich das transzendentale Moment mit einem sozialen Moment verbindet, bei einer angeborenen Wechselseitigkeit oder inhärenten Sozialität, ist man in seiner Wahl nicht mehr frei. Wo Interessen unaufgebbar und darüber hinaus an Wechselseitigkeit gebunden sind, dort überträgt sich die Unaufgebbarkeit auf die Wechselseitigkeit; der entsprechende Tausch ist unverzichtbar.

Das moralische Element, das in diesem Legitimationsmuster anwesend ist, fällt durch eine bemerkenswerte Anspruchslosigkeit auf. Die schon auf der deskriptiven Seite, bei der Anthropologie, angewendete Strategie der Bescheidenheit findet sich im normativen Moment wieder; und ohne die doppelte Bescheidenheit wäre die Legitimation nicht möglich. Den Menschenrechten liegt eine Moral zugrunde, die über zwei Vorzüge verfügt. Sie gehört nicht nur zur Moral des Geschuldeten, zur Rechtsmoral oder Gerechtigkeit; sie ist auch den in der Ethik sonst üblichen Kontroversen entzogen, da sie sich mit einer Ethik der Wechselseitigkeit oder Tauschgerechtigkeit zufriedengibt. Nicht deshalb gibt es Menschenrechte, weil der eine gibt, der andere nimmt, sondern weil ein wechselseitiges Nehmen und Geben stattfindet und weil darüber hinaus zwischen Gabe und Gegengabe ein ungefähres Gleichgewicht besteht. In moralischer Hinsicht basieren die Menschenrechte auf einer Moral, die sich in sehr verschiedenen Kulturen findet: im Konfuzianismus (*Lunyu* 15.24; vgl. Roetz 1995, 69-79) und im alten Griechenland, bei Anaximander (Diels/Kranz [6]1951, 12 B 1), im Hinduismus, hier im indischen Nationalepos *Mahabharata* (XIII, Vers 5571 ff.), weiterhin im Alten (Tob 4, 16) und im Neuen Testament (Mt 7, 12; Lk 6, 31). Es ist die Moral der Goldenen Regel (vgl. auch Dihle 1962) bzw. der Wechselseitigkeit (Reziprozität), die wohl in allen Kulturen eine Rolle spielt, allerdings mit jeweils unterschiedlich starkem Gewicht (vgl. Rippe 1993, 160 u. 172). (Zum gedanklichen Umfeld vgl. Mauss 1923-24, Lévi-Strauss 1949 und Axelrod 1984; tauschtheoretische Ansätze finden sich auch bei Gauthier 1986, hier aber ohne anthropologische und transzendentale Überlegungen; meine eigenen Ausführungen greifen zurück auf Höffe 1987, bes. Kap. 12, ferner 1992 und 1994.)
Wegen des moralischen Elements hat die Legitimation die Struktur: Anthropologie plus Ethik. Dabei ist der ethische Anteil so gut wie unproblematisch. Weil die Menschenrechte jedem zugute kommen, reichen zu ihrer Anerkennung Vorteilsüberlegungen aus. Insofern haben sie den Charakter von Klugheitsregeln und verlangen keine darüber hinausreichende Moral. Von gewöhnlichen Klugheitsforderungen unterscheiden sie sich jedoch durch eine Eigenschaft, die die Rhetorik der Menschenrechte mit dem Ausdruck »angeboren« bezeichnet, durch die Nichtsubstituierbarkeit. Weil Klugheitsgebote vorliegen, die, statt relativierbar zu

sein, absolut gelten, und weil die Gebote sich überdies nur in Wechselseitigkeit realisieren lassen, muß sich dem entsprechenden Tausch jeder unterwerfen. Damit bestätigt sich jene Korrelation unverzichtbarer Ansprüche und ebenso unverzichtbarer Schuldigkeiten, die die Menschenrechte und die Menschenpflichten ausmachen. Rechtsmoralische Probleme werfen die Menschenrechte also durchaus auf; die größeren Schwierigkeiten liegen trotzdem bei der anthropologischen Frage: Wo gibt es für den Menschen sowohl substantielle als auch unverzichtbare Interessen, die sich nur in und aus Wechselseitigkeit realisieren lassen?

In der Regel denkt man bei der Wechselseitigkeit bloß an ein positives Nehmen und Geben, an Kooperation. Zweifelsohne gibt es aber auch die negative Form, die schon genannte wechselseitige Gefährdung. Sie bildet die anthropologische Grundlage wichtiger Freiheitsrechte; die Rechte auf Leib und Leben, auf Eigentum, auf einen guten Namen, auf Religionsfreiheit usw. kann man nämlich als einen Tausch rekonstruieren, den jeder Mensch nicht etwa mit einigen, sondern mit allen Menschen vornimmt. Die eigene Fähigkeit, Täter von Gewalt zu sein, tauscht man für das Interesse ein, fremder Gewalt nicht zum Opfer zu fallen. Charakteristisch für diesen Tausch ist, daß man das eigene Interesse nur durch eine negative Leistung verwirklichen kann, die die anderen erbringen. Damit findet sich die Differenz zur traditionellen Sozialphilosophie wieder: Das Selbstinteresse läßt sich nur durch eine negative Leistung der anderen, und zwar aller anderen, verwirklichen, durch den universalen Gewaltverzicht.

Obwohl unmittelbar nur negativ, hat der Tausch nicht erst nachfolgend, sondern als solcher eine positive Bedeutung; andernfalls bestünde kein Anlaß, sich auf ihn einzulassen. Werden die entsprechenden Pflichten anerkannt und verzichtet jeder auf Gewalt gegen seinesgleichen, dann und nur dann werden die korrespondierenden Rechte gewährt. Das Interesse an Leib und Leben beispielsweise geht aus dem wechselseitigen Verzicht zu töten hervor. Im Gegensatz zu Hobbes wird dabei nicht behauptet, das Leben sei das schlechthin höchste Gut. Denn es gibt Menschen, die ihr Leben aufs Spiel setzen: trivialerweise, wenn sie riskant Auto fahren, nicht so trivial, wenn sie für politische, kulturelle oder religiöse Ideale ihr Leben zu opfern bereit sind. Andererseits hat das Leben tatsächlich einen besonderen Rang, dieser ist aber anders zu interpretieren. Es liegt kein alle anderen Interessen überragendes, insofern dominierendes, wohl aber ein logisch höherstufiges, ein relativ transzendentales Interesse vor. Ob es bewußt oder unbewußt geschieht – auch wer nicht sonderlich am Leben hängt, hat deshalb ein Interesse daran, weil er andernfalls weder etwas begehren noch sein Begehren zu erfüllen trachten kann. Unabhängig von dem, was er inhaltlich anstrebt oder meidet, mithin als Bedingung der Handlungsfähigkeit, bildet das Leben die Voraussetzung für sein handlungsorientiertes Begehren. Es ist eine notwendige Bedingung für Handlungsfähigkeit, eine *condition of agency*. Hier tritt die singuläre Bedeutung eines transzendentalen Interesses und des ihm korrespondierenden Menschenrechts zutage: Was auch immer man in concreto begehrt und zur Realisierung des Begehrten unternimmt – als Lebewesen braucht der Mensch dafür Leib und Leben.

Mit Hilfe der neuen, transzendentalen Interpretation lassen sich Phänomene wie Märtyrertum und Lebensüberdruß, auch ein leichtsinniges Leben (gegen Schmid 1995) als respektable und nicht schlicht irrationale Optionen verstehen. Man hält nämlich das Überleben nicht für das höchste Gut, will die Entscheidung über ein höheres Gut aber selber treffen, womit man denn doch ein Interesse am Leben beweist. Während der eine selber sagen will, ob und gegebenenfalls wann er des Lebens überdrüssig ist, will der andere selber entscheiden, wofür er sein Leben opfert: aus Treue zu seiner religiösen oder politischen Überzeugung und nicht etwa, um von einem Räuber erschlagen zu werden.

Das Naturrecht der Aufklärung hat sich auf das Prinzip Selbsterhaltung berufen; als überzeugender, weil formaler und deshalb voraussetzungsloser, erweist sich das Prinzip Handlungsfähigkeit. Für die Menschenrechte kommt es freilich nicht auf die Handlungsfähigkeit *sans phrase* an, sondern lediglich auf jenen Teil, der an Wechselseitigkeit gebunden ist: auf die Handlungsfähigkeit in ihrer sozialen Perspektive.

In der kritischen Theorie hat man früher nach wahrheitsfähigen, später nach konsensfähigen Interessen gesucht. Unter dem Stichwort »Über-Wir« hat Marquard (1986) auf ernste Schwierigkeiten verwiesen, und Acham (1989, 224) spricht von einer »Konsenszumutung«, die an den einzelnen permanent herangetragen werde und »entweder Uniformität oder aber schlechtes Gewissen und vorlaufende kollektivistische Gesinnung zur Folge« habe. Berechtigt ist derartige Kritik nur dort, wo man die Interessen nicht als logisch höherstufig identifiziert. In den transzendentalen Interessen wird eine Universalität, folglich auch eine Konsensfähigkeit beansprucht, die den Widerspruch gegen Uniformität in sich trägt. Als transzendental ist das anzusprechen, was man bereits implizit bejaht, insofern immer schon will, wenn man irgend etwas will; transzendental heißen die Bedingungen dafür, daß man gewöhnliche Interessen überhaupt haben und verfolgen kann. Nach dem klassischen Liberalismus soll seine Interessen jeder selbst am besten kennen; seit Nietzsche und Freud gilt diese Ansicht als naiv. Auch der damit angedeuteten Kontroverse ist der Begriff enthoben; transzendental heißt innerhalb elementarer Interessen eine Schicht, die wir einstellungsunabhängig haben, auch unabhängig davon, ob wir Mann oder Frau sind, uns zum Christentum, dem Islam, einer anderen oder auch keiner Religion zurechnen. Der singuläre Charakter liegt darin, daß man nichts anderes will als dieses: ein handlungsfähiges Wesen zu sein. Nach Rorty (1988, 28) ist der Gedanke, »die Zugehörigkeit zu unserer biologischen Art bringe gewisse Rechte mit sich«, eine Art »metaphysischer Trost«, auf den der Pragmatist verzichte. Die vorangehende Legitimation zeigt zum einen, daß die Zugehörigkeit alleine keine Rechte begründet, sondern nur das Zusammenspiel von anthropologischen und ethischen Argumenten, und zum anderen, daß auf metaphysischen Trost nicht nur der Pragmatist, sondern auch der Theoretiker der Menschenrechte verzichten kann.

3.5 Anschlußfragen

1. Als Lebewesen braucht der Mensch nicht nur die Integrität von Leib und Leben, sondern auch jene Mittel zur Befriedigung leibgebundener Grundbedürfnisse – etwa Nahrung, Kleidung und Wohnen –, die der Aufrechterhaltung des Lebens dienen. Außerdem ist er nicht lediglich ein Lebewesen, so daß es mehr als bloß leib- und lebensbezogene Anfangsbedingungen gibt. Da zum Begriff des Handelns Wissentlichkeit und Willentlichkeit hinzugehören, sind deren Voraussetzungen in den Bedingungen für Handlungsfähigkeit miteingeschlossen; ein transzendentaler Rang gebührt auch der Sprach- und Denkfähigkeit. Hier haben Freiheitsrechte wie die Meinungs- und Wissenschaftsfreiheit ihren

menschenrechtlichen Ort. Entsprechendes gilt für positive Sozialbeziehungen; ohne einschlägige Kooperationsverhältnisse wird der Mensch nicht zum Menschen. Ein großer Teil der Menschenrechte läßt sich genau von diesen drei Gruppen transzendentaler Interessen her rechtfertigen: vom Menschen als Lebewesen, von ihm als Sprach- und Vernunftwesen und von ihm als Kooperationswesen.

Diskurstheoretiker wie Kettner (1997) werfen die Prioritätsfrage auf und behaupten, »das transzendentale Interesse an Verständigung« sei »fundamentaler als das Interesse an Leib und Leben«. Gegen derartige Prioritätsbehauptungen ist Skepsis angesagt. Zum elementaren Menschsein gehören nämlich alle drei Dimensionen – Leib und Leben, die Anlage zur Sprach- und die zur Sozialfähigkeit –, ohne daß eine der drei Dimensionen in den anderen enthalten seien dürfte. Vorausgesetzt, man hat keinen zu anspruchsvollen Verständigungsbegriff, kann man nicht einmal sagen, lediglich die Verständigung sei für den Menschen spezifisch. Schließlich trägt ein bloßes Interesse (an Verständigung) nicht schon, wie Kettner andeutet, die Kraft zur Berechtigung in sich; das genuin legitimatorische Element fehlt.

In den letzten Jahrzehnten ist die Menschenrechtsdebatte für neue Fragen sensibel geworden, für die Bedeutung von Identität, von personaler ebenso wie sozialer und kultureller Identität, ferner für wirtschaftliche Voraussetzungen des Menschseins, nicht zuletzt für ökologische Bedingungen. Auch hier gibt es sowohl transzendentale Interessen als auch den Umstand, daß die Realisierung der Interessen nur in Wechselseitigkeit möglich ist. Näher eingehen können wir auf diese Fragen hier nicht. Zweierlei läßt sich aber festhalten, einerseits, daß der Gedanke der Menschenrechte substanzreicher ist als der »klassische«, liberalistische Kanon, andererseits, daß es wegen der Vielfalt und teilweisen Unabhängigkeit der transzendentalen Interessen zu Konflikten kommen kann.

2. Innerhalb der Menschenrechte sind mindestens drei Schichten zu unterscheiden. Als Menschenrechte tout court kann man jene Rechte bezeichnen, die für jeden Menschen zu jeder Zeit seines Lebens aktuell sind. Dagegen sind (lebens-)phasenbezogene Menschenrechte, wie die Rechte von Kindern und die von älteren Menschen lediglich in der betreffenden Lebensphase aktuell. Die aus den entsprechenden Rechten resultierenden Ansprüche können die Betreffenden freilich nicht an jeden richten. Die Näch-

stenliebe gebietet, jedem hilfsbedürftigen Kind zu helfen; den Anspruch auf diese Hilfe hat das Kind aber nicht gegen jeden Erwachsenen, wohl aber gegen seine Eltern und andere der für es Verantwortlichen.
Schließlich finden sich unter den Menschenrechten, obwohl sie ein kulturunabhängiges Rechtsinstitut darstellen, paradoxerweise auch kulturabhängige Rechte. Kulturabhängig ist zwar nicht die Legitimationsgrundlage, wohl aber die spezifische Ausgestaltung. Innerhalb einer Kultur, deren Gemeinschaftsbewußtsein so stark wie in Afrika ausgebildet ist, könnte etwas ein Verstoß gegen die Menschenrechte sein, was im Westen als rechtsmoralisch legitim gilt, nämlich jemanden dadurch zu strafen, daß man ihn für viele Jahre hinter Gittern isoliert. Oder: Wo die Großfamilie heilig ist, verstößt gegen die Menschenrechte, wer Eltern im hohen Alter in ein Heim abschiebt. Ein drittes Beispiel für eine kulturspezifische Menschenrechtsverletzung, jetzt aus der Politik, liegt vor, wo eine Kolonialregierung – wie in Afrika geschehen – akephalen (»häuptlingslosen«) Stämmen das Institut des Häuptlings aufzwingt.
Unter besonderen Bedingungen kann sich sogar Recht in Unrecht verkehren. Eine Lebensform, die nach europäischer Ansicht, wegen der Gleichberechtigung von Mann und Frau, kompromißlos verboten sein muß, könnte in einer Ethik der Sippensolidarität einen legitimen Platz haben, die Polygamie. Selbst ein katholischer Theologe, Bénézet Bujo (1989, 600), verschließt sich nicht den Argumenten, die für die afrikanische Kultur von elementarer Bedeutung sind: daß die Scheidung und Entlassung der ersten Frau verhindert wird oder daß Frauen, die andernfalls ledig bleiben – für eine afrikanische Frau schwer vorstellbar –, aufgewertet werden.
Derartige Beispiele zeigen, was es heißt, den interkulturellen Diskurs ernstzunehmen. Den Grundgedanken der Menschenrechte dürfen wir anderen Kulturen in der Tat zumuten, mehr als den Grundgedanken, die wechselseitig zu gewährende Unverletzlichkeit jedes Menschen, freilich nicht. Und genau deshalb, weil für die nähere Ausgestaltung ein hohes Maß an Freiheit bleibt, enthalten die Menschenrechte noch die Kraft zu einer Vision, zur Vision einer Menschheit, die einerseits allerorten dieselben elementaren Bedingungen anerkennt und sich andererseits nicht von einer einzigen Kultur, etwa der europäisch-amerikanischen, dominieren läßt. Die Menschenrechte erlauben der Menschheit eine Identität in Verschiedenheit.

3. Weil die Menschenrechte nach dem Prinzip des transzendentalen Tausches jedem zugute kommen, sollten sie sich von allein, ohne öffentliche Gewalten, durchsetzen können. In diesem Fall könnte die Legitimation der Menschenrechte auf eine Ausdifferenzierung in zwei Stufen, in die Legitimation der Menschenrechte selbst und in die ihrer Positivierung, verzichten und sich statt dessen mit der ersten Stufe zufriedengeben. Dagegen spricht eine Aufgabe, die vor allem dem Gesetz- und Verfassungsgeber obliegt: Damit die Menschenrechte ihren Zweck erfüllen und unverletzliche Ansprüche definieren, sind sie genauer zu umgrenzen. Ferner lassen selbst genaue Bestimmungen kontroverse Auslegungen zu, über die letztlich eine öffentliche Gewalt, ein Gerichtswesen, entscheiden muß. Schließlich gibt es eine weitere Komplikation; selbst bei allseits vorteilhaften Freiheitsverzichten ist ein noch größerer Vorteil denkbar, der einseitige Freiheitsverzicht – freilich der anderen. In dieser Möglichkeit tritt wieder eine negative Sozialanthropologie zutage. Vor allem dort, wo die Vorteile zeitverschoben zum Tragen kommen, kann man sich wie beim Schwarzfahren die Vorteile nehmen, ohne den Preis zu zahlen. Gegen diese Gefahr, einen allseitigen Vorteil parasitär auszunutzen, sind öffentliche Gewalten ein drittes Mal gefragt, hier als Durchsetzungsmacht, als »Schwert der Gerechtigkeit«. (Nur in Parenthese: Um ein Trittbrettfahren an der Allmende der Menschheit zu verhindern, um des Umweltschutzes willen, darf dieses »Schwert« nicht nur innerstaatlich geführt werden; s. Kap. 5.)
Mindestens drei Gründe sprechen also für die Ausdifferenzierung. Infolgedessen entfaltet sich die Aristotelische Idee einer politischen Natur des Menschen vom Institut der Menschenrechte her in zwei Teilnaturen, in eine Rechts- und eine Staatsnatur. Der Mensch ist ein Wesen, das einerseits auf elementare Rechte und korrelative Pflichten, andererseits auf ihre Festlegung und Durchsetzung mittels öffentlicher Gewalten angewiesen ist. Dabei kommt der zweiten Aufgabe gegenüber der ersten eine nur subsidiäre Bedeutung zu. Diese ist uns übrigens seit langem vertraut. Zwei Beispiele mögen genügen; und wegen des Interesses an einem interkulturellen Diskurs stammen beide nicht aus der abendländischen Tradition: Das hethitische Protokoll verlangte für die Könige als Anrede »Meine Sonne«; in der Gottheit der Sonne verehrte man aber, was der Idee der Menschenrechte nicht fern ist, den Schutz der Gerechtigkeit (s. Hoffner 1987, 409). Der König

besaß seine Gewalt nicht ausschließlich, aber wesentlich zum Zweck, für Recht und Gerechtigkeit zu sorgen. Ähnlich ist im Islam der Herrscher, der Sultan, beauftragt, Gerechtigkeit zu bringen bis »hinunter« zu den so gut wie Ohnmächtigen, den Armen und Waisen.

Weil der Vorrang bei der Gerechtigkeit bzw. den Menschenrechten liegt, beginnt die in der heutigen Politikwissenschaft diskutierte »Entzauberung des Staates« (Willke 1983; Colliot-Télène 1992) historisch viel früher, und es geht ihr, legitimationstheoretisch gesehen, um mehr als nur die Depotenzierung eines hoheitlichen Staates zu einem politischen System. Andererseits ist der Entzauberung eine klare Grenze gesetzt; bis zu einem Absterben des Staates reicht seine Depotenzierung nicht (s. Kap. 8).

Von den betreffenden Soziologen wohl unbemerkt, klingt in der These der Depotenzierung eine Kritik an Hegels These an, der Staat sei »die Wirklichkeit der sittlichen Idee« (*Rechtsphilosophie*, § 257). Von den Menschenrechten her verdient der Satz eine Rehabilitierung; da unter den entsprechenden Bedingungen der Staat tatsächlich der Sittlichkeit zur Wirklichkeit verhilft. Diese Bedeutung hat er aber nur für einen Teil der Sittlichkeit, für die Rechtsmoral. Für das, was Sittlichkeit auch meint, für ein sinnerfülltes Leben, legt der Staat nicht mehr als Vor- und Rahmenbedingungen fest, während das wirkliche Humanum andernorts zu suchen ist, und dabei durchaus auf verschiedene Weise.

Kehren wir zum Ausgangspunkt zurück, zu den Schwierigkeiten mit den Menschenrechten. Insbesondere von der Aufgabe eines interkulturellen Rechtsdiskurses aus erscheinen die beiden Legitimationsbegriffe, das transzendentale Interesse und der transzendentale Tausch, als kontraproduktiv. Der Begriff des Transzendentalen verdankt sich nämlich der europäischen Aufklärung und scheint sich insofern in der Falle des Ethnozentrismus zu verfangen. Haben deshalb die erwähnten Fundamentalethnologen recht, die nicht nur auf eine Anthropologie, sondern auch auf jedes transzendentale Denken verzichten? Der Begriff des Transzendentalen stammt zwar aus dem europäischen Denken; er sorgt aber dafür, daß die Sache, das menschliche Zusammenleben, gerade nicht europaspezifisch (»eurozentrisch«) zunächst gedacht und dann gestaltet wird. Der Grund für diese paradoxe Lage: Erst in einem hochentwickelten Stadium – man nennt es in der Regel

Aufklärung – sind Kulturen zu jener Relativierung ihrer Eigenart fähig, ohne die es keinen Verzicht auf ethnozentrisches Denken gibt. Denn Ethnozentrismus ist nicht etwa für Europa charakteristisch, sondern viel eher eine »natürliche« Einstellung jeder Kultur, die ohne das Zusammenspiel von intellektuellen und moralischen Anstrengungen nicht überwunden wird.
Da die zitierten Fundamentalethnologen die Relativierung aller Kulturen zum Programm erheben, könnte man von ihnen zwar die bessere Begrifflichkeit erwarten. Ihr bloßer Relativismus übersieht aber die Aufgabe, daß die Relativierung der eigenen Kulturform mehr sein muß als eine letztlich nur private Absichtserklärung. Die Selbstrelativierung muß zu einer Respektierung des Anderen und zusätzlich zu jener sozialen Stabilisierung dieses Respektes finden, deren erstes Element die Menschenrechte bilden. Gerüstet ist die Aufklärung dafür, wenn sie selbstreflexiv, man darf sagen: wenn sie philosophisch wird. Erst dann findet sie zu Begriffen, die zwar im Westen entwickelt und trotzdem nicht »ihrem Wesen nach« westlich sind, folglich die Selbstachtung anderer Kulturen nicht zu verletzen brauchen, im Gegenteil beide Dimensionen der Interkulturalität, den interkulturellen Diskurs und die interkulturelle Koexistenz selbst, ermöglichen. Erst jene nicht mehr regionsgebundene, sondern genuin philosophische Aufklärung, die aus der Selbstreflexion der allgemeinmenschlichen Vernunft hervorgeht, stößt auf Begriffe, die die genannte Differenz von Universalität und Uniformität an sich tragen, auf Begriffe, die sowohl für kulturelle und individuelle Andersartigkeit wie für die Gleichberechtigung des Anderen offen sind, auf Begriffe wie transzendentales Interesse und transzendentaler Tausch.

4. Christentum und Menschenrechte

Um den Vorwurf des Kulturimperialismus voll zu entkräften, reicht der Gedanke einer transzendentalen Wechselseitigkeit nicht aus. Er formuliert erst die negative Einsicht, ohne die Menschenrechte sei keine legitime Koexistenz möglich. Auch zeigt er, daß die Menschenrechte nicht eigentlich aus kulturspezifischen, sondern aus interkulturell gültigen Argumenten folgen. Solange derartige Argumente aber lediglich aus *einer* Kultur bekannt sind, bleibt für die anderen Kulturen ein Unbehagen zurück, die Vermutung nämlich, auf eine subtile Weise sei die Argumentation doch kulturabhängig. Behoben wird das Unbehagen durch eine zweite, jetzt positive Einsicht, daß die Menschenrechte Elementen der eigenen Kultur entgegenkommen, vielleicht sogar aus ihnen begründbar sind. Dann wird ihre Anerkennung nicht mehr als ein von außen aufgebürdeter Zwang, sondern als eine von innen kommende Chance erfahren. Gewinnen läßt sich die entsprechende Einsicht nicht mehr generell für alle Kulturen auf einmal, vielmehr muß jede Kultur die Einsicht sich selbst erarbeiten und schließlich anerkennen. Infolgedessen findet der interkulturelle Rechtsdiskurs in zwei Formen statt, die in systematischer Hinsicht aufeinander aufbauen. Der erste, philosophische und primär negative Diskurs richtet sich auf die Bedingungen der Möglichkeit interkultureller Koexistenz und ist im Prinzip ein einziger. Der zweite, positive Diskurs vermittelt den Gedanken von Menschenrechten mit der je eigenen Kultur. Eine Einverleibung der Menschenrechte in die eigene Kultur, die »Inkulturalisierung«, findet notwendigerweise kulturspezifisch und in der Mehrzahl statt, kann deshalb nur in Fallstudien und hier bloß exemplarisch durchgeführt werden. In diesem Sinn bietet das Christentum das Beispiel für eine Aufgabe, die auch der Islam und andere Religionen sowie die verschiedenen Rechtskulturen der Welt mit dem Zweck übernehmen müssen, sich in den Menschenrechten als sie selbst wiederzufinden.

4.1 Ein »Drama in fünf Akten«

Nach einem verbreiteten Topos entwickelt sich die Idee der Menschenrechte in der Auseinandersetzung der jüdisch-christlichen Offenbarung mit griechisch-römischem Denken. Insbesondere der Leit- und Sinnbegriff, die Menschenwürde, sei wesentlich christlich inspiriert. Träfe diese Ansicht zu, dann müßte das Christentums schon seit langem, eigentlich schon immer ein affirmatives Verhältnis zu den Menschenrechten einnehmen, so daß in diesem Fall der zweite Diskurs überflüssig wäre. Die tatsächliche Entwicklung verläuft komplexer, zugleich spannender und kann nur deshalb den anderen Religionen und Rechtskulturen als Exempel dienen.

Gliedern läßt sich die Entwicklung in eine Vorgeschichte, die erst Bausteine für den Begriff der Menschenrechte bereitstellt, und die Hauptgeschichte, in der sich der Begriff selbst ausbildet. In der Vorphase spielt das Christentum insofern eine wichtige Rolle, als Theologen des 13. Jahrhunderts, Alexander von Hales (»Persona res moris est, quia dicit prorietatem dignitatis«) und Philipp der Kanzler (»Esse personae est morale et respirit dignitatem«), im Rahmen der Christologie die Person wohl zum ersten Mal als ein moralisches Wesen bestimmen und ihm als solchem Würde zusprechen (vgl. Kobusch 1993, 23 ff.). Diese Innovation darf man aber für die Menschenrechtstheorie nicht überbewerten. Die Moralfähigkeit ist nämlich kein rechtsspezifisches Phänomen, und Würde allein begründet keinen rechtlichen Anspruch.

Ein zweiter Baustein, der Begriff des subjektiven Rechts, geht zwar auf das Mittelalter, aber wahrscheinlich nicht auf die Theologie zurück, etwa auf Ockhams Nominalismus, wie Villey (1964) behauptet, vielmehr auf die humanistische Jurisprudenz des 12. Jahrhunderts. Auch hier muß man sich vor einer menschenrechtstheoretischen Überbewertung hüten. Der Begriff wird nämlich mehr beiläufig verwendet, und vor allem erhält er keinen fundamentalen, die Rechts- und Staatsordnung ebenso legitimierenden wie limitierenden Rang. Dieser bildet sich erst in jener Hauptgeschichte heraus, in der zwei Gesichtspunkte zusammenwirken: eine sozialgeschichtliche Herausforderung bzw. Krankheit, für die die Menschenrechte die Antwort bzw. Therapie bieten. Hinsichtlich des Christentums stellt sich die Hauptgeschichte als ein »Drama in fünf Akten« dar.

Der erste Akt gibt die Aufgabe vor. Das Christentum schafft – allerdings nicht allein – jene Schwierigkeiten, für deren Lösung man das Rechtsinstitut der Menschenrechte braucht. Die Schwierigkeiten sind vielfältig, was sich in ihrer Lösung, den Menschenrechten, widerspiegeln muß: Vor der Reformation konkurrieren die Häretiker mit der offiziellen Kirche, seit der Reformation streiten die verschiedenen Konfessionen untereinander um den Anspruch auf das wahre Christentum; daraus entsteht die Aufgabe der Religionsfreiheit. Weiterhin tritt der Versuch, den eigenen Wahrheitsanspruch gewaltsam durchzusetzen, in Konkurrenz mit dem Überlebensinteresse der anderen (Stichwort: Bartholomäusnacht), was auf ein zweites Menschenrecht verweist, die Integrität von Leib und Leben. Der Friedenssaal der Stadt Münster erinnert an eine dritte Aufgabe; der Dreißigjährige Krieg macht Deutschland zum Kriegsschauplatz auch außerdeutscher Mächte. Damit steht schon in der Alten Welt ein Recht auf dem Spiel, das in der Neuen Welt, durch deren Kolonialisierung, noch kräftiger verletzt wird, das der politischen und kulturellen Selbstbestimmung. Und in der Regel ist das Lebensrecht mitbedroht. Nur ein Beispiel: Für Haiti schätzt man, daß es bei seiner Entdekkung im Jahr 1492 über 300 000 Einwohner verfügt, eine halbe Generation später, 1508, nur über 60 000 und im Jahr 1548 gerade noch über 500 Einwohner (nach Grün 1970, 187).

Zweifelsohne fließt in die Rechts- und Staatsethik, die sich aufgrund dieser Aufgaben entwickelt, christliches Gedankengut ein. Vor allem die erste Menschenrechtserklärung, die *Virginia Bill of Rights* (1776), ist vom Geist christlicher Aufklärung mitinspiriert; im Hintergrund stehen Philosophen wie Suárez, Pufendorf und Wolff, auch Locke (vgl. *Second Treatise* 2, 6). Und die französischen Prinzipien, die Trias von Freiheit, Gleichheit und Brüderlichkeit, dürfte aus der geheimen Bruderschaft der Rosenkreuzer stammen; darauf weist schon Jacob Grimm anläßlich der Frankfurter Nationalversammlung von 1848 hin (Wigard 1848/49, Bd. 1, 737). Andererseits darf man den christlichen Einfluß nicht überschätzen. Die entscheidenden Begriffe heißen nicht Gottebenbildlichkeit oder unendlicher Wert der von Gott geschaffenen und durch Christi Heilwirken erlösten Person.

Selbst der Begriff der Menschenwürde reicht zwar weit in die Anfänge christlichen Denkens zurück, über bedeutende Theologen wie Bernhard von Clairvaux und Thomas von Aquin zu Alexander von Hales und Philipp den Kanzler, schließlich bis zu den Kirchenvätern, etwa Ambrosius. Den ersten Beleg finden wir jedoch außerhalb des Christentums, bei Cicero, der sich dabei stoischen Überlegungen anschließt (vgl. Horstmann 1980, auch Maihofer 1968 und Benda 1983). Noch wichtiger ist der systematische Umstand, daß die Menschenwürde, auch wenn sie in theologischen Zusammenhängen auftaucht, nicht als solche eine ›metaphysisch-religiöse Idee‹ (Böckenförde/Spaemann 1987, 9) ist; und vor allem liegt kein für die Rechtsethik spezifischer Begriff vor. Der in der Neuzeit maßgebliche Theoretiker, Kant, führt den Begriff in einer Schrift, der *Grundlegung zur Metaphysik der Sitten*, ein, die sich ebenso auf die Tugendethik wie die Rechtsethik bezieht. In der näheren Erläuterung gibt er sogar jenem tugendethischen Aspekt den Vorrang, der die Würde an die Fähigkeit zur Sittlichkeit bindet und auf die genannte Innovation des 13. Jahrhunderts zurückweist: »Also ist Sittlichkeit und die Menschheit, sofern sie derselben fähig ist, dasjenige, was allein Würde hat« (Akad. Ausg. IV, 435). Daß aus dieser Fähigkeit folgt, was für die Idee der Menschenrechte unverzichtbar ist, ein subjektiver Anspruch auf Achtung der Würde, behauptet Kant aus gutem Grund nicht. Dort, wo sich die Würde aus der Moralfähigkeit ergibt, kommt es nämlich nicht auf (subjektive) Rechte, sondern im Gegenteil auf (moralische) Pflichten an, beispielsweise auf »Treue im Versprechen, Wohlwollen aus Grundsätzen (nicht aus Instinkt)« (ebd.). Bei der Würde zählen daher zunächst nur die eigenen moralischen Leistungen und noch nicht die für die Menschenrechte charakteristische Wechselseitigkeit des Gebens und Nehmens.

Um die Menschenrechte aus der Menschenwürde zu begründen, bedarf es einer mindestens dreiteiligen Argumentation. Als erstes ist der Zusammenhang von Moralfähigkeit, Selbstzweckcharakter und Würde auszuweisen. Danach ist ein Anspruch auf Handlungsfähigkeit als der elementaren Vorbedingung von Moralfähigkeit, schließlich ein genereller institutioneller Schutz der Handlungsfähigkeit zu rechtfertigen. Nun ist das jeweils vorangehende Argument nur eine notwendige, keine zureichende Bedingung für das folgende. Und diese Sachlage, daß jeweils zusätzliche Argumente vonnöten sind, wird im Versuch, die Menschenrechte aus der Menschenwürde zu begründen, in der Regel übersehen.

Die Begriffe, mit deren Hilfe die Aufklärungsphilosophie tatsächlich operiert, sind anspruchsloser. Sie heißen Naturzustand und Gesellschaftsvertrag; dabei ist nicht vom unendlichen Wert der Einzelseele oder von der Menschenwürde, sondern lediglich von der Handlungsfreiheit, außerdem von der Wechselseitigkeit bzw. der Goldenen Regel die Rede. Keines dieser Elemente widerspricht dem christlichen Denken, dafür spezifisch sind sie aber auch nicht. Insofern gibt im *ersten Akt* das Christentum jene Schwierigkeiten mit vor, für die die Menschenrechte eine rechtsmoralische Lösung suchen. Teils wegen seines Wahrheitsanspruches, teils wegen seines Missionsinteresses, teils wegen der Bereitschaft zur Gewalt trägt es für die gegenseitige Bedrohung Mitverantwortung.

Für die reformierten und die katholischen Territorien fällt diese Beurteilung in etwa gleich aus. Die jeweils Andersgläubigen werden verfolgt oder mit Gewalt zum Glaubensübertritt oder aber zur Auswanderung gezwungen. Für die Religionsfreiheit setzen sich fast nur Minderheiten ein, die wiederum sich vordringlich für die eigenen Belange engagieren. Der Einsatz für die Rechte anderer bleibt wenigen Einzelgängern vorbehalten, etwa dem Dominikaner Bartolomé de Las Casas (1552), der nach Verzicht auf seinen Landbesitz in den Kolonien sowohl gegen die Ausbeutung der Indianer durch die Kolonisatoren als auch gegen die Ansicht des Staatsrechtlers Sepúlveda (1550) kämpft, man dürfe jemanden zur Annahme des Glaubens zwingen (vgl. Reinhold Schneiders Roman *Las Casas vor Karl v.*, 1938). Und in Neuengland wird sich Roger Williams (1644) für die Gewissensfreiheit und eine Trennung von Kirche und Staat einsetzen.

Der *zweite Akt* liegt nicht lange zurück und ist uns doch so fremd wie eine ferne Epoche: Zwischen den Menschenrechten und dem Christentum, zumindest dessen dominierenden Stimmen, kommt es zu einem heftigen Zusammenstoß. Der französische Klerus begrüßt zwar die Menschenrechtserklärung der Revolution. Auf kirchenamtlicher Seite setzt sich jedoch rasch die Ablehnung durch, da man sich auf die antikirchlichen Elemente fixiert, obwohl sie sich nicht in der Erklärung selbst finden, sondern nur dort, wo man die christliche Religion durch einen Kultus der Vernunft ersetzt.

Wenige Jahre später, im Konkordat von 1801, söhnt sich die französische Republik zwar mit der katholischen Kirche aus, trotzdem hält sich innerhalb der päpstlichen Verlautbarungen die

Ablehnung der Menschenrechte durch. Nicht nur dem Breve *Quod aliquantum* Papst Pius' VI. vom 13. 3. 1791, sondern noch den Rundschreiben Gregors XVI. *Mirari vos* (5. 8. 1839) oder Pius' IX. *Quanta cura* (1864) und *Syllabus* (1864) entgeht die christliche Inspiration der ersten Menschenrechtserklärungen. Man besinnt sich auch nicht auf die vorbildliche, teilweise sogar demokratische Rechtsform, in der sich die religiösen Orden schon immer organisieren. Nicht zuletzt übersieht man, daß ein katholischer Theologe, Francisco de Vitoria, im Zusammenhang seiner Kritik an der spanischen Kolonialpolitik wesentliche Grundlagen des modernen Völkerrechts entwickelt und dabei genau von jenen Prinzipien ausgeht, aus denen sich die Menschenrechte rechtfertigen, von der Gleichheit und der Gleichberechtigung aller Menschen und Völker (*De Indis*, 3. Teil, Nr. 3). Statt sich also auf die menschenrechtsaffirmative Seite der eigenen Tradition zu besinnen, achtet man nur auf jene antikirchlichen Elemente, die zur Menschenrechtsidee selbst nicht gehören, und folgt generell der konservativen Revolutionskritik. Zur Glaubens-, Gewissens- und Religionsfreiheit erklärt man sich nicht bereit, obwohl sie als Rechtsprinzipien (nicht notwendigerweise auch als religiöse Prinzipien) durch die konfessionellen Bürgerkriege unverzichtbar geworden sind. Auch übergeht man den Umstand, daß die erste Erklärung der Religionsfreiheit (1572) den Katholiken in den Niederlanden zugute kommt.
Es gibt zwar Gegenströmungen, die sich den Gedanken überpositiver Rechte zu eigen machen (s. Maier ^{5}1988, auch Isensee 1987). Die im Katholizismus vorherrschende Einstellung ist jedoch von »Vorsicht und Ablehnung, ja manchmal sogar von offener Feindschaft und Verurteilung« bestimmt (*Justitia et Pax* 1976, 8). Noch der Papst, dem die katholische Soziallehre tiefgreifende Veränderungen verdankt, Leo XIII., sieht in den Menschenrechten einen Geist des Umsturzes am Werk, den er bis auf die Reformationszeit zurückführt (*Immortale Dei*, 1. 11. 1885). Im einzelnen verurteilt er den Gedanken der Gleichheit, die Lehre von der Demokratie (Volkssouveränität; Katholiken wird sogar die Wahlteilnahme untersagt) und die Forderung nach Meinungs-, Presse- und Lehrfreiheit, außerdem die Forderung nach Religionsfreiheit, der er die Forderung nach religiöser Homogenität des Staates (im Zeichen des allein wahren, katholischen Glaubens) entgegenstellt.
Der Protestantismus bleibt von dieser ebenso pauschalen wie un-

nötigen Verurteilung des »Geistes der Moderne« nicht verschont. Obwohl die von ihm geprägten Denker Kant und Fichte, Schelling, Hölderlin und Hegel die Französische Revolution mit Begeisterung begrüßen, verharrt der überwiegende Teil des Protestantismus in »traditioneller Distanz zu den Menschenrechten« (Huber/Tödt 1977, 45-55; vgl. Heckel 1987). Die Gründe sind vielfältig. Nicht etwa wegen der Zwei-Reiche-Lehre, wohl aber wegen Verquickungen mit der absolutistischen Obrigkeit und unter Berufung auf den unverfügbaren Wahrheitsanspruch des Evangeliums, ferner aus Mißtrauen gegen die rationalistisch-optimistische Grundeinstellung der Aufklärung und aus Empörung über die Wende der Französischen Revolution zum blutigen Terror der Jakobiner, schließlich weil man den christlichen Hintergrund der Menschenrechtserklärungen mißachtet, sondern sich die protestantischen Kirchen von der westeuropäischen Freiheits- und Menschenrechtsentwicklung ab.

In der Ablehnung treffen sie sich ironischerweise mit Karl Marx. Nach der frühen Abhandlung *Zur Judenfrage* geht es den sogenannten Menschenrechten (Marx-Engels-Werke 1, 361) um den »Menschen als isolierter auf sich zurückgezogener Monade«, und deren »praktische Nutzanwendung« liege im Privateigentum (364). Marx hebt vor allem auf die besitzindividualistische Seite der Menschenrechte ab und übersieht ihre weiteren Freiheitschancen, immerhin erkennt er aber die Religions- und Glaubensfreiheit als Menschenrecht an.

Lehnen im zweiten Akt die christlichen Kirchen bzw. ihre Sozialethik die Menschenrechte noch unverhohlen ab, so erarbeiten sie sich im *dritten Akt* deren positiven Gehalt. Da und dort gibt es zwar Antizipationen; so spricht Leo XIII. im Zusammenhang von Menschenpflichten gelegentlich auch von Menschenrechten, etwa in der Enzyklika *Rerum novarum* (Nr. 21). Trotzdem findet die klare Annäherung erst später statt, deutlich in der Weihnachtsbotschaft über Demokratie und Weltfrieden, die Pius XII. aufgrund der Erfahrung mit den kirchenfeindlichen Regimes von Hitler und Stalin am 24. 12. 1944 verkündet. Selbst dann vergehen noch fast zwei Jahrzehnte, bis das kirchliche Lehramt die erste große Menschenrechtserklärung abgibt. Seit ihr, der Enzyklika *Pacem in terris* (1963) von Johannes XXIII., bilden die Menschenrechte einen unverzichtbaren Bestandteil der katholischen Sozialethik. Dabei übernimmt sie im wesentlichen den Katalog, den die Allge-

meine Erklärung der Menschenrechte der Vereinten Nationen (1948) vorgibt.
Zwei Umstände hätten diese Übernahme erleichtern können. Zum einen wirkt bei der Vorbereitung der Allgemeinen Erklärung ein prominenter katholischer Philosoph, Jacques Maritain (1942), mit. Zum anderen gibt es für die Erklärung einen katholischen Vorläufer; er bleibt aber so gut wie unbekannt. Als Denkschrift der Nordamerikanischen Katholiken erscheint zu Beginn des Jahres 1947 eine »Charta der Menschenrechte« (s. Putz 1991, 388-397). Der Text, bestehend aus vier Gruppen, beginnt mit Freiheits- und Sozialrechten; es folgen zunächst Rechte der Familie, dann Rechte des Staates; und bemerkenswert zukunftsweisend handelt eine vierte Gruppe über Staatenrechte in der internationalen Gemeinschaft.
Schon in dieser Denkschrift tritt eine Besonderheit der katholischen Menschenrechtslehre zutage. In Übereinstimmung mit der eigenen sozialethischen Tradition, die sich angesichts der sozialen Frage des 19. Jahrhunderts ausbildet (s. Kap. 9.1), wendet sich die katholische Kirche gegen eine liberalistische Überbewertung der persönlichen Freiheitsrechte und tritt für eine Gleichberechtigung von Sozialrechten ein. Dabei werden ältere Forderungen der christlichen Sozialethik in die Sprache der Menschenrechte übersetzt, woraus sich etwa ein Recht auf Arbeit, ein Recht auf einen gerechten, vor allem familiengerechten Lohn und ein Recht auf soziale Sicherheit ergeben. Gefordert werden auch ein Recht auf gewerkschaftliche Organisation und – in Übereinstimmung mit dem Prinzip Subsidiarität (s. Kap. 10) – ein Freiraum für nichtstaatliche, private und kirchliche Hilfeleistung. Im Rahmen der Freiheitsrechte wiederum verschärft man das Recht auf Leib und Leben dahingehend, daß es schon mit dem Zeitpunkt der Empfängnis beginne. Die politischen Mitwirkungsrechte erhalten hingegen ein geringes Gewicht. Um die einschlägigen Verlautbarungen richtig einzuschätzen, darf man allerdings ihren »Sitz im Leben« nicht übersehen. Es handelt sich nicht um Zeugnisse einer wissenschaftlichen Debatte, sondern um pastoral orientierte Antworten auf bestimmte Not- und Problemlagen. (Zur Methode einer christlichen Sozialethik vgl. Höffe 1983.)
Beim Reformierten Weltbund und dem Ökumenischen Rat der Kirchen findet die Zustimmung zu den Menschenrechten erst später, in den siebziger Jahren, statt. Auch hier folgt die Entwicklung

im wesentlichen demselben Muster wie im Katholizismus; sie führt von einer Phase scharfer Kritik über eine zurückhaltende Beurteilung, schließlich zur Bejahung, sogar zur enthusiastischen Verteidigung. Im Rahmen einer Würdigung der vom modernen Freiheitsbewußtsein getragenen Rechts- und Verfassungsentwicklung, die vom absolutistischen Wohlfahrtsstaat zum demokratischen und sozialen Verfassungsstaat führe, erkennt man auch die Menschenrechte an (vgl. z. B. Lochmann/Moltmann ^{2}1977, Bauer 1977). Den Anstoß geben die Versammlung der Reformierten in Nairobi (1970) und die des Zentralausschusses der ökumenischen Kirchen in Addis Abeba (1971). Einen Höhepunkt bilden die Konsultation des Ökumenischen Rats in St. Pölten (1974) und die Studien und Empfehlungen des Reformierten Weltbundes (London 1976).

Im *vierten Akt* – auf katholischer Seite: Zweites Vatikanisches Konzil, Papst Paul VI. und Papst Johannes Paul II. – werden die Menschenrechte in die christliche Sozialethik mehr und mehr inkorporiert. Nicht etwa, weil sich die Sozialethik geschichtlich versteht, wohl aber in der Sache findet am Ende fast eine Horizontverschmelzung statt. Unter stärkerer Betonung der Sozialrechte schließt man sich bei den Menschenrechten der neuzeitlichen Rechts- und Staatsethik an. Außerdem entdecken Katholiken und Protestanten eine Gemeinsamkeit; den Menschenrechten gelingt, worauf man andernorts noch vergeblich wartet: sie werden zu einem wichtigen Bestandteil der Ökumene.

Der *fünfte Akt* bleibt noch zu schreiben. Weil die Kirchen selber eine soziale Institution sind, sollten sie für alle Institutionen zu einem »speculum iustitiae«, einem Spiegel der Gerechtigkeit, werden und die Menschenrechtsidee gründlich auf sich selbst anwenden. Nur dann, wenn die Kirche mit ihrer Grundordnung für die Welt ein Vorbild abgibt, kann sie von Christen wie Nichtchristen erwarten, daß man ihre sittlich-politische Autorität anerkennt.

4.2 Binnenkirchliche Menschenrechte

Zur Moral gehört eine charakteristische Reflexivität: Was man von den anderen fordert, muß man auch von sich selbst verlangen. Nun reicht eine Religion, die sich als Kirche etabliert, über eine bloß charismatische Bewegung hinaus; sie nimmt die Gestalt einer politisch-sozialen Institution an. Weil deren Leitung nicht nur eine moralische, sondern auch eine politisch-rechtliche Macht ausübt – unmittelbar gegen die jeweiligen Kirchenmitglieder, mittelbar in der zugehörigen Gesellschaft –, sind die Menschenrechte nicht bloß eine Forderung gegen andere, sondern auch ein Maßstab zur Wahrnehmung und Beurteilung, gegebenenfalls Veränderung der binnenkirchlichen Strukturen und des kirchlichen Rechts. Bei Karl Barth (1955, 73) deutet sich diese Einsicht an, wenn er sagt, rechtes Kirchenrecht habe vorbildliches Recht zu sein. Und Papst Paul VI. will im »Licht der uns auferlegten Pflicht der Evangelisierung die Rechte des Menschen und die Versöhnung überall in der Kirche« fördern (*Justitia et Pax* 1976, 8).

In der Wirklichkeit sieht es anders aus. Einige Bestimmungen des Kirchenrechts lassen sich zwar mit Menschenrechten in Verbindung bringen, so etwa das Recht auf Rechtsschutz (*Corpus Juris Canonici*, c. 1167) oder der Grundsatz »nulla poena sine lege« (c. 2195). Trotzdem sieht das Recht der katholischen Kirche die Rechtsfigur von Grundrechten nicht vor; insbesondere kennt es keinen Grundrechtskatalog. Auch bei den reformatorischen Kirchen hat die Rechtsfigur des Grundrechts »bisher nirgends Eingang in das geltende Kirchenrecht gefunden« (Pirson 1981, 683).

Da die Kirchen neuerdings die Menschenrechte aus göttlichem Recht und biblischer Offenbarung, mithin aus genuin christlichen Überzeugungen zu begründen suchen, kann man das Fehlen von Grundrechten nicht mit dem göttlichen, sondern nur mit dem menschlichen Element im Kirchenrecht erklären. Das Defizit ist nicht zufällig, entspricht vielmehr dem zugrundeliegenden Autoritäts- und Rechtskonzept. Im Fall der katholischen Kirche ist das kanonische Recht klerus- und hierarchielastig; es wendet sich in erster Hinsicht an die Inhaber der hierarchisch gestuften kirchlichen Ämter und spricht von Rechten der Gläubigen nur insoweit, als sie den Bezugspunkt der Pflichten der Amtsträger bilden. Die Leitungsgewalt wird autoritativ verstanden, und die Laien sind im wesentlichen der »hörenden Kirche« zugeordnet. Die Rechte liegen insbesondere beim Klerus, während den Laien vornehmlich Pflichten übertragen werden, so beispielsweise all das zu glauben, was das kirchliche Lehramt als göttlich geoffenbart vorlegt (*Corpus Juris Canonici* c. 1323), oder jede Häresie und alle ihr nahekommenden Irrtümer abzulehnen (c. 1324). Weiterhin wird das Gesetz mehr als eine objektive Größe verstanden denn als etwas, das der geschichtlich-sensiblen Auslegung bedarf; überdies erhält es einen Vorrang vor der individuellen Freiheit des Glaubens und dem persönlichen Gewissensentscheid. Ein solches Rechtsverständnis hängt offensichtlich vom Rechtsethos früherer Zeit ab, kann daher nicht als ahistorisch gültig gelten. Die Kirchen brauchen das Rechtsethos der Neuzeit zwar nicht zu kopieren, müssen sich aber gemäß einer kritisch-konstruktiven Auseinandersetzung mit ihm wandeln. Dazu einige tentative Überlegungen:

1. *Menschenrechte – Christenrechte.* Die Kirchen sind nicht im selben Sinn politische Gemeinschaften wie die modernen Staaten. Vom Vatikanstaat vielleicht abgesehen, kommt ihnen keine staatliche Souveränität zu. Statt dessen sind sie innerhalb souveräner Staaten Körperschaften, deren Rechtsstatus von eben diesen Staaten verliehen wird und deren Tun und Lassen unter dem Vorbehalt »innerhalb der Schranken der für alle geltenden Gesetze« steht. Vor allem sind die Kirchen nicht wie die modernen Staaten weltanschaulich neutral, sondern im Gegenteil sakramentale Gemeinschaften, die sich durch ein gemeinsames Bekenntnis und freie Zugehörigkeit auszeichnen. Aus diesem Grund können sie die zeitgenössische Garantie der Menschenrechte, den demokratischen Verfassungsstaat, nicht übernehmen.

Auf der anderen Seite gehen unveräußerliche Rechte auch durch den freiwilligen Beitritt zu einer Gemeinschaft nicht verloren. Folglich darf der demokratische Verfassungsstaat den Religionsgemeinschaften die interne Anerkennung der Menschenrechte nicht etwa freistellen, sondern muß darauf achten, daß die Autoritätsstrukturen und Rechtsverbindlichkeiten nicht gegen die Menschenrechte verstoßen. Innerhalb der Religionsfreiheit gehört dazu die strenge Freiwilligkeit des Ein- und Austritts; jede Form von Inquisition, Ketzerverfolgung und psychisch-sozialem Druck auf ihre Mitglieder muß den Religionsgemeinschaften verboten sein. Dieser Gesichtspunkt ist den christlichen Kirchen allerdings längst selbstverständlich; bedroht ist er heute eher von gewissen Sekten und einigen autoritären nichtchristlichen Religionsgemeinschaften.

Mit einer so elementaren Verbindlichkeit wie der strengen Freiwilligkeit können sich die Kirchen schon deshalb nicht zufriedengeben, weil das universale Freiheitsbewußtsein der Neuzeit ihre

Mitglieder nicht ausspart. Wegen des begrifflichen Unterschieds von staatlicher und kirchlicher Rechtsgemeinschaft können die weitergehenden Rechte zwar nicht aus der Idee der Menschenrechte allein abgeleitet werden. Als spezifische Grundrechte des Christen oder Christenrechte müssen sie vielmehr die besondere Situation des Gläubigen berücksichtigen, bedürfen daher theologischer Zusatzüberlegungen.

Um nur eine Dimension herauszugreifen: Die neuere Ekklesiologie bestimmt die Kirche als Volk Gottes und als Gemeinschaft aller Kirchenglieder, als Communio. Beide Bestimmungen rücken die dialogische Struktur der Kirche und den Gedanken der grundlegenden Gleichheit aller Gläubigen in den Vordergrund und verdrängen die traditionelle Vorstellung der *societas inaequalis*, der asymmetrischen Gemeinschaft von Klerikern und Laien. Nach dem zuständigen Konzilstext *Lumen gentium* (32, Abs. 3) sind zwar »einige nach Gottes Willen als Lehrer, Ausspender der Geheimnisse und Hirten für die anderen bestellt«, trotzdem »waltet doch unter allen eine wahre Gleichheit in der allen Gläubigen gemeinsamen Würde und Tätigkeit zum Aufbau des Leibes Christi«.

In dieser fundamentalen Gleichheit liegt das erste Christenrecht. Dabei teilt es mit den Menschenrechten die Eigenschaft, daß es von der betreffenden Institution – die Menschenrechte vom Staat, die Christenrechte von der Kirche – institutionell garantiert oder verweigert, aber nicht ursprünglich gewährt werden kann. Denn die Gleichheit der Würde verdankt sich nach christlichem Selbstverständnis nicht kirchlichen Amtsträgern, sondern Gott und seinem Mittler Christus. Gegründet im gemeinsamen Priestertum der Gläubigen (1 Petr 2, 9), in ihrer Teilnahme an der dreifachen Sendung der Kirche, steht die Gleichheit der christlichen Würde in systematischer Hinsicht noch vor allen Unterscheidungen nach Ämtern, Leistungen und Verdiensten.

Weil Kirchen keine staatlichen Gemeinschaften sind, darf ihre Rechtsordnung sich mit der Anerkennung subjektiver Rechte nicht zufriedengeben. Sie müssen auch ihrer Struktur nach von jenem Gesetz durchdrungen sein, das im Mittelpunkt ihrer Botschaft steht, im Fall des Christentums also vom »Gesetz der Liebe«. Nicht für die Menschenrechte, wohl aber für die Christenrechte ist das Liebesgebot ein legitimer Berufungsgrund.

2. *Christliche Freiheitsrechte*. Gegen die Vorstellung, auch in der

Kirche gebe es Freiheitsrechte, läßt sich einwenden, solchen Rechten liege eine bindungslose Autonomie zugrunde, die im Widerspruch zum Absolutheitscharakter religiöser Wahrheit stehe. In Wahrheit ist keine Autonomie bindungslos. Überdies steht der Glaubensgehorsam unter dem Anspruch des Gewissens, weshalb innerkirchliche Freiheitsrechte nicht nur denkbar, sondern auch geboten sind. Das erste christliche Freiheitsrecht besteht in der Freiheit der Glaubensannahme. Wie die hier einschlägige Konstitution über die Religionsfreiheit *Dignitatis humanae* hervorhebt, darf niemand gezwungen werden, gegen sein Gewissen zu handeln (Nr. 2); Religion besteht vor allem in inneren, willentlichen und freien Akten (Nr. 3), denn Gott nimmt Rücksicht auf die Würde der von ihm geschaffenen Personen, die nach eigener Entscheidung in Freiheit leben sollen (Nr. 11).

Das bestehende katholische Kirchenrecht erkennt das erste christliche Freiheitsrecht an (*Corpus Juris Canonici*, c. 1351). Verstanden wurde es bislang jedoch punktuell; wer die Gewissensentscheidung für den Glauben getroffen habe, stehe von diesem Augenblick an in der Pflicht, alles, was das kirchliche Lehramt für göttlich geoffenbart halte, zu glauben. Eine Glaubensentscheidung ist aber kein einmaliger Akt. Ohne die überragende Bedeutung der sakramentalen Annahme des Glaubens in der Taufe und seiner (sakramentalen) Bekräftigung in der Firmung bzw. Konfirmation zu bestreiten, handelt es sich bei der Glaubensentscheidung doch um eine geschichtliche Größe, zu der Anfechtungen, Neubesinnungen und Neueinsichten gehören. So wie es eine wirkliche Glaubensgeschichte der Gesamtkirche gibt, so auch eine Glaubensgeschichte jedes einzelnen. Die Glaubensfreiheit kann sich daher nicht mit der Freiheit der Glaubensannahme zufriedengeben; zu ihr zählt als ein zweites Freiheitsrecht von Christen die Freiheit der Glaubensbewährung.

Sobald man sich wieder auf das eine Volk Gottes besinnt, außerdem die Glaubensfreiheit als eine dynamische Größe versteht, muß man das Verhältnis von Institution und christlicher Freiheit neu bestimmen. Im Gegensatz zu gegenreformatorischen und staatskirchlichen Vorstellungen ist die geistliche Autorität auf freie Anerkennung, diese auf Einsicht angewiesen, weshalb man sich den Anforderungen von Rechtfertigung und Kritik zu unterstellen hat. Dem Gedanken der argumentativen Verständigung (man könnte ihn als drittes Freiheitsrecht ansprechen) gebührt der

Vorzug vor einer bloß formellen Autoritätsausübung; insbesondere ist die Freiheit der theologischen Forschung zu wahren. Wegen der entsprechenden Errungenschaft des abendländischen Christentums, einer wissenschaftlichen Theologie, kann es allerdings zu Konflikten zwischen theologischen Lehrmeinungen und kirchlichen Autoritäten kommen. Solange sich die Konflikte nicht auf Grundelemente richten, sind sie einer legitimen innerkirchlichen Pluralität freizugeben. Geht es dagegen um den Kern des Glaubens, so haben die kirchlichen Autoritäten das Recht, die Konflikte der Pluralität zu entziehen und ein Rechtsverfahren, freilich nur als ultima ratio, einzuleiten. Das Verfahren muß allerdings den elementaren Regeln eines gerechten Prozesses (fair trial) genügen, also Elemente anerkennen wie: rechtliches Gehör, kirchliche Öffentlichkeit und die Möglichkeiten, einen Verteidiger heranzuziehen und vor unabhängigen Instanzen Berufung einzulegen.

Diese Beispiele von christlichen Freiheitsrechten zeigen, daß es nicht um eine Freiheit von den bestehenden Institutionen oder gar im Gegensatz zu ihnen geht. Den Christenrechten kommt es nicht auf ein individuelles Belieben in der Kirche, sondern auf jene Freiheit an, ohne die weder die geschichtliche Glaubensbewährung noch die Spontaneität des religiösen Handelns möglich sind.

Im Gefolge des Konzils hat man eine *Lex ecclesiae fundamentalis*, ein kirchliches Grundgesetz, entworfen (dt. in *Herder Korrespondenz* 32 (1978), 623-632). Dieses stellt insofern einen bemerkenswerten Fortschritt dar, als es einen Katalog von »Grundpflichten und Grundrechten des Christgläubigen« enthält, deren Formulierung sich eng, teilweise wortwörtlich an Texte des Konzils anlehnt und beispielsweise eine Art Petitions- und Beschwerderecht, ein Recht auf den eigenen Ritus, auf die persönliche Form der Spiritualität, auf Vereins- und Versammlungsfreiheit und einen Anspruch auf Rechtsschutz umfaßt. Der Katalog bietet allerdings auch Anlaß zu Kritik, da er schon im Titel – »Grundpflichten und Grundrechte ...« – den Pflichten einen Vorrang gibt. Außerdem fehlt ein an die Spitze gestellter Grundsatz der christlichen Freiheit, das Prinzip der gleichen Würde, das der Liste eine feste Grundlage geben und die Anwendung der Grundrechte in der kirchlichen Rechtspraxis leiten könnte. Schließlich mangelt es den Grundrechten an Justiziabilität.

3. *Mitwirkungsrechte*. Wenn die Kirchen ihre dialogische Struktur

ernst nehmen und die grundlegende Gleichheit aller Gläubigen und deren Teilhabe am allgemeinen Priestertum verwirklichen wollen, müssen sie allen Gläubigen Mitwirkungsrechte einräumen. Die Laien dürfen nicht länger bloß Objekt, sie müssen im emphatischen Sinn Subjekt der Organisation und der Entscheidungsprozesse werden und in der kirchlichen Verwaltung bis hinauf zu den Führungspositionen, selbst der Kurie, präsent sein. Zugunsten dieser Forderung spricht auch die geschichtliche Bedingtheit des Glaubensverstehens, ferner jene christliche Autorität, die man angesichts der Amtsgewalten oft verdrängt, der »sensus fidelium«, die Zustimmung der Gemeinschaft aller Gläubigen. Um allen »möglichst umfassend und vielfältig die lebendige Partizipation am Glaubensleben der Kirche zu ermöglichen« (Ratzinger 1981, 51), müssen die Kirchen Strukturen der Partnerschaft institutionalisieren, Kommunikations-, nicht bloß Befehls- und Gehorsamsstrukturen. Dabei gibt es durchaus Raum für die Gedanken beider Dimensionen der Gewaltenteilung, für die horizontale Gewaltenteilung, die die Befugnisse der Synoden und Konzilien erweitert, und die vertikale Gewaltenteilung, die unter Berufung auf das von den Kirchen vertretene Subsidiaritätsprinzip (s. Kap. 10) die Regional- und die Ortskirchen stärkt.
Wenn die Kirchen neuerdings die Menschenrechte mit dem Geist des Evangeliums in Verbindung bringen, müssen sie auch dessen Zeitbedingtheiten relativieren. So ist eine Duldung der Sklaverei unter Hinweis auf Petrus- und Paulusstellen schlechthin unmöglich geworden. Zeitbedingt ist aber auch die Diskriminierung der Frau. Wenn man der neueren Auslegung des Schöpfungsberichts folgt, nach der der Adam, der geschaffen wird, zunächst allgemein den Menschen und erst nach der Erschaffung der Frau den Mann meint (vgl. Bratsiotis 1973), wenn man außerdem das nicht-diskriminierende Verhalten Jesu gegenüber den Frauen beobachtet – es ist um so bemerkenswerter, als die damalige Gesellschaft stärker patriarchalisch war –, dann erscheint die kirchenrechtliche Ungleichbehandlung der Frauen, *einschließlich* ihrer Nichtzulassung zu den kirchlichen Weihen, als fragwürdig. Denn wie das Konzil sagt, gibt es »also in Christus und in der Kirche keine Ungleichheit aufgrund von Rasse und Volkszugehörigkeit, sozialer Stellung oder Geschlecht« (*Lumen gentium* 32, Abs. 2). Zur Gleichstellung gehört übrigens, daß bei kirchlichen Rechtsverfahren, vor allem auch bei den Eheprozessen, nicht nur männliche Laien, son-

dern auch Frauen als Beisitzer, selbst als entscheidungskompetente Richter und als Vernehmungsrichter amten.
4. *Teilhaberechte und Kulturrechte*. Das Recht auf eine geschichtliche Bewährung des Glaubens hat nicht nur eine persönliche, sondern auch eine soziale Seite. Im Abendland bilden sich die christlichen Kirchen in Auseinandersetzung mit griechischem, römischem und germanischem Denken aus. Dazu gehören die Liturgie, die Kirchenmusik und Formen der Volksfrömmigkeit, auch Elemente der Kirche als Institution. Will man das Abendland nicht unzulässigerweise privilegieren, dann muß man allen Sprach- und Kulturräumen dieselbe Freiheit geben, unter Rückgriff auf ihre Geschichte eigene Ausprägungen des christlichen Lebens zu entwickeln.

4.3 Bergpredigt contra Altes Gesetz?

Die Geschichte der Beziehung von Christentum und Menschenrechten schreibt nicht der Philosoph, vielmehr der Historiker (vgl. Punt 1987, Putz 1991; Ansätze schon bei Maier ^{5}1988). Der Philosoph fragt sich jedoch, wie ein Rechtsinstitut, das heute in einem Atemzug mit dem Christentum genannt wird, viele Generationen lang als unchristlich, sogar als antichristlich angesehen werden konnte.
Eine erste Antwort – zuständig seien neuzeitbedingte Befangenheiten – bleibt unbefriedigend, weil sich mit der Sache der Menschenrechte schon das vorreformatorische Christentum schwer tut. Die Schwierigkeit gründet auch nur begrenzt im naturrechtlichen Ansatz der Menschenrechte. Denn dieser Ansatz ist dem biblisch-heilsgeschichtlichen Denken zwar fremd, fordert deshalb zu einer Vermittlungsleistung auf, die erst einmal erbracht werden muß; die entsprechende philosophisch-theologische Arbeit hat aber im Naturrechtsdenken der Scholastik begonnen, wurde allerdings in der Aufklärungsepoche nicht kreativ fortgesetzt. Die Schwierigkeit liegt auch nicht darin, daß man – wie die frühe Christenheit – die Wiederkehr des Messias für die nahe Zukunft erwartete, daher sich mit der Rechtsordnung dieser Welt nicht näher befassen wollte. Schließlich leuchtet das Argument nicht ein, die Christenheit sei lange Zeit eine zu kleine Gruppe gewesen, als daß sie sich für die Menschenrechte einzusetzen traute; denn es

sind gerade Minderheiten, die sich dafür stark machen werden.
Bevor ich Vermutungen über den Grund der Schwierigkeiten äußere, gebe ich zwei Belege dafür, daß sie tatsächlich existieren. Den einen Beleg bieten die Freiheitsbriefe, die seit dem 13. Jahrhundert in christlichen Staaten und von christlichen Herrschern ausgefertigt werden; sie sprechen die Freiheiten nicht dem Menschen als solchem zu, räumen sie nicht einmal jedem Christenmenschen ein. Den anderen Beleg bietet das Rechtsinstitut der Sklaverei. Obwohl es dem Grund- und Kerngedanken der Menschenrechte, der Idee der Gleichberechtigung, eklatant zuwiderläuft, wird es nicht nur im Alten (z. B. Ex 21, 1-11), sondern auch im Neuen Testament (deutlich 1 Petr 2, 18) anerkannt. Noch im 13. Jahrhundert finden wir Theologen, die sich mit der damaligen Praxis einer abgeschwächten Form von Sklaverei, der Servitudo, abfinden. Allerdings gibt es auch frühe Gegenstimmen, beispielsweise Gregor von Nyssa, er hielt die Sklaverei für widergöttlich und unnatürlich (*Hom. in Eccl.* 4, PG 44, 664 f.).
Die Theologen berufen sich auf die Sünde (z. B. Augustinus, *De civitate dei* XIX 15; Thomas, *Summa theologica* I 109.2 Arg. 3; II-II 189.6 ad 2; II-II 57.3 Arg. 2). Für sie ist nun typisch, daß sie das zu Legitimierende grundsätzlich nicht legitimieren kann. Entweder ist nämlich eine individuelle Sünde gemeint. Dann verfehlt man die historische Wirklichkeit, da es nicht Sünden sind, deretwegen man Menschen zu Sklaven macht. Außerdem wäre für ein religiöses Phänomen wie die Sünde nur eine religiöse, keine Rechtsstrafe angemessen. Schließlich dürften die Kinder von Sklaven nicht nur deshalb, weil sie deren Kinder sind, Sklaven bleiben. Die Berufung auf die Sünde leuchtet aber auch dann nicht ein, wenn man die Erbsünde meint. Denn dann müßte die Sklaverei zu jenen Kollektivstrafen der gefallenen Menschheit gehören, die sich wie etwa Krankheiten und Naturkatastrophen oder auch die Arbeit nicht abschaffen lassen. Dies trifft auf die Sklaverei aber nicht zu. Im übrigen unterscheiden sich hinsichtlich der Erbsünde nicht die Sklaven von den Freien, weshalb man nur behaupten könnte, daß kein Mensch, dann aber kein einziger, wirklich frei sei, so wie kein Mensch gegen Krankheiten oder Naturkatastrophen grundsätzlich gefeit ist. Zugleich bliebe genau das gewahrt, wogegen die Sklaverei verstößt: die Gleichheit der Menschen. Wenn die Erbsünde als Rechtsargument überhaupt taugt, dann spricht sie nicht zugunsten der Sklaverei, sondern zugunsten des

Rechtsinstituts der Gleichheit par excellence, der Menschenrechte. Man könnte nämlich die wechselseitige Bedrohung der Menschen zu den Übeln rechnen, die sich realistischerweise nicht abschaffen ließen, und die Menschenrechte als die gleichheitsgebotene Antwort darauf ansehen.

Weil das Argument der Erbsünde offensichtlich untriftig ist – ein Rechtsinstitut, das diskriminiert, kann man nicht mit einer Eigenschaft begründen, der wie der Gleichheit die diskriminatorische Kraft per definitionem fehlt –, stellt sich die Frage, warum es Denkern vom Rang eines Thomas von Aquin unterlaufen kann. Eine erste Antwort sagt wieder: zeitbedingte Befangenheit. Im 13. Jahrhundert wird jener Text rezipiert, der die Sklaverei bekanntlich verteidigt, Aristoteles' *Politik*. Die Aufgabe, sich mit ihr auseinanderzusetzen, erklärt aber nicht, warum man die Sklaverei, statt sie zu legitimieren, nicht eher im Namen christlicher Gleichheit verwirft. Dazu kommt, daß Aristoteles den Fehler der Theologen nicht begeht, da er sich auf eine elementare Ungleichheit beruft: Bei den Sklaven liege ein derart hohes Maß an intellektueller Defizienz vor, daß sie um ihres eigenen Interesses willen auf einen Herrn angewiesen seien (*Politik* I 2, 1252a 30-34; I 5-7 und 13).

Überzeugend ist allenfalls das Argument, ob jemand Herr oder Sklave sei, spiele für die aus christlicher Sicht allein entscheidende Frage, die des Heils, keine Rolle. Dieses Argument ist aber gegen den (angeblichen) Zusammenhang von Sklaverei und Erbsündenlehre indifferent.

Bekanntlich reicht der Widerspruch von theologischer Gleichheit und rechtlicher Ungleichheit weiter zurück, bis zu den Quellen des Christentums. Nach der vorchristlichen, alttestamentarischen Variante sind von Gott alle Menschen gleich geschaffen, auserwählt sind aber nur wenige, die Mitglieder eines einzigen Volkes. Die im jüdischen Denken, in der Annahme eines speziellen Bundes, enthaltene Diskriminierung ist nicht mehr negativer, sondern positiver Natur; es handelt sich um ein Privileg. Selbst wenn es wie bei den Propheten, auch im Buch der Weisheit, charismatisch interpretiert wird und sich damit für eine Universalisierung öffnet, besteht zumindest in der Schöpfungsgeschichte eine gewisse Spannung; nennen wir es das Paradox des Buches *Genesis*: Hinsichtlich der Menschenrechte enthält es im ersten Teil eine Begründungskraft, die im zweiten Teil abgeschwächt wird; das

Privileg des Bundes relativiert die Gleichheit der Schöpfung. Nach einem Talmud-Wort haben im Paradies die Gerechten aller Völker und aller Glaubensrichtungen einen Platz (Bawa kamma 38a, in: Mayer 1980, 226). Auch dieses Wort überwindet den Ethnozentrismus und ist trotzdem vom Gedanken der Menschenrechte weit entfernt; denn ins Paradies kommen nur die Gerechten, während die Menschenrechte auch den Ungerechten zustehen.

Die Bedenken gehen weiter; der Begriff des Bundes gehört in die Rechtssphäre, die bloße Schöpfungsgeschichte nicht. Diesen Punkt übersieht eine christliche Sozialethik, die sich neuerdings für die Menschenrechte relativ umstandslos auf die Schöpfungsgeschichte beruft: Diese Geschichte erzählt zwar von der Gleichheit aller Menschen, von ihrer großen Würde, der Gottebenbildlichkeit, und davon, daß sich Gottes erster Wille auf grundlegende Bedingungen des Menschseins richtet, auf das Leben selbst (Gen 2, 7) und seine Unantastbarkeit (9, 6), auf den Lebensraum des Menschen (2, 8), auf die Mittel zum Leben (2, 9), auf die Arbeit (2, 15) und auf die Beziehung von Mann und Frau (2, 18-25). Der Gedanke einer ursprünglichen Gleichheit aller Menschen findet sich aber in so gut wie allen Schöpfungsgeschichten (s. etwa die Zusammenstellung bei Meiser 1988). Für die *Genesis* ist daher nicht so sehr die ursprüngliche Gleichheit charakteristisch als der Versuch, trotzdem eine Ungleichheit, den besonderen Bund, zu begründen. Analoge Versuche unternehmen andere Kulturen auch. Hier zeigt sich erneut, daß die Privilegierung der eigenen Gruppe, die Selbstprivilegierung, die naturwüchsige Einstellung der Menschen bildet und daß zu deren Überwindung sowohl kognitive als auch moralische Anstrengungen nötig sind (s. Kap. 3.5).

Aus dem Umstand, daß von der Einheit aller Menschen, der Menschheit, »überall auf der Welt zuerst im Reden von der Schöpfung gesprochen« wird, will die alttestamentarische Exegese ableiten, daß »das neuzeitliche Reden von Menschenrechten auf das Reden vom Erschaffenwerden des Menschen durch Gott als seinem Ursprung« zurückgeht (Westermann 1977, 6). Auch nach Picht (1980, 118f., 130f.) soll sich die Lehre der Menschenrechte auf das Dogma von der Gottebenbildlichkeit des Menschen stützen. Dem ist entgegenzuhalten, daß die bloße Gleichheit, und sei sie noch so würdereich, vom Rechtsinstitut der Menschenrechte weit entfernt ist. Ob es derartige Rechte gibt, entscheidet sich erst, wenn beim Eintritt in die Rechtssphäre der Gleichheitsgedanke nicht wie ein Meteor verglüht. Um zu mehr als irgendeiner Gleichheit, um zu einer Gleichheit mit Rechtskraft zu gelangen, müßte man die Schöpfungsgeschichte um zwei Elemente anreichern. In einem ersten Argument wäre eine Korrespondenz von kosmischer Ordnung und göttlichem Recht, in einem zweiten Argument wäre das göttliche Gesetz als Urbild des menschlichen Gesetzes zu behaupten. Ob das Alte Testament derartige Elemente enthält, zumindest Ansätze (s. Ps 19; 119, 64; 119, 89 ff.), kann hier dahingestellt bleiben; der Schöpfungsgedanke allein reicht jedenfalls nicht aus. Im übrigen gibt es eine zur Religion alternative Begründung der Gleichheit; sie erfolgt aus der Sprach- und Vernunftbegabung und reicht bis in die antike Philosophie zurück.

Hinsichtlich der Gleichheit mit Rechtskraft finden sich im Neuen Testament zwei gegenläufige Tendenzen, eine Annäherung und ein Sich-Entfernen. Die Annäherung besteht darin, daß die positive Diskriminierung jegliche ethnozentrische Begrenzung verliert; der Bund mit Gott steht jetzt nämlich jedem Mensch offen. Die Texte, in denen das Privileg eine universale Reichweite erhält, sind sattsam bekannt. Im ersten Korintherbrief (12, 13) sagt Paulus, daß alle durch *einen* Geist getauft sind. Deshalb, heißt es im Schreiben an die Galater (3, 28) und an die Kolosser (3, 11 und 4, 7), werde jeder Unterschied hinfällig: der zwischen Juden und Nichtjuden, der zwischen Sklaven und Freien, nicht zuletzt der zwischen Mann und Frau; denn, sagt Paulus, »wir sind ein Leib in Christus« (Röm 12, 5; 1 Kor 12, 27). Darin liegt der große Wert des Christentums für die Menschenrechte, daß es die seit der Schöpfungsgeschichte gegenwärtige, durch den Gedanken der Auserwählung aber relativierte Gleichheit mit allem Nachdruck bekräftigt; für das Christentum sind alle Menschen guten Willens gleich.

Fragen muß man sich allerdings, wie weit die Bekräftigung reicht. Das Begleitschreiben, das Paulus dem entlaufenen Sklaven Onesimus mitgibt, spricht aus, worauf sich eine menschenrechtsaffirmative Theologie allein berufen wird; es bittet Philemon, Onesimus »nicht (mehr) wie einen Sklaven, sondern ... wie einen geliebten Bruder« zu behandeln. Hier erkennt Paulus ausdrücklich an, was »christliche Sozialethik« im ursprünglichen Sinn meint, die Ethik des Samariter-Gleichnisses und der Bergpredigt. Die Anerkennung erfolgt auch in der Form, die zur genuin christlichen Sozialethik gehört. Paulus spricht das Sollen nicht etwa als eine Forderung aus, deren Erfüllung dem Sklaven geschuldet sei, vielmehr äußert er eine Bitte, die auf eine nichtgeschuldete, eine verdienstliche Pflicht hindeutet. Was der Geist der Menschenrechte aber fordert, die Institution der Sklaverei zumindest in diesem einen Fall, also exemplarisch aufzuheben und Onesimus freizulassen, verlangt Paulus nicht. Ähnliches kennen wir für das Verhältnis von Mann und Frau; die Einheit der Taufe verträgt sich mit massiven Rechtsungleichheiten noch lange. Die Sklaverei wird übrigens auch im Alten Testament anerkannt, obwohl die Israeliten in Ägypten selber Sklaven waren.

Es gibt eine Tendenz, die so weit verbreitet ist, daß man von einer anthropologischen Gefahr sprechen muß. Sie tritt in negativen ebenso wie positiven Varianten auf, die Gefahr der Diskriminierung der anderen. Gegen sie verteidigt das Christentum den Gedanken einer universalen Gleichheit jetzt wirklich jedes Menschen. Daß die Idee der Menschenrechte trotzdem nicht entsteht, dürfte mit dem Umstand zusammenhängen, daß auch die Gleichheit des Neuen Testamentes wieder nicht in die Rechtssphäre gehört, allerdings auf eine von der *Genesis* abweichende Weise. Die Schöpfungsgeschichte enthält eine *vor*rechtliche, das Neue Testament – ähnlich wie schon die Psalmen – eine *nach*rechtliche Gleichheit. Ihretwegen verbindet sich die Annäherung an den Gedanken der Menschenrechte, die Universalisierung der Möglichkeit, auserwählt zu sein, mit der zweiten Tendenz, dem Sich-Entfernen, nämlich mit einer Ent-Rechtlichung und Spiritualisierung der Begriffe »Bund« und »Auserwählung«. Deshalb erliegen dem obengenannten Widerspruch zwar die Theologen des 13. Jahrhunderts, aber weder Paulus noch die anderen Texte des Neuen Testaments, denn sie befassen sich mit dem Gesetz der Liebe, während die Menschenrechte zu einer anderen Ethik, zu dem eher alttestamentlichen Gesetz der Gerechtigkeit gehören.

Ein Ärgernis bleibt es trotzdem: daß ein Rechtsinstitut, das den Menschenrechten eklatant widerspricht, vom Christentum zunächst, bei Paulus, zwar spirituell eingeebnet, sozial-faktisch aber toleriert wird, daß wir ähnliches bei dem Apologeten Laktanz finden (*Divinae Institutiones* V 14-15), daß es später, im 13. Jahrhundert, sogar legitimiert wird und daß noch später, von niemand

geringerem als Luther, die Forderung, die Leibeigenschaft abzuschaffen, mit dem Argument zurückgewiesen wird, die »christliche Freiheit ganz fleischlich zu machen« (Werke, Weimariana 18, 326f.; vgl. Brecht 1977, 54-57).
Die Frage, wo genau das Ärgernis liegt, hängt von dem Verhältnis ab, in dem eine Liebesethik zur Rechtsethik steht. Rein formal gesehen, sind drei Möglichkeiten denkbar: Die Liebesethik kann (1) gegen die Rechtsethik heterogen sein, sie kann sie (2) entwerten oder aber (3) überbieten. Im Fall der Heterogenität würde die christliche Ethik zum Thema Menschenrechte schweigen, im Fall der Entwertung würden die Menschenrechte durch eine Liebesethik an Rang und Gewicht verlieren; tatsächlich trifft das Modell des Überbietens zu.
In der Bergpredigt heißt es: »Ihr habt gehört, daß zu den Alten gesagt wurde: ›Du sollst nicht töten‹ ... Ich aber sage euch: Ein jeder, der seinem Bruder zürnt, soll dem Gericht verfallen sein« (Mt 5, 21f.). Aus der Wendung »ich aber sage euch« könnte man auf eine Antithese von Altem und Neuem Gesetz schließen wollen (vgl. Joh 13, 34). Weil Jesus das Tötungsverbot beibehält, geht es in Wahrheit um eine Verschärfung der Forderung. Das Gesetz der Liebe entwertet das Alte Gesetz nicht in dem Sinn, daß das Neue Gesetz erlaubt, was das Alte Gesetz verbietet. Im Gegenteil verschärft das Gesetz der Liebe, was schon vom Alten Gesetz moralisch gefordert ist; statt lediglich nicht töten zu dürfen, darf man dem Bruder nicht einmal zürnen. Sofern derartige Mehrforderungen schon vorher erhoben worden sind – nicht nur bei den Propheten, selbst in den Gesetzestexten, etwa dem sogenannten Bundesbuch, lesen wir Ansätze für Barmherzigkeit (Ex 21, 2 und 22, 20ff.) –, kann man auch sagen, das Gesetz werde lediglich »erfüllt«. Allerdings muß man sich fragen, welches Gesetz denn gemeint sei. Nach Gal 6, 2 – »Traget einer des anderen Last, so werdet ihr das Gesetz Christi erfüllen« – ist nicht das Alte, sondern im Gegenteil ein Neues Gesetz gemeint. Wie auch immer Exegeten diese Stellen beurteilen – die Verschärfung oder aber Erfüllung erfolgt in zweierlei Hinsicht. Materialiter werden Mehrleistungen verlangt, und formaliter ist das zu Leistende nicht aus externen Gründen, sondern um seiner selbst willen zu tun, was sich christlich gesehen der Gnade Gottes verdankt, säkular betrachtet aber einer autonomen Moral.
Das Liebesgebot verschärft nicht nur die Anforderungen, es

nimmt zugleich einen Perspektivenwechsel vor. Bei der Liebe geht die Motivation vom Liebenden, gewissermaßen vom Absender, aus, bei den Menschenrechten dagegen von dem, der in seinen Rechten gefährdet ist, vom Adressaten. Dieser Unterschied wird dort übersehen, wo man mit dem Argument, alle Rechtsbeziehungen gründeten in Akten der Anerkennung, die Liebe »als Grund und Mitte des Rechts« ansieht (Pannenberg 1978, 335, unter Berufung auf E. Wolf, ^{2}1966 18 f.; differenzierter: Pannenberg 1996, z. B. Kap. 4.4 - 4.5). Richtig ist, daß sich das Recht einer bloß bescheidenen, überdies wechselseitigen Anerkennung verdankt, über die die Liebe als anspruchsvolle Form der Anerkennung weit hinausreicht.

Was folgt daraus für die Beziehung von Christentum und Menschenrechten? Weil die genuin christliche Ethik mehr verlangt, sollte sie einerseits betonen, daß vom Mehr keine Rede sein kann, solange das Weniger noch nicht erfüllt ist. Insofern fordert sie die Menschenrechte als selbstverständliche Grundlage und Vorbedingung ein. Andererseits sollte sie beim Übergang zu den Mehrforderungen die Einsicht wahren, die Paulus praktiziert; die Anerkennung des Mehr kann nicht verlangt, sie muß erbeten werden. Außerdem darf man nicht übersehen, daß die Liebe nach christlichem Verständnis zwar den Gärstoff der Gesellschaft bildet. Die entsprechende Aufgabe obliegt aber nicht den Fürsten dieser Welt, die da heißen: Verbände und Medien, Parteien, Regierungen und Parlamente; sie obliegt genuin christlichen Bewegungen, etwa den Bettelorden und spirituellen Gruppierungen. Sobald diese die Macht erringen, also ihrerseits zu Fürsten werden, geraten sie in den üblichen Konkurrenzkampf der Politik, und ihre spirituelle Berufung zerfällt. Jedenfalls ist für die christlichen Mehrforderungen nicht die zwangsbefugte Rechts- und Staatsordnung zuständig. Diese wiederum begnüge sich mit einer Aufgabe, die anspruchsvoll genug ist, mit der Verantwortung für den Rechts- und Staatskern der sozialen Vernunft, die Menschenrechte.

5. Eine Weltrepublik als Minimalstaat

5.1 Ein erstaunliches Defizit

Philosophen sprechen bekanntlich gern über das Universale. Da sie seit ihren Anfängen über das Recht, auch über den Frieden nachdenken, erwartet man zur universalen Rechts- und Friedensgemeinschaft, der der gesamten Menschheit, eine Fülle von Texten. In dieser Erwartung wird man nachhaltig enttäuscht. Angefangen mit der Antike über das Mittelalter und die Neuzeit bis weit in das 20. Jahrhundert, liefert die Philosophie zu diesem Thema äußerst wenige Beiträge.

Die zuständige Sache, ein Rechtssystem zwischen relativ unabhängigen Herrschaftsverbänden unterschiedlicher Art und Größe, ein Völkerrecht, findet sich bereits in der vorgriechischen Antike. Nach Preiser (1978, 105-126) gibt es drei Fälle eines jeweils rund ein Vierteljahrtausend währenden Völkerrechts. Im alten Orient haben etwa von 1450 bis 1200 v. Chr. die Beziehungen zwischen Ägypten, Babylonien, dem Hethiterreich, zeitweise auch dem Reich der Mitanni und dem mittelassyrischen Reich rechtlichen Charakter. Ferner stehen zwischen 600 und 338 v. Chr. (Schlacht von Chaironeia) die griechischen Stadtstaaten sowohl untereinander als auch mit den Persern und Karthago in rechtlich geordneten Beziehungen. Schließlich kann etwa von der Mitte des vierten Jahrhunderts bis 168 v. Chr. (Schlacht von Pydna), also dieses Mal kürzer, von einem Völkerrecht zwischen dem italischen Bund unter römischer Führung, Karthago und den drei hellenistischen Reichen gesprochen werden.

Obwohl die politische Philosophie an ihrem westlichen Ursprung, bei den Griechen, ungewöhnlich erfahrungsgesättigt ist, spielen hier derartige Themen keine Rolle. Platon sieht zwar die Gefahr eines »natürlichen Imperialismus«; dank der Begehrlichkeit ihrer Bürger will jede Polis expandieren. Die Gefahr gibt ihm aber nicht Anlaß, über eine die Einzelpolis übergreifende, inter- oder suprapolitische Gemeinschaft nachzudenken, weder über die schon bestehenden Rechtsbeziehungen noch über deren Verbesserung; eingeführt wird statt dessen ein neuer Stand, das Militär (*Politeia* II, 373e-374a). Nur im Spätwerk, den *Nomoi* (III 684a-b), finden wir einen Ansatz, den Beistandsvertrag

zwischen drei Königen und ihren Völkern. Aristoteles macht keine Ausnahme. Die ideale Polis, die er in den Büchern VII und VIII der *Politik* entwirft, sieht keine panhellenischen Institutionen vor, geschweige denn Rechtsbeziehungen nach außen, zu Persien etwa oder Karthago.
Bei den großen Werken der Neuzeit, bei Hobbes und Locke, bei Rousseau und Hegel, setzt sich das Desiderat fort. Während Europa von Kriegen überzogen wird, gibt es zur Theorie des Krieges bemerkenswerte Ansätze, etwa in Lockes *Second Treatise* (Kap. XVI), in Adam Smith' *Theory of Moral Sentiments* (3. Teil, 3. Kap.) und in Hegels *Rechtsphilosophie* (§§ 326, 333-335 und 338-339). Dagegen fehlt die Theorie für eine Überwindung der Kriegsgefahr, die Theorie zu jener weltweiten Friedensordnung, die sich aus einer ebenso weltweiten Rechtsgemeinschaft ergibt.
Zugegeben, seit der Renaissance und seit dem Westfälischen Frieden noch verstärkt erscheinen Friedensrufe und Friedenspläne in Hülle und Fülle (vgl. v. Raumer 1953). Um nur ein einziges Beispiel zu nennen: Zu Beginn des 18. Jahrhunderts veröffentlicht Abbé de Saint-Pierre einen Text, den Rousseau exzerpieren und Leibniz kritisieren wird und den Kant, das versteht sich, kennt. Außerdem lesen wir Ansätze zur einschlägigen Theorie im Völkerrecht, wie es von den Spaniern Vitoria und Suárez, später vom Niederländer Grotius entwickelt und vom Ehrenbürger der französischen Republik, Bentham, fortgebildet wird. Und schon Christian Wolff (*Ius gentium*, 1749, Praefatio) spricht von einer »civitas maxima«, einem die gesamte Erde umfassenden Universalstaat. Die Verfasser sind jedoch Moraltheologen und Juristen oder zwar Philosophen, aber nicht jene großen Klassiker – Hobbes, Locke, Rousseau, Hegel –, auf die sich das europäische Rechts- und Staatsdenken jahrhundertelang beruft.
Es gibt nur eine einzige Ausnahme. Mit der Schrift *Zum ewigen Frieden* (1795), vorher schon mit den einschlägigen Teilen der Geschichtsphilosophie (*Idee zu einer allgemeinen Geschichte in weltbürgerlicher Absicht*, 1784, 7.-9. Satz), ferner der *Kritik der Urteilskraft* (1790, § 83), der Theorie-Praxis-Schrift (1793, Abschn. III), sogar der Religionsschrift (1. Stück, III.) und später der *Rechtslehre* (1797, §§ 53-62 und »Beschluß«), also nicht etwa mit einem Gelegenheitsthema, sondern mit einem Grundmotiv seines Denkens fällt Kant aus dem generellen Desinteresse heraus (vgl. Höffe 1995).

Von den drei Teilen, in die nach Kants Systematik das öffentliche Recht zerfällt (*Zum ewigen Frieden*, Definitivartikel; *Rechtslehre*, §§ 43-62), widmen sich der zweite und dritte Teil einer universalen Rechts- und Friedensgemeinschaft, einem Friedensbund (foedus pacificum), der über einen bloßen Friedensvertrag (pactium pacis) deshalb weit hinausreicht, da er den Krieg für alle Zeiten ächtet. Während das Staatsrecht die innerstaatlichen Beziehungen der Rechtsgenossen regelt, geht es dem Völkerrecht um die zwischenstaatlichen Beziehungen der Einzelstaaten und dem Weltbürgerrecht um die Beziehung zwischen Individuen und fremden Staaten. Alle drei Teile werden den Ansprüchen der rechtlich-praktischen Vernunft unterworfen, denn erst die Verbindung aller drei Teile verhilft der Rechtsvernunft zu ihrer umfassenden, globalen Wirklichkeit.

Kants Ansatz ist in besonderem Maß aktuell. Die Eigenschaft, durch die sich sein Vernunftrecht generell auszeichnet, der Verzicht auf kultur- und epochenspezifische Argumente, zählt nämlich zu den Bedingungen, unter denen allein eine Theorie hier erfolgreich sein kann. Nur dort, wo man alle geschichts- und gesellschaftsabhängigen Argumente beiseite setzt und sich lediglich auf kulturindifferente oder interkulturelle Argumente stützt, kann man Staaten, die grundlegend verschiedenartig sind, trotzdem hinsichtlich ihrer Koexistenz auf Gemeinsamkeiten verpflichten. Ein weiterer Vorzug des vernunftrechtlichen Ansatzes: Er führt nur zu Prinzipien, nicht zu einer ausbuchstabierten Rechtsordnung, allerdings zu Prinzipien, die alternativenlos gültig sind, während die genaue Ausgestaltung für Erfahrung, Klugheit und die jeweiligen Randbedingungen offen bleibt.

Bezeichnenderweise setzt sich das thematische Desiderat in unserem Jahrhundert fort. Bei den bedeutendsten rechtsphilosophischen Werken findet man zwar Überlegungen zum Völkerrecht, aber nicht zur internationalen Rechts- und Friedensgemeinschaft. Eine Ausnahme bildet Radbruchs *Rechtsphilosophie* ([3]1932), deren § 28 den an Kant gemahnenden Gedanken von »souveränen Nationalstaaten, zusammengeschlossen durch Völkerrecht und Völkerbund«, vertritt. Und bei Kelsen findet sich zwar nicht in der *Rechtslehre* (1934/[2]1960), aber andernorts der Gedanke einer »über allen Staaten gleichmäßig stehenden Rechtsordnung«, einer »Rechtseinheit der Menschheit« ([2]1928, 319; s. auch 1944).

Obwohl eine Wiederbelebung der politischen Philosophie später im Namen Kants erfolgt, sucht man im einschlägigen Text, in Rawls' *Theorie der Gerechtigkeit* (1971, dt. 1975), selbst in der Fortsetzung, *Political Liberalism* (1993), nähere Überlegungen zur internationalen Gerechtigkeit vergeblich. Inzwischen liegt aber ein kurzer Text »The Law of Peoples« (1993a) vor. (Meine eigenen Überlegungen beginnen mit Höffe 1989 bzw. 1990, Kap. 9; eine Übersicht über die neuere Diskussion bietet Rinderle 1994.) Für die philosophische Gegenposition, den Utilitarismus, gilt dasselbe. Was der Gründungsvater, Jeremy Bentham, in den *Principles of International Law* (1786-1789) beginnt, setzt Hart (1961, Kap. x) nicht fort. Er behandelt das Thema »Internationales Recht«, ohne wie Bentham einen »Plan für einen allgemeinen und dauernden Frieden« zu entwerfen, ein Text übrigens, dessen Übersetzung ins Deutsche (1915) heute vergriffen und trotz des Wiederabdrucks bei v. Raumer vergessen ist.

Bei einer Theorie, die sich um die Freisetzung utopischer Energien bemüht, in der kritischen Theorie Frankfurter Provenienz, erwartet man eine Ausnahme. Gleichwohl sieht es hier, bei Horkheimer, Adorno und Marcuse, selbst noch in Habermas' Rechtsphilosophie (1992), nicht anders aus. Fragen muß man sich daher, wie eine Gesellschaftstheorie »kritisch« heißen darf, die im Jahrhundert zweier Weltkriege und ungezählter Regionalkriege die Theorie und Utopie jenes Friedens übergeht, der durch eine globale Rechtsgemeinschaft gestiftet wird. Erst aus Anlaß des Doppeljubiläums – 50 Jahre Vereinte Nationen, 200 Jahre Kants Schrift *Zum ewigen Frieden* – wendet sich Habermas (1995) dem Thema zu. Dabei nimmt er zu Unrecht an, daß Kant nur einen negativen Friedensbegriff kenne und noch nicht den Krieg selber ächte. Schon im ersten Präliminarartikel entwickelt Kant den positiven Friedensbegriff. Und im Zweiten Definitivartikel sagt er mit einem bei ihm sonst seltenen Pathos, daß »die Vernunft, vom Throne der höchsten moralisch gesetzgebenden Gewalt herab, den Krieg als Rechtsgang schlechterdings verdammt, den Friedenszustand dagegen zur unmittelbaren Pflicht macht«.

Der Befund gibt dem Hegelwort, die Eule der Minerva beginne ihren Flug nicht vor Einbrechen der Dämmerung, in einem trivialen Sinn recht: Zu einem lebensweltlich dringenden Problem, dringend für die Menschheit seit ihren Anfängen, bietet die Philosophie so wenige Vorarbeiten an, daß wir uns an das Thema noch herantasten müssen. Wir suchen keine runde Theorie, Bausteine für eine künftige Theorie aber doch. Der *erste Baustein* hält das Defizit fest: In der längsten Zeit der Philosophiegeschichte fehlt es an einer Theorie der internationalen Rechts- und Friedensgemeinschaft.

5.2 Vom Einzelstaat zur Weltrepublik

Jeder Aufbruch ins Unvertraute setzt beim Vertrauten an. Die Überlegungen zur zwischenstaatlichen Rechtsgemeinschaft beginnen daher bei der innerstaatlichen Rechtsgemeinschaft. Beim Einzelstaat sind einerseits die Zuständigkeiten zu bestimmen, andererseits die Art und Weise, wie man die Zuständigkeiten regelt. Dort, bei der Regelungskompetenz, spricht man von Staatsaufgaben, hier, bei der Regelungsform, von der Art der Staatlichkeit. Beide Themen sind auch für die internationale Rechtsgemeinschaft zu behandeln.

Zweiter Baustein: Für die Regelungsform von Einzelstaaten kennen wir im wesentlichen vier Optionen, wobei es fließende Übergänge gibt: (1) Man einigt sich zwar auf freiheitseinschränkende und zugleich freiheitssichernde Regeln, aber ohne hinsichtlich ihrer Auslegung und Durchsetzung auf die Freiheit (»Souveränität«) zu verzichten. Es liegt ein sekundärer Naturzustand vor, der im Unterschied zum primären Naturzustand zwar zwangsbefugte Regeln kennt, die aber nicht mittels öffentlicher Gewalt durchgesetzt werden. Man bildet also eine Rechtsgemeinschaft ohne jede Staatlichkeit, eine vorstaatliche Rechtsordnung, die Ultraminimalstaat (*UMS*) heiße. Die zum Recht gehörende Zwangsbefugnis wird hier nicht gemeinsam und zugleich unparteiisch, also in Form von öffentlichen Gewalten ausgeübt, sondern von den Parteien selbst. (2) Man läßt sich auf ein nur geringes Maß an Vereinbarungen ein, übergibt jedoch die Kompetenz der Auslegung und Durchsetzung, die Souveränität, einem Dritten, einer zwangsbewehrten Rechtsordnung. Auf diese Weise entsteht ein Staat mit den eng begrenzten Aufgaben des liberalen Nachtwächters, ein Minimalstaat (*MS*). (3) Man verzichtet auf einen beträchtlichen Teil der Freiheit und bildet den heute im Westen üblichen, von Sozialstaatlichkeit geprägten demokratischen Verfassungsstaat (*SVS*). (4) Schließlich kann die Freiheit bzw. Souveränität so gut wie ganz aufgehoben werden, was auf einen absolutistischen

Staat (*AS*), vielleicht sogar despotischen oder totalitären Staat (*TS*), hinausläuft. In allen vier Fällen konstituiert sich die Rechtsgemeinschaft durch Freiheitsverzichte derjenigen, die die Gemeinschaft bilden.

Beliebt ist die Anschlußfrage, ob sich die Rechtsgemeinschaft primär aus Individuen zusammensetzt oder eher aus natürlichen Sozialeinheiten wie Familien oder Sippen, vielleicht sogar aus Institutionen oder gesellschaftlichen Teilsystemen. Die Frage ist aber nicht so wichtig wie der Umstand, daß handlungsfähige Einheiten, weil sie ein gewisses Territorium miteinander teilen, mit verschiedenen Aufgaben, etwa mit Fragen der Koordination, der Konfliktregelung und der Ermächtigung, konfrontiert werden. Insofern das Recht darauf mit sanktionsbewehrten Regeln antwortet und auf diese Weise eine Grammatik der Vergesellschaftung hervorbringt, unterwirft es das Zusammenleben den Ansprüchen der rechtlich-praktischen Vernunft, genauer: ihrer ersten Stufe, der rechtsdefinierenden Vernunft (s. Kap. 2). An die Stelle von Willkür und Gewalt tritt die willkür- und gewaltfreie, auf strenge Gleichbehandlung verpflichtete Konfliktlösung. Üblicherweise definiert man eine Rechts- und Staatsordnung durch das Gewaltmonopol. Die Definition ist richtig und trifft doch nur eine sekundäre und subsidiäre Eigenschaft; das primäre Monopol gebührt nämlich den Regeln. Diese bringen sich aber nicht selber zur Wirklichkeit. Da man Regeln erstens genau umgrenzen (definieren), zweitens auslegen und drittens durchsetzen muß, bedarf es entsprechender Instanzen, die öffentlichen Gewalten. Weil sie zur rechtsdefinierenden Vernunft hinzugehören, ist die erste Option von Staatlichkeit, der Ultraminimalstaat, zurückzuweisen.

Nach der zweiten Stufe, der rechtsnormierenden Vernunft, reichen für das Zusammenleben nicht irgendwelche Regeln aus. Die Regeln müssen sich nach Regeln höherer Stufe richten, nach Rechtsprinzipien, die den Rang von Menschenrechten einnehmen und denen, weil sie für jeden vorteilhaft sind, jeder frei zustimmen kann. Erst unter der verschärften Bedingung verlieren die für die Regeln zuständigen Instanzen, die öffentlichen Gewalten, jeden Charakter bloß überlegener Macht (s. Kap. 3).

Dafür, daß es die öffentlichen Gewalten im Plural gibt, ist in erster Linie nicht die Gefahr des Machtmißbrauchs verantwortlich, sondern der Umstand, daß es hinsichtlich der Regeln die genannten drei Aufgaben gibt. Nur zusätzlich und weder ausschließlich noch

primär gilt das Argument, daß von den öffentlichen Gewalten, weil von Wesen mit Interessen und Leidenschaften »verwaltet«, Mißbrauch zu befürchten ist. Ihm tritt man mit jener personalen und zugleich organisatorischen Gewaltenteilung entgegen, die die Aufgaben, die es ohnehin gibt, auf verschiedene Personen bzw. Instanzen verteilt. Dabei gibt es nicht nur die bekannte, horizontale Gewaltenteilung in Legislative, Exekutive und Jurisdiktion. Ebenso wichtig ist jene vertikale Gewaltenteilung, die sich aus den Prinzipien des Föderalismus und der Subsidiarität ergibt (s. Kap. 10).
Die Grundlage des Ganzen bildet ein bestimmtes, nicht organisations-, sondern legitimationstheoretisches Verständnis von Demokratie. Von ihren Wurzeln her, also im wörtlichen Sinn radikal demokratisch und zugleich vernunftgemäß ist eine Rechtsgemeinschaft, deren Gewalt nicht »von Gottes Gnaden«, sondern vom Volke kommt.
Damit haben wir den *dritten Baustein* gefunden: Vernunftgemäß ist eine politische Ordnung, die (1) Rechtsregeln anerkennt, die (2) ihrerseits an die Menschenrechte gebunden sind und (3) zu ihrer Realisierung, also subsidiär, öffentliche Gewalten mit horizontaler und vertikaler Gewaltenteilung brauchen, wobei (4) alle Gewalt vom Volk ausgeht. Durch die vier Bedingungen wird die Legitimation einer Rechtsgemeinschaft an ihre Limitation geknüpft. Die Rechtfertigung öffentlicher Gewalten spricht nun gegen die erste Option; daß die Gewalten keine Blankovollmacht erhalten, spricht gegen die vierte Option, weshalb jene zweite und dritte Option übrigbleiben, die den beiden Grundformen des demokratischen Verfassungsstaates, dem mit oder aber ohne Sozialstaatlichkeit, entsprechen.
Als Oberbegriff kann man den Begriff der Republik verwenden; der Begriff ist allerdings mehrdeutig. Eine semantische Differenzierung unterscheidet einen bescheideneren, deskriptiven Begriff – die Republik im Gegensatz zur Monarchie – von der Republik als politischem Ideal, wie es sich – mit der altrömischen Republik und einigen zeitgenössischen Staaten als Vorbild – in der Zeit vom 16. bis zum 18. Jahrhundert herausbildet und seinerseits unterschiedlich anspruchsvoll zu definieren ist. Im Ersten Definitivartikel bestimmt Kant die Republik zunächst durch die drei Prinzipien der Freiheit, Abhängigkeit und Gleichheit, die in etwa auf den demokratischen Verfassungsstaat hinauslaufen. Sodann hebt er noch die Gewaltenteilung, namentlich zwischen gesetzgeben-

der und ausführender Gewalt, heraus. Liegt sie nicht vor, so fällt der öffentliche Wille, sprich: die Gesetzgebung, mit dem Privatwillen der Regierung zusammen, was auf einen Despotismus hinausläuft. Weil mangelnde Gewaltenteilung auch in der Demokratie möglich ist, dort nämlich, wo das Volk, ohne Repräsentanten, sowohl auf legislative als auch exekutive Gewalt unmittelbar Anspruch erhebt, sieht Kant nicht die Demokratie als solche, sondern nur ihre repräsentative und gewaltenteilende Form, eben die Republik, als das politische Ideal an. Dieser von Kant in der Friedensschrift verwendete Republikbegriff umfaßt die zweite und die dritte Option von Staatlichkeit: Eine politische Ordnung erfüllt dann die Ansprüche der Rechtsvernunft, wenn sie als Republik den genannten vier Bedingungen genügt.

Ein *vierter Baustein* erlaubt, vom Vertrauten zum Unvertrauten vorzudringen. Das für den Übergang von der innerstaatlichen zur zwischenstaatlichen Rechtsgemeinschaft zuständige Bindeglied, ein Brückenprinzip, besteht in einer zweistufigen Analogie von Individuen und Staaten. Der ersten Analogiestufe zufolge sind Einzelstaaten nicht, was der Verfechter einer einzigen, globalen Staatlichkeit, der »Globalist« (Beitz 1979, 81), befürchtet, organische Ganzheiten, wohl aber Kollektivsubjekte bzw. juristische Personen, die entscheidungs- und handlungsfähig sind. Auch Einzelstaaten treffen nach innen verbindliche Entscheidungen, über Gesetze zum Beispiel, und schließen nach außen Verträge ab. Nach der zweiten Analogiestufe verhalten sich die Einzelstaaten insofern wie natürliche Individuen, als sie mangels einer gemeinsamen Rechtsordnung im Zustand der Rechtlosigkeit leben. Dieser Zustand besteht aber nicht mehr vollständig – denn innerstaatlich ist er schon aufgehoben –, sondern lediglich zwischenstaatlich. Es liegt nur noch ein Rest an Rechtlosigkeit vor, die Rechtlosigkeit der Staaten im Verhältnis zueinander. (Weil es für die Analogie von Individuum und Staat klare Grenzen gibt, werden wir uns unter dem Stichwort »Weltbürgerrecht« noch mit einem zweiten Rest an Rechtlosigkeit befassen.)

Für die zwischenstaatlichen Verhältnisse gilt nun dasselbe Argument wie für die innerstaatlichen. Die Staaten leben dort vernunftgemäß im bescheidenen Verständnis der rechtsdefinierenden Vernunft, wo sie der Willkür und Gewalt eine Absage erteilen, den Krieg als Mittel der Konfliktlösung ächten und statt dessen zwangsbefugte Regeln samt ihrer Realisierung durch öffentliche

Gewalten anerkennen. Vernunftgerecht im anspruchsvolleren Sinn der rechtsnormierenden Vernunft leben sie aber erst dann, wenn sich die öffentlichen Gewalten auf Menschenrechte und Volkssouveränität (Demokratie) verpflichten. Die Konsequenz ist ebenso klar wie einschneidend, unser *fünfter Baustein:* Nur dort gewinnt die internationale Koexistenz einen mehr als minimalen Vernunftcharakter, wo sie die Form einer Republik im rechtsethischen Verständnis annimmt und zu einem demokratischen Verfassungsstaat wird.

Für die *inter*nationale Rechtsgemeinschaft gibt es im wesentlichen nur dieselben vier Optionen wie für die *intra*nationale Gemeinschaft. Nach der ersten Option schließen die Einzelstaaten zwar bilaterale und multilaterale Verträge ab und erklären sich auf diese Weise zur Koordination und vor allem zur gewaltfreien Konfliktlösung bereit. Die für die innerstaatliche Rechtssicherung unverzichtbaren öffentlichen Gewalten sollen aber zwischenstaatlich entfallen. Die entsprechende Gemeinschaft, eine freie Assoziation von Staaten-Individuen, ein Staatenverbund bzw. ultraminimaler Weltstaat (*UMWS*), sieht zwar gemeinsame Regeln vor, aber kein autorisiertes Gericht, nicht einmal ein Schiedsgericht und schon gar nicht eine Macht, Gerichtsurteile durchzusetzen. Die Rechtsverhältnisse, die es dank der freien Vereinbarungen gibt, bestehen zwischen souveränen Partnern, die ihre Souveränität voll bewahren und allfällige Probleme nicht von einem unparteiischen Dritten regeln lassen, sondern von den Parteien, den Einzelstaaten, selber. Die Durchsetzung des Rechts bleibt dem guten Willen oder einem zufälligen Machtgleichgewicht überlassen.

Ein Vorteil liegt auf der Hand: Was von einem Staat, freilich nicht dem vernunftgerechten Staat, ausgehen kann, der Machtmißbrauch und die Übergriffe in legitime Handlungsräume, hat man von einer staatsfreien Gemeinschaft nicht zu befürchten. Allerdings entfällt auch die Hoffnung, die man in die Staatsgewalten setzt, die Erwartung eines wohldefinierten und zugleich gesicherten, überdies auf die Rechtsvernunft verpflichteten Rechtsschutzes. Den Einzelstaaten, die in der Regel ihre Souveränität eifersüchtig hüten, ist diese erste Option willkommen. Sie widerspricht jedoch der Einsicht, daß sich die Streitigkeiten erst dann von den partikularen Ansichten und dem Machtpotential der Beteiligten abkoppeln, wenn über sie von einem ebenso unparteiischen wie hinreichend mächtigen Dritten entschieden wird.

Besser als direkte Gewalt, als ein Krieg, sind Vereinbarungen ohne Zweifel; für die rechtsförmige Sicherung des Vereinbarten fehlen aber die geeigneten Instrumente. Weil beim ultraminimalen Weltstaat das Recht lediglich unter Vorbehalt gilt und im »Ernstfall« der Gewalt weichen muß, handelt es sich nur um ein Durchgangsstadium zur eigentlichen Aufgabe, der staatsförmigen Sicherung internationaler Rechtsaufgaben, der inter- oder supranationalen Staatsordnung. Wir können vorläufig von einem Völkerstaat sprechen, insofern man unter »Völkern« (wie in den Ausdrücken »Völkerrecht« und »Volkssouveränität«) nicht *gentes*, Gruppen gleicher Abstammung, sondern *civitates*, die Bürgerschaft von Einzelstaaten, versteht. (Das seit dem späten Mittelalter entstehende Völkerrecht ist von Anfang an nicht für die Beziehung zwischen Gruppen gemeinsamer Blutsbande, also Sippen, Stämme oder Völker, zuständig, sondern für die Beziehungen zwischen den Territorialherrschern, den Souveränen, und später den souveränen Staaten.)

Weil zum Völkerstaat öffentliche Gewalten gehören, bestehen durchaus Bedenken. Selbst die Friedensschrift vertritt lediglich vertragliche Vereinbarungen ohne jeden Staatscharakter, jenen Völkerbund, der dem Ultraminimalstaat entspricht (*Zum ewigen Frieden*, Zweiter Definitivartikel; vgl. Höffe 1995, Kap. 6). Diese Lösung hält Kant freilich nur für ein »negatives Surrogat«. Die ›positive Idee‹ sieht er in einer ›Weltrepublik‹, einem »(freilich immer wachsenden) Völkerstaat (civitas gentium), der zuletzt alle Völker der Erde befassen würde«. In diesem Sinn der positiven Idee setzt er sich in einem früheren Text, der *Idee zu einer allgemeinen Geschichte in weltbürgerlicher Absicht* (1785), zwar nur für den Völkerbund ein, spricht dabei aber – analog zum Einzelstaat – »von einer vereinigten Macht und von der Entscheidung nach Gesetzen des vereinigten Willens« (Akad. Ausg. VIII 24). Und im *Gemeinspruch* (VIII 312 f.) ist von einem »allgemeinen Völkerstaat«, in der Religionsschrift (VI 34) von einem »Völkerbund als Weltrepublik« die Rede.

Gegen den Gedanken eines Völkerstaates erhebt sich ein bunter Strauß von Befürchtungen. Wir fassen ihn pauschal als *sechsten Baustein* zusammen, geordnet in vier Gruppen von Einwänden. Nach den ersten Einwänden gehen mit der Bildung eines Völkerstaates zu viele Gefahren einher. Beispielsweise befürchtet man, daß die bestehenden Konflikte (Territorialstreitigkeiten, Selbstbestimmungsansprüche, Minderheitenrechte ...) nicht wirklich gelöst, sondern lediglich von zwischenstaatlichen zu innerstaatlichen Konflikten transformiert werden. Dabei, so die weitere Befürchtung, geht eine wichtige rechts- und sozialpsychologische Hemmschwelle, die Barriere der Staatsgrenzen, verloren. Außerdem, so heißt es, wird ein Menschenrecht hinfällig, das wir seit der Aufklärungszeit kennen, das Recht, aus einem Einzelstaat auszuwandern. (Interessanterweise wird dieses Recht noch heute als Argument eingebracht: Boxill 1987.) Und dort, wo dieses Recht verweigert wird, kann man mindestens zu fliehen versuchen. Bei einer globalen Staatsordnung wird jedoch beides, das Auswanderungsrecht ebenso wie die Fluchtmöglichkeit, gegenstandslos. Nach einer vierten Befürchtung entfällt die Hoffnung, die Opposition gegen eine eventuelle Diktatur könne im Exil überleben, und die andere, daß sich eine Diktatur von außen auflösen lasse.

Eine zweite Gruppe von Einwänden beginnt mit dem Hinweis, daß ein globaler Staat als bürgerfern, außerdem als überbürokratisiert erscheint. Weiterhin sei er wegen seiner Größe unübersichtlich und wegen der Unübersichtlichkeit unregierbar. Übrigens hat schon Kant die Befürchtung der Unregierbarkeit (*Rechtslehre*, § 61) geäußert und einen »seelenlosen Despotismus«, einen »Kirchhof der Freiheit« kommen sehen (*Zum ewigen Frieden*, Erster Zusatz: Akad. Ausg. VIII 367 u. ö.).

Mit der Despotiebefürchtung verwandt ist ein Argument, das heute von Kommunitaristen (s. Kap. 7) vorgetragen wird; danach ist der Völkerstaat ethisch gar nicht wünschenswert, weil er die soziale und kulturelle Integrität bestehender Gemeinschaften unterhöhlt, vielleicht sogar zerstört. Ein Weltstaat ignoriere die konkrete und zugleich partikulare Sittlichkeit von Gemeinschaften; um sie zu schützen, braucht es »gute Zäune«, denn sie »garantieren gerechte Gesellschaften« (Walzer 1983, 319). Das Argument läßt sich erweitern: Im Zuge einer Nivellierung der Vielfalt gemeinschaftlicher Lebensformen versiegt eine der wichtigsten Quellen menschlicher Hilfsbereitschaft, die Solidarität.

Dazu kommt als dritter Typ von Einwänden die realpolitische Skepsis der sogenannten Realisten (Morgenthau 1960) und Neorealisten (Waltz 1979) in der Theorie internationaler Politik. Nach ihrer Ansicht führt von der gegebenen Situation, den konkurrierenden souveränen Staaten, kein friedlicher Weg zu einem Weltstaat; der Weltstaat sei also mit vernünftigen politischen Mitteln nicht erreichbar. Nicht zuletzt – so der vierte Typ von Einwänden – gehört zu einem funktionierenden Gemeinwesen eine Institution, die man sich bei einem Weltstaat gar nicht oder noch nicht vorstellen kann: eine politische Öffentlichkeit, in der die verschiedenen Gruppen, einschließlich der unterschiedlichen Minderheiten, Gehör finden.

Jede einzelne der Befürchtungen ist ernst zu nehmen und noch mehr ihre »geballte Ladung«. Das Gewicht eines grundsätzlichen Einwandes haben sie aber schon deshalb nicht, weil sie sinngemäß auch gegen Einzelstaaten sprechen und trotzdem nicht jede Staatlichkeit zu diskreditieren vermögen. Auf den Plan rufen sie lediglich, aber auch immerhin verläßliche Schutzvorkehrungen. Da bei einem weltumspannenden Staat weit größere Gefahren drohen, sind hier die Schutzvorkehrungen entschieden umsichtiger zu treffen. Beispielsweise gehe man schrittweise vor und gebe sich zunächst mit internationalen Organisationen unterhalb von Staatlichkeit zufrieden; und dort, wo man größere Staatseinheiten schafft, richte man sie erst im großregionalen, etwa europäischen Rahmen ein. Der Vorteil dieses Vorgehens liegt auf der Hand; man kann neue Möglichkeiten erproben und Erfahrungen sammeln; denn im Handstreich und blind soll der Weltstaat gewiß nicht etabliert werden. Vor allem lehnt man aber jene vierte Option ab, nach der die Einzelstaaten auf ihr Existenzrecht verzichten und von einem in seiner Staatlichkeit homogenen Weltstaat (*HWS*), dem Weltreich oder Superstaat, aufgesogen werden, den heute die Globalisten fordern. Der homogene Weltstaat muß sich übrigens nicht zu einer Diktatur entwickeln und entspricht trotzdem insofern der vierten einzelstaatlichen Option, dem absolutistischen Staat (*AS*), als er das weltstaatliche Äquivalent zu den natürlichen Individuen, die Einzelstaaten, im Kern ihrer Freiheit, im Recht auf staatliche Fortexistenz, trifft.

Gegen den in seiner Staatlichkeit homogenen Weltstaat, gegen eine »Universalmonarchie«, die beispielsweise Justi (1761) vertritt, Kant aber verwirft, gegen ein Weltreich, das alle Einzelstaaten einschmilzt bzw. zu Provinzen degradiert, spricht ein prinzipielles Argument. Erstaunlicherweise fehlt es beim Theoretiker der Weltrepublik, bei Kant: Von der Rechtsvernunft geboten ist die inter- oder supranationale Staatlichkeit nicht schlechthin, sondern nur für festumrissene Aufgaben. Wie beim Einzelstaat, so führt auch auf globaler Ebene die Legitimation der Staatlichkeit von vornherein ihre Limitation mit sich. Im Fall der Weltrepublik verbindet sich die Legitimation der Staatlichkeit mit einem äußerst restriktiven Begriff der Staatsaufgaben, so daß die Weltrepublik dem nahekommt, was wir *intra*national einen Nachtwächterstaat oder Minimalstaat nennen.

Da die primäre Rechtssicherung schon von den Einzelstaaten übernommen wird, ist für die Koexistenz der Einzelstaaten nur eine sekundäre Staatsordnung vonnöten. Unser *siebter Baustein:* Vorausgesetzt, die Einzelstaaten übernehmen ihre vernunftgebotene Rechtsaufgabe, so verbleibt ihnen der Rang von Primärstaaten, während der Völkerstaat nach Begriffen der Rechtsvernunft nicht mehr als lediglich ein Sekundärstaat ist. Im Rahmen des universalen Rechtsgebotes, anfallende Streitigkeiten nicht nach Maßgabe von Willkür und Gewalt zu lösen, verbleiben der internationalen Rechtsgemeinschaft nur wenige Restaufgaben. Die Fragen des Zivil- und des Strafrechtes, die des Arbeits- und des Sozialrechtes, das Recht der Sprachen, der Religionen und der Kultur, damit verbunden das Recht, Zugehörigkeiten bzw. Tiefenbindungen zu stiften – diese und andere der vertrauten Staatsaufgaben verbleiben in der Zuständigkeit der Primärstaaten, sind folglich der Kompetenz des Sekundärstaates entzogen. Wenigstens sind sie ihr zunächst entzogen; subsidiär, im Sinne einer Delegation von den Einzelstaaten zur Weltrepublik, mag eine Kompetenzerweiterung aber zulässig sein. (Zum Subsidiaritätsprinzip generell s. Kap. 10.)

Gegen den Gedanken einer Weltrepublik als Minimalstaat treten zwei gegenläufige Formen von Skepsis auf. Die völkerrechtlichen Kommunitaristen zweifeln an der Legitimität von jederart Weltstaatlichkeit, die völkerrechtlichen Globalisten an der Einschränkung der Weltstaatlichkeit auf einen sekundärstaatlichen Minimalstaat. Beiden Formen von Skepsis kann man mit einer Variante des Ockhamschen Rasiermessers, mit einem zweistufigen politischen Ökonomieprinzip, entgegetreten. Zufolge der ersten Stufe soll keine politische Einheit geschaffen werden, es sei denn, sie ist notwendig. Zufolge der zweiten Stufe sollen neue politische Einheiten, wenn sie sich als notwendig erweisen, nicht mehr Kompetenzen als unabdingbar erhalten. Wendet man das zweistufige politische Ökonomieprinzip auf die vier Optionen von Staatlichkeit an, so scheiden die beiden Extreme aus. Das eine Extrem, die Option der Kommunitaristen, der ultraminimale Weltstaat

(*UMWS*), eine Weltorganisation ohne Zwangsbefugnis, ist zwar ein sinnvolles, in geschichtlicher Hinsicht sogar notwendiges Zwischenziel; als weltstaatliches Zuwenig kann es aber die Rechtsform in der internationalen Koexistenz nicht garantieren. Die erste Stufe des politischen Ökonomieprinzips verlangt also eine gewisse Weltstaatlichkeit. Das andere Extrem, die Option der Globalisten, der homogene Weltstaat (*HWS*), der in Beanspruchung der gesamten Souveränität alle Einzelstaaten in sich aufsaugt, widerspricht dagegen der zweiten Stufe des Ökonomieprinzips; gegen ihn spricht sein Zuviel an Weltstaatlichkeit. So verbleiben die beiden mittleren Optionen, der extrem minimale Weltstaat (*EMWS*) und der soziale Verfassungsweltstaat (*SVWS*). Wegen der begrenzten Zuständigkeit eines Sekundärstaates entfällt aber auch hier die stärkere Option, so daß die Weltrepublik nur als Minimalstaat legitim ist.

Dort, wo Kant gegen die Weltrepublik und für den Völkerbund eintritt, beruft er sich unter anderem darauf, daß die Staaten, weil sie »als Staaten innerlich schon eine rechtliche Verfassung haben, ... dem Zwang anderer, sie nach ihren Rechtsbegriffen unter eine erweiterte gesetzliche Verfassung zu bringen, entwachsen sind« (*Zum ewigen Frieden*, Zweiter Definitivartikel). Dieses Argument überzeugt nicht. Gemäß dem bloßen Rest an Rechtlosigkeit sind die Staaten zwar der Pflicht enthoben, ihre Verfassung aufgrund der Wünsche anderer Staaten zu ändern. Wegen ihrer Minimalstaatlichkeit ist eine Weltrepublik mit derartigen Wünschen aber nicht befaßt.

Die derzeit wichtigste Institution der internationalen Rechtsgemeinschaft will bekanntlich mehr. Die Präambel der *Allgemeinen Erklärung der Menschenrechte* (1948) nennt für die Vereinten Nationen (UNO) drei Aufgaben: (1) den Schutz der Menschenrechte, (2) die Förderung der internationalen Zusammenarbeit bis hin zur »Entwicklung freundschaftlicher Beziehungen zwischen den Nationen«, (3) schließlich die Förderung des sozialen Fortschritts und besserer Lebensbedingungen bei größerer Freiheit. (Die UNO-Charta ist allerdings in Art. 1 zurückhaltender.)

Einem Sekundärstaat steht zunächst nur die erste Aufgabe zu, und selbst für sie gilt eine restriktive Auslegung. Wegen der Sekundärstaatlichkeit sind die Kompetenzen der zweiten und der dritten Aufgabe, die einer jetzt internationalen Sozial-, Wohlfahrts-, vielleicht sogar Kulturstaatlichkeit, allenfalls subsidiär zulässig. Und im Fall der einzigen genuinen Aufgabe, der Gewährleistung der Menschenrechte, verdienen den internationalen Schutz in erster Linie nicht die Individuen und Gruppen, sondern die Einheiten, die noch im Zustand der Rechtlosigkeit miteinander leben, eben die Einzelstaaten.

Damit tut sich ein neues Menschenrecht auf, neu freilich nicht im Inhalt, sondern hinsichtlich des Anspruchsberechtigten. Unser *achter Baustein* besteht in einem »Menschenrecht« und, positiviert, einem Grundrecht von Staaten; es hat, ebenso klar wie eng umgrenzt, im wesentlichen zwei Teile. Wie Individuen, so haben auch Staaten ein Recht auf Leib und Leben und ein Recht auf Eigentum, hier vor allem einen Anspruch auf territoriale Unversehrtheit; darüber hinaus haben sie ein Recht auf politische und kulturelle Selbstbestimmung. Gerade weil die Primärstaaten Mehraufgaben zu erfüllen haben und dabei für Sozial- und Kulturstaatlichkeit zuständig sind, stehen dem Sekundärstaat diese Aufgaben höchstens subsidiär zu. Wo er sie direkt übernimmt, macht er sich einer Rechtsanmaßung schuldig, denn nicht als sozialer Verfassungsstaat ist die Weltrepublik legitim, sondern lediglich als Minimalstaat. (Weil Staaten ihrerseits aus rechtsfähigen Subjekten bestehen, sogar aus denen, auf die es letztlich ankommt, die natürlichen Personen, hat allerdings die Analogie von Individuen und Staaten eine klare Grenze; ihretwegen ergeben sich einige Komplikationen und Zusatzaufgaben; s. Abschn. 5.4-5.5.)

Da der Rang von Primärstaaten bei den Einzelstaaten liegt, entsteht die sekundärstaatliche Weltrepublik durch entsprechende Souveränitätsverzichte von unten. Dieser Umstand ist legitimationstheoretisch wichtig, benennt er doch die internationale Entsprechung zum einzelstaatlichen Begriff der Volkssouveränität: Alle Gewalt des Völkerstaates geht von seinem Staatsvolk, der Gemeinschaft der Einzelstaaten, aus, die von sich aus auf einen Teil ihrer Souveränität verzichten. Gemäß dem staatstheoretischen Subsidiaritätsprinzip findet eine Delegation von unten nach oben statt, und diese Delegation ist inhaltlich limitiert. Der Völkerstaat, wenn es ihn denn geben soll, trägt für die Sicherheit und das Selbstbestimmungsrecht der Einzelstaaten Sorge und – vorausgesetzt, die Einzelstaaten sind republikanisch eingerichtet – für fast nichts sonst. Ihm gebührt keine partielle, sondern die volle Souveränität; er verfügt durchaus über die höchste Gewalt, allerdings eingeschränkt auf einen minimalen Kompetenzbereich, zunächst bloß auf die zwischenstaatlichen, nicht die innerstaatlichen Konflikte.

Wegen seines Staatscharakters steht allerdings auch einem Minimalstaat die Kompetenz-Kompetenz zu; und ihretwegen besteht die Gefahr, daß die einmal gegründete Weltrepublik nach und nach doch mehr Kompetenzen an sich zieht. Diese Gefahr muß man bei der Gründung ernst nehmen, daher mindestens zweierlei vorsehen: unveräußerliche Grundrechte der Einzelstaaten (gegen Habermas 1995, 303) und institutionelle Vorkehrungen, die über die Unveräußerlichkeit wachen und auch jene subtile Unterhöhlung zurückweisen, die von einem Weltgericht ausgehen würde, das sich einer zu weltrepublikfreundlichen Rechtsprechung befleißigte. (Zur analogen europapolitischen Gefahr s. Kap. 10.4; zur innerstaatlichen Gefahr s. Kap. 12.)

5.3 Globale Demokratisierung

Nach einer berühmten These Kants haben jene Staaten, die einem demokratischen Verfassungsstaat, abgekürzt: einer Demokratie, entsprechen, die Republiken, zu einem Angriffskrieg wenig Neigung (Erster Definitivartikel). In ihrem Fall werde nämlich für die Entscheidung über den Krieg »die Beistimmung der Staatsbürger ... erfordert«; und diese werden, »da sie alle Drangsale des Krieges über sich selbst beschließen müßten (als da sind: selbst zu fechten; die Kosten des Krieges aus ihrer eigenen Habe herzugeben; die Verwüstung, die er hinter sich läßt, kümmerlich zu verbessern ...)«, kaum »ein so schlimmes Spiel« anfangen.

In dieser politiksoziologischen These setzt Kant für die Demokratien keine unmittelbare Friedensneigung an. In aller Nüchternheit nimmt er weder für die Bürger noch die Regierungen oder Parlamente eine höhere moralische Qualität an, eine genuine Rechtsgesinnung, die sich grundsätzlich gegen Gewalt und zugunsten friedlicher Konfliktregelung ausspricht. Im Gegenteil hebt er auf das freie Wirken der vor- und außermoralischen Motivation ab; die friedensfördernde Kraft folgt aus der Fähigkeit der Demokratie, dem Selbstinteresse jedes Bürgers freien Lauf zu lassen. Dazu kommt die empirische Annahme, ein Krieg brächte den Bürgern einen klaren Schaden. Drittens nimmt er an, daß die Bürger zu den Kriegen tatsächlich ihre Zustimmung geben müssen. Außer-

dem unterstellt er wie selbstverständlich, daß es nicht – etwa wegen mächtiger Interessengruppen oder wegen der Medien – zu Verzerrungen des Selbstinteresses kommt. Schließlich, so ein fünfter Gesichtspunkt, nimmt er dank seiner optimistischen Interpretation der republikanischen Revolution in Frankreich an, sobald sich einmal eine Republik bzw. Demokratie gebildet habe, gebe »diese einen Mittelpunkt der föderativen Vereinigung für andere Staaten ab«. Denn nach dem Prinzip Nachahmung werde die Staatsform von anderen Staaten übernommen, die sich mit der Demokratie auch deren Friedensneigung zu eigen machen, so daß sich der Friedensbund mehr und mehr vergrößere.
Kants politiksoziologische These ist nicht ganz neu. Schon der Philosoph, der heute als Kants Gegenspieler gilt, Aristoteles, vertritt sie – allerdings in einer interessanten Umkehrung: Wer fremde Staaten besiegen wolle, neige zu Hause zu einer Tyrannis (*Politik* VII 14, 1333b 29 ff.); eine Eroberungspolitik unterminiere also die Republik bzw. Demokratie im eigenen Land.
Nächst der Staatsmacht hält Kant die Geldmacht für die zuverlässigste Macht, weshalb er – so seine zweite, jetzt wirtschaftssoziologische These – im Handelsgeist eine weitere Antriebskraft zum Friedensbund sieht (»Von der Garantie des ewigen Friedens«). In der Tat hat jener »Handelsgeist, der mit dem Kriege nicht zusammen bestehen kann, und der früher oder später sich jedes Volks bemächtigt« (ebd.), längst den Weltmarkt hervorgebracht. Noch ein dritter Faktor spielt bei Kant eine Rolle; er klingt im ersten Präliminarartikel an, im Verbot eines geheimen Vorbehalts, und im dritten Präliminarartikel, im Verbot solcher Feindseligkeiten, die »das wechselseitige Zutrauen im künftigen Frieden unmöglich machen müssen«: Für den Frieden bedarf es eines Basisvertrauens.
Unter Berufung auf die erste der beiden Antriebskräfte formuliert man neuerdings einen weiteren Einwand gegen den Völkerstaat (z. B. Doyle 1983 und 1995). Weil von Demokratien keine Kriegsgefahr ausgehe, lasse sich die wichtigste Aufgabe des Völkerstaates, die Kriegsverhinderung, auf einem politisch einfacheren Weg, der Demokratisierung aller Staaten, verfolgen. Wenn eintritt, was ohnehin rechts- und staatsethisch geboten ist, wenn sich die Diktaturen und totalitären Regimes – immerhin noch die Mehrheit der heute existierenden Staaten – in demokratische Verfassungsstaaten umwandelten, dann stürben die Kriege aus.

Während Kant von mehreren Antriebskräften spricht, scheinen Theoretiker wie Doyle die Demokratisierung für eine hinreichende Bedingung des Weltfriedens zu halten, so daß, wendet man die politische Variante des Ockhamschen Rasiermessers an, der Weltstaat denn doch ausscheidet. Gegen diese Annahme, einem globalen Frieden durch globale Demokratisierung bzw. der Ersetzung einer Weltfriedenspolitik durch eine Weltdemokratisierungspolitik, drängen sich zwei Argumentationsreihen auf. Als erstes mahnt uns die Geschichte zur Skepsis. Schon die junge französische Republik überzieht Europa mit Krieg und verfolgt dabei durchaus hegemoniale, sogar imperiale Interessen. Wenig anders verhält es sich mit der noch älteren Demokratie; die Vereinigten Staaten von Nordamerika breiten sich nach Westen fast ohne Rücksicht auf die Ureinwohner aus; überdies annektieren sie Texas und verleiben sich nach einem Krieg mit Mexiko sowohl Kalifornien als auch Neu-Mexiko ein. Auch Großbritannien bietet ein klares Gegenbeispiel, läßt es sich doch durch die Entwicklung zu einer Republik im Kantischen Sinn nicht an seinen Weltmachtsplänen, an einer Ausweitung des Commonwealth, hindern. Nicht zuletzt macht uns der Blick auf die Antike skeptisch. Das demokratische Athen ist alles andere als friedensgeneigt. Thukydides lastet sogar die schlimmsten Auswüchse des Peloponnesischen Krieges den unberechenbaren Leidenschaften der (demokratischen) Menge an. Kant selbst deutet ein natürliches Interesse jedes Staates an globaler Hegemonie, sogar an Weltherrschaft an (Akad. Ausg. VIII 367).

Wer seinen eigenen Geschichtskenntnissen nicht traut und die Wissenschaft zu Rate zieht, findet in entsprechenden Studien (z. B. schon Wright 1941/^{2}1965, später Singer/Small 1976, Garnham 1986) die Bestätigung. Auf längere Zeiträume bezogen, erweisen sich Demokratien als ebenso kriegsanfällig wie Nichtdemokratien. Allenfalls tritt das aggressive Außenverhalten etwas weniger, aber nicht einmal signifikant weniger auf. Zur Entlastung verweist man darauf, daß Demokratien zwar viele Kriege führen – immerhin nehmen seit 1945 nicht etwa Nichtdemokratien, sondern Großbritannien, Frankreich und die Vereinigten Staaten die ersten Plätze ein –; sie treten jedoch nicht gegen ihresgleichen an. Kants politiksoziologische These ist also stark abzuschwächen. Nicht gilt, daß Demokratien insoweit kriegsabgeneigt und friedenszugeneigt sind, als sie überhaupt keine Angriffskriege führen, wohl aber, daß sie sie nicht gegen ihresgleichen unternehmen. Für die abgeschwächte These scheint aber die empirische Grundlage so klar zu sein, daß man von einer Gesetzmäßigkeit sprechen möchte, sogar, da dergleichen in den Politikwissenschaften fehlt, von einem veritablen Gesetz: Demokratien sind nicht grundsätzlich, wohl aber gegen Nichtdemokratien friedensgeneigt. (Zur umfangreichen Literatur s. Russett 1993, 151-165.)

Wenn der Sachverhalt tatsächlich grundsätzlich zutreffen sollte, müßte man für ihn eine einleuchtende Erklärung geben können. Dieses läßt sich schwerlich aus dem demokratischen Charakter der Staaten begründen, weder aus dem Selbstinteresse, das nur in Demokratien voll zur Wirklichkeit gelangen könne, noch aus der Annahme, Demokratien würden das intern eingeübte Konfliktlösungsverhalten problemlos auf die Außenpolitik übertragen. Denn dann müßte sich die Friedensneigung, zumal als Abneigung gegen Angriffskriege, auch gegen Nichtdemokratien bemerkbar machen; das ist aber nicht der Fall.

Weil aber dies nicht der Fall ist, könnte es für die genannte Beobachtung die harmlosere Beschreibung geben, daß aus gewissen Interessenkonvergenzen Allianzen hervorgehen, für die die Gemeinsamkeit der Staatsform, die Demokratie, allenfalls eine sekundäre Bedeutung hat. Immerhin gewährt nach der Französischen Revolution das eher demokratische Großbritannien dem nicht so demokratischen Preußen gegen das demokratische Frankreich finanzielle Unterstützung. (Diese Politik hat übrigens Kant so nachhaltig erbost, daß er mit dem lange bewunderten England innerlich bricht.) Die deutsch-britische Rivalität aber, die Ende des 19. Jahrhunderts entsteht, folgt nicht aus dem Gegensatz der Staatsformen, sondern aus einer demokratieindifferenten Konkurrenz von Interessen. Dasselbe gilt für das Bündnis von Frankreich und Großbritannien mit Rußland im Jahr 1914; man hält das Zarenreich nicht für demokratienäher als das Wilhelminische Reich

Nicht bloß die Fakten stimmen skeptisch, auch gegen die Argumente erheben sich Bedenken. Kant hält Demokratien deshalb für friedensgeneigt, weil ihre Bürger im Unterschied zu den Fürsten die wirtschaftlichen und gesellschaftlichen Folgen selber zu tragen hätten. Tocqueville denkt später ähnlich (*De la démocratie en Amérique*, 1835-40, Bd. II, Kap. 26). Das Argument kann aber schon deshalb nicht überzeugen, weil es sich aus verschiedenen Teilen zusammensetzt, die auf die »real existierenden Demokratien« nicht allesamt zutreffen. Beispielsweise werden viele Kriege nicht vom Parlament, sondern nur von der Regierung bzw. dem Präsidenten beschlossen. Dagegen läßt sich zwar einwenden, die entsprechenden Demokratien erfüllten nicht Kants verfassungstheoretisches Kriterium »Beistimmung der Staatsbürger« (*Rechtslehre*, § 55; auch *Zum ewigen Frieden*, Erster Definitivartikel); immerhin sieht auch Kant, daß die republikanische Verfassung am schwersten zu stiften ist (*Zum ewigen Frieden*, Erster Zusatz). Selbst dort, wo zum Krieg die »Beistimmung« erforderlich ist, gibt es aber Geheimdiplomatie und bleibt die Außenpolitik gegen die Kontrolle durch die Gesellschaft stärker abgeschirmt. Außerdem müssen die Kriege nicht an den Staatsgrenzen geführt werden, so daß Kants weiteres, jetzt demokratie-unabhängiges Erfordernis entfällt. Bei Kriegen, die in der Ferne stattfinden, spüren die Bürger seine Drangsale sehr viel weniger, und noch einmal weniger, wenn sie sich gegen einen deutlich schwächeren Feind richten. Auch können Kriegsdienste und Kriegslasten auf die Bürger unterschiedlich verteilt werden. Weiterhin können Kriege von innenpolitischen Schwierigkeiten ablenken. Außerdem gibt es die – etwa durch Medien induzierten – Massenpsychosen. Ferner kann die Aussicht auf Rohstoffvorräte oder einen Meereszugang locken. Zwar lehrt die jüngere Erfahrung, daß der Angreifer selten siegt und daß er selbst im Fall eines Sieges Verluste hinnimmt, die höher als der Gewinn ausfallen. (Allerdings kann er sich die Kosten von Alliierten bezahlen, vielleicht sogar überzahlen lassen; außerdem zählt auch der Prestige- und Machtzuwachs.) Nicht zuletzt läßt sich an den Kriegen fremder Staaten verdienen. Die neuere Erfahrung, daß gerade die ältesten Demokratien schwunghaften Waffenhandel betreiben und erst dann eingreifen, wenn sich die Waffen gegen die »Falschen« richten, hätte aber auch Kant gegen deren Friedensgeneigtheit skeptisch gestimmt.

Ohnehin ist die Kriegsgefahr nach Ansicht der genannten (Neo-) Realisten in der internationalen Politikwissenschaft, Morgenthau und Waltz, von der Staatsform der Beteiligten unabhängig. Ob Diktaturen oder Demokratien – solange im internationalen Bereich die bisherige Anarchie vorherrsche, sei jeder Staat zur Selbsthilfe gezwungen, was wiederum zu folgendem Sicherheitsdilemma führe: Die Defensivvorsorge der Gegner werde als Of-

fensivvorbereitung verstanden, woraus ein Rüstungswettlauf entstehe, der seinerseits die Kriegsgefahr erhöhe (für Einwände s. Wendt 1992; s. auch Giesen 1992).
Ziehen wir – unser *neunter Baustein* – vorsichtig Bilanz: Weder die bisherigen Erfahrungen mit Demokratien noch die bislang vorgetragenen Argumente geben der politiksoziologischen These, dem »globalen Frieden durch globale Demokratisierung«, hinreichende Bestätigung. Wird allerdings Kants Kriterium, die »Beistimmung der Staatsbürger«, erfüllt – »wie es in dieser Verfassung nicht anders sein kann« (Erster Definitivartikel) –, trifft man außerdem gegen politische Verzerrungen (durch Interessengruppen und Medien) Vorkehrungen, so erhöht sich die Überzeugungskraft der These. Selbst dann sprechen aber noch mindestens zwei Argumente zugunsten eines Völkerstaates. Einerseits hat die Friedensbereitschaft noch nicht den Rang einer verläßlichen Sicherung des Friedens. Andererseits könnte sich die Bereitschaft in dem Augenblick ändern, in dem – fast – alle Staaten zu Demokratien geworden sind, zumal dann noch, wenn gravierende Wirtschafts- und Sozialprobleme auftreten sollten. Was sich bei ökologischen, auch handelspolitischen Fragen schon jetzt abzeichnet, ein Konfliktpotential selbst zwischen Demokratien, könnte sich dann so weit ausweiten, daß das folgende, ohnehin geltende Prinzip eine besondere Aktualität erhält: Wie schon die Individuen, so haben auch die Staaten einen vernunftbegründeten Anspruch, Konflikte nicht aufgrund der jeweiligen Macht, sondern nach Maßgabe des Rechts zu lösen.

5.4 Die Ergänzung: ein Weltbürgerrecht

Annehmen könnte man, mit der Weltrepublik werde die Rechtlosigkeit endgültig überwunden, mithin der Anspruch der Rechtsvernunft rundum erfüllt. Zusätzlich zur Rechtsgemeinschaft von Individuen und Gruppen herrsche nämlich zwischen den einzelstaatlichen Rechtsgemeinschaften noch einmal eine Rechtsgemeinschaft, die Weltrepublik als Minimalstaat. In Wahrheit ist die von der Vernunft geforderte, durchgängige (»vollkommene«) Rechtsform der Koexistenz noch nicht erreicht. Regelungsbedürftig bleibt eine dritte Beziehung, die Gesamtheit jener nicht staatsförmigen, sondern privaten Kontakte, die die Bürger eines Staates mit den Bürgern anderer Staaten suchen. Ob aus Handelsinteressen, ob als Reisende (»Touristen«) oder zu wissenschaftlichen und kulturellen Zwecken – sie wollen mit den Individuen und Gruppen anderer Staaten zusammentreffen. Den dafür zuständigen, dritten Rechtsbereich nennt Kant das Weltbürgerrecht.

Heute wird der Ausdruck »Weltbürgerrecht« oft als Alternative zum »nationalen« Bürgerrecht verstanden. Dabei setzt man einen in seiner Staatlichkeit homogenen Weltstaat voraus, in dem alle Einzelstaaten, folglich auch deren partikulare Bürgerschaften aufgehoben sind. Wer die zu behandelnde Aufgabe genauer untersucht, erhebt gegen diese Ansicht Bedenken. Er sieht im Weltbürgerrecht lediglich jene Art von Rechtlosigkeit zur Diskussion gestellt, die nach der Einrichtung von einzelnen Republiken und der für ihre Koexistenz verantwortlichen Weltrepublik noch übrigbleibt. Bei diesem zweiten und letzten Rest an Rechtlosigkeit geht es um die Beziehung von nichtstaatlichen Personen zu fremden Staaten und deren Bürgern.

Es ist hier nicht der Ort, aktuelle Themen eines Weltbürgerrechts zu untersuchen, wohl aber auf den neuen Aufgabenbereich und zugleich auf eine notwendige Differenzierung in der Diskussion eines Weltstaates hinzuweisen. Auf die viel erörterte Frage, wer der primäre Gegenstand des internationalen Rechts sei, Einzelstaaten oder Individuen, muß man mit einem Sowohl-als-Auch antworten; man beginne mit den Einzelstaaten als Rechtssubjekten und erweitere die Perspektive um die Individuen. Im übrigen reicht das Themenfeld »Weltbürgerrecht« gewiß weiter, als es Kant versteht. Denn Träger der nichtstaatlichen Kontakte sind nicht bloß natürliche Personen, sondern auch Gruppen, Verbände, Unternehmen und nichtstaatliche Organisationen, so daß sich die Frage stellt, wie sie alle, namentlich die multinationalen Unternehmen und die nichtstaatlichen (»nongovernmental«) Organisationen, in die globale Rechtsordnung zu integrieren sind. Auch die Aufgabe, eine globale politische Öffentlichkeit zu bilden, hängt mit dem Thema Weltbürgerrecht zusammen. (Zur europapolitischen Perspektive s. Kap. 11, These 13.) Den entscheidenden Anfang hat freilich schon Kant gesehen; eine globale politische Öffentlichkeit zeigt sich dort, wo »die Rechtsverletzung an *einem* Platz der Erde von *allen* gefühlt wird« (*Zum ewigen Frieden*, Dritter Definitivartikel). Hier genüge der Ansatz, unser *zehnter Baustein*: Dem Weltbürgerrecht obliegen zwei gegenläufige Aufgaben, es hat sowohl die Rechte der Ankömmlinge als auch die der Einheimischen zu schützen.

Die nähere Bestimmung hängt von den jeweiligen Randbedingungen ab. Wo dynamische auf statische Gesellschaften und technisch-ökonomisch hochentwickelte auf einfachere Gesellschaften stoßen, wo beispielsweise die Vertreter der europäisch-amerikanischen Zivilisation (einschließlich der Nachfahren ihrer Kolonisatoren) auf die Bewohner der Regenwälder treffen, dort ist höchste Zurückhaltung geboten. Generell gilt, daß man einerseits die Ankömmlinge weder töten noch versklaven, andererseits die Einheimischen weder unterwerfen noch ausbeuten darf; jede Kolonisierung ist verboten.

Bevor man sich mit Einzelheiten befaßt, ist die Legitimationsgrundlage des Weltbürgerrechts zu klären. Zu diesem Zweck lohnt es sich, die These näher auszubuchstabieren, die Kant in der Friedensschrift, dem Dritten Definitivartikel, und in der *Rechtslehre*, § 62, vertritt. Kant unterscheidet zunächst zwischen einem Besuchsrecht, das dem Fremden zusteht und ihm erlaubt, »seiner Ankunft auf dem Boden eines andern wegen von diesem nicht feindselig behandelt zu werden«, und einem Gastrecht. Sodann schränkt er das Weltbürgerrecht, verstanden als Anspruch von Privaten gegen fremde Staaten, auf das Besuchsrecht ein, während man auf das Gastrecht – da es nicht um Philanthropie (»Menschenliebe«), sondern Recht gehe – deshalb keinen Anspruch hat, weil für das weitergehende Gastrecht »ein besonderer wohltätiger Vertrag erfordert werden würde«. Schließlich begründet er das Besuchsrecht damit, daß es »allen Menschen zusteht, sich zur Gesellschaft anzubieten vermöge des Rechts des gemeinschaftlichen Besitzes der Oberfläche der Erde, auf der als Kugelfläche sie sich nicht ins Unendliche zerstreuen können, sondern endlich sich doch neben einander dulden müssen, ursprünglich aber niemand an einem Ort der Erde zu sein mehr Recht hat, als der andere«.

Nach dem bei Kant nur angedeuteten Argument kommt es letztlich auf eine Eigentumstheorie an. Diese beginnt mit der Annahme eines ursprünglichen Gemeinbesitzes der ganzen Menschheit. Weil die Erde, sofern sie überhaupt Menschen gehört, im Prinzip der Gesamtheit der je lebenden Menschen zukommt, steht jede partikulare Besitznahme, die durchaus legitim ist, unter einem doppelten Vorbehalt. Zum einen, worauf Kant nicht hier, aber in der *Rechtslehre* (§ 49 C) eingeht, darf niemandem das

Recht auf Subsistenz genommen werden. Zum anderen findet jeder Besitztitel am Besuchsrecht, freilich nicht Gastrecht aller Menschen seine Grenze. (Bei jenen Naturvölkern aber, die durch Kontakt mit unserer Zivilisation dem Untergang geweiht sind, ist, wie angedeutet, selbst diese Kontaktaufnahme, mithin die Inanspruchnahme des Besuchsrechts, problematisch.)

5.5 Erweiterte Minimalstaatlichkeit

Es versteht sich, daß eine Theorie der internationalen Rechts- und Friedensgemeinschaft auf die entsprechende Praxis durchschlägt. Einige Folgen für die derzeitige Politik fassen wir pauschal als *elften Baustein* zusammen:

1. Auch wenn die Vereinten Nationen in mancher Hinsicht Kants Begriff eines Völkerbundes entsprechen, darf man einen gravierenden Unterschied nicht übersehen. Bei Kant schließen sich Republiken, sprich: demokratische Verfassungsstaaten, zusammen. In den Vereinten Nationen sitzen dagegen Demokratien und Diktaturen nebeneinander; infolgedessen darf man an diese Organisation fairerweise nur geringere Ansprüche stellen.
2. Zumal nach dem Zweiten Weltkrieg galt jederart Krieg als illegitim, die traditionelle Theorie des gerechten Krieges daher als obsolet. Vom Rechtsstandpunkt ist es kaum vertretbar, die Theorie ad hoc, in einer bestimmten politischen Konstellation, wieder ins Leben zu rufen. Nach dem Vernunftbegriff des Rechts war die Theorie des Gerechten Krieges zwar nie schlechthin obsolet; sie stellt aber ein äußerst restriktives Kriterium auf: legitim ist allein die Selbstverteidigung. Soweit diese eine Hilfe von außen erhält, darf die Hilfe weder in die Offensive übergehen noch gegen das elementare Prinzip verstoßen, daß das Leben, selbst das Eigentum der Zivilbevölkerung unverletzlich sind. Nicht zuletzt müssen sich die Hilfs- und Schutzmächte den Vorwurf gefallen lassen, daß sie dem späteren Aggressor, der als Diktator schon bekannt war, lange Zeit selber Waffen geliefert haben und daß sie den Krieg führen, um die gelieferten Waffen zu zerstören, da diese jetzt – was auch vorhersehbar war – einen befreundeten Staat bedrohen.
3. Weil es für die Rechtssicherheit öffentliche Gewalten braucht, sind die zuständigen Institutionen fortzubilden in Richtung auf

eine souveräne Gewalt, bestehend aus einem Weltparlament, einer Weltjustiz und einer Weltexekutive. Die Weltorganisation, die heute dafür in Frage kommt, die Vereinten Nationen, verfügt zwar über Ansätze, die sogar die Gewaltenteilung anerkennen. Die Generalversammlung entspricht in etwa einem Parlament, der Internationale Gerichtshof in Den Haag der Jurisdiktion, und der Sicherheitsrat hat exekutive Gewalt. Die Wirklichkeit sieht aber anders aus. Hinsichtlich ihrer Hauptaufgabe, der Friedenssicherung, verstehen sich die Vereinten Nationen bestenfalls darauf, lokale Konflikte zu beherrschen. Selbst diese Aufgabe lösen sie nur zufällig, dort nämlich, wo die Interessen der größeren Mächte konvergieren. Dagegen fehlt ein politischer Wille, der den Krieg – die Selbstverteidigung ausgenommen – grundsätzlich ächtet. Statt dessen herrscht »im freien Verhältnis der Völker« jene »Bösartigkeit der menschlichen Natur« (*Zum ewigen Frieden*, Zweiter Definitivartikel), die in der Nichtbereitschaft zur »unmittelbaren Achtung fürs Recht« besteht (a.a.O., Anhang 1.).

Bei einer Einrichtung globaler Staatsgewalten, zu verstehen als »Schwert von Recht und Frieden«, sind jene Legitimationskriterien zu beachten, die schon für die innerstaatlich wirksamen Gewalten gelten. Öffentliche Gewalten sind grundsätzlich nur unter jenen strengen Bedingungen legitim, die im staatsethischen Begriff der Republik zusammenlaufen und einem demokratischen Verfassungsstaat entsprechen. Das dazu gehörende Prinzip der Rechtsstaatlichkeit beispielsweise verbietet, gegen Annexionen selektiv vorzugehen und nur einen Teil wirksam zu bekämpfen. Ferner ist Gewaltenteilung geboten, um mit ihrer Hilfe zu verhindern, daß die internationale Staatlichkeit die Form einer Pax Romana annimmt, sei es, wie damals im Mittelmeerraum, in offener Form, sei es auf die subtilere Weise, daß mit den einschlägigen Aufgaben eine einzelne Großmacht oder eine Gruppe von Staaten betraut wird. Dann vermischen sich nämlich allzu leicht konkurrierende Interessen; die Aufgabe einer internationalen Rechtssicherung verbindet sich mit einem mehr oder weniger versteckten Hegemoniestreben.

4. Nach dem staatsethischen Argumentationsmuster »Legitimation plus Limitation« ist die Fortbildung der Regelungsform an mehr Bescheidenheit in den Regelungskompetenzen gebunden. Dem Vernunftbegriff des Rechts zufolge braucht die globale Rechtsgemeinschaft beides, sowohl formaliter mehr Staatlichkeit

als auch materialiter weniger Staatsaufgaben. Dabei liegt ein strenges Junktim vor; nur wenn die Zuständigkeiten erheblich eingeschränkt werden, ist deren staatsförmige Wahrnehmung rechtens. Solange sich die Vereinten Nationen weiterreichende Zuständigkeiten anmaßen, überdies bei ihrer Hauptaufgabe, der Rechts- und Friedenssicherung, versagen, verdienen sie keine politische Stärkung.

Man vertritt heute die Meinung, ein Weltstaat sei für minimale Sozialrechte zuständig (vgl. Pogge 1992, 61-69; schon Beitz 1979, Teil III). Eine zwangsbefugte Zuständigkeit erscheint hier aber auch dann als bedenklich, wenn eine für die reicheren Staaten schmerzliche Randbedingung zutrifft und die Nichtanerkennung minimaler Sozialrechte jene »Hungerlöhne« zuläßt, deretwegen die Arbeitsplätze aus den sozial verantwortlicheren Staaten auswandern. Wirtschaftlich lästige Konkurrenz liefert kein Recht auf Eingriffe. Im übrigen könnten die niedrigeren Sozialstandards den entsprechenden Ländern zu jener wirtschaftlichen Gleichberechtigung verhelfen, die man ihnen kaum verwehren darf. Selbst bei Fragen von Hunger und Überbevölkerung sind zwar internationale Absprachen erwünscht, aber kaum gewaltsame Eingriffe in andere Staaten zulässig.

5. In einer wichtigen Hinsicht verhalten sich Staaten doch nicht wie Individuen; sie setzen sich ihrerseits aus Individuen und Gruppen zusammen. Nun verbietet die Rechtsvernunft niemandem, Hand an sich zu legen; die Selbsttötung mag eine Pflicht gegen sich verletzen, rechtsvernünftig verboten ist sie nicht. Im Fall der internationalen Rechtsgemeinschaft sieht es anders aus. Wenn ein Staaten-Individuum Hand an sich legt, findet nicht etwa eine kollektive Selbsttötung statt, vielmehr tötet die eine Gruppe die andere. Mit diesem Argument ist auch das pathetische Wort zu kritisieren, bei einem Atomkrieg fände eine kollektive Selbstzerstörung der Menschheit statt. Denn der entsprechende Krieg würde nicht von allen Völkern beschlossen, nicht einmal von allen diskutiert; ohnehin werden die sogenannten Naturvölker nicht gefragt. Die verantwortlichen Atommächte würden gegen sich kollektiven Selbstmord begehen, gegen die vielen anderen schlicht Mord.

Da Fremdtötung illegitim ist, kann es der Weltrepublik nicht geboten sein, schlechthin jedes innerstaatliche Massaker zu tolerieren, zumal es in der Regel dort stattfindet, wo Gruppen den jeweiligen Staat seit langem, vielleicht sogar seit Anbeginn, nicht als den ihren anerkennen. Hier taucht ein Recht auf politische Interventionen auf, ein Recht, zumindest gegen Genozide vorzugehen. Erneut ist aber Gleichbehandlung geboten: man darf nicht gegen gewisse Völkermorde sensibel, gegen andere gleichgültig sein. Außerdem brauchen wir Urteilskraft und Umsicht, da sich schwierige Anschlußfragen stellen, beispielsweise: Bei welchem Maß an Unrecht darf man von außen eingreifen: erst bei drohendem Genozid oder schon bei Sklaverei und Menschenhandel oder sogar schon bei Rassendiskriminierung? Nach welchen Vorwarnungen darf man eingreifen? Mit welchen Risiken darf man neue, zumal unschuldige Opfer schaffen?

Sobald einmal diese Aufgabe unparteiisch und verläßlich erfüllt wird, dürfte sich die Weltrepublik einer zweiten Kompetenzerweiterung zuwenden. Sie ergibt sich aus dem Umstand, daß Einzelstaaten nur dann legitim sind, wenn sie sich nicht elementare Menschenrechtsverletzungen zuschulden kommen lassen. Dort, wo die Einzelstaaten dieser Legitimitätsbedingung widersprechen und sie ihren Menschenrechtsaufgaben elementar und eklatant zuwiderhandeln, müßte sich die Weltrepublik für den innerstaatlichen Menschenrechtsschutz einsetzen: durch Überwachungsorgane, durch Berichtsverfahren und durch das Recht auf Individual- und Gruppenbeschwerden vor dem Organ der Weltjustiz.

6. In einer weiteren Hinsicht, bei der Unverletzlichkeit der Territorien, sind die Zuständigkeiten zu erweitern. Bislang denkt man vornehmlich an militärische Übergriffe. Auf ein fremdes Territorium greift jedoch auch über, wer seine Nachbarn ökologisch schädigt. Den Begriff der ökologischen Schädigung wird man sogar so weit fassen müssen, daß er entsprechende Gefährdungen mitumfaßt. Daß gefährliche Betriebe (etwa Atomkraftwerke und Chemiewerke), ferner Atomversuchsanlagen, selbst Einflugschneisen von Flughäfen (wegen der Gefahren und des Lärms) den Nachbarn mit den entsprechenden Risiken belasten, ohne ihn an den Vorteilen und an den Entscheidungsprozessen zu beteiligen, ist ein Eingriff in fremde Territorien. Daß sich wieder schwierige Anschlußfragen aufdrängen – Fragen nach der Abgrenzung, nach der Überprüfung usw. –, liegt auf der Hand; es handelt sich aber um Anschlußfragen, nicht um grundsätzliche Gegenargumente.

Weitere Rechtsaufgaben, die den Handlungsbereich von Einzelstaaten überschreiten, folglich in den Zuständigkeitsbereich der Weltrepublik fallen, sind die Bekämpfung des internationalen Terrorismus, des internationalen Drogenhandels und der Verbreitung von ABC-Waffen. Ebenfalls obliegt der internationalen Staatlichkeit die Aufgabe, ein Sezessionsrecht (im objektiven Sinn von »Recht«) zu entwickeln, also Bedingungen festzulegen, unter denen sich Teile eines Staates loslösen und als eigener Staat konstituieren dürfen. Aufgrund derartiger Kompetenzen ist die Weltrepublik nicht ganz so minimalstaatlich, wie sie zunächst erscheint. Nennen wir es die erweiterte Minimalstaatlichkeit. Auch bei ihr bleiben die beiden Kriterien der Minimalstaatlichkeit erfüllt; legitimatorisch handelt es sich um keinen Primär-, sondern einen Sekundärstaat, und diesem steht keine genuine sozial- und kulturstaatliche Kompetenz zu; daß ihm hier vielleicht subsidiäre Aufgaben zufallen können, soll nicht a priori ausgeschlossen sein.

7. Selbst im Fall der internationalen Koexistenz besteht die praktische Vernunft nicht lediglich aus einer Rechtsvernunft, der Gerechtigkeit. Die Menschlichkeit gebietet vielmehr, ihr das Salz der Liebe beizumischen und Hilfsbereitschaft, selbst Großzügigkeit walten zu lassen. Weil es dann aber nicht mehr um Rechtsvernunft, sondern um ein verdienstliches Mehr geht, ist dafür nicht eine zwangsbefugte Weltrepublik verantwortlich, sondern die Vielzahl der auf Freiwilligkeit gebauten Hilfswerke. Weil die Koordination, derer sie durchaus bedürfen, nicht in den Rahmen einer sanktionsbewehrten Weltorganisation gehört, empfiehlt es sich, für die Entwicklungshilfe eine eigene Weltorganisation einzurichten. Ähnliches trifft auf die wirtschaftliche Kooperation und die wissenschaftliche sowie künstlerische Zusammenarbeit zu. Nur klare Rechtsaufgaben, etwa die aus korrektiver Gerechtigkeit heraus gebotene Kompensationspflicht der ehemaligen Kolonialmächte, gehören in die Zuständigkeit der Weltrepublik. Ferner zählt dazu die Sicherung eines Rechts auf Subsistenz. Allerdings stellen sich (zur Kant-Interpretation s. Merle 1995) schwierige Zusatzfragen, beispielsweise: (1) Worauf richtet sich das Subsistenzrecht: auf einen gewissen Anteil an der Erdoberfläche oder auf die heutige Bedingung, sich selber ernähren zu können, auf einen Arbeitsplatz also? (2) Schränken Völker, die ihre Subsistenzmöglichkeiten durch Bevölkerungsexplosion,

durch »Mißwirtschaft und Korruption« oder andere Dinge selber beschneiden, die Verantwortung der Weltgemeinschaft ein?

8. Mit dem Argument, Einzelstaaten hätten nur eine abgeleitete Bedeutsamkeit, ein primordiales Recht komme nur (natürlichen) Personen zu, lassen Globalisten wie Beitz (1979, 53, 181f. u. ö.) Einzelstaaten nur als historische Durchgangsstufe zu. Auf Dauer verlören sie ihren Charakter als originäre Rechtseinheiten und gäben ihr Gewaltmonopol ganz an den Weltstaat ab. Gegen diese Ansicht spricht die Methode der bestimmten Negation bzw. die genauere Diagnose, hier das Argument, daß den Einzelstaaten legitime (Selbstbestimmungs-)Rechte entzogen werden. Aus dem primordialen Recht der Personen ergibt sich das Recht, kollektive Identitäten auszubilden, ihnen eine Rechtsform zu geben und diese staatsförmig zu sichern, kurz: Einzelstaaten zu bilden. Aus diesem Grund sind Einzelstaaten nicht bloß ein vielleicht notwendiges Durchgangsstadium zum homogenen Weltstaat; sie haben gegenüber dem Weltstaat ein primordiales Recht.

Manche der auf der heutigen Landkarte verzeichneten Staaten verdanken sich allerdings zufälligen Entwicklungen; und nicht wenige davon stoßen bis heute auf den Widerstand von Betroffenen. Schon deshalb haben die bestehenden Einzelstaaten nicht den Rang eines moralischen Selbstzwecks. Aus dieser Sachlage folgt aber nicht das Recht, alle Einzelstaaten zugunsten eines Weltstaates in ihrer Staatlichkeit schlicht einzuschmelzen, zumal nicht jene Staaten, die sich einer überwältigenden Zustimmung ihrer Bürger erfreuen. Anders verhält es sich mit staatlichen Neugruppierungen; prinzipielle Schwierigkeiten werfen sie nicht auf. Problematisch ist weder, daß Teile eines Teilstaates sich als eigener Teilstaat konstituieren (z. B. wird aus einem Teil des Kantons Bern der eigene Kanton Jura), noch daß sich Staaten wie die Sowjetunion in Nachfolgestaaten teilen, noch daß sich europäische Staaten zu einer Union zusammenschließen. Eine Pflicht aber, adressiert an jeden Einzelstaat, sich als Einzelstaat aufzulösen, läßt sich nicht entdecken. Im Gegenteil verletzt, wer die Einzelstaaten gegen ihren Widerstand aufhebt, das Grundprinzip einer globalen Rechts- und Friedensordnung, die kompromiß- und ausnahmslose Ächtung von Gewalt.

9. Ein Standardvorwurf gegen den Gedanken einer Weltrepublik heißt: lebensfernes Ideal oder reine Utopie. Die Fortschritte im internationalen Umweltschutz und bei anderen Aufgaben, etwa

den vielen Kriegen und Bürgerkriegen, ihr Schneckentempo nämlich, könnten dem Skeptiker Recht geben. Über den Defiziten darf man aber das andernorts schon Erreichte nicht übersehen. Das bloße Neben- und Gegeneinander der Staaten hat sich längst in ein dichtes Netz von wirtschaftlicher, wissenschaftlicher und kultureller, selbst politischer und gelegentlich sogar ökologischer Kooperation transformiert. Ein Großteil davon entspricht der ersten Option, dem Ultraminimalstaat, gibt es doch Verträge, aber kaum eine staatsförmige Sicherung. Aus dem Singular, dem einen Ultraminimalstaat, ist allerdings ein Plural geworden, eine sowohl regional wie thematisch komplexe Vielfalt. Eine gemeinsame Staatsmacht zeichnet sich dabei nicht im entfernten ab. Trotzdem geht ein Teil der Verträge über einen losen Bund von Einzelstaaten hinaus. Dort, wo internationale Inspektionen vorgesehen sind, findet – fast unmerklich, gewiß, aber eben doch – ein Souveränitätsverlust statt. Erweitert wird dieses erste Element von Staatlichkeit, sobald man zusätzlich internationale Schiedsinstanzen oder Gerichtshöfe einrichtet. Und unübersehbar ist die Staatlichkeit, sobald die Gerichtsentscheide eine Durchsetzungsmacht erhalten.

Zur Interpretation dieser Entwicklung bietet sich die Unterscheidung zweier Begriffe von Utopie an. Die Weltrepublik ist keine schwärmerische Utopie des grundsätzlichen Nirgendwo; die Rechtsvernunft gibt sich Träumen, die die Wirklichkeit der Welt zurechtbiegen, persönlichen oder kollektiven Illusionen, nicht hin. Was sie fordert, ein Weltstaat mit demokratischer Verfassung, eine sekundärstaatliche Weltrepublik, ist etwas anderes. Gemeint ist eine Utopie des Noch-Nicht: ein politisches Ideal, dessen Verwirklichung nicht nur von der Rechtsvernunft her geboten ist, zu der wir vielmehr schon tatsächlich unterwegs sind.

Spricht man bei der erstmaligen Einrichtung demokratischer Rechtsstaaten von einer republikanischen Revolution, so kann man die Einrichtung einer Weltrepublik die zweite republikanische Revolution nennen. Im Unterschied zur ersten erfolgt sie nicht in jener handstreichartigen Umwälzung, die aufgrund von Arglist und Gewalt mannigfaches Unrecht hervorruft. Sie geschieht in einer Form, die ebenso dem Jakobiner-Terror entkommt wie den Gewalttaten im Zuge und Gefolge der Oktoberrevolution; sie erfolgt auf dem Weg von Reformen. Weil dabei die Gefahr abnimmt, daß Staaten von anderen Staaten verschlungen werden, ist es nicht bloß aus moralischen, sondern auch aus Klugheitsgründen geboten, die Weltrepublik nicht durch einen einmaligen Rechtsakt zu realisieren. Nötig ist, die entsprechenden Konflikte Thema für Thema, also in vielen kleinen Schritten, in durchsetzungsfähige Rechtsgestalten zu überführen. Zumindest unmittelbar wird dabei keine homogene Zentralgewalt angestrebt, sondern eine vielfach gestufte Souveränität. Außerdem dürfte es sinnvoll sein, für manche Themen zunächst Lösungen für Großregionen, etwa Europa, zu suchen, bevor man die globale Lösung vornimmt (vgl. Kap. 11). Vielleicht ist die republikanische Ordnung zwischen republikanisch verfaßten Staaten, die Weltrepublik, für lange Zeit nichts anderes als der Inbegriff all der nach und nach errichteten Rechtsgestalten.

6. Nur Hermeneutik der Demokratie?

Die vorangehenden Überlegungen befassen sich mit zwei Aufgaben, die man heute eher abweist, mit der Rechtfertigung der Rechtsform und mit dem kulturübergreifenden Anspruch des demokratischen Verfassungsstaates. Werfen wir gewissermaßen als Gegenprobe einen Blick auf zwei Studien, die die Fragen so nicht aufgreifen wollen, auf Rawls' zweites Werk, *Political Liberalism* (1993 = *PL*) und auf Habermas' *Faktizität und Geltung* (1992, ^{4}1994 = *FuG*). Indem beide lediglich auf den normativen Gehalt zielen, der in den Verfassungstexten und überlieferten Traditionen des demokratischen Rechtsstaates verankert sind, begnügen sie sich mit einer freilich philosophisch anspruchsvollen Hermeneutik der schon bestehenden Demokratie. Zugleich erschließen sie der Hermeneutik eine Aufgabe, die sie, in der Regel auf die Interpretation philosophischer Texte fixiert, bislang weitgehend vernachlässigt hat: die Interpretation politischer Texte und Institutionen.

6.1 Rawls' nichtmetaphysischer Liberalismus

Rawls' neuem Werk liegen zwei voneinander unabhängige Interessen zugrunde. Philosophisch will es auf die umstrittene Metaphysik verzichten und politisch dem Ethnozentrismus-Vorwurf entkommen, der da sagt, wer universale Gültigkeit für seine Rechts- und Staatskultur beanspruche, erkläre diese Kultur für schlechthin überlegen und mute sie, zumindest indirekt, allen anderen Kulturen als Vorbild zu.

Nicht gegen das politische Interesse selbst, wohl aber gegen seine philosophische Konsequenz, den Verzicht auf kulturübergreifende Gültigkeit, erheben sich zwei Einwände. Zum einen verfehlt Rawls das Selbstverständnis seines Gegenstandes, des politischen Liberalismus bzw. des demokratischen Verfassungsstaates, da sie nicht insgesamt, wohl aber mit ihren Grundelementen, den Menschenrechten und der Demokratie, eine kulturübergreifende Gültigkeit beanspruchen. Zum anderen bleibt die Selbstbescheidung insofern verbal, als Rawls weder zu den Menschenrechten noch zur Demokratie Alternativen in Erwägung zieht, die zumindest gleichwertig, vielleicht sogar überlegen sind, so daß die europäisch-amerikanische Rechtskultur von ihnen lernen könnte.

Rawls' Ansatz leuchtet durchaus ein. *Political Liberalism* geht von dem für die Moderne typischen Pluralismus der Grund- und Weltanschauungen (wörtlich: Lehren, »doctrines«) aus und schätzt ihn positiv ein, als das unvermeidliche Ergebnis der freien menschlichen Vernunft (*PL*, 37). Auch heißt es zu Recht von der Demokratie, daß sie, weil aus freien und gleichen Bürgern gebildet, eine »doctrinal autonomy«, eine Selbstbestimmung hinsichtlich derartiger Grundanschauungen, einräumt, folglich auf die Suche nach der wahren (»true«) und zugleich umfassenden (»comprehensive«: *PL*, 40 ff.) Grundanschauung verzichten und sich mit einer nichtumfassenden, lediglich politischen Lehre begnügen müsse.

Aus diesem Sachverhalt, der übrigens längst unstrittig ist, folgen aber noch nicht jene weitergehenden Elemente, die Rawls' Position das besondere Profil geben. Ich hebe sechs Elemente heraus, die mit Rawls' Verzicht auf eine kulturübergreifende Theorie zusammenhängen. Die Bedenken gegen die Elemente stützen indirekt den Verzicht auf den Verzicht, also das Interesse an einer kulturübergreifend gültigen Legitimation der Demokratie. Rawls vertritt: (1) die stillschweigende Annahme, der Pluralismus sei neuartig; (2) die Behauptung, die verschiedenen Grundanschauungen seien zwar für sich vernünftig, miteinander aber unverträglich; (3) die Nebenordnung von Philosophie und Religion, die beide gleichermaßen als umfassende Lehren verstanden werden; (4) die Annahme, im klassischen philosophischen Liberalismus, darunter auch bei Kant, fehle der Verzicht auf eine umfassende Lehre; (5) die Annahme, man könne tatsächlich ohne jede Metaphysik auskommen; (6) die These, ein Gemeinwesen müsse deshalb auf eine umfassende Weltanschauung verzichten, weil andernfalls ein erdrückender Gebrauch staatlicher Macht vonnöten sei (*PL*, 37).

1. Der Pluralismus ist insofern neuartig und kulturspezifisch, als er im Abendland eine historische und relativ einmalige Ursache hat, die Vielfalt der aus der Reformation hervorgehenden Konfessionen. Andererseits kennt einen Pluralismus schon die Antike. Das vorchristliche Rom erlaubt den besiegten Völkern, ihre eige-

nen Kulte auszuüben, sogar sie zu verbreiten. Daß man die Christen davon ausnimmt, hat nicht genuin religiöse Gründe, vielmehr interpretiert man ihre Weigerung, den überlieferten Gottheiten zu opfern, als Atheismus und befürchtet davon eine Bestrafung des Gemeinwesens. Im übrigen lebt nicht erst im Römischen Reich, sondern schon vorher im Reich Alexanders eine Fülle von Religionen und Konfessionen im wesentlichen friedlich nebeneinander. Außerdem übersehen viele Pluralismustheorien den Umstand, daß es auch einen religionsunabhängigen Pluralismus gibt, der politisch gesehen wieder zu friedlicher Koexistenz fähig ist, die Vielfalt von Lebensformen, die die Philosophie spätestens seit Aristoteles kennt. Die in der *Nikomachischen Ethik* (I 2) vorgestellten Lebensformen (*bioi*), das Genußleben, das politische, das theoretische und das kaufmännische Leben, sind von religiösen Ansichten unabhängig und können vor allem innerhalb einer Gesellschaft ohne Schwierigkeit neben- und miteinander bestehen. Dieser Umstand greift schon einer Kritik der vierten Annahme vor. Nicht nur können Religionen trotz konkurrierender Wahrheitsansprüche miteinander auskommen; die anspruchsvolleren (»umfassenden«) Lehren, die ein Philosoph für die Ethik einer Person entfaltet, lassen sich auch aus der Ethik des Politischen ausdrücklich herausnehmen.

2. Die Schwierigkeiten, die die Moderne mit dem Pluralismus zunächst hat, ergeben sich nicht aus dem Konflikt umfassender Weltanschauungen als solcher. Denn das Römische Reich und das Reich Alexanders zeigen, daß Religionen nicht a priori in grundlegende Konflikte geraten. Daß es in der Reformationszeit trotzdem geschieht, liegt an jener Verquickung der Rechts- und Staatsordnung mit der Religion, die weder vom Begriff des Rechts her nötig ist noch von der Religion her, da sie als Religion dem neutestamentlichen Prinzip »gebt dem Kaiser, was des Kaisers, und Gott, was Gottes ist« (caesari caesaris, deo dei: Math 22, 21) folgen und sich aus den Rechts- und Staatsdingen heraushalten kann. Konfliktträchtig ist jedenfalls nicht die umfassende Weltanschauung als solche, sondern nur eine Besonderheit, die fehlen kann, eben die Verquickung.

In der Regel interpretiert man den Vorgang der »Ent-quickung« als einen Prozeß der Modernisierung und darüber hinaus der Verweltlichung, der Säkularisierung. Beide Interpretationen sind nur aus dem Selbstverständnis der Beteiligten, nicht aus der Beobachterperspektive richtig. Die Nichtverquickung gibt es nämlich schon vor der Moderne; und vor allem läßt eine Rechtsordnung, die sich auf ihr Wesen besinnt, die Verquickung erst gar nicht entstehen. Statt einer Säkularisierung findet in Wahrheit eine Klärung und Reinigung statt, die Rechtsordnung macht sich von »Irrläufern«, nämlich von einem Übergriff in einen fremden Bereich, also von einer Rechtsanmaßung, frei.

3. Gegen Rawls' Nebenordnung von Religion und Philosophie spricht der Umstand, daß von den Elementen, die für Religionen wesentlich sind, wie Offenbarung, Kult, Heil oder Erlösung, auch der Entwurf eines vollkommenen Lebens, in der Philosophie als Philosophie bestenfalls ein Teil eine Rolle spielt und daß dann sich die Rolle ändert. Wenn sich die Philosophie beispielsweise der Offenbarung zuwendet, dann geschieht es wie etwa bei Fichte als »Versuch einer Kritik aller Offenbarung« (1792), mithin als Reflexion auf die Möglichkeit und nicht als ein geschichtliches Ereignis, als die Offenbarung selbst. Insofern spielt die Philosophie keine existentielle, sondern eine die Existenz reflektierende Rolle. (Beiseite lassen darf man den orthodoxen Marxismus, der als Religionsersatz auftrat und gewiß nicht koexistenzfreundlich war.)

In der Philosophie von Recht und Staat sind derartige Elemente sogar ausgeschlossen. Statt dessen befaßt sie sich mit einem den Religionen, zumal den monotheistischen Hochreligionen, lange Zeit fremden Thema, mit der aus der Pluralität der Religionen resultierenden Aufgabe, zu einer rechtsförmigen (»politischen«) und für das Gemeinwesen auch lediglich rechtsförmigen Koexistenz zu finden. Gegen die religiöse Koexistenz verhält sich das Gemeinwesen nämlich indifferent; die Frage, ob die Konfessionen und Religionen an interkonfessionellen oder gar interreligiösen Gesprächen ein Interesse haben, bleibt ihnen überlassen.

Nur in Parenthese: Dieser Umstand weckt Skepsis gegen Küngs (1990) Annahme, das für eine globale Zivilisation erforderliche Weltethos sei vornehmlich über die Religionen zu etablieren. Für die globale Koexistenz dürfte zwar außer der internationalen Rechtsordnung, für die die Politik zuständig ist, auch ein Ethos vonnöten sein, das die Anerkennung der Rechtsordnung auf den Weg bringt, außerdem das Recht ergänzt. Es fragt sich aber, ob man für ein globales Ethos auf jene Instanz zurückgreifen soll, die im Plural existiert, gleichwohl je einen exklusiven Wahrheitsanspruch erhebt, also die Religion, oder nicht eher auf das auch in

Religionen enthaltene und ihnen allen zugleich gemeinsame Moment, die allgemeine Menschenvernunft, und die daraus fließende allgemeinmenschliche Moral, etwa die Goldene Regel oder Grundsätze der Verfahrensgerechtigkeit wie: Streitschlichtung durch einen unparteiischen Dritten (vgl. Kap. 7.3). Es ist zwar richtig, daß die Religionen schon wegen ihrer Vielfalt, überdies aus anderen Gründen, Konfliktstoff enthalten, sich daher von ihrer, der religiösen Seite her koexistenzfähig machen müssen. Zu diesem Zweck dürfte aber der schon genannte Gedanke »caesari caesaris, deo dei« ausreichen; bei Fragen, für die eine Rechts- und Staatsordnung legitimerweise zuständig ist, hält sich eine auf Gott gerichtete »Institution«, eben die Religion, zurück.

4. Seit ihren Anfängen vertritt die politische Philosophie insofern eine nicht-umfassende Lehre, als sie die letzten Grundlagen eines Gemeinwesens nicht von einer Religion her begründet. Angefangen mit Platon und Aristoteles und für die Neuzeit mit Hobbes, wendet sie sich zwar auch religiösen Angelegenheiten zu, an entsprechender Stelle bilden diese Überlegungen aber den Gegenstand und nicht etwa ihr Fundament. Die Philosophie bezieht sich schon immer auf die allgemeinmenschliche Vernunft. Und dort, wo sie auf vernunftfremde, auf vernunftüberschreitende oder sogar vernunftwidrige Elemente zurückgreift, findet sich Kritik. Dasselbe trifft dort zu, wo sie sich über die Vernunft täuscht. Darin liegt eine Offenheit, die sowohl für die Vernunft als auch für ihre methodische Klärung, die Philosophie, charakteristisch ist und die sich als »häretische Vernunft« bezeichnen läßt (Höffe 1995b): Man beruft sich auf etwas, das allen Menschen gemeinsam ist, ohne sich der Gemeinsamkeit je einmal für immer sicher sein zu können.

Dort, wo die Philosophie auf der Vernunft aufbaut, pflegt sie, ebenfalls seit altersher, jene Strategie der Vermeidung, die wir etwa vom Ockhamschen Ökonomieprinzip kennen, nämlich eine Einschränkung auf möglichst wenige Prinzipien. Diese generelle Strategie verfolgt die Philosophie auch im Bereich des Politischen. Zum einen konzentriert sie ihre Untersuchung auf die Aufgaben, die ein Gemeinwesen als Gemeinwesen zu lösen hat. Dabei kann die Abgrenzung dieses Themas umstritten sein – nach Platons *Politeia* ist das Gemeinwesen selbst für die theologischen Aussagen von Dichtern zuständig –; das Kriterium »Gemeinwesen qua Gemeinwesen« ist es nicht. Zum anderen begnügt man sich mit der kleinstmöglichen Zahl an Prinzipien. Auch hier könnte man zwar die *Politeia* als Gegenbeleg anführen wollen. Selbst ihr Muster einer umfassenderen, metaphysischen Theorie, die Ideenlehre, wird von Platon aber nur deshalb, wenn auch vielleicht zu Unrecht, eingeführt, weil anders die bestehenden Sachfragen (nach dem apriorischen Moment in der Erkenntnis, nach der Einheit eines Begriffsfeldes, nach dem Gegensatz von Sinnlichkeit und Denken ...) nicht zufriedenstellend beantwortbar seien.

Im Sinne der unter Philosophen üblichen Vermeidungsstrategie entwickelt Kant in der politischen Philosophie zusätzlich zum selbstverständlichen Verzicht auf eine religiöse Fundierung noch einen zweiten Verzicht. Er trifft die bei Rawls fehlende Unterscheidung zwischen einer generellen, zugleich umfassenden Moralphilosophie und einer Philosophie jener Moral, für die allein das Gemeinwesen zuständig ist, für die Moral dessen, was die Menschen einander schulden. Eine darauf aufbauende Theorie gibt sich eo ipso mit dem zufrieden, was Rawls öffentliche Vernunft und vernünftigen Konsens nennt. Sie bietet keine besondere metaphysische oder erkenntnistheoretische Lehre an, die über das, was in der politischen Konzeption selbst enthalten ist, hinausreicht (*PL*, 11). Über die einschränkende Bedingung »in der politischen Konzeption selbst enthalten« kann es zwar wieder unterschiedliche, bald bescheidenere, bald anspruchsvollere Ansichten geben. Die dann unabweisbare Frage, welche Ansicht einleuchtet, entscheidet sich aber nicht am heutigen Verdikt gegen metaphysische Theorien, weshalb Rawls' irenischer Versuch, eine allen philosophischen Kontroversen enthobene Theorie zu entwerfen, hier an eine Grenze stößt. Im übrigen dürfte jede ernsthafte Philosophie eine den Kontroversen enthobene Theorie entwerfen wollen. Ob es gelingt, ist freilich eine andere, in der Regel Kontroversen heranbeschwörende Frage.

Deutlich genug klammert Kant viele moralische Fragen aus der Rechts- und Staatsethik als für sie nicht einschlägig aus, um sie dort, wo sie hingehören, in einer personalen Ethik (»Tugendlehre«), doch zu behandeln. Insofern geht Rawls nicht eigentlich über Kant hinaus, vielmehr arbeitet er sich an dessen rechts- und staatstheoretisches Problembewußtsein erst heran. Zwei Beispiele zeigen, wie sehr Kant die Fähigkeit der entsprechenden Unterscheidung beherrscht: Zum einen streitet er dem Staat das Recht ab, einen bestimmten Kirchenglauben zu verordnen (Akad. Ausg.

XXIII 133). Zum andern hält er die Selbsttötung zwar für moralisch unerlaubt, sieht in ihr aber einen Verstoß der Pflichten nicht gegen andere, sondern lediglich gegen sich (z. B. *Tugendlehre*, §§ 5-6); daher verwirft er den Versuch, die Erhaltung des eigenen Lebens zu einer Rechtspflicht zu machen und den Selbsttötungsversuch zu bestrafen. Bei allen vier Gesichtspunkten, in denen sich Rawls von Kant unterscheiden will (*PL*, 99-101), läßt sich durchbuchstabieren, daß in der Rechts- und Staatsethik nicht der große Gegensatz von Kants umfassendem Liberalismus zu Rawls' nur politischem Liberalismus besteht. Die Differenzen lassen sich, weil subtiler, erst in Detailkontroversen austragen.

5. Mindestens mit einem Element ist Rawls' Theorie selbst metaphysikverdächtig, folglich in seinem Sinn umfassend, nämlich mit der zur Stabilität und zum Gedeihen der Demokratie erforderlichen *duty of civility*, der »Pflicht zur Staatsbürgerlichkeit«. Mit ihr ist nicht etwa die Pflicht, sich in der Politik zu engagieren, eine Partizipationspflicht, gemeint; Rawls geht es um die grundlegendere Aufgabe, daß die Bürger einer pluralistischen Demokratie fähig und bereit sein müssen, die eigenen Überzeugungen zur Diskussion und gegebenenfalls auch zur Disposition zu stellen. Diese Bereitschaft könnte nun in dem Sinn rein strategisch entwickelt werden, als man aus Gründen seiner Reputation nicht als Demokratiegegner dastehen möchte. Damit läßt sich die Demokratie aber gerade in der Situation nicht sichern, in der man der genannten Pflicht am meisten bedarf, in Situationen wachsender Demokratieverdrossenheit. Zu Recht spricht Rawls daher diese Pflicht nicht als strategisch, sondern als moralisch an. Näherhin handelt es sich um eine selber nicht mehr rechtliche, aber das Recht einer Demokratie ermöglichende Pflicht.

Eine derartige Pflicht braucht aber nicht erst die pluralistische Demokratie. Auch in relativ homogenen Gesellschaften gibt es Kontroversen, die sich nur dann lösen lassen, wenn die Bürger über jene grundlegende Rechtsgesinnung verfügen, die sie bereit macht, alle Mitbürger als Wesen gleichen Rechts anzuerkennen. Man findet diese Pflicht schon in Kants *Rechtslehre*, in der »Allgemeine(n) Einteilung der Rechtspflichten«, über die die meisten Interpreten aber hinweglesen. Kant führt dort drei aufeinander aufbauende Pflichten ein. Deren erste – ›Sei ein rechtlicher Mensch‹ – besagt: werde zu deinesgleichen ein Rechtsgenosse; die zweite Pflicht – ›Tue niemandem Unrecht‹ – verlangt, die anderen als gleichberechtigt anzuerkennen; und die dritte Pflicht – ›suum cuique tribue‹ – liest Kant als Aufforderung, ein zwangsbefugtes Gemeinwesen einzurichten. So verstanden, geht Kant über Rawls sogar hinaus. Nach Kant beginnt die das Recht ermöglichende moralische Pflicht weit *vor* der Pflicht zur Staatsbürgerlichkeit. Während die übliche Rechtsgesinnung innerhalb einer schon etablierten Rechtsordnung ihren Platz hat, macht die von Kant thematisierte, grundlegende Rechtsgesinnung die Rechtsform des Zusammenlebens allererst möglich.

Der Frage, ob die moralischen Grundlagen einer Rechtsordnung tatsächlich so weit reichen, kann hier nicht nachgegangen werden. Es genügt der Hinweis, daß schon die bescheidenere, Rawlssche Pflicht die eigene Strategie der Metaphysikvermeidung gefährdet. Denn als eine Pflicht, die im Konfliktfall das Eigeninteresse zu relativieren verlangt, bedarf sie, freilich nur für einen schmalen Anwendungsbereich, genau jener »konstitutiven Autonomie« des guten Willens, die im Rawlsschen Sinn zur Metaphysik gehört und auf die Rawls daher im Unterschied zu Kant glaubt, verzichten zu können (*PL*, 99), sogar verzichten zu müssen.

Auch wenn man diese Frage zurückstellt und nur Kants und Rawls' Annahme folgt, daß die pluralistische Demokratie einer grundlegenden Rechtsgesinnung bedarf, dann befindet sie sich in einem Dilemma. Sie lebte nämlich von einer Voraussetzung, die sie selber nicht garantieren, wohl aber postulieren kann, von einer elementaren wechselseitigen Anerkennung. Ihretwegen ist sie auf jenen guten Willen (im emphatischen Sinn des Wortes) angewiesen, den sie zwar in Festreden beschwören, aber nicht mit ihren eigenen, rechtlichen Mitteln hervorbringen und erneuern kann. Und aus diesem Grund bleibt die pluralistische Demokratie ein fragiles Gebilde.

Die grundlegende Rechtsgesinnung hat übrigens zwei Dimensionen, eine einzelstaatliche und eine globalstaatliche. Die erste Dimension sorgt dafür, daß die Menschen, um ihr Zusammenleben rechtsförmig zu organisieren, einzelne Rechtsstaaten bilden. Der zweiten Dimension obliegt es, auch die Koexistenz der Einzelstaaten rechtsförmig zu gestalten.

6. Weil Rawls religiöse und philosophische Grundanschauungen auf eine Stufe stellt, muß er die Philosophie zu einem Verzicht auffordern und sie von der Suche nach der wahren Grundanschauung (»true doctrine«) entpflichten. Wer dagegen die Philoso-

phie einer anderen, sogar höheren, aber lediglich gesellschafts- und wissenschaftstheoretisch, nicht auch religionstheoretisch höheren Stufe zuordnet, kann auf diesen Verzicht verzichten, da er ihn, indem er die einschlägigen Ansprüche gar nicht erhebt, von vornherein praktiziert. Wer von sich aus weder eine Offenbarung noch ein Heil, noch ein vollkommenes Leben anbietet (es sei denn eines, das wie die Aristotelische Theorie mit religiösen Lebensvorstellungen nicht ernsthaft konkurriert), verhält sich im Streit der Religionen bzw. Weltanschauungen nicht als Partei. Als Richter im Kantischen Verständnis von Kritik überlegt er, wie eine Gesellschaft trotz konkurrierender Weltanschauungen zu gemeinsamen Prinzipien gelangt, und bestimmt von den Prinzipien für die Weltanschauungen beides, sowohl einen Freiraum als auch dessen Grenze. Das Resultat einer derart judikativen Kritik besteht in Bedingungen, die eine pluralistische Koexistenz ermöglichen, und zwar sowohl jene Koexistenz, die bei Rawls in den Hintergrund tritt, die einer Pluralität von Individuen und Gruppen, als auch die Koexistenz von Religionen und Weltanschauungen. Weil die Bedingungen für jede Art von Individuen und Gruppen gültig sein müssen, sind sie eo ipso kulturübergreifend gültig und lassen sich mit Begriffen wie »transzendentales Interesse« und »transzendentaler Tausch« erfüllen (vgl. Kap. 3).

Unstrittig ist, daß es die von Rawls geforderte Abstinenz von epistemischen, metaphysischen und moralischen Annahmen – in den angedeuteten Grenzen – braucht. Strittig ist erst die Frage, warum es sie braucht: um eine konfliktträchtige Konkurrenz umfassender Weltanschauungen zu überwinden oder weil die Vernunft, sofern es um die Grundordnung einer zwangsbefugten Gesellschaft geht, weil die Rechtsvernunft von vornherein gegen die Konkurrenz indifferent ist. Die zweite Option, die ich für überzeugender und zugleich »theoretisch eleganter«, weil einfacher, halte, geht nicht von einem historischen Faktum, dem Pluralismus von Weltanschauungen, auch nicht von einem bewerteten Faktum, dem vernünftigen Pluralismus, aus, sondern von der Legitimationsaufgabe, den Zwangsbefugnissen eines Gemeinwesens. Diese sind nur dann legitim, wenn sie sich der genannten Indifferenz befleißigen. Zuständig ist der die Zwangsbefugnisse rechtfertigende Gebrauch der Vernunft, kurz: eine Rechtsvernunft, die von vornherein keine umfassende, sondern lediglich eine auf ihre Aufgabe bezogene Lehre sucht, und diese ist universal gültig.

6.2 Eine Konversion der kritischen Theorie (Habermas)

Faktizität und Geltung baut auf Habermas' bekannten Grundbegriffen auf, dem kommunikativen Handeln und dem Diskurs, und markiert trotz dieser Kontinuität eine bemerkenswerte Veränderung. Für die kritische Theorie älterer Provenienz bringt es einen tiefen Einschnitt, für Habermas selbst zumindest eine Akzentverschiebung. Befaßt hatte sich die kritische Theorie bislang mit Gesellschaftstheorie und Geschichtsphilosophie, mit Erkenntnis-, Wissenschafts- und Technikkritik sowie mit Literatur und Musik. Recht und Staat kommen in der Themenliste nicht zentral vor; und dort, wo sie doch zum Thema werden, geschieht es in der Verfallsform, als autoritärer Staat (Horkheimer 1942), nicht in der im wesentlichen gelungenen Gestalt, als demokratischer Verfassungsstaat. Bezeichnenderweise findet Franz Neumanns Studie *The Governance of the Rule of Law* (1936/1980) im Hauptstrom der kritischen Theorie keinen Platz; auch *Faktizität und Geltung* erwähnt sie nicht, obwohl sie zu den wenigen Arbeiten zählt, die zu einer Theorie der rechtsförmig organisierten Herrschaft denn doch erscheinen.

Wer auf die Marxschen Wurzeln der kritischen Theorie achtet, begegnet dem Defizit an Rechts- und Staatstheorie mit Verständnis; in der Sache ist es erstaunlich. Denn eine Theorie der Moderne muß jener gesellschaftlichen Selbstorganisation, die sich in der Moderne endgültig durchsetzt, der Rechts- und Staatsform, einen theoretischen Platz einräumen. Eine Gesellschaftstheorie wiederum muß einsichtig machen, warum der Staat nicht, wie Marx prognostiziert, zum Absterben verurteilt ist, sondern sich im Gegenteil eines überwältigenden Konsenses erfreut. Beides geschieht dort, wo sich die Rechts- und Staatsform der Vergesellschaftung mit den moralisch-politischen Ansprüchen der Moderne verbindet und in der Verbindung den demokratischen Verfassungsstaat hervorbringt. Auch wenn über dessen genaue Aufgaben gestritten wird – über seine Grundelemente ist man sich so gut wie kontroverslos einig: über Rechtsstaatlichkeit und Freiheitsrechte, über Demokratie und Gewaltenteilung, in Grenzen auch über Sozialstaatlichkeit (s. Kap. 9) und die Verantwortung für die Umwelt.

Erstaunlich ist das rechts- und staatstheoretische Defizit der älteren kritischen Theorie auch aus biographischen Gründen. Während Adorno, Horkheimer und Marcuse einen Staat verlassen müssen, der seine elementarsten Rechtsaufgaben verletzt, finden sie Heimatrecht in einem Gemeinwesen, in dem sich zwar die von ihnen inkriminierten Pathologien, die kapitalistische Wirtschaft und eine eklatante Chancenungleichheit, deutlich zeigen, das aber zugleich garantiert, was im Fall, das damalige Deutschland hätte es zugestanden, das Exil überflüssig gemacht hätte: Leib und Leben und das Recht auf kulturelle Eigenart.

Durch *Faktizität und Geltung* wird nun das thematische Defizit endgültig überwunden. Was sich bei Habermas schon früher abzeichnete, nicht in *Legitimationsprobleme im Spätkapitalismus* (1973), wohl aber im *Strukturwandel der Öffentlichkeit* (1962) und noch deutlicher in der *Theorie des kommunikativen Handelns* (1981), wird jetzt zum leitenden Thema. Mit Hilfe der Diskurstheorie rekonstruiert Habermas den normativen Gehalt der freiheitlichen Institutionen demokratischer Rechtsstaaten (*FuG*, 11).

Die Frage, wie eine Theorie, die sich doch als intellektuelle Avantgarde verstand, dieses Moment übergehen konnte, sucht *Faktizität und Geltung* mit einer theoriegeschichtlichen Entwicklungslinie zu erklären. Angefangen mit der »Naturgesellschaftslehre der schottischen Moralphilosophen« Adam Ferguson und John Millar über die Politische Ökonomie von Adam Smith und Ricardo bis zu Marx' Kritik der Politischen Ökonomie, werde das Recht in der Gesellschaftstheorie zunehmend entmachtet. Am Ende dieses Prozesses, einer »sozialwissenschaftlichen Entzauberung des Rechts« (einen ähnlichen, an Max Weber gemahnenden Titel verwendet schon Neumann 1936/1980, Teil II), sei die ehemalige Schlüsselkategorie zu einem Epiphänomen anonymer Gesetzmäßigkeiten herabgesunken (*FuG*, Kap. II.1).

Diese Entwicklung gibt es in der Tat; ihren Gründen müßte man aber noch genauer nachgehen. Denn teilweise, etwa bei Adam Smith, handelt es sich nur um eine thematische Differenzierung und Spezialisierung. Außerdem klingt im Grundbegriff der schottischen Moralphilosophie, dem moralischen Gefühl (»moral sentiment«), eine Akzentverschiebung von der institutionellen zur personalen Praxis an. Vor allem bleibt das Resultat der Entzauberung, die wissenschaftlich-philosophische Depotenzierung von Recht und Staat, nicht unwidersprochen. Hegel nimmt zwar die

Einsichten der Politischen Ökonomie zum Anlaß, Kants Rechtslehre zu modifizieren, sieht aber keinen Grund, die Rechts- und Staatsphilosophie als solche aufzugeben. Marx' Zeitgenosse John Stuart Mill wiederum sieht keine Schwierigkeit, sowohl die Politische Ökonomie als zugleich das Rechts- und Staatsdenken fortzuentwickeln. Nicht zuletzt verbinden die Denker, auf die sich Habermas beruft, nämlich Durkheim, Max Weber und Parsons, ihren sozialwissenschaftlichen Blick mit einer Offenheit für die Leistungen von Recht und Staat.

Das Defizit an Rechts- und Staatstheorie hat andere Gründe. Der vor Habermas vorherrschenden Form, der »traditionellen kritischen Theorie«, fehlte jene Wertschätzung des demokratischen Verfassungsstaates, aus der hätte hervorgehen können, was Durkheim schon um die Jahrhundertwende unternimmt, eine Gesellschaftstheorie der Demokratie. Für sie sind zwei Elemente vonnöten, denen sich die traditionelle kritische Theorie versperrt. Beide Elemente sind untereinander verbunden; das Element, das zu den Grundbegriffen einer Gesellschaftstheorie gehört, schlägt auf das andere Element, das Erkenntnisinteresse dieser Theorie, durch:

Einerseits braucht es einen weder ausschließlich noch primär negativ besetzten Begriff sozialer Herrschaft. Weil nicht nur vordemokratische Gemeinwesen, sondern alle Rechts- und Staatsordnungen einen Herrschaftscharakter haben, kann, solange der Herrschaftsbegriff als solcher negativ konnotiert ist, das gesellschaftstheoretische Ideal nur in Herrschaftsfreiheit bestehen, und für das politische Ideal, dem sich der demokratische Verfassungsstaat annähert, gibt es keinen theoretischen Ort. Wo ein neutraler Herrschaftsbegriff fehlt, wird systemimmanent, also notgedrungen, die genuin politische Utopie, die der gerechten Herrschaft, durch das verdrängt, was Herrschaftsfreiheit wörtlich bedeutet, durch die unpolitische Utopie der An-archia. Bewahrheitet sich die Intuition, daß ein demokratischer Verfassungsstaat dem Ideal einer gerechten Herrschaft nahekommt, dann gehört andererseits zur Theorie dieser Staatsform eine gegenüber der traditionellen kritischen Theorie erweiterte, sogar neue Erkenntnisintention. Für eine Theorie des demokratischen Verfassungsstaates bedarf es eines höheren Maßes an Affirmation des Bestehenden als eine Kritik, die sich vornehmlich für die noch fehlende Emanzipation interessiert, einräumt.

Habermas löst nun die kritische Theorie von der früheren Fixierung auf einen primär negativen Herrschaftsbegriff und eine primär negative Gesellschaftskritik. Bevor er aber die eigene Position entfaltet, setzt er sich mit einer zweiten Entwicklungslinie auseinander, mit der »Wiederkehr des Vernunftrechts und Ohnmacht des Sollens« (*FuG*, Kap. II.II). Gemeint ist Rawls' Gerechtigkeitstheorie samt der von ihr bestimmten internationalen Diskussion. Daß Habermas hier eine »überraschende Reaktion« auf die »sozialwissenschaftliche Unterminierung des vernunftrechtlichen Normativismus« am Werk sieht (*FuG*, 78), erlaubt ihm eine Dramaturgie, die an Hegels Dialektik erinnert. Er komponiert sein Werk als eine Synthese, die die Schwächen von zwei theoriegeschichtlichen Entwicklungen eliminiert und ihre Stärken verbindet. Von der einen Entwicklungslinie will er den sozialwissenschaftlichen Blick für die institutionelle Dimension übernehmen, freilich ohne eine Depotenzierung des Rechtsbegriffs. Und von der anderen Entwicklungslinie greift er die Anerkennung des moralischen Standpunktes, genauer: die der Gerechtigkeit, auf, jedoch ohne das Defizit an Institutionellem. Aus der Einheit beider Gesichtspunkte ergibt sich die im Buchtitel genannte Doppelperspektive. Im Anschluß an Max Weber und Talcott Parsons entwickelt Habermas eine Möglichkeit, nach der sich »das Rechtssystem gleichzeitig von innen in seinem normativen Gehalt rekonstruktiv ernstnehmen, wie von außen als Bestandteil der sozialen Realität beschreiben läßt« (*FuG*, 62; durchgeführt in Kap. II.III). Der Titelbegriff »Faktizität« steht nun für das Recht als Bestandteil der sozialen Realität, und der Titelbegriff »Geltung« für die Legitimitätserwartung; dort, hinsichtlich der Rechtsetzung und Rechtsdurchsetzung, verhält sich der Philosoph als Beobachter, hier, gegenüber dem normativen Gehalt des Rechts, als Teilnehmer der Rechts- und Staatsordnung.

Im Fortgang der Argumentation meint Habermas freilich mehr. »Faktizität und Geltung« bezeichnet eine dem Recht innewohnende Spannung, die sich in drei Dimensionen darstellt: in der Dimension der Rechtsgeltung als Spannung zwischen der Positivität und der Legititimät des Rechts, innerhalb des Systems der Rechte als Spannung zwischen privater und öffentlicher Autonomie, schließlich hinsichtlich politischer Herrschaft als »ein Drohpotential, das von kasernierten Gewaltmitteln gedeckt ist; gleichzeitig läßt sie sich aber durch legitimes Recht *autorisieren*« (*FuG*, 171).

Der Diagnose einer dreifachen Spannung kann man durchaus zustimmen. Anders sieht es mit jener Rekonstruktion der Theoriegeschichte aus, aus der heraus Habermas sein eigenes Theorieprojekt entfaltet. So sehr man als Philosoph die Hegelsche Dramaturgie prinzipiell schätzt, so skeptisch bleibt man im vorliegenden Fall gegen die Ansicht, die Doppelperspektive ergebe sich aus Defiziten der beiden genannten Theorietraditionen. In Wahrheit verfolgt man dort andere Theorieprojekte. Daß sich das Recht als Bestandteil der sozialen Realität beschreiben läßt, stellt beispielsweise Kant weder in Zweifel, noch interessiert er sich dafür. Habermas könnte dem entgegenhalten, Kant müsse sich dafür interessieren, denn: »Ohne den Blick auf Recht als empirisches Handlungssystem bleiben die philosophischen Begriffe (sc. von Recht und Gerechtigkeit) leer« (*FuG*, 90). Kants diesbezügliche Begriffe sind aber deshalb nicht leer, weil sie sich auf einen empirischen und zugleich noch elementareren Gehalt als Habermas beziehen, auf das Faktum anthropologischer Relevanz, daß eine Mehrzahl handlungsfähiger Wesen ein räumlich begrenztes Territorium miteinander teilt.

Im übrigen sieht man bei Mill, daß sich das Erkenntnisinteresse der Politischen Ökonomie und der Sozialwissenschaften durchaus mit dem einer Rechts- und Staatstheorie vertragen kann, während sich Rawls' außergewöhnliche Wirkung nicht der Überwindung eines vorangegangenen Defizits an normativer Rechtstheorie überhaupt als drei anderen Faktoren verdankt.

1. Wäre die Überwindung eines Defizits an normativer Theorie entscheidend, so müßte Rawls den Rechtspositivismus kritisieren. Statt dessen kritisiert er eine normative, nach seiner Ansicht aber normativ unzureichende Position, den Utilitarismus.

2. Zeichnete sich Rawls' Theorie durch ein Defizit an wirtschafts- und sozialwissenschaftlichen Perspektiven aus, so wäre ihre entsprechende interdisziplinäre Bedeutung kaum verständlich. Tatsächlich kann sie zumal in den Wirtschaftswissenschaften intensiv diskutiert werden, weil sie deren Sprache, die der Entscheidungs- und Spieltheorie, spricht. Und das Theorem der gesellschaftlichen Grundgüter bietet einer empirisch gehaltvollen Gesellschaftstheorie zumindest einen guten Einstieg. Auch im Falle Kants verstellt das Vernunftrecht nicht den sozialwissenschaftlichen Blick. Statt ein Entweder-Oder zu behaupten, hält Kant beide Perspektiven, die der Vernunft und die der Empirie, für gleicherweise berechtigt.

Zu einer Konkurrenz kommt es nur dort, wo man die Leistungsfähigkeit der eigenen Perspektive überschätzt und beispielsweise mit empirischen Begriffen den Vernunftanspruch des Rechts entschlüsseln oder allein mit Vernunftbegriffen die gesellschaftliche Funktion des Rechts und dessen historische Organisation verstehen will. Den entsprechenden naturalistischen (Sein-Sollens-) bzw. normativistischen Fehlschluß begeht Kant aber nicht.

3. Nicht zuletzt gewinnt Rawls deshalb eine jetzt politische Aufmerksamkeit, weil er innerhalb der amerikanischen Staatsdiskussion einer liberalistischen Engführung entgegentritt und statt dessen für Sozialstaatlichkeit plädiert.

Skepsis gegen Habermas' Rekonstruktion der Theoriegeschichte ist auch dort geboten, wo sie gegen das Vernunftrecht den von Hegel bekannten Vorwurf der »Ohnmacht des Sollens« wiederholt. Kants *Rechtslehre* handelt genau über die Macht des Sollens, sowohl über die Zwangsbefugnis, die zum Recht schon begrifflich hinzugehöre, als auch über seine öffentliche, sprich: staatsförmige Sicherung. Die Machtbefugnisse stehen dem Sollen allerdings nur für einen wohlumgrenzten Bereich zu: für die Vernunft dessen, was die Menschen einander schulden, für die Rechtsvernunft also, und nicht für die Vernunft bzw. Moral des verdienstlichen Mehr.

Nach Habermas (*FuG*, 61) springt das moderne Recht »in die Funktionslücken von sozialen Ordnungen ein, die in ihren sozialintegrativen Leistungen überfordert sind«; das Recht übernehme »eine Ausfallbürgschaft für andernorts versagende sozialintegrative Leistungen«. Für Überforderung bzw. Versagen trage nun die Vernunftmoral insofern Verantwortung, als ihretwegen die naturwüchsigen Institutionen baufällig würden und die dann verbleibende Instanz, die moralischen Subjekte, allein keine verläßliche Integration leisten könnte. Gegen diese Funktionsbestimmung drängen sich zwei Einwände auf:

Erstens übergeht Habermas die Frage, wo denn das vormoderne Recht tätig wird. Wie in der »Einführung« erwähnt, erweisen sich die vom Recht geregelten Phänomene als seit langem auf überwältigende Weise konstant. Schon vor mehr als dreieinhalb Jahrtausenden regeln Gesetze, die auf einen schwarzen Dioritblock eingemeißelt sind, also »geschriebenes« Recht, einen Großteil jener Lebensbereiche, die auch heute das Recht regelt. Im Kodex Hammurabi lesen wir Bestimmungen für das Ehe- und Familienrecht, für das Vertragsrecht, für das Eigentumsrecht, selbst für den

Tierschutz. Greifen wir das Strafrecht heraus, so finden wir die heute bekannten Klassen von Delikten in so gut wie allen Kulturen wieder: außer den Tötungs- und den Eigentumsdelikten auch Ehrdelikte, Sexualdelikte, Brandstiftung, Maß- und Gewichtfälschungen. Wer an das Verbot der Brunnenvergiftung denkt, sieht, daß selbst Umweltdelikte nicht neu sind. Wir dürfen generalisieren: Auch wenn sich in der Neuzeit der rechtliche Regelungsbedarf erhöht und sich vor allem im Bereich des Sozial- und Wirtschaftsrechts einschließlich des Arbeitsrechts neuartige Aufgaben stellen, ist das Recht doch in den vielen Lebensbereichen schon seit altersher tätig; sowohl im Zivilrecht wie im Strafrecht, selbst im öffentlichen Recht gibt es eine Fülle von durchlaufenden Rechtsgebieten.

Zweitens springt dem Begriff »Überforderung« zufolge das Recht dort ein, wo ehemals stabile Sozialordnungen destabilisiert werden. Aber auch festgefügte Gesellschaften mit stabilen Ehe- und Familienverhältnissen und ebenso stabilen Tauschinstitutionen kennen ein Ehe- und Familienrecht, ein Vertrags- und Handelsrecht usf. Ebenso braucht man den Lebens- oder Eigentumsschutz nicht nur dort, wo Institutionen baufällig werden. Sachgerecht ist der Begriff »Überforderung« allenfalls dann, wenn man ihn im Gegensatz zu Habermas nicht sozialgeschichtlich, sondern anthropologisch versteht: Ob als Instinktentbundenheit oder Weltoffenheit oder lieber als Sprachfähigkeit bestimmt (die einschlägigen Kontroversen sind hier von sekundärer Bedeutung) – die Conditio humana setzt die Individuen einem Reichtum von Optionen aus, dem sie als einzelne nicht immer gewachsen sind. Tendenziell überfordert ist nicht erst das neuzeitliche Subjekt, sondern schon der Mensch als Mensch. Infolgedessen ergibt es sich aus der Conditio humana und nicht erst wegen der Organisations- und Steuerungsprobleme komplexer Gesellschaften, daß das Zivilrecht und das Strafrecht tätig werden. Und der Kritik an der Vernunftmoral ist entgegenzuhalten, daß letztere sogar zur Stabilisierung naturwüchsiger Institutionen beiträgt. Das Vorbild eines Vernunftrechts, Kant, erbringt nämlich für so elementare Institutionen wie Ehe, Familie und Eigentum, ohnehin für den Staat, darüber hinaus für eine internationale Rechtsgemeinschaft eine moralische Legitimation.

In *Faktizität und Geltung* finden sich, aufs Recht bezogen, zwei Arten moralischer Ressourcen, die gesellschaftliche Solidarität

(12, vgl. 51 u. ö.) und die Gerechtigkeit. In welchem Verhältnis die beiden Ressourcen zueinander stehen, wird nicht ganz deutlich. Nach dem »Vorwort« obliegt die »Aufgabe, die sozialstaatliche und ökologische Zähmung des Kapitalismus ... energisch voranzutreiben«, der gesellschaftlichen Solidarität. Daß auf der Agenda sowohl der innerstaatlichen wie der zwischenstaatlichen Politik diese Aufgabe erste Priorität verdient, ist intuitiv klar. Es fragt sich aber, ob sich der geschlechtsneutrale Ausdruck für Brüderlichkeit, das Prinzip Solidarität, dafür eignet. Nicht nur besteht die Gefahr, daß man eine Intuition mit einer ausgeführten Argumentation verwechselt; man verwischt auch eine begriffliche Differenz. Was die Solidarität verlangt, gehört entweder, wie Hilfeleistungen ohne einen Rahmen von Gegenseitigkeit, in den Bereich des verdienstlichen Mehr; dann ist ein zwangsbefugtes Gemeinwesen dafür nicht zuständig. Oder es geht, wie bei Hilfeleistungen im Rahmen einer teils zeitgleichen, teils phasenverschobenen Wechselseitigkeit, um das Geschuldete; dann ordnet man die entsprechenden Aufgaben besser der Rechtsvernunft bzw. der Gerechtigkeit zu. Vielleicht fällt das Prinzip Solidarität aber auch unter eine dritte Modalität, unter jenen Bereich des rechtlich Erlaubten, der weder klarerweise geschuldet noch klarerweise nur verdienstlich ist.
Auch wenn man die Abhandlung »Gerechtigkeit und Solidarität« (1991a) zu Rate zieht, wird Habermas' Option nicht klar. Die der Solidarität dort übertragene Aufgabe, für »das Wohl der in einer intersubjektiv geteilten Lebensform verschwisterten Genossen« (70) zu sorgen, läßt nämlich alle drei Modalitäten zu. Die Aufgabe könnte klarerweise geschuldet sein, klarerweise zum verdienstlichen Mehr gehören oder aber in einen Zwischenbereich fallen.

6.3 Wie tief reicht die Diskurstheorie?

Seit der Auseinandersetzung mit Luhmann (Habermas/Luhmann 1971, 114 ff.) und dem Beitrag für die Festschrift für Walter Schulz (1972) versteht Habermas unter Diskursen jene Argumentationsprozesse, die, von Handlungszwängen abgekoppelt, die jeweils erhobenen Wahrheits- bzw. Geltungsansprüche überprüfen. Während die Diskurstheorie, als allgemeine Wahrheitstheorie verstanden, wenig überzeugt (vgl. Höffe 1979), leuchtet sie als Theorie politischer Legitimation ein, allerdings lediglich unter zwei Voraussetzungen, die Habermas nicht macht.

Zum einen darf man unter dem Diskurs nicht wie Habermas (*FuG*, 663) in der Wendung »Diskurs- oder Beratungsmodell« nur eine (reflexive) Beratung verstehen, sondern muß zusätzlich ein Moment der Bindung, freilich der Selbstbindung, einbringen, das als solches nichtdiskursiver Natur ist. Ein System von Zwangsbefugnissen ist dann legitim, wenn es aus einer zwar von momentanen Handlungszwängen abgekoppelten und doch das zukünftige Handeln leitenden Zustimmung erfolgt und die Zustimmung von allen Betroffenen abgegeben wird. Jene Aufgabe, im Diskurs alle Mitmenschen als gleichberechtigte Partner anzusehen, die die Philosophie seit ihren Anfängen anerkennt, ist ersichtlich bescheidener als die Aufgabe, die Mitmenschen auch im tatsächlichen Leben, dann sogar unter allen Umständen, namentlich unter Inkaufnahme von Nachteilen, als gleichberechtigt zu behandeln. Für die Zustimmung zu einer nicht bloß im Diskurs, sondern generell anerkannten Gleichberechtigung eignet sich deshalb die Metapher des Vertrages – und mehr als eine Metapher liegt nicht vor –, weil im Vertrag die Zustimmung nicht bloß verbal bleibt: vor der Zustimmung ist man frei, nachher gebunden. Die linguistische Wende ändert diese Sachlage nicht, weshalb das Diskursmodell das Vertragsmodell anreichern, aber nicht, wie Habermas annimmt, ersetzen kann (*FuG*, 663).

Die zweite Voraussetzung, die die Diskurstheorie im Fall politischer Legitimation machen muß, besteht in »Präjudizien des Diskurses« (Höffe 1990, Kap. 13.3), auf die die gegenseitige Anerkennung als Rechtsgenossen hinausläuft und die in realen Diskursen nur unter der Voraussetzung eingeholt werden können, daß sie als ihre Bedingung schon vorab anerkannt sind. Außerhalb der Diskurstheorie findet diese Bedingung durchaus Zustimmung (z. B. Kersting 1997); Habermas geht aber in seiner nach den »Präjudizien« erschienenen Rechts- und Staatsphilosophie auf den Einwand nicht ein.

Ohnehin billigt *Faktizität und Geltung* dem Diskursprinzip nur eine beschränkte Reichweite zu. Das für die Legitimation unverzichtbare, systematisch gesehen sogar erste Element, die Rechtsform, sieht Habermas dagegen als unableitbar an, da weder epistemisch noch normativ begründbar (*FuG*, 143). Die Ansicht ist folgenreich. An die Stelle des Gebots der Rechtsvernunft, das naturwüchsige Zusammenleben zugunsten der Rechtsform aufzugeben, tritt, legitimationstheoretisch gesehen, ein kontingenter Entschluß. Der erste kategorische Rechtsimperativ, »exeundum e statu naturali«, wird à contre coeur durch ein dezisionistisches Element ersetzt. Damit entfällt die Elementarschicht von Legitimität im Recht überhaupt, die rechtsdefinierende und zugleich rechtslegitimierende Vernunft. Zugleich versperrt man sich dem Argument zugunsten der internationalen Rechtsgemeinschaft, daß zwischen den Einzelstaaten ein Naturzustand herrscht, der aus Vernunftgründen zu überwinden ist. Nicht zuletzt fehlt die Möglichkeit, die elementare, rechtsdefinierende Schicht von einem anspruchsvolleren, rechtsnormierenden Mehr an Vernunft zu unterscheiden.

Zur Modernisierung des Rechts gehört ein Element, mit dem sich zwar juristische (z.B. Kelsen) und sozialwissenschaftliche Rechtstheoretiker (etwa Luhmann) schwertun, universalistische Ethiken aber nicht. Für letztere trifft daher zu, daß nichts so anregend und auch fruchtbringend ist wie das Feststellen der feinen Unterschiede. Daß es überhaupt elementare Rechte gibt, ist innerhalb der Familie universalistischer Ethiken unstrittig. Die feinen Unterschiede – und hier beginnt eine weitere Kontroverse mit Habermas – zeigen sich erst bei der Frage, welche Rechte denn als elementar gelten, und der damit verschränkten Frage, wie elementar sie denn sind.

Die Antwort auf die Frage, welche Rechte elementar seien, fällt eigentümlich blaß aus. Dort, wo Habermas die Freiheits- und die Mitwirkungsrechte sowie die Einklagbarkeit dieser Rechte nennt (*FuG*, 155 ff.), vergewissert er sich lediglich des unkontroversen ABC des demokratischen Verfassungsstaates. Für den nicht so unkontroversen Bereich, für die Sozialrechte, die Kulturrechte und vor allem für eventuelle ökolologische Rechte, begnügt er sich mit einem pauschalen Hinweis (*FuG*, 156f.). Und Kapitel IX »Paradigmen des Rechts« befaßt sich zwar mit den dysfunktionalen Nebenfolgen des Sozialstaates, setzt die Begründung elementarer Rechte aber nicht fort.

Auf die zweite Frage, wie elementar die elementaren Rechte seien, gibt Habermas eine bescheidene Antwort. Mit den Menschenrechten befaßt er sich zwar auch; Gegenstand seiner Begründung sind aber Rechte, die eine geringere Elementarität beanspruchen: die Grundrechte. Verstanden als Rechte, »die sich Bürger gegenseitig einräumen müssen, wenn sie ihr Zusammenleben mit Mitteln des positiven Rechts legitim regeln wollen« (*FuG*, 151), gelten sie nur in bezug auf eine bestimmte Rechtsgemeinschaft. Wirkliche Menschenrechte – und dazu gehören nicht nur, wie es bei Habermas anklingt, die Freiheitsrechte (*FuG*, 669) – haben einen legitimationstheoretisch höheren Rang, ohne daß man seinetwegen eine platonistische Verdoppelung des Rechts annehmen müßte (*FuG*, 664 mit 668) oder sich einer liberalismus-kritischen Pointe entziehen wollte (*FuG*, 671). Die Menschenrechte stellen sich vielmehr einer Frage, die eine Theorie von Grundrechten als schon beantwortet annimmt und die Habermas, indem er die Rechtsform nicht begründen will, beiseite schiebt, der grundlegenderen Frage, warum das Zusammenleben überhaupt mit Mitteln des positiven »Rechts«, also mit Strafzwang, Formzwang und Ermächtigungen geregelt werden soll.

Der Vernunfttheoretiker Kant hat um die elementarere Bedeutung gewußt, wenn er die Menschenrechte – bei ihm bekanntlich im Singular (*Rechtslehre*, Einteilung der Rechtslehre, Abschnitt B: »Das angeborene Recht ist nur ein einziges«) – vor die Überlegungen stellt, mit denen Habermas' einschlägiges Kapitel III beginnt, vor das Thema »Private und öffentliche Autonomie«. Auch die ersten Menschenrechtserklärungen waren sich über die elementarere Bedeutung im klaren. Die »Virginia Bill of Rights« hat einen Aufbau, dem die französische »Déclaration des droits de l'homme et du citoyen« folgen wird; beide Texte beginnen mit Rechten, die nicht nur dem Menschen, sofern er Bürger ist, zukommen, sondern dem Menschen tout court.

Um die begriffliche Differenz von Menschen- und Grundrechten festzuhalten, habe ich die Menschenrechte als »ein vorstaatlich gültiges, allerdings nicht deshalb schon geltendes Recht« gekennzeichnet; Menschenrechte werden vom Staat »nicht eigentlich gewährt oder verweigert, wohl aber gewährleistet« (Höffe 1979a, 7; vgl. 1987, 462). Habermas (1995, 310) sieht darin »Verlegenheitsformeln«. Tatsächlich betonen sie die doppelte Bedeutung (nicht Zweideutigkeit) von Menschenrechten: Als Rechte des Menschen, bloß weil er Mensch ist, kommen sie dem Menschen vor und unabhängig von einem politischen Gemeinwesen zu. Weil sie aber von allein weder genau bestimmt sind noch durchgesetzt werden, bedarf es ihrer Positivierung durch eine Rechts- und Staatsordnung. Da diese sich aber gegen ihren (aber nicht einzi-

gen) Zweck, die Gewährleistung der Menschenrechte, richten kann – also erst im Zusammenhang des Staates –, gehen aus den »zunächst *gegenseitig* eingeräumten subjektiven Handlungsfreiheiten« die liberalen Abwehrrechte hervor (*FuG*, 673). Auf diese Zweistufigkeit, die Habermas für eine neue Pointe zu halten scheint, ist aber schon in der Abhandlung »Die Menschenrechte als Legitimation demokratischer Politik« hingewiesen worden (Höffe 1979a, 7-12). Außerdem bedarf es dieser Präzisierung: Abwehrrechte sind die gegenseitig eingeräumten Freiheitsrechte auf beiden Stufen; im vorstaatlichen Zustand wehren sie mögliche Übergriffe der Rechtsgenossen, im staatlichen Zustand zusätzlich die der Staatsgewalten ab (s. Kap. 3.1).
Daß Habermas nicht eigentlich bei den Menschenrechten ansetzt, kann auch damit zusammenhängen, daß es dazu anthropologischer Annahmen bedarf, die der Autor aber vermeiden will. Es sind übrigens einige wenige und kaum strittige Annahmen. Außerdem sollen sie nicht, wie Habermas annimmt (*FuG*, 671), die universelle Geltung allein begründen. Schließlich dürften sie selbst dort vonnöten sein, wo man sich mit Grundrechten begnügt. Das Recht auf Leib und Leben folgt doch nicht lediglich aus »Verfahren ethischer Selbstverständigungsdiskurse«, sondern erst unter der zusätzlichen Annahme, daß nicht reine Intelligenzien (»Engel«), sondern Leib- und Lebewesen die Diskurse führen. Um die notorische Skepsis gegen eine Anthropologie »aufzuweichen«, darf man an ein (sozial-)anthropologisches Theorem von Rawls (1971) erinnern, an die gesellschaftlichen Grundgüter, ohne die er seine Gerechtigkeitsprinzipien nicht ausweisen kann. Nicht zuletzt läßt Habermas in den *Erläuterungen zur Diskursethik* (1991, 14f.) selber anthropologische Gesichtspunkte zu.
In *Faktizität und Geltung* ist viel von »radikaldemokratisch«, von »Fundamentaldemokratie« und von der »Assoziation freier und gleicher Rechtsgenossen« die Rede. Derartige Ausdrücke klingen profilierter und pointierter, als sie es bei näherer Betrachtung sind. Radikaldemokratisch im wörtlichen Sinn, also demokratisch von den Wurzeln her ist der moderne Staat durch ein Element, das nicht nur legitimationstheoretisch, sondern auch legitimationspolitisch längst anerkannt ist, durch den Grundsatz der Volkssouveränität. Ebenso unstrittig ist, daß alle Bürger am politischen Leben frei und mit gleichem Recht teilnehmen dürfen, ferner, daß es für die Teilnahme Vermittlungsagenturen braucht, sowohl eine

starke Öffentlichkeit als auch Verbände und Parteien und vor allem gewählte Volksvertreter. Kontrovers ist erst die Frage, ob es Ergänzungen geben soll: Elemente direkter Demokratie, Bürgerinitiativen und »basisdemokratische Elemente«, vielleicht sogar ein imperatives Mandat.

Die Vorteile direkter Demokratie liegen auf der Hand: eine unmittelbare Mitbestimmung und eine höhere Identifikation. Die Nachteile kennt man allerdings auch: die Gefahr negativer Mehrheiten, die eines Populismus und im Fall der Basisdemokratie, sofern im Unterschied zu den großen Volksparteien oft nur kleinere Gruppen repräsentiert werden, die Gefahr einer versteckten Aristokratie. Wie die Bilanz der Vor- und Nachteile im einzelnen ausfällt, hängt von den jeweiligen Randbedingungen ab. Und an diesen Umstand schließt sich die entscheidende Frage an: Kann man hier überhaupt quasi-apriorische Urteile fällen? Habermas hält sich klugerweise zurück, womit allerdings der Gedanke einer »Fundamentaldemokratie« an Profil verliert. Er verlangt dann nicht viel mehr als eine starke Öffentlichkeit (*FuG*, 221 ff. und Kap. III), die klare Unterordnung der Exekutive unter die demokratische Gesetzgebung (*FuG*, 229-237) und – worin ich ihm zustimme (s. Kap. 12) – eine Einschränkung verfassungsrechtlicher Kompetenzen gegenüber der Legislative (vgl. *FuG*, Kap. VI).

Eine andere Schwierigkeit wirft Habermas' These auf, Menschenrechte und Demokratie seien gleichursprünglich. Sowohl nach ihrem Begriff als auch nach den ersten Deklarationen sind die Menschenrechte Vorgaben, die auch ein demokratischer Souverän nur zum Preis eines Legitimitätsverlustes verletzen kann. Um die These der Gleichursprünglichkeit trotzdem zu halten und die Legitimation dem demokratischen Prozeß ganz aufbürden zu können (*FuG*, 664), muß man einen zweistufigen Demokratiebegriff einführen (s. Kap. 3.1) und beide Stufen zugleich meinen: In der vorstaatlichen, natürlichen Demokratie gewähren sich die Rechtsgenossen gegenseitig Rechte, denen die staatliche, politische Demokratie zur unparteiischen Durchsetzung verhilft.

Ziehen wir Bilanz: Eindrucksvoll ist *Faktizität und Geltung* schon deshalb, weil diese Studie Recht und Staat in ihrem gesellschaftstheoretischen Rang approbiert und damit die kritische Theorie endgültig für die Rechts- und Staatsphilosophie öffnet. Jenes zwar wohlklingende, aber unpolitische Ideal der Herrschaftsfreiheit, das in der traditionellen kritischen Theorie vorherrscht, wird mit Nachdruck zugunsten des politischen, aber traditionellen Ideals der gerechten Herrschaft überwunden. Noch im Jahr 1970 (164) sagt Horkheimer, daß man der kritischen Theorie zufolge die »richtige Gesellschaft nicht im vorhinein bestimmen«, wohl aber sagen kann, »was an der gegenwärtigen Gesellschaft das Schlechte ist«. Indem Habermas den demokratischen Verfassungsstaat als Grundform der richtigen Gesellschaft anerkennt, weicht er davon ab. Zugleich gibt er jenen Kritikern der traditionellen kritischen Theorie Recht, die als Ergänzung zu einer vornehmlich emanzipatorischen Kritik eine Theorie eingefordert hatten, die die je geleistete Emanzipation positiv zu würdigen versteht, eine stärker affirmative Theorie also. Denn gegen die Grundinstitutionen des demokratischen Verfassungsstaates verhält sich *Faktizität und Geltung* im wesentlichen nur affirmativ.

7. Zum Kommunitarismus

Die Debatte begann als Attacke, vorgetragen an zwei Fronten; der Kommunitarismus kritisiert den Liberalismus sowohl auf moralphilosophischer als auch auf sozialtheoretischer Seite. Inzwischen sind wichtige Argumente eingebracht worden, so daß man Bilanz ziehen kann, hier in Form einiger Nachbemerkungen; denn Protokolle liegen schon vor (z. B. Kymlicka 1989, Rosenblum 1989 und Forst 1994).

7.1 Ein moralisch-politischer Liberalismus

Die kommunitaristische Kritik täte sich leicht, könnte sie ihren Gegner, den Liberalismus, lediglich durch Individualismus, Marktwirtschaft und Freiheitsrechte definieren. Eine derartige Definition läuft aber auf einen »Schrumpfliberalismus« hinaus; sie wird weder der Praxis, der gegenwärtigen Wirklichkeit freiheitlicher Demokratien, gerecht noch der seit mehr als zwei Jahrzehnten vorherrschenden Theorie. Spätestens seit John Rawls sind nämlich auch in Nordamerika die engen Grenzen des hier zuvor favorisierten Liberalismus gesprengt. Mit Rawls' Unterschiedsprinzip (»difference principle«) erweitert sich der orthodoxe Liberalismus Lockescher Prägung um eine neue Dimension. Zur bisherigen Verbindung eines durch Freiheitsrechte sanktionierten Individualismus mit den Prosperitätserwartungen der Marktwirtschaft und mit politischen Mitwirkungsrechten tritt nun ein beachtliches Maß an Sozialstaatlichkeit hinzu. Aus dem »libertarianism« wird ein sozialer Liberalismus.
Der soziale Liberalismus besteht in einer gerechtigkeitsverpflichteten, insofern moralisch abgefederten, überdies politischen und nicht nur ökonomischen Position. Ihr, dem moralisch-politischen Liberalismus, treten sukzessive zwei Richtungen entgegen. Deutlich sind sie von praktisch-politischen, allerdings zum Teil gegenläufigen Interessen bestimmt. Sie zweifeln nicht eigentlich daran, daß Rawls dem selbstgesetzten Kriterium, dem Überlegungsgleichgewicht (»reflective equilibrium«), genügt und in gewissen Grenzen jenes Gerechtigkeitsbewußtsein auf den Begriff bringt,

das die Bürger liberaler Demokratien eint. Die eine Richtung zweifelt aber an der ungetrübten Gerechtigkeit dieses Gerechtigkeitsbewußtseins, die andere zusätzlich an der Lebensfähigkeit einer lediglich von diesem Gerechtigkeitsbewußtsein getragenen Demokratie. Beide stimmen insofern miteinander überein, als sie die gegebene Praxis liberaler Demokratien auf dem Weg einer neuen Theorie ändern wollen.

Mit Nozicks (1974) Neuformulierung liberaler Minimalstaatlichkeit und mit Hayeks (1976) Kritik am Gedanken sozialer Gerechtigkeit findet zunächst der orthodoxe Liberalismus neue Verfechter. Ihm zufolge ist einem Gemeinwesen, das sich auf Gerechtigkeit verpflichtet, ein weit geringeres Maß an staatlichen Eingriffsrechten erlaubt. Später treten jene Philosophen und Politikwissenschaftler auf den Plan, die man nach ihrem gemeinsamen, aber noch vagen Grundbegriff der Community (»Gemeinschaft«) Kommunitarier oder Kommunitaristen nennt. Um ihr philosophisch-politisches Profil genauer zu bestimmen, vergegenwärtigen wir uns den neuen, moralisch-politischen Liberalismus. Dabei darf ich mich außer auf Rawls (vor allem 1971) auch auf eigene Überlegungen stützen (z.B. Höffe 1987; s. auch oben Kap. 2-5).

Der Liberalismus geht davon aus, daß im Zusammenleben der Menschen Konkurrenz und Konflikt vorkommen. Diese noch vorethische, nur sozialtheoretische These – sie betrifft lediglich die Anwendungsbedingungen – kann man in der starken Form lesen, Konkurrenz und Konflikt spielten die vorherrschende Rolle. Gegen diese Lesart fällt die Kritik leicht; sie braucht nämlich nur auf zweierlei hinzuweisen, auf die Unverzichtbarkeit von Sozialbeziehungen für das Menschwerden und Menschsein und auf empirisch nachweisbare Sozialimpulse, beispielsweise auf die Wirklichkeit von Mitleid und Hilfsbereitschaft, von Kooperation, Harmoniebedürfnissen und Freundschaft. Selbst der orthodoxe Liberalismus behauptet aber keine Dominanz von Konflikt und Konkurrenz und schon gar nicht ihr exklusives Bestehen. Indem er ein (allerdings beachtliches) »Vorkommen«, aber kein »Vorherrschen« annimmt, begnügt er sich mit der weit bescheideneren These, daß die für den Menschen wesentlichen Sozialimpulse nicht zu jener rundum verläßlichen Kooperation führen, in der »eitel Liebe und Freundschaft« herrschen. Im Gegenteil finden wir – von der notorischen Knappheit vieler Güter bis zum Kampf um Anerkennung – auch Konkurrenz und Konflikt, und zwar sowohl zwischen Individuen als auch zwischen Gruppen oder Gemeinschaften, nicht zuletzt zwischen einzelnen Staaten.

Der dann drohenden Gefahr, einer Lösung von Konkurrenz und Konflikt nach Maßgabe subjektiver Meinung und ebenso subjektiver Gewalt, tritt der moralisch-politische Liberalismus mit einer Verbindung von fünf, in Zukunft sogar sechs Elementen entgegen. Die Elemente gehören allesamt zur Moral dessen, was die Menschen einander schulden, mithin zur Gerechtigkeit. Eine weitergehende Moral, sowohl Verbindlichkeiten gegen sich als auch eine die Gerechtigkeit überbietende Sozialmoral, wird nicht grundsätzlich, aber für die genannte Aufgabe ausgeschlossen. Für sie reicht eine Partialethik; mehr noch: man darf lediglich eine Partialethik in Anspruch nehmen.

Insofern die Gerechtigkeitselemente aufeinander aufbauen, kann man sie als Stufen der Gerechtigkeit verstehen, wobei die Elemente 3 und 4 zwei gleichrangige Teilstufen darstellen:

1) Stufe I oder rechtslegitimierende Gerechtigkeit: Das menschliche Zusammenleben wird zwangsbefugten Regeln unterworfen. Ihr Inbegriff, das Recht, stellt die Grammatik, zumindest Teilgrammatik der Gesellschaft dar.

2) Stufe II oder rechtsnormierende Gerechtigkeit: Damit nicht irgendwelche, sondern allseits anerkennungswürdige Regeln herrschen, wird das Recht an entsprechende Regeln zweiter Stufe, an universale Prinzipien, die Menschenrechte, gebunden. Durch sie erhält das Recht einen universalistischen Einschlag. Die Menschenrechte bestehen zunächst aus zwei Gruppen, den persönlichen Freiheitsrechten und den Sozialrechten bzw. Sozialrechtsaufgaben, wobei zur zweiten Gruppe auch die ökologische Verantwortlichkeit gehört. Dort, wo die Menschenrechte, hier namentlich die Freiheitsrechte, anerkannt werden, kann sich ein vieldimensionaler Pluralismus herausbilden, namentlich eine Vielfalt von Konfessionen und Religionen (einschließlich einer Religionslosigkeit) und ein Reichtum von Werten, Lebensformen und Weltanschauungen.

3) Stufe III A oder politische Gerechtigkeit: Sowohl die nähere Bestimmung des universalistischen Rechts als auch die Durchsetzung, nicht zuletzt die autoritative Entscheidung über Streitfälle erfolgen nicht durch private Meinungen und private Macht, sondern durch öffentliche Gewalten. Ihretwegen nehmen die rechts-

legitimierende und die rechtsnormierende Gerechtigkeit einen staatlichen, zumindest staatsähnlichen Charakter an.

4) Stufe III B oder Demokratieprinzip in der politischen Gerechtigkeit: Ihre Legitimation beziehen öffentliche Gewalten aus der Zustimmung aller Betroffenen. Weil alle Gewalt vom Volke ausgeht, bildet die Demokratie in formaler Hinsicht das Legitimationsprinzip; und die Menschenrechte erweitern sich um eine dritte Gruppe, die politischen Mitwirkungsrechte. Weil das Kriterium der allseitigen Zustimmungsfähigkeit aber nicht nur eine formale, sondern auch eine inhaltliche Seite hat und dann zu den Menschenrechten führt, gehören diese zu einem umfassenden, nicht nur formalen, sondern materialen Demokratiebegriff unverzichtbar hinzu.

5) Stufe IV oder reale politische Gerechtigkeit: Schon wegen der unterschiedlichen Aufgaben, dann aber auch zum Zweck, einem Machtmißbrauch entgegenzuwirken, werden die öffentlichen Gewalten geteilt, dabei einer wechselseitigen Kontrolle unterworfen. Die Kontrolle geschieht in zwei Grundformen. Die uns vertraute horizontale Gewaltenteilung in Legislative, Exekutive und Jurisdiktion ergänzt sich um eine vertikale Gewaltenteilung, die den Prinzipien des Föderalismus und der Subsidiarität folgt (s. Kap. 10).

Dort, wo diese fünf Elemente bzw. vier Gerechtigkeitsstufen anerkannt werden, erhält man jenen demokratischen und sozialen Verfassungsstaat, den man im Nordamerikanischen als liberale (und soziale) Demokratie, im Deutschen aber als demokratischer Verfassungsstaat bezeichnet. Man spricht auch von politischem Liberalismus und meint dann keine bestimmte Partei, sondern den Grundzug einer teils geschriebenen, teils gelebten Verfassungswirklichkeit.

6) Stufe V oder globale politische Gerechtigkeit: Für die Zukunft zeichnet sich als weiteres Element die rechtsförmige Koexistenz der verschiedenen Rechts- und Staatswesen, mithin eine internationale Rechtsgemeinschaft ab. Auf längere Sicht sollte sie die Form einer globalen Republik von Republiken, einer sekundärstaatlichen Weltrepublik, annehmen.

Der so definierte Liberalismus benennt zwar wichtige, sogar notwendige Grund- und Rahmenbedingungen von Vergesellschaftung; einen Anspruch auf Vollendungsbedingungen erhebt er aber nicht. Insbesondere behauptet er nicht, das Recht bestehe lediglich aus universalistischen Elementen. Auch sagt er nicht, die soziale Integration könne sich allein über den Markt und das Recht vollziehen. Von den Grund- und Rahmenbedingungen, die er für jedwede Gesellschaft definiert, erwartet er zwar einen Beitrag zur Identitätsstiftung. Weil er aufgrund der Freiheitsrechte für Pluralismus offen ist, überläßt er aber die Aufgabe, eine »runde und volle« Identität zu stiften – es geht hier ums gute Leben –, anderen Kräften. Sofern diese sich in Gemeinschaften darstellen, ist das Gemeinwesen insgesamt eine Gemeinschaft von Gemeinschaften.

Diese Gemeinschaft zweiter Stufe ist mehr als lediglich ein instrumentaler Verband, mehr als eine bloße Assoziation von Individuen, die primär ihre eigenen Ziele verfolgen. Ein Gemeinwesen baut sich in der Regel auf schon existierenden Gemeinsamkeiten (der Sprache oder aber einer wohldefinierten Mehrsprachigkeit, der Kultur, des Rechts, der Geschichte, vielleicht auch der Religion) auf. Und im Zuge der Organisation gemeinsamer Zwecke bilden sich diese Gemeinsamkeiten noch fort; auch in Gemeinschaften zweiter Stufe gibt es ein ausgeprägtes Wir-Gefühl. Da es aber sowohl für die Koexistenz konkurrierender Individuen als auch für die konkurrierender Gemeinschaften erster Stufe verantwortlich ist, hält es sich gegen deren Wir-Gefühl zurück und bleibt in Konkurrenzlagen von Wir-Gefühlen gegen diese indifferent.

Als Theorie der »runden und vollen Identität« bietet sich der Kommunitarismus an – vorausgesetzt, er erkennt den moralisch-politischen Liberalismus als Grund- und Rahmentheorie an. Diese Voraussetzung wird von vielen Kommunitaristen aber nicht erfüllt. Im folgenden geht es nicht um den Kommunitarismus als Ergänzung zum Liberalismus, sondern um seinen Anspruch, die Alternative zu sein.

7.2 Fünf kommunitaristische Thesen

Den Beginn des Kommunitarismus markieren drei Monographien aus den frühen achtziger Jahren: Alasdair MacIntyres *After Virtue* (1981, [2]1985), Michael Sandels *Liberalism and the Limits of Justice* (1982) und Michael Taylors *Community, Anarchy, and Liberty* (1982). Dazu kommen bald Autoren wie Michael Walzer (1983,

1990 u. a.), Charles Taylor (1989, 1992 u. a.), Philip Selznick 1987 und viele andere. Von Anfang an ist die Gruppe weder philosophisch noch politisch homogen. Inzwischen stellt sie sich als eine weitläufige Großfamilie von Positionen dar, die von Grundlagendebatten bis zum fast missionarischen Einsatz für eine angeblich neue, mehr am Gemeinsinn orientierte Gesellschaft reichen (z. B. Etzioni 1993; zum Thema »Individuum und Gemeinsinn« s. auch Höffe 1996b). Die mehr anwendungsorientierte, bis zu konkreter Politik reichende Debatte bleibt im folgenden außer Betracht. Im Rahmen der Grundlagendiskussion gibt es, da ein Teil der Autoren von der Moralphilosophie, ein anderer Teil von den Politik- und Sozialwissenschaften herkommt, zwei Ansätze. Innerhalb beider kann man mindestens je zwei Formen, insgesamt also vier Positionen unterscheiden; dazu kommt, fünftens, als Gemeinsamkeit der Bezug auf Aristoteles.

(1) Der Kommunitarismus als Moralphilosophie richtet sich als erstes gegen Aufklärung und universalistische Ethik. In seiner Kritik am entsprechenden Projekt der Neuzeit stellt er sich sowohl als Modernitätskritik als auch als Moralkritik dar. Ihm liegt insofern ein moralisch-politisches Interesse zugrunde, als er für die heutigen Gesellschaften eine moralische Krise diagnostiziert und sie jenen Philosophen, namentlich Hume und Kant, auch Nietzsche, anlastet, die das Projekt der Aufklärung entfalten. Der hier einschlägige Autor, MacIntyre, hegt gegen die Möglichkeit einer geschichts- und kulturunabhängigen Moralbegründung grundsätzliche Zweifel. Wie es in einer der beiden Titelfragen des zweiten Hauptwerkes (1988), »Whose Justice?«, anklingt, erkennt er selbst für die Gerechtigkeit keine universal gültigen Prinzipien an. Den Argumenten liberaler Menschenrechtstheorie (s. Kap. 3) geht er aber kaum nach. Er befaßt sich nicht einmal mit den beiden Grundbausteinen, dem sozialtheoretischen Element – Konkurrenz und Konflikt – und dem moralischen Element, der Gerechtigkeit als Inbegriff dessen, was die Menschen einander schulden.

MacIntyres Gegenentwurf zum Liberalismus setzt sich für die gewachsenen Lebensformen und Üblichkeiten einer Gemeinschaft ein. An die Stelle des Universalismus in der Ethik tritt im wörtlichen Sinn eine Kirchturmperspektive, die Kirchspielethik (»parochial morals«). Andere Autoren sprechen von »shared values« oder »shared convictions«, von Werten und Überzeugungen, die man miteinander teilt. Übrigens weicht schon Rawls den strengen Universalismus kommunitaristisch auf; indem er sich mit einem Überlegungsgleichgewicht begnügt, sucht er nicht die schlechthin gültigen Gerechtigkeitsprinzipien, sondern nur diejenigen, die die Bürger *seiner* Kultur und Epoche miteinander teilen (s. Kap. 6.1). Unter dem Titel »Patriotismus als Tugend« spricht MacIntyre (1993, 89 f.) den Universalismus als eine »neutrale liberale Moral« an und hält ihr eine für die jeweilige Gemeinschaft engagierte Moral entgegen. Diese Entgegensetzung lebt von einer falschen Alternative. Die universalistische Moral läßt nämlich den Werten und Überzeugungen (einschließlich dem Existenz- und Selbstbestimmungsrecht) einer Gemeinschaft ein Recht; sie nimmt nur, aber auch immerhin eine Relativierung vor. Gewachsene Lebensformen gelten nur insoweit als legitim, als sie auf die universale Anwendungsbedingung – Konkurrenz und Konflikt – mit einer universalistischen Rechtsmoral antworten. Ebenso ist das Existenz- und Selbstbestimmungsrecht einer Gemeinschaft auf die Vereinbarkeit mit dem entsprechenden Recht anderer Gemeinschaften verpflichtet. Weil sich sein Gegner mit dieser Art Relativierung begnügt, müßte MacIntyre, wenn seine Kritik überzeugen soll, zeigen, daß sich gewachsene Lebensformen auf die Relativierung entweder nicht einlassen können oder nicht einlassen sollen; den entsprechenden Nachweis unternimmt er aber nicht.

(2) Der Kommunitarismus als Moralphilosophie tritt weiterhin als Tugendethik (»virtue ethics«) auf. Bei MacIntyre mit der Kritik an der universalistischen Ethik verbunden, bei anderen Autoren auch unabhängig von ihr, plädiert er für einen gefestigten Charakter mit verläßlichen Einstellungen statt unpersönlicher Prinzipien (vgl. Chapman/Galston 1992).

(3) Der Kommunitarismus als Sozialtheorie setzt das Plädoyer für die gewachsenen Lebensformen einer »Community« fort. Dabei verschärft er die Krisendiagnose; er hält den Liberalismus sowohl in der vorherrschenden Theorie als auch in der gelebten Praxis für widersprüchlich. Die Theorie – behauptet Sandel (1984, 89 f.) in Auseinandersetzung mit Rawls – benennt zwar Grundlagen für liberale Ziele; diese Grundlagen können die Ziele aber nicht wirklich begründen. Und die Praxis versucht, beidem zu folgen, den durchaus richtigen Zielen und den falschen Grundlagen, was nach Sandel eine Gesellschaft zur Folge hat, die in sich gespalten und

auf Dauer nicht einmal überlebensfähig ist. Die liberale Gesellschaft – so der zentrale Vorwurf – habe nicht nur vergessen, ihre moralischen Ressourcen zu erneuern. Aufgrund eines Mißverständnisses ihrer selbst glaubt sie sogar, die noch vorhandenen Möglichkeiten, die Restkräfte zur Erneuerung moralischer Ressourcen, beseitigen zu müssen. So leben liberale Gesellschaften parasitär, dabei nicht einmal wie aufgeklärte Parasiten. Indem sie fortfahren, ihrem Nährboden nicht zurückzugeben, was sie ihm entziehen, indem sie beispielsweise bei Traditionen und Üblichkeiten kein anderes Ziel verfolgen, als sich von ihnen zu emanzipieren, untergraben sie zunächst und zerstören sie auf Dauer ihre eigene Lebensgrundlage.

Gegen die Integrationsfähigkeit liberaler Demokratien skeptisch geworden, spricht inzwischen selbst die politische Publizistik von einem Sinndefizit. Weder die sozialen noch die moralischen Ressourcen liberaler Demokratien – sagt Fest (1993, 31) – reichen aus, um ihren Bürgern einen »greifbaren, die Leiden und Ängste der Menschen rechtfertigenden Lebenssinn« zu vermitteln. Nach dem Muster, daß nicht der Gesunde die Gesundheit am besten zu schätzen weiß, sondern der Kranke, empfiehlt es sich allerdings, auf Menschen zu blicken, die in Diktaturen oder unter Kriegs- oder Bürgerkriegsbedingungen leben. Dann sieht man, daß auch liberale Demokratien, indem sie die Menschen- und Bürgerrechte schützen, uns nicht vor allen, aber doch vor gewissen, überdies elementaren Ängsten und Leiden bewahren.

(4) In der staatskritischen Variante des Kommunitarismus als Sozialtheorie verbindet sich die Kritik an neuen Altliberalen wie Nozick mit dem Plädoyer für ein von staatlicher Herrschaft möglichst freies Zusammenleben. Nach Michael Taylor (1982, vorher schon 1976) läßt sich die Freiheit, auf die es dem Liberalismus ankommt, durchaus verwirklichen – vorausgesetzt, man bewegt sich in kleinen und stabilen Gemeinschaften, eben Communities. Erstaunlicherweise geht die deutsche Rezeption auf Michael Taylor nicht ein. Er wird nicht einmal im Umkreis jener Richtung beachtet, deren Sozialphilosophie lange Zeit vom Prinzip Herrschaftsfreiheit bestimmt war, der kritischen Theorie; bei den Sammelbänden von Brumlik/Brunkhorst (1993) und Honneth (1993) fehlt er sogar im Literaturverzeichnis. Auch wenn Michael Taylors ausdrückliche Position, die Verteidigung einer herrschaftsfreien Kommunikation, nicht überzeugt, verdient das darin

enthaltene Plädoyer für eine Verminderung der Staatsmacht (und nicht erst Walzers zum Teil ähnliche Ansicht) Beachtung.

(5) Soweit der Kommunitarismus gegen Gerechtigkeit und Menschenrechte skeptisch ist, könnte er sich mit dem Utilitarismus anfreunden, etwa mit Benthams harschem Verdikt, der Gedanke von Menschenrechten sei »nonsense upon stilts« (Unsinn auf Stelzen: Bentham 1816/1973, 269). Der Utilitarismus teilt aber mit Kant und Rawls zwei der von Kommunitaristen kritisierten Eigenschaften; er ist ein Kind der Aufklärung, außerdem – in Grenzen – liberal. Das klassische Vorbild, das man gleichwohl sucht, glaubt man in der Antike zu finden. Während sich liberalistische Denker auf Hobbes (Buchanan), Locke (Nozick) und der moralisch-politische Liberalismus auf Rousseau, besonders aber Kant (Rawls) berufen, halten ihre Gegner die angebliche Alternative zu Kant, Aristoteles, für einen Kommunitaristen avant la lettre. Er sei nämlich gegen universale Gerechtigkeitsprinzipien skeptisch gewesen und habe sich statt dessen für die gewachsenen Lebensformen, mithin für partikulare Elemente einer Gemeinschaft, eingesetzt. Außerdem spreche er vom gemeinsamen Guten (*koinon agathon*) einer Polis oder vom gemeinsamen Wohl bzw. Gemeinwohl (*koinon sympheron*). Nicht zuletzt halte er die Freundschaft unter den Bürgern für ein hohes Gut, während der Liberalismus die Gesellschaft als eine Gemeinschaft von Fremden ansehe.

Wer heute von Kommunitarismus spricht, meint eine rein englischsprachige, vornehmlich nur nordamerikanische Bewegung und führt auf diese Weise vor Augen, wie tief der intellektuelle Graben zwischen Nordamerika und Europa geworden ist. Für eine Sozialtheorie, deren Leitwort »Community« heißt, wäre nämlich Tönnies' berühmte Schrift *Gemeinschaft und Gesellschaft* (1887, [8]1935) einschlägig. Die nordamerikanischen Kommunitaristen zitieren sie nicht einmal, obwohl ein Studium des Textes – immerhin liegt er seit 1957 übersetzt vor – in mehreren Hinsichten zu einer problemgerechteren Position verhilft.

Als erstes schärft Tönnies den Blick dafür, daß, wer die Gemeinschaft zum Grundbegriff erklärt, einen sozialtheoretischen Anspruch erhebt, den man durch entsprechende Argumente einlösen muß. Dabei geht es, wie schon der Untertitel seit der zweiten Auflage sagt, um »Grundbegriffe der reinen Soziologie«, mithin um ein Thema, das gegenüber der eigentlichen Intention des normativen Liberalismus, der Rechts- und Staatsethik, heterogen ist.

Weiterhin verhilft Tönnies den durch »Gemeinschaft« bzw. »Gesellschaft« definierten Sozialtheorien zu (relativ) klarer Begrifflichkeit. Während noch Schleiermacher die Zweckgebundenheit einer jeden Gemeinschaft betont und von Gesellschaft als Inbegriff zweckfreier Geselligkeit spricht, »vollzieht sich später unter dem Einfluß der Romantik ein Bedeutungswandel« (Bellebaum 1976, 235). Bei Tönnies findet dieser seinen Abschluß. Seitdem heißt ein persönliches Beziehungsgefüge »Gemeinschaft«, ein Zweckverband dagegen »Gesellschaft«.

Nach Tönnies verhalten sich Gemeinschaft und Gesellschaft nicht wie Verbundenheit der Menschen und Trennung (Atomisierung) bzw. Freundschaft und Fremdsein zueinander, vielmehr sind stets beide Momente, allerdings in unterschiedlicher Akzentsetzung, gegeben. Im Fall einer Gemeinschaft sind die Glieder trotz ihrer Trennung miteinander wesentlich verbunden; ihre Verbundenheit besteht in einem einheitlichen und dauerhaften »Wesenwillen« (vgl. Tönnies [8]1935, 179). Die Mitglieder einer Gesellschaft sind dagegen trotz ihrer Verbundenheit als Vertragspartner im Grundsätzlichen getrennt. Ihre Verbundenheit besteht in einem punktuell einheitlichen und momentanen »Kürwillen« (vgl. ebd., 176-178). Beim Wesenwillen, dem Ausdruck einer organischen Einheit, bilden Mittel und Zweck eine unaufhebbare Einheit; beim Kürwillen, dem isoliert-autonomen Willen, werden Mittel im Blick auf isolierbare Zwecke gewählt. Nach der genannten Definition braucht man Gemeinschaft und Gesellschaft nicht für alternative Sozialformen zu halten, denn: »Alles vertraute, heimliche, ausschließliche Zusammenleben ... wird als Leben in Gemeinschaft verstanden. Gesellschaft ist die Öffentlichkeit, ist die Welt. In Gemeinschaft mit den Seinen befindet man sich von der Geburt an, mit allem Wohl und Wehe daran gebunden. Man geht in die Gesellschaft wie in die Fremde. Gemeinschaft der Sprache, der Sitte, des Glaubens; aber Gesellschaft des Erwerbes, der Reise, der Wissenschaften« (Tönnies [8]1935, 3 f.).

Noch etwas läßt sich bei Tönnies sehen. Nach der zitierten Dichotomie ist der primäre Gegenstand des normativen Liberalismus, das Rechts- und Staatswesen, keiner der beiden Seiten eindeutig zuzuordnen. Ihm fehlt zwar die Gemeinschaft des Glaubens, und die Gemeinschaft der Sitte ist nur noch in rudimentärer Form gegeben. Gewisse Gemeinsamkeiten der Sitte bleiben aber noch erhalten, zumindest in dem, was die Rechtsbegriffe »Treu und

Glauben« oder »gute Sitten« meinen. Außerdem gibt es meist eine gemeinsame Sprache, und im Fall einer Mehrsprachigkeit erstens nur eine wohldefinierte (in Belgien: Flämisch, Französisch, auch Deutsch; in der Schweiz: Deutsch, Französisch, Italienisch und Rätoromanisch), und zweitens, zumal in der Schweiz, die Gemeinsamkeit einer ausgeprägten politischen Kultur. Vor allem fehlen dem Rechts- und Staatswesen Tönnies' beide Bedingungen für Gesellschaft; es ist weder »nur ein vorübergehendes und scheinbares« Zusammenleben noch lediglich »ein mechanisches Aggregat und Artefact« ([8]1935, 5).

Ein letztes: Tönnies nimmt eine Abfolge an, derzufolge jeweils eine der Sozialformen vorherrsche: »Zwei Zeitalter stehen ... in den großen Kulturentwicklungen einander gegenüber: ein Zeitalter der Gesellschaft folgt einem Zeitalter der Gemeinschaft. Dieses ist durch den sozialen Willen als Eintracht, Sitte, Religion bezeichnet, jenes durch den sozialen Willen als Konvention, Politik und öffentliche Meinung« (251). Auch diese These hätte, als Hypothese aufgenommen, zur Klärung der kommunitaristischen Position beigetragen. In der Sache spricht einiges für die Annahme, daß in früheren Epochen die Gemeinschaft, heute die Gesellschaft als Sozialform vorherrschend ist, ohne daß früher die gesellschaftsförmigen und heute die gemeinschaftsförmigen Elemente ganz fehlten. Und weil in der heutigen Gesellschaft Gemeinschaftselemente vorkommen, ist es um ihre Überlebensfähigkeit nicht so schlecht bestellt.

Erstaunlicherweise spielen in der nordamerikanischen Kommunitarismus-Debatte auch Hegels Gedanken aus der Rechtsphilosophie, der der substantiellen Sittlichkeit, und Durkheims Theorie der Demokratie (*Physique des mœurs et du droit*, 1896-1915, postum veröffentlicht 1950) eine geringe Rolle. Und ganz unbekannt ist Böckenfördes (1967/1991, 112) vielzitierter Satz, obwohl er sich für Sandel geradezu als Motto anbietet: »Der freiheitliche, säkularisierte Staat lebt von Voraussetzungen, die er selbst nicht garantieren kann.« Ebenso unbekannt sind Kluxens Plädoyer für eine Ethos-Ethik (1974) und Odo Marquards (1986) Apologie bewährter Traditionen, der Üblichkeiten. So nimmt sich der Kommunitarismus dort ein Recht, wo er zweifelsohne kein Recht hat: im philosophischen Diskurs; allzuoft findet er in den Grenzen der eigenen Community statt.

Wer wie der Kommunitarismus sich zugunsten der jeweiligen Tradition ausspricht, sich dann aber nicht einmal der Mühe unterzieht, die eigene, nordamerikanische Tradition zu vergegenwärtigen, dem kann man sogar einen pragmatischen Widerspruch anlasten. Wer nicht die hier einschlägigen *Federalist Papers* (Hamilton/Jay/Madison 1788) zitiert, insbesondere die von Madison verfaßte Abhandlung Nr. 10, ferner nicht Tocquevilles Studie *De la démocratie en Amérique* (1835-40, bes. Kap. III 19) und John Deweys *The Public and its Problems* (1927), der praktiziert eine Geschichtslosigkeit, die dem kritisierten Liberalismus eher anstünde als dem Kommunitarismus.

Eine Tendenz zur Kommunitarisierung der Debatte gibt es hierzulande ebenfalls. Die deutsche Rezeption unterzieht sich nämlich nicht der Aufgabe, die kontinentale Tradition einzubringen. Sie bemüht sich auch kaum, die schillernde Mehrdeutigkeit des Leitbegriffs »Community« (vgl. schon Plant 1978) zu klären, dabei den im Amerikanischen und Deutschen verschiedenen Konnotationen nachzugehen, schließlich über hier einschlägige Unterschiede zwischen den nordamerikanischen und den (west-) europäischen Gesellschafts- und Staatsverhältnissen nachzudenken (Ansätze bei Joas 1993).

Zu den kommunitarismusrelevanten Besonderheiten der USA gehören Zusammengehörigkeiten, die teils durch die ethnische Herkunft, teils durch die Religion bzw. Konfession gegeben sind (die Zahl der Ehen zwischen Personen ethnisch unterschiedlicher Herkunft liegt, obwohl sie sich von 1970 bis 1988 verdreifacht hat, trotzdem insgesamt nur bei knapp zwei Prozent). Der Ländervergleich zeigt auch eine weit höhere Präferenz für Freiheit statt Gleichheit, verbunden mit einem ebenfalls weit geringeren Maß an Sozialstaatlichkeit. Dabei drängt sich die Vermutung auf, daß, wer innerhalb des Staatsverbandes die Communities stärken will, ihnen existentiell wichtige Aufgaben zuordnen und zugleich die Staatsquote senken muß. Die Folge könnte allerdings in einer Abhängigkeit liegen, die den betreffenden Personenkreis zu Bittstellern degradiert, so daß sich die folgende Alternative aufdrängt: Wer die Konsequenzen wie Bürokratisierung, Anspruchsdenken, Verlust an Bürger- oder Gemeinsinn ablehnt, muß die Abhängigkeiten in Kauf nehmen; wer dagegen die Abhängigkeiten verwirft, muß die genannten Konsequenzen zulassen. Vielleicht ist aber auch ein Mittelweg möglich, ein Kompromiß zwischen Bürokratisierung und lebendigem Gemeinsinn.

7.3 Zur Kritik

Die folgenden Bemerkungen suchen keine umfassende Auseinandersetzung, skizzieren aber zu jeder der kommunitaristischen Thesen mindestens ein Argument. Dabei verbinden sich die Überlegungen zur These 2 und 4 mit der Frage, ob schon Aristoteles ein Kommunitarist war.

1. *Die Gerechtigkeit als gemeinsames Erbe der Menschheit:* Angefangen mit MacIntyre, erliegen die Kommunitaristen einer perspektivischen Täuschung. Weil sie nicht deutlich genug weiterreichende Moralvorstellungen von einem Kern an Gerechtigkeit trennen, übersehen sie die Moralvorstellungen, die so gut wie alle uns bekannten Kulturen miteinander teilen. Auch Walzer (1983) achtet zu wenig darauf, daß es außer den sphärenspezifischen Prinzipien der Verteilungsgerechtigkeit – die er zu Recht, aber nicht als erster betont – noch sphärenindifferente Prinzipien gibt; später (Walzer 1990) erkennt er aber einen gewissen Universalismus an. Die sphärenindifferenten Prinzipien laufen auf ein gemeinsames Erbe der gesamten Menschheit hinaus, auf eine »shared justice«, auf eine schon im empirischen Sinn nicht bloß regional und epochal gültige Gerechtigkeit. Diese kultur- und epochenübergreifende, insofern universale Gerechtigkeit erlaubt es, die gesamte Menschheit als eine moralische Gemeinschaft zu begreifen. Selbstverständlich nicht alle, aber doch wichtige und nicht einmal bloß elementare moralische Verbindlichkeiten werden von allen Kulturen und Epochen gleicherweise anerkannt. Ihre Grundlage dürfte die den Menschen gemeinsame Sprach- und Vernunftbegabung bilden; dazu kommt als ebenso allgemeine Anwendungsbedingung der Gerechtigkeit die stets gegebene Möglichkeit von Konkurrenz und Konflikt.

Die von der gesamten Menschheit geteilte Gerechtigkeit beginnt mit dem Gleichheitsgebot (»Gleiche Fälle sind gleich zu behandeln«) und dem Gebot der Unparteilichkeit. Beiden Geboten dienen die Grundsätze der Verfahrensgerechtigkeit, etwa das Gebot, in Streitfällen auch die andere Seite zu hören, oder das Verbot, in eigener Sache Richter zu sein, ferner die bekannte Regel »Der eine teilt, der andere wählt«. Ebenfalls so gut wie universal anerkannt sind der Gedanke der Wechselseitigkeit (Reziprozität) und die Forderung nach einer Gleichwertigkeit im Nehmen und Geben (»Tauschgerechtigkeit«), die keineswegs ausschließlich in

Wirtschaftsbeziehungen Anwendung findet. Zur universal anerkannten Gerechtigkeit gehört außerdem jene Anerkennung von Rechtsgütern wie Leib und Leben, Eigentum und guter Name (»Ehre«), die dem Gedanken der Menschenrechte, zumal den Freiheitsrechten, nahekommt und die sich im Strafrecht seit dem alten Orient so gut wie allerorten nachweisen läßt. Weiterhin zählt zum moralischen Menschheitserbe auch der Gedanke korrektiver Gerechtigkeit, der für begangenes Unrecht einen Ausgleich, eine Kompensation, verlangt, nicht zuletzt die Pflicht, Notleidenden, insbesondere Witwen und Waisen, zu helfen. Die letzte Pflicht ist allerdings nicht mehr gerechtigkeitsgeboten, so daß das moralische Erbe der Menschheit mehr als nur die Gerechtigkeit enthält.

Zu den Gründen für die Schwierigkeiten, die der Kommunitarismus mit dem gemeinsamen Moralerbe der Menschheit hat, gehört eine fehlende Differenzierung, auf die ich noch eingehe, der Mangel einer Unterscheidung zwischen einem universalistischen Kernbegriff der Gerechtigkeit samt seiner universalistischen Begründung und dem durchaus gruppenbezogenen Lernen dieser Gerechtigkeit.

Nicht nur Kommunitaristen, auch manche ihrer Gegner pflegen das hartnäckige Vorurteil, die universalistische Ethik lasse weder kulturspezifische Elemente zu noch jene klare Zugehörigkeit zu einer bestimmten Rechts- und Staatsgemeinschaft, die gegebenenfalls einen Einsatz für die eigene Gemeinschaft verlange. Beim Vorbild universalistischer Ethik sieht es anders aus. Auf der einen Seite gibt sich Kant mit höherstufigen Regeln zufrieden, mit Prinzipien von der Art: Betrugsverbot, Lebensschutz und einem über die Gerechtigkeit hinausweisenden Hilfsgebot. Und derartige Prinzipien lassen genug Raum für beides, sowohl für die je individuelle Kontextualisierung als auch für die Traditionen und Üblichkeiten einer Gemeinschaft. Odo Marquards Apologie der Üblichkeiten ist vielleicht als Kritik an der Traditionsvergessenheit der Frankfurter Schule berechtigt, als Kritik der universalistischen Ethik überhaupt ist sie es nicht. Und da Marquard die Kriterien übergeht, die Aristoteles den Üblichkeiten vorordnet, vertritt er bestenfalls einen »halbierten« Aristoteles. Auf der anderen Seite setzt sich Kant für eine internationale Rechtsgemeinschaft ein. Denn angesichts der Vielzahl von Einzelstaaten steht deren Koexistenz ebenso unter den Ansprüchen des gemeinsamen moralischen Erbes der Menschheit, namentlich der Gerechtigkeit, wie die Koexistenz innerhalb von Staaten. Die gerechtigkeitsgebotene internationale Rechtsgemeinschaft löst die Einzelstaaten aber nicht auf, sondern regelt deren Koexistenz. Selbst wenn dafür eine globale Staatlichkeit geboten ist, tritt sie nicht an die Stelle der bisherigen Einzelstaaten. Im Verhältnis zu ihnen, die die Primärstaaten bleiben, übernimmt eine globale Staatlichkeit, eine Weltrepublik, nur die Aufgabe eines die Koexistenz von Primärstaaten regelnden Sekundärstaates (s. Kap. 5).

2. *Aristoteles als Vorbild?* In der deutschen Diskussion heißt die Rückwendung auf Aristoteles abschätzig »Neoaristotelismus«. Philosophisch gesehen gilt Aristoteles' Ethik als voraufklärerisch und moralisch-politisch als konservativ. Im Hintergrund dürfte der Umstand stehen, daß die kritische Theorie sich mit Aristoteles, obwohl Marx ihn hoch geschätzt hat, schwer tut. Aristoteles' Ethik ist aber ebensowenig antikritisch, wie sie prokommunitaristisch ist. Im Gegensatz zu MacIntyres Kritik an der Aufklärung erkennt Aristoteles deren wichtigste Merkmale in aller Selbstverständlichkeit an. Zunächst einmal verzichtet er auf eine theologische Begründung der Moral. Eine theonome, auf göttlichem Gesetz gründende Moral wird nicht erst von Kant, sondern schon von Aristoteles verworfen. Die Grundlage moralischer Verbindlichkeit bilden nicht göttliche Gebote, sondern Elemente, die im Menschen selber liegen: das Glück als die Vollendung des ihm immanenten Strebens (*Nikomachische Ethik* I 5) und der Logos als die für den Menschen charakteristische Leistung (*ergon tou anthrōpou*: I 6).

Weiterhin relativiert Aristoteles die Traditionen der eigenen Gesellschaft. Er weiß nämlich um die Verschiedenartigkeit (*planēn kai diaphoran*) des »Guten und Gerechten«; und statt sich bloß auf das Herkommen (*nomōi*) zu berufen, setzt er sich für vor- und überpositive Instanzen (*physei*) ein. Nirgendwo verteidigt er Üblichkeiten, die nicht vorab an allgemeinen Verbindlichkeiten gemessen sind, letztlich am Glück, definiert als schlechthin höchstes Ziel und als ein Leben nicht ohne Vernunft.

Außerdem weiß er den Wert einer moralischen Gesinnung zu schätzen. Daß die (moralische) Tugend nur um ihrer selbst willen anzustreben und, wie Kant fordert, in ihrer »Reinigkeit und Strenge« anzuerkennen sei, verlangt auch die *Nikomachische Ethik*, wenn sie die Tugend durch Superlative, als ein Bestes (II 3, 1104b 28) und als ein Höchstes (II 6, 1107a 7 f.), bestimmt. Und in aller Deutlichkeit spricht sie es zu Beginn der Abhandlung über die Gerechtigkeit aus, dort, wo Aristoteles ihr drei Funktionen zuspricht. In einer schönen Steigerung erklärt er, daß man (a) durch sie zum Gerechten fähig sei, (b) gerecht handle und (c) es überdies wolle (v 1, 1129a 8f., vgl. v 10-13). Analog heißt es bei der Ungerechtigkeit, daß man dort in einem mehr als zufälligen Sinn ungerecht handle, wo es aus der entsprechenden Haltung heraus erfolge (v 13, 1137a 22f.). Auch für Aristoteles reicht es nicht aus, mit einer gewissen Regelmäßigkeit richtig zu handeln; man muß sich auch daran freuen, das Richtige zu tun (II 2, 1104b 3ff., vgl. III 12, 1117a 17).

Für die Frage, in welchem Maß Aristoteles' Ethik universalistisch ist, empfiehlt sich, zwei Stufen von Universalismus zu unterscheiden (vgl. Höffe 1995a, 283ff.). Nach dem anspruchsvollen »transhumanen Universalismus« beansprucht die Moral, nicht nur in der Welt des Menschen, sondern in allen möglichen Welten wahr zu sein. Einen derartigen Anspruch erhebt Aristoteles für den *bios theōrētikos*, also immerhin für die höchste Lebensform. Nach dem bescheideneren »gattungsspezifischen Universalismus« ist die Moral zwar lediglich für die Gattung der Menschheit gültig, für sie aber uneingeschränkt. Diese in der heutigen Ethik maßgebliche Art von Universalismus trifft auf die anderen Elemente des Aristoteles zu: auf das Moralprinzip Glück – vorausgesetzt, man versteht das menschliche Handeln als Streben –, auf die Überlegungen zur Freiwilligkeit und Entscheidung, auf die Begriffsbestimmungen der Tugend, auf die Analysen der Lust und der Freundschaft usw.

Auch das »Gute einer Gemeinschaft« hat bei Aristoteles keinen anti-universalistischen Einschlag, es geht nämlich um das Gemeinwohl, also um ein zwar vages, aber der Intention nach universalistisches Kriterium. Dem Gemeinwohl widerspricht die Tyrannis, sei es die eines einzelnen oder die einer Gruppe, selbst die einer Mehrheit; gemeinwohlorientiert ist dagegen die »Politie«, jene genuin politische Verfassung, die in etwa einem Rechtsstaat mit Gewaltenteilung entspricht.

Eine besondere Rolle in der anti-universalistischen Spitze des Kommunitarismus spielt der Begriff der Lebensform: als Leben in einer »spezifischen gesellschaftlichen Ordnung« (MacIntyre 1993, 91) oder in Form von »patriotic identifications« (Ch. Taylor 1989, 170ff.). Für den Kommunitarismus ist die Lebensform kulturspezifisch und gemeinschaftsgebunden; es gibt etwa eine antike und eine moderne Lebensweise und innerhalb der modernen Lebensweise zum Beispiel die nordamerikanische Form. Der entsprechende Begriff des Aristoteles, *bios*, folgt dagegen aus Grundgegebenheiten des Menschseins überhaupt. Folgerichtig findet man die in der *Nikomachischen Ethik* (I 3) erörterten vier Lebensformen oder Existenzweisen nicht nur im antiken Athen, sondern in den verschiedenen Gesellschaften und den unterschiedlichen Epochen.

Zugunsten seiner anti-universalistischen Spitze beruft sich der Kommunitarismus gern auf den Umstand, daß man Tugenden nicht in einer abstrakten Weltgesellschaft, sondern innerhalb der eigenen Gemeinschaft lernt. Diese Beobachtung ist richtig und zeigt den moralischen Wert einer konkreten Gemeinschaft an. Aus ihr folgt aber nicht, daß man sich lediglich in die Üblichkeiten der eigenen Gemeinschaft einlebt. Die Kommunitaristen verwechseln hier den gemeinschaftsgebundenen, insoweit partikularen Erwerb der Tugenden mit ihrem universalen Begriff und der ebenso universalen Rechtfertigung. Daß man Tugenden durch Einüben, mithin innerhalb der eigenen Gemeinschaft, erwirbt und dabei durchaus gemeinschaftsabhängige Besonderheiten miterwirbt, wird von der universalistischen Ethik nicht in Zweifel gezogen. Über den gemeinschaftsbezogenen Einfärbungen darf man aber nicht den allgemeingültigen Kern übersehen. Zum Zweck der Tugend muß man sich, wie Aristoteles zu Recht sagt, von einem Leben gemäß den naturwüchsigen Leidenschaften (*kata pathos zēn*) freimachen und zu seinen Antriebskräften eine vernünftige Beziehung eingehen (*kata logon zēn*). Der Kern des entsprechenden Lebens ist gemeinschaftsunabhängig gültig: daß man auf Gefahren weder feige noch tollkühn, vielmehr tapfer reagiert; daß man mit Geld weder verschwenderisch noch knauserig, sondern freigebig umgeht; daß man in bezug auf Schmerz und Lust sich durch Besonnenheit auszeichnet; usw.

Allgemeingültig ist auch der Situationstyp, auf den die entsprechende Tugend antwortet. Nicht von spezifisch griechischen, wohl aber von anthropologischen Bedingungen hängt es ab, daß es Tapferkeit braucht: der Mensch ist ein Wesen, das in Gefahr geraten kann. Entsprechendes gilt für Freigebigkeit: der Mensch neigt dazu, mit seinem Vermögen geizig oder aber verschwenderisch umzugehen. Selbst die Tugendkataloge, die sich in der griechischen Philosophie herausbilden, sind nicht nur kulturspezifisch gültig; weil die zugrundeliegenden Anwendungsbedingungen allgemein menschlich gültig sind, finden wir in anderen Kulturen ähnliche »Tugendkataloge« wieder.

Wenn die Tugendethik (»virtue ethics«) in diesem Zusammenhang auf verläßliche Einstellungen großen Wert legt, so kann sie sich durchaus auf Aristoteles berufen, aber nicht auf einen Aristoteles, der eine Alternative zu Kant darstellt. Indem Kant die »wahre Stärke der Tugend« in »einer überlegten und festen Entschließung« sieht (*Tugendlehre*, Einleitung, Akad. Ausg. VI, 409), erkennt er verläßliche Einstellungen ohne Schwierigkeit an. Der moralische Wert personaler Einstellungen relativiert allerdings nicht den moralischen Wert von politischen Prinzipien.

Der entscheidende Unterschied zwischen Aristoteles und Kant liegt anderswo. Der Gegensatz entspricht nicht den Alternativen Tugend- oder Prinzipienethik, partikulare oder universale Moral, vielmehr entwickelt Aristoteles seine universale Moral auf der Grundlage einer Strebenstheorie menschlichen Handelns, Kant dagegen auf einer Willenstheorie. Folgerichtig besteht dort das Moralprinzip in der schlechthinnigen Erfüllung allen Strebens, dem Glück, hier im schlechthin ersten Anfang des Willens, seiner Selbstgesetzgebung.

3. *Der Mythos vom ungebundenen Selbst:* Sandels Liberalismuskritik, im Argumentationsmuster an Hegel-Marxscher Dialektik geschult, ist zweifelsohne elegant. Es fragt sich jedoch, ob sie der liberalistischen Theorie und liberalen Praxis gerecht wird. Sandel wirft dem Liberalismus einen ontologischen Individualismus vor, als Subjekt setze er nämlich ein ungebundenes Selbst (»unencumbered self«) voraus. Gelegentlich ist auch von einem possessiven Selbst die Rede, was an Macphersons marxinspirierte Studie *The Political Theory of Possessive Individualism* (1961) erinnert.

Ungebunden ist das liberale Subjekt nach Sandel sowohl in seiner Innen- als auch seiner Außenperspektive. Zieht man zur Interpretation die zwei bekannten Freiheitsbegriffe heran, so ist das liberale Selbst gemäß dem negativen Freiheitsbegriff nicht an seine Wünsche und Bedürfnisse ausgeliefert, und gemäß dem positiven Freiheitsbegriff ist es zu einer Wahl zwischen Bedürfnissen und Interessen fähig. Aus dieser doppelten Beziehung folgt nun ein bloß attributives, nicht konstitutives Verhältnis; das Subjekt *ist* nicht seine Wünsche und Bedürfnisse; es *hat* sie. Entsprechendes gilt für die Beziehungen zu den Mitmenschen. Das liberale Subjekt *kann* Bindungen zu anderen eingehen, *muß* es aber nicht. Und die Bindungen, die es eingeht, kann es frei wählen und ebenso frei abwählen.

Gegen das in zweifacher Hinsicht ungebundene Subjekt erhebt Sandel einen doppelten Einwand. Nach dem empirischen Einwand ist der Mensch, so wie wir ihn kennen, der geschichtlich reale Mensch, weder in seiner Binnen- noch in seiner Außenperspektive derart unbestimmt, also substanzlos und leer. Nach dem legitimationstheoretischen Einwand kann ein derartiges Subjekt, wenn es denn doch existierte, keine Gerechtigkeitsprinzipien wählen. Was Rawls für möglich hält, eine Geburt der Gerechtigkeit aus dem Geist der Klugheit, sei in Wahrheit unmöglich. Nur vom Selbstinteresse bestimmt, sei das liberale Subjekt nämlich zu dem, was die Gerechtigkeit verlange, zur Negation des Selbstinteresses, gar nicht fähig.

In der Tat gibt es keine substanzlosen Subjekte; nur wird deren Existenz auch nicht behauptet. Zumal an Rawls geht Sandels Diagnose so weit vorbei, daß man sich fragen muß, wie sein Mißverständnis intellektuelle Karriere machen konnte. Der Liberalismus vertritt keinen ontologischen, wohl einen legitimationstheoretischen Individualismus (vgl. Höffe 1990, Kap. 13.3). Danach hat das Subjekt durchaus konstitutive Bedürfnisse und Wünsche; es sind aber die ureigenen, für die man, sofern sie nicht kriminell sind, niemandem eine rechtsverbindliche Rechenschaft schuldet und die deshalb nicht in die Legitimationstheorie eingehen. Nicht das reale Subjekt ist nach dem Liberalismus unbestimmt, wohl aber jenes, das die Grundlage der Legitimation abgibt. Selbst dieses Subjekt ist aber nicht rundum unbestimmt. Im Gedanken der Menschenrechte nimmt der Liberalismus gewisse Interessen als für jeden Menschen unverzichtbar an. Statt substanzlos zu sein, verfügt der Mensch über gattungsspezifisch gemeinsame Wünsche und Bedürfnisse. Nach Rawls richten sie sich auf Grundgüter (»primary goods«), nach meiner Ansicht bestehen sie in Bedingungen von Handlungsfähigkeit, in transzendentalen Interessen.

Sandel erliegt einem zweiten Mißverständnis: Die Gerechtigkeitswahl erfolgt nicht, wie er annimmt, aus Selbstinteresse. Unter dem Schleier des Nichtwissens fehlt nämlich dem Selbst, das die Gerechtigkeitsprinzipien wählt, alles Selbst-artige, so daß die

Wahl von einem Selbstinteresse ohne Selbst vorgenommen wird, mithin vom Standpunkt jenes Allgemeininteresses, das für Unparteilichkeit bzw. Gerechtigkeit einsteht (vgl. Höffe 1987, Kap. 2.1). Nicht aus einem Selbstinteresse wird die Gerechtigkeit geboren, sondern aus einem Gerechtigkeitsinteresse.

4. *Freundschaft statt Gerechtigkeit?* Seit Michael Taylor (1982, 31) verweisen Kommunitaristen auf den hohen Wert, den Aristoteles der Freundschaft zumißt. Dabei übersehen sie, daß auch Aristoteles die eigentliche Freundschaft, jene, die nicht um des Angenehmen oder des Nützlichen, sondern um des Guten willen gepflegt wird, daß er die an der Tugend orientierte Charakterfreundschaft für viel zu selten hält, als daß er darauf die soziale Ordnung aufbauen wollte. Jene Freundschaft dagegen, die nach Aristoteles unter den Bürgern herrschen soll, ist am Nutzen orientiert. Unter Wahrnehmung ihrer eigenen Interessen pflegen die Bürger die zum Leben notwendige Kooperation nicht gezwungenermaßen, sondern aus freien Stücken, eben freundschaftlich. Außerdem weiß Aristoteles, daß selbst alle drei Freundschaften zusammen weder die Rechtsordnung noch politische Ämter bzw. öffentliche Gewalten ersetzen. Gegen Taylors Ziel, die Anarchie oder Herrschaftsfreiheit, pflegt er eine tiefe Skepsis und vertritt damit die Ansicht, daß die Menschen, auch wenn sie einander freund werden, sich gleichwohl ein wenig Fremde bleiben. Die kommunitaristische Alternative »sich fremd oder sich freund sein« ist zu einfach.

Wie schon gesagt, geben sich die Kommunitaristen über die schillernde Vieldeutigkeit ihres Grundbegriffs keine Rechenschaft. »Communities« sind aber sowohl die politischen und die religiösen »Gemeinden« als auch ihre größeren Einheiten, die Staaten bzw. die Kirchen, ferner so unterschiedliche »Gemeinschaften« wie Familien, Nachbarschaften, Freundschaften, Klubs und Vereine. Man kann sich sogar überlegen, ob man nicht die derzeit lebende Menschheit im Verhältnis zu ihren Vorfahren und Nachgeborenen als eine Community ansprechen könnte, nicht zuletzt die Gesamtheit aller je lebenden Menschen als eine Community im Verhältnis zur nichthumanen Welt, der Natur.

Entscheidend ist nun folgendes: Weil alle diese Einheiten im Plural vorkommen, in Vielfalt und Verschiedenheit zugleich, fügen sie sich nicht problemlos in eine Ordnung, in die zwanglose Einheit eines organisch aufgebauten Sozialkörpers. Statt dessen gibt es Konflikte und Konkurrenz, dies sogar innerhalb jeder Sozialeinheit. Außerdem dürfen wir nicht die Intoleranz und Gewaltbereitschaft vieler Gruppen übersehen. Weder innerhalb der »Communities« noch zwischen ihnen, noch zwischen der Menschheit und der nichthumanen Natur herrschen eitel Liebe und Freundschaft.

Vor allem jene Einheiten, die sich als Rechts- und Staatswesen darstellen, zeichnen sich selten noch durch Tönnies' Merkmale aus, sowohl durch Eintracht als auch gemeinsame Sitte, als auch gemeinsame Religion. Selbst dort, wo eine Religion vorherrscht, etwa das Christentum oder der Islam oder das Judentum, zerfällt sie in verschiedene Richtungen (Konfessionen oder dergleichen); außerdem gibt es praktizierende und längst nicht mehr praktizierende Mitglieder, ferner Personen, die ausgetreten sind, so daß größere Homogenität nur durch (offenen oder versteckten) Zwang zustande kommt, weshalb es zumindest am ersten Merkmal, der Eintracht, fehlt. Insoweit hat Tönnies – »ein Zeitalter der Gesellschaft folgt einem Zeitalter der Gemeinschaft« – nicht unrecht. Die heute vorherrschende Sozialform ist nicht mehr Gemeinschaft im strengen Sinn des Begriffs. Lediglich Gesellschaft ist sie allerdings auch nicht, da die Rechts- und Staatswesen ihrerseits kollektive Identitäten teils vorfinden, teils weiterentwickeln oder nach einiger Zeit neu ausbilden. Innerhalb des Rechts- und Staatswesens wiederum gibt es beide Sozialformen, die mehr künstlichen und zweckrationalen der Gesellschaft und die mehr »organisch gewachsenen« der Gemeinschaft. Insofern verdient das Entwicklungsgesetz eine doppelte Korrektur. Zum einen ist das Rechts- und Staatswesen nicht bloß Gesellschaft; zum anderen lebt trotz einer gewissen Dominanz der Zweckrationalität vieler Sozialformen das Gemeinschaftliche noch weiter fort.

Aus diesem Grund hält auch Aristoteles, nicht anders als der politische Liberalismus, ein Gemeinwesen mit Ämtern, Gesetzen und Zwangsbefugnissen für unerläßlich. Auf seine Weise erkennt er sogar universale Gerechtigkeitsprinzipien an. Zunächst einmal räumt er innerhalb der Tugenden der Gerechtigkeit einen Vorrang ein. Er spricht vom *allotrion agathon*, vom fremden Gut, worunter ein Gut zu verstehen ist, auf das der andere einen Anspruch hat. Die Gerechtigkeit anzuerkennen ist etwas, das die Menschen einander nicht gnädig gewähren, sondern schulden. Weiterhin bestimmt er die Gerechtigkeit durch ein objektives, freilich sehr formales Prinzip, das der Gleichheit (*ison*). Außerdem definiert er sie quasi-mathematisch als »Mitte der Sache nach« (*meson pragmatos*: *Nikomachische Ethik* v 6, 1131a 14ff.; v 7, 1131b 9ff. u. a.). Schließlich stellt er zwar keinen Katalog von Grund- und Menschenrechten auf. Er führt aber Rechtsverbote an, mit denen er sich indirekt für die entsprechenden Grundrechte einsetzt. Indem er Diebstahl, Meuchelmord und Mißhandlung für verboten hält, ferner Freiheitsberaubung, Totschlag, Raub, Verstümmelung und Beleidigung, tritt er für das Eigentum, für den Schutz von Leib und Leben und für das Recht auf die Ehre bzw. einen guten Namen ein. Die Frage nach der Legitimation von politischer Gewalt überhaupt wirft er zwar nicht auf. Sein Plädoyer für einen Wechsel von Regieren und Regiertwerden schließt aber politische Mitwirkungsrechte ein. Selbst dort, wo er universalistischen Rechtsprinzipien von heute widerspricht und die elementare Ungleichheit von Herrn und Sklaven bzw. Knecht legitimiert, beruft er sich auf ein elementares und kulturübergreifend gültiges Gerechtigkeitsprinzip, auf den der Tauschgerechtigkeit zugrundeliegenden wechselseitigen Vorteil (*Politik* I 1125 2a 30ff.; vgl. Höffe 1987, Kap. 9.3).

Der Kommunitarismus könnte sich noch auf Aristoteles' These berufen, die Freundschaft sei wichtiger als die Gerechtigkeit (*Nikomachische Ethik* VIII 1, 1155a 22-28). Die Prioritätsthese – Freundschaft vor Gerechtigkeit – läßt mindestens drei Lesarten zu. Nach der ersten Lesart kann es zwischen den Anforderungen der Freundschaft und denen der Gerechtigkeit Konflikte geben, wobei im Konfliktfall die Freundschaft den Vorrang verdient. Braucht beispielsweise ein Freund Hilfe und läßt sie sich nur unter Verletzung eines Rechts- oder Gerechtigkeitsgebotes erbringen, so ist die Verletzung geboten. Nach der zweiten Lesart ist die Freundschaft so etwas wie eine Steigerung der Gerechtigkeit. Sie leistet sowohl das, was die Gerechtigkeit verlangt, als auch einiges mehr. Nach dieser Lesart gibt es keine Konflikte, wohl aber zwei Stufen, nämlich die bescheidenen Anforderungen der Gerechtigkeit und die anspruchsvolleren der Freundschaft. Nach der dritten Lesart wird, wo Freundschaft herrscht, die Gerechtigkeit überflüssig; unter Freunden stellen sich keine Gerechtigkeitsfragen; durch Freundschaft wird die Gerechtigkeit arbeitslos.

Gegen die erste These erheben sich sachliche Bedenken. Daß die Freundschaft elementare Gerechtigkeitsforderungen wie beispielsweise die Verbote, zu stehlen, zu betrügen und zu töten, zu verletzen verlangt, widerspricht unserer moralischen Intuition und wird von Aristoteles nirgendwo gefordert. Selbst die Ansicht, die wir heute vielleicht vertreten, daß man im Namen der Freundschaft zwar nicht gegen elementare Gerechtigkeitsforderungen verstoßen, wohl aber bei geringfügigen Dingen ein Auge zudrükken darf, vertritt Aristoteles nicht.

Einwenden könnte man, unter wirklichen oder echten Freunden wären derartige Gerechtigkeitsforderungen gegenstandslos. Und umgekehrt: wo derartige Forderungen auftauchen, könne von echter Freundschaft die Rede nicht sein. Dieser Einwand setzt, was im Zusatz »wirklich« bzw. »echt« anklingt, einen normativen Begriff von Freundschaft voraus, demzufolge nicht jede Beziehung, nur weil sie Gemeinsamkeiten in Wechselseitigkeit pflegt, schon eine Freundschaft ist. Bei Aristoteles finden wir beides, sowohl einen weiten und noch vornormativen Begriff der Freundschaft als auch einen engen, normativen Begriff. Nach dem zweiten Begriff gehört zur Freundschaft eine Gegenseitigkeit, das Einander-Gutes-Tun (*Nikomachische Ethik* VIII 3, 1156a 8f.). Zu Recht unterscheidet Aristoteles verschiedene Arten des Guten, die man einander antut. Sei man aber einander um des Nutzens oder der Lust willen freund, so werde man nicht um dessentwillen geliebt, was man sei. Daher könne nur von »zufälliger Freundschaft« die Rede sein (1156a 17), während die dritte Art, die »vollkommene« Freundschaft, um des Guten willen besteht, daher nur zwischen guten Menschen und nur insofern sie gut sind existiert (VIII 4, 1156b 6ff.). Bei dieser vollkommenen Freundschaft liegt überdies ein dreifaches Inklusionsverhältnis vor: »Die Tugendhaften sind schlechthin gut und einander gegenseitig nützlich und ebenso auch angenehm« (b 13).

Aristoteles vertritt seine Prioritätsthese nicht bloß im Blick auf die vollkommene Freundschaft. Er stellt sie auf, bevor er die drei Arten von Freundschaft unterscheidet und schränkt sie nach Einführung der Unterscheidung nicht ein. Außerdem begründet er die Priorität der Freundschaft aus einem allen drei Arten gemeinsamen Moment, eingeführt in zweierlei Hinsicht. Die positive Seite nennt er zuerst; Freundschaft hängt mit Eintracht zusammen; sagen wir: sie stiftet Eintracht. Überdies vertreibt sie, so die negative Seite, »die Zwietracht, die eine Feindschaft ist« (VIII 1, 1155a 24-26). In diesen Hinweisen klingt an, wo es Gerechtigkeit braucht, dort nämlich, wo es Konkurrenz und Konflikt gibt.

Die Prioritätsthese könnte besagen, Konflikte sollte man nicht nach Gerechtigkeits-, sondern nach Freundschaftserwägungen lösen. Diese Ansicht vertritt Aristoteles aber nicht; er kennt zwar eine, freilich bloß begrenzte Relativierung der Gerechtigkeit; sie erfolgt jedoch von seiten der Billigkeit (VIII 14): Weil dort, wo Menschen über Menschen herrschen, Willkür droht, verlangt die Gerechtigkeit nach Gesetzen, die als allgemeine Regeln jedoch nicht jedem Einzelfall gerecht werden. Um nun jenes offensichtliche Unrecht zu vermeiden, das bei einer schematischen Regelanwendung gelegentlich eintreten könnte, tritt die Billigkeit als Korrektiv auf den Plan.

Die Freundschaft relativiert die Gerechtigkeit grundlegender und zugleich umfassender. Sie tritt nicht erst korrigierend auf, sondern überwindet schon die Anwendungsbedingung der Gerechtigkeit, indem sie »die Zwietracht ... vertreibt«. Die Freundschaft – so Aristoteles – überwindet Konflikt und Konkurrenz. Folglich ist Aristoteles' Prioritätsthese so zu lesen: Solange es Konflikte gibt, ist die Gerechtigkeit gefragt – und zusätzlich, als gelegentliches Korrektiv, die Billigkeit. Noch besser, als Konflikte gerecht und billig zu lösen, ist aber, was bei freundschaftlichen Beziehungen in der Regel der Fall ist: die Konflikte kommen erst gar nicht auf. Man könnte weitergehen und behaupten, ein menschliches Zusammenleben ganz ohne Konflikte sei möglich. Diese Behauptung stellt Aristoteles nicht auf. Im Gegenteil widmet er der für Konflikte zuständigen Tugend, der Gerechtigkeit, obwohl die Freundschaft ihr doch überlegen ist, einen weit größeren Raum als den anderen Tugenden – nämlich ein ganzes Buch.

Unter Berufung auf Aristoteles setzt sich der Kommunitarismus noch für eine zweite Priorität ein, die des Guten (im Sinne des glücklich-gelungenen Lebens) vor dem Gerechten. Aristoteles kommt es aber auf eine andere Alternative an, auf die von bloßem Leben (*zēn*) und gutem Leben (*eu zēn*). Und das gute Leben zeichnet sich durch die Gemeinsamkeit von Recht und Unrecht aus (*Politik* I 2, 1253a 17f.). Aristoteles vertritt hier also das Gegenteil von dem, was man ihm heute zuschreibt, keine Alternative zum Liberalismus, sondern dessen Bekräftigung: statt einer Priorität des Guten vor dem Gerechten ihre Identität. Das Gute einer Gemeinschaft-Gesellschaft liegt in der Anerkennung gemeinsamer Prinzipien von Recht und Unrecht. Er behauptet zwar keine vollständige Identität. Indem er aber die entsprechende Gemeinsamkeit hervorhebt, erklärt er sie für wichtig, sogar wesentlich. Folglich stellt er etwaige weitere Elemente des Guten ins zweite Glied und setzt sich in bezug auf sie für die genaue Umkehrung der ihm heute zugeschriebenen Priorität ein, nämlich für einen Vorrang des Gerechten vor dem (von ihm verschiedenen) Guten. Aristoteles war also kein Kommunitarist, zumindest war er es weder in der antiuniversalistischen noch der tugendtheoretischen, noch der staatskritischen Variante. Selbst der sozialtheoretische Kommunitarismus kann sich nicht auf Aristoteles berufen, da dieser einerseits das Gute mit dem Gerechten identifiziert und andererseits zwar den Wert der Gerechtigkeit relativiert, aber nur in einer wohlbegrenzten Weise. Jene persönlichen Sozialbeziehungen, die er unter dem Begriff der Freundschaft abhandelt, erlauben nicht etwa, gegen die Gerechtigkeit zu verstoßen. Ebensowenig machen sie, weil es keinerlei Konkurrenz und Konflikt mehr gebe, die Gerechtigkeit arbeitslos. Sie bringen jedoch eine Ergänzung und zugleich Steigerung: Gut ist es, seine Mitmenschen gerecht zu behandeln, besser, mit ihnen die zum Leben notwendige Kooperation aus freien Stücken zu pflegen; das aber heißt, einander freund zu sein.

Ziehen wir Bilanz: Begonnen hat der Kommunitarismus mit einem großen Anspruch. Nicht nur zum ökonomischen, sondern selbst zum gerechtigkeitsverpflichteten, dem moralisch-politischen Liberalismus wollte er eine Alternative darstellen. An die Stelle einer Feindebatte, aus der wohlüberlegte Korrekturen hätten hervorgehen können, sollte die dramatische Wende treten. Statt Aufklärung und universalistischer Moral lieber Traditionen und lieber partikulare Ethiken; statt unpersönlicher Pflichten und Prinzipien lieber personale Tugenden; statt der Verbindung gerechter Vor- und Rahmenbedingungen mit der Freiheit zu teils gruppen-, teils individuumspezifischen Entwürfen guten Lebens lieber einen gemeinsamen Lebensentwurf; statt der staatsförmigen Selbstorganisation einer in sich vielgestaltigen, pluralistischen Großgesellschaft lieber kleine, homogene und möglichst herrschaftsfreie Gemeinschaften; schließlich statt Kant lieber Aristoteles.
Nach der langen Debatte ist Ernüchterung geboten. Es versteht sich, daß der moralisch-politische Liberalismus noch mancherlei Ergänzung, auch Korrektur bedarf. Näher auszuarbeiten sind vor

allem das Recht spezifischer Traditionen und die Aufgabe einer internationalen, sogar globalen Rechtsgemeinschaft. Zu diesem Zweck ist aber gefragt, womit die Kommunitaristen sich schwertun: die immanente Fortentwicklung des Liberalismus, nicht das große Gegenmodell.

Zweiter Teil: Aktuelle Fragen

8. Abschied vom Staat?

8.1 Neue Aufgaben und Instrumente

Üblicherweise richten sich Legitimationsdebatten unmittelbar auf die Legitimität einer Institution und der von ihr wahrgenommenen Aufgaben, mittelbar auf die Kriterien, an denen sich die Legitimität entscheidet. In jüngerer Zeit hat der Staat so tiefgreifende Veränderungen durchgemacht, daß sich die Vorfrage stellt, ob es der Legitimationsdebatte überhaupt noch bedarf. Einflußreiche Sozialwissenschaftler und Staatstheoretiker sprechen von Auflösungserscheinungen, von Machtverlust, von einer Erosion des Staates und von seiner Entzauberung, gelegentlich sogar und unverhohlen, freilich selten von seinem Ende. Und in maßgeblichen Werken der politischen Philosophie, bei Rawls (1971 und 1993), Dworkin (1977), Nagel (1991) und Habermas (1992), spielt die Frage der Herrschaftslegitimation keine grundlegende Rolle.
Als »Absterben des Staates« war das Thema bislang nur aus der marxistischen Tradition bekannt, und auch in ihr ist es seit langem nicht mehr wirklich aktuell. Allenfalls überlebte es in gewissen Krisendiagnosen, etwa in Habermas' (1973, Kap. II.5) Überlegungen zu einer Legitimationskrise. In Wahrheit erwiesen sich aber die Staaten, die in die Krise geraten sein sollten, die des »Spätkapitalismus«, als erstaunlich zustimmungsfähig. Heute taucht der Gedanke in theoriepolitisch konträren Denktraditionen auf, zum Beispiel in der Systemtheorie (vgl. Willke 1983).
Die nachmarxistische Entmachtung beginnt semantisch; statt vom »Staat« spricht sie nur noch vom »politischen System«. Ohnehin – heißt es – haben andere Sprachen kein Äquivalent für den deutschen Ausdruck »Staat«; das englische »government« beispielsweise habe weder denselben Begriffsumfang noch dieselbe Begriffstiefe. Die Entmachtung setzt sich in dem geringen Gewicht fort, das man dem politischen System einräumt; anderen Subsystemen wie der Wirtschaft, der Wissenschaft, der Technik und der Kunst nur noch nebengeordnet, habe der zum politischen System degradierte Staat seine traditionelle Vorrangstellung in der Gesellschaft verloren. Kersting (1997) hält deshalb meine »beharrliche Verteidigung der fundamentalphilosophischen Vorrangigkeit der

herrschaftslegitimierenden Problemperspektive für unzeitgemäß« und fordert, sie durch »neue Legitimationskonzepte« zu ersetzen, »die auf die Dezentrierung und Diskursivität moderner Gesellschaften zugeschnitten sind«. Sein Argument: »Die etatistische Vertikale hat sich längst zur gesellschaftlichen Horizontale hingeneigt; der Staat hat sich keinesfalls aller Differenzierungsattacken erwehren und sich als kompaktes gesellschaftliches Gravitationszentrum erhalten können.« Eine flankierende Unterstützung erfährt dieser Gedanke durch die analytische Politikwissenschaft, also wieder durch eine zum Marxismus konträre Denktradition. Mit Hilfe des iterierten Gefangenendilemmas glaubt man, die Evolution von Kooperation ohne soziale Zwangsbefugnisse, also herrschafts- und staatsfrei, erklären zu können (Axelrod 1984, kritisch dazu Höffe 1990, Kap. 10, vgl. auch Schüßler 1990). Nicht zuletzt weist man auf eine Staatsverdrossenheit auf seiten der Bürger und auf eine Unbeweglichkeit staatlicher Institutionen hin.

Sollte sich die These der Entmachtung bewahrheiten, dann würde der Diskurs über die Legitimationsgrundlagen des Staates durch die »normative Kraft des Faktischen« entschieden. Eine Institution, die sich in der sozialen Realität verflüchtigt, nimmt der Legitimationsdebatte ihr lebensweltliches Gewicht. Die tatsächlichen Verhältnisse zeigen das genaue Gegenteil; die These der Staatsentmachtung dürfte daher auf einer perspektivischen Täuschung beruhen. Diese beginnt beim Rechtsvergleich. Worauf es beim Staat im Kern ankommt, auf den Inbegriff öffentlicher Funktionen, Institutionen und Instanzen und nicht auf »das abstrakte Zurechnungssubjekt hinter ihnen« (Grimm 1987, 83), findet sich in der angloamerikanischen Welt ebenso. Fremd sind ihr weder ein Gesetz- und Verfassungsgeber noch eine Regierung und Verwaltung, noch das Gerichtswesen. Wenn der Supreme Court spricht, so ist auch in den USA eine autoritative Letztentscheidung gefällt; wenn der Kongreß Gesetze erläßt, so gelten auch hier neue Rechtsverbindlichkeiten.

Wer die Entwicklung des modernen Staates als Kurzgeschichte schreibt, beginnt mit dem Absolutismus, läßt den Rechtsstaat, dann den Sozialstaat folgen und endet, für heute, mit dem Staat des Umweltschutzes. Diese Geschichte hebt mit gutem Grund auf eine Veränderung der jeweils paradigmatischen Staatstätigkeit ab; sie berücksichtigt aber nicht die Art der Paradigmenveränderung.

Während man in der Wissenschaftsgeschichte – in gewissen Grenzen – von einem Paradigmenwechsel sprechen kann, findet in der Staats- und Verfassungsgeschichte eine Paradigmenerweiterung statt. Zu den Aufgaben, die schon der absolutistische Staat wahrnimmt, der Garantie innerer und äußerer Sicherheit, treten die neuen jeweils hinzu.

Der Funktionszuwachs setzt beim Schutz der Freiheitsrechte an. Es folgt der bunte Strauß von sozial- und wohlfahrtsstaatlichen Aufgaben, später die Bildungs-, Wissenschafts- und Kulturpolitik sowie die Wirtschafts- und Arbeitsmarktpolitik einschließlich der Technikförderung. Und heute kommt mit wachsendem Gewicht der Schutz der natürlichen Umwelt hinzu. All diese Aufgaben nehmen nicht etwa die Stelle der alten Aufgaben ein; sie ergänzen sie vielmehr. Der deutliche Beleg: im Fall der Jurisdiktion werden neue Gerichte gebildet, die Verwaltungs-, Arbeits- und Sozialgerichte, und im Fall der Verwaltung neue Ministerien und Ämter: die Wirtschafts-, Technologie-, Gesundheits- und Familienministerien, die Arbeits-, die Sozialämter, die Umweltschutzbeauftragten usw. Damit verbindet sich ein enormer Anstieg des staatlichen Finanzvolumens und der im öffentlichen Dienst Beschäftigten.

Angesichts der sowohl qualitativ wie quantitativ gewachsenen Staatsaufgaben kann man sich die Behauptung »Erosion des Staates« allenfalls mit einem verengten, auf den absolutistischen Obrigkeitsstaat fixierten Begriff erklären. Dort, wo »die öffentliche Gewalt in der Hand des Monarchen monopolisiert« ist (Habermas 1962, 198), mag es jenes einfache Gravitationszentrum politischer Macht gegeben haben, das sich in den modernen Demokratien auflöst. Anders sieht es bei einem formaleren Begriff aus. Verstanden als Inbegriff öffentlicher Gewalten, erfreut sich der Staat jener blühenden Gesundheit, die an Rubensfiguren erinnert und, falls die wachsende Kritik Recht hat, eine kräftige Diät verdient. Jedenfalls ist die Vorfrage negativ zu beantworten; für den Staat die Legitimationsdebatte zu verabschieden, besteht vom Gegenstand her kein Anlaß. Die dramatische Diagnose vom Absterben des Staates verfehlt die Wirklichkeit.

Erwägenswert bleibt die moderatere Diagnose, derzufolge der traditionelle Gegenstand der Legitimationsdebatte, die Entscheidungs- und Zwangsbefugnis, an Aktualität verlieren werde. Auch die Diagnose »Abbau der Zwangsgewalt« (Grimm 1987, 79) überzeugt aber nicht. Einerseits bleiben nämlich die traditionellen Mittel staatlichen Zwangs, die Gebote, Verbote und Verfahrensvorschriften sowie der Zwang, gewisse Leistungen zu erbringen, namentlich Steuern zu bezahlen und Wehr- bzw. Ersatzdienst zu leisten, in ihren Bereichen in Kraft. Andererseits entwickelt der Staat bei seinen neuen Funktionen neue Formen von Zwang und erweist sich damit als überraschend kreativ. Insoweit findet eine zweite Expansion statt; der Staat kumuliert nicht bloß seine Aufgaben, sondern zusätzlich seine Instrumente.

Neu, genaugenommen nur relativ neu sind beispielsweise Planungs- und Gestaltungskompetenzen. Selten will man mit ihrer Hilfe lediglich überzeugen; in der Regel sucht man, mit finanziellen und anderen Anreizen, ein bestimmtes Verhalten zu stimulieren. In den neuen, »weicheren« Instrumenten ist auf der Oberfläche der Staatstätigkeit ein Zwang vielleicht nicht zu entdecken. Im Unterschied zu »der Gesellschaft« werden die entsprechenden Instanzen aber durch Steuern, also zwangsförmig finanziert. Außerdem ist ihre Arbeit durch öffentliche Gewalten vorab definiert; letztlich durch das Parlament, weshalb es hier zumindest im Prinzip kein Demokratiedefizit geben muß. Außerdem kann man im Fall von Entscheidungen gerichtlich Einspruch erheben. Die Instanzen bleiben also in dem Rahmen der traditionellen Staatstätigkeit, der Entscheidungs- und Zwangsbefugnis, eingebunden.

Nicht anders sieht es bei einem angeblich weiteren Beleg für die Erosion der Zwangsgewalt, die Politikberatung, aus. Sie findet unter verbindlichen Rechtsvorgaben statt, wird mit Steuergeldern finanziert und bewegt sich im Vorfeld von Entscheidungen oder im Bereich ihrer Umsetzung. Der Staat arbeitet hier zwar mit einer staatsexternen Agentur, der Wissenschaft, zusammen. Dies bedeutet aber nur, freilich auch immerhin, daß es relativ autonome Teilsysteme gibt, die wie die Wissenschaft, die Technik und die Kunst über ein hohes Maß an Selbststeuerungsfähigkeit verfügen, so daß der Staat nicht einfach die Spitze der gesellschaftlichen Hierarchie bildet. Seine Definition durch Entscheidungs- und Zwangsbefugnis ist an eine derartige Hierarchieannahme aber nicht gebunden. Innerhalb der wissenschaftlichen Politikberatung läßt das »politische System« den Wissenschaftlern die volle Kompetenz für den Sachverstand, behält aber sein Eigenrecht, die Befugnis zu rechtskräftigen Entscheidungen, bei (zur Logik der Politikberatung vgl. Höffe 1975/1985, Teil III).

Mit der Ausbildung relativ autonomer Teilsysteme geht eine andere Veränderung Hand in Hand; Adressat der Staatstätigkeit sind nicht mehr lediglich Individuen, Verbände und Organisationen, sondern zusätzlich Teilsysteme. Bei ihnen ist die traditionelle Form, die simple Intervention, wenig hilfreich. Auf Dauer wirksam ist nur, wer über komplexere Instrumente verfügt und die Adaptions- und Problemlösungskapazität der Teilsysteme zu steigern oder ihre Handlungsprämissen zu verändern, wer also eine Fremd- und Außensteuerung von Selbststeuerung vorzunehmen versteht. Dabei findet aber nicht etwa eine Einschränkung oder drastische Kürzung der Zwangsgewalt, sondern eine Erweiterung, außerdem Verfeinerung statt; nicht zuletzt bilden sich strukturell komplexere Formen aus. Einmal mehr bestätigt sich die Gegendiagnose: nicht Abnahme, sondern Expansion. Die Einflußnahme auf die Anfangs- und die Rahmenbedingungen erfolgt nicht anstelle der traditionellen Tätigkeiten, sondern zusätzlich, so daß insgesamt von einer Kürzung der Staatsmacht keine Rede sein kann.

Der heute dominierenden Diagnose liegt ein zweites Mal eine perspektivische Täuschung zugrunde. Man fixiert sich auf eine uniforme, vom Paradigma des Intervenierens geprägte Vorstellung staatlicher Tätigkeit und überträgt sie auf Bereiche, in denen der Staat nicht untätig, sondern auf andere Weise, nicht intervenierend, vielmehr steuernd tätig ist. Daß man dann einen Machtverlust entdeckt, liegt an einem Defizit nicht auf seiten des Forschungsgegenstandes, sondern des forschenden Subjekts. Nicht dem Staat fehlt es an Macht, wohl aber dem Begriff der Macht an Flexibilität. Und gesetzt der Fall, der Staat reagierte dort, wo er steuernd tätig sein sollte, tatsächlich im Sinne des Interventionsstaates, dann griffe er in die Eigenrechte anderer Teilsysteme auf eine Weise ein, der die Gefahr des Totalitären nicht fremd wäre. Nur wer die Prämisse macht, dem »politischen System« stehe gegenüber den anderen »Systemen« im Prinzip eine volle Kontrolle zu, kann die in Wahrheit nur begrenzte Kontrollmöglichkeit als Machtverlust ansprechen. Wer das Eigenrecht der anderen Gesellschaftsbereiche anerkennt – und man darf nicht übersehen, daß etwa die Wissenschaft und die Wirtschaft schon sehr lange, gewiß schon im klassischen Athen eigenen Gesetzen folgen –, der diagnostiziert vielleicht gewisse Schwankungen, aber weder einen absoluten noch einen relativen Machtverlust. Statt dessen gibt es in mancher Hinsicht eine Machtzunahme, zumindest in den Ländern, in denen wie in Deutschland ein Großteil der Bildungs- und Wissenschaftseinrichtungen in öffentlicher Trägerschaft sind, außerdem durch Gesetze, Erlasse und höchstrichterliche Urteile die wissenschaftsexterne staatliche Regelungsdichte wächst. Ebenso gewachsen ist die Regelungsdichte für die Wirtschaft, außerdem ist die öffentliche Hand der größte Arbeitgeber.

8.2 Bleibende Effizienz

Die Diagnose des Machtverlustes läßt sich weiter abschwächen zur These, bei den neuen Aufgaben und Instrumenten verliere der Staat an Effizienz. Einige der Argumente leuchten zweifelsohne ein. Weil die Zahl der Staatszwecke zunimmt, wächst die Wahrscheinlichkeit von Zielkonflikten. Außerdem kann der Bedarf an Koordination von Staatstätigkeiten die erforderlichen Kapazitäten übersteigen. Weiterhin nimmt die Verrechtlichung zu, außerdem die Prozeßflut (teils wegen der Verrechtlichung, teils wegen eines gewachsenen Bedürfnisses, sein Recht zu erhalten, gelegentlich auch weil sowohl die Zahl der Anwälte als auch die der Rechtsschutzpolicen gestiegen ist). Nicht zuletzt werden an den Staat Aufgaben herangetragen, die teils wegen der Pleonexie, des Mehr-und-immer-mehr-haben-Wollens, der Bürger, teils wegen der nur partiellen Zuständigkeit des Staates keine zufriedenstellende Lösung erlauben. Beispielsweise sind die sozialstaatlichen, aber auch die gesundheitspolitischen und in anderer Weise die bildungspolitischen Ansprüche tendenziell unbegrenzt. Weil jeder dieser Sektoren am liebsten den gesamten öffentlichen Haushalt für sich beansprucht und selbst dann nicht rundum zufrieden wäre, kann kein Staat die neuen Aufgaben je ganz erfüllen. Im Bereich der Wirtschafts- und Konjunkturpolitik wiederum macht man ihn für Resultate verantwortlich, die er wegen der weitgehenden Autonomie des entsprechenden Subsystems nur zum kleinen Teil beeinflussen kann. Nicht zuletzt kommen deshalb nur suboptimale Lösungen zustande, weil die Politik aus Rücksicht auf ihre heterogene Klientel oft bloß zu einer Addition partikularer Vorteile, nicht aber zum langfristigen Allgemeinwohl fähig ist.
Aus diesen Gründen scheint die vorsichtigere Diagnose noch vertretbar zu sein, statt der großen Hoffnung, daß der Staat sich

auflöse, die kleine Hoffnung, daß seine Macht abnehme. Auch das einschlägige Stichwort »Machtverlust durch Funktionszuwachs« (Grimm 1987, 78) überzeugt aber nicht. Ein Machtverlust läge vor, wenn entweder die neuen an die Stelle der traditionellen Staatstätigkeiten träten oder wenn wegen der neuen Tätigkeiten die traditionellen nicht mehr so gut erfüllt würden. In Wahrheit bleiben traditionelle Aufgaben wie die äußere und die innere Sicherheit erhalten und werden nur dann nicht mehr wirksam erfüllt, wenn man bei den neuen Aufgaben das Augenmaß verliert und ein derart hohes Maß an Verpflichtungen eingeht, daß man die schon bestehenden Aufgaben vernachlässigt. Weil die neuen Aufgaben zu den traditionellen hinzutreten und deren Effizienz nicht grundsätzlich beeinträchtigen, gilt auch hier das Gegenteil; statt des Machtverlustes finden wir eine Kumulation der Macht. Die Gesamtheit des Staates nimmt noch immer zu, allenfalls wächst sie weniger, als die einen erhoffen und die anderen befürchten.

Erklären kann man sich die erneute perspektivische Täuschung mit zu großen Erwartungen an den Staat. Weil man ihn für tendenziell omnipotent hält, folglich ihm weder finanzielle noch strukturelle Machtgrenzen einräumt, nimmt man weniger den reichen Strauß tatsächlich erbrachter Leistungen wahr als das Versagen vor der Erwartung an Omnipotenz. Nicht ein Machtabbau findet also statt, nicht einmal eine Machtbegrenzung, sondern lediglich jene Enttäuschung überzogener Erwartungen, die eigentlich willkommen sein müßte, da sie vor einer Übermacht des Staates bewahrt: Die immer noch expandierenden Staatsgewalten stoßen an eine Grenze ihrer Machtsteigerung.

Wenn man also die These vom Machtverlust zu der vom Effizienzverlust abschwächt und diesen lediglich für die neuen Aufgaben behauptet, so bleibt immer noch das Bedenken, daß in der Sozial- und Wohlfahrtsstaatlichkeit, der Bildungs- und der Wissenschaftspolitik, der Regionalförderung und der Politik der Geldwertstabilität, mithin in einem weiten Bereich der gewachsenen Zuständigkeit der Staat zwar nicht allmächtig, aber doch in hohem Maß erfolgreich ist. Es versteht sich, daß es effizientere und weniger effiziente Instrumente gibt und manchmal der Verzicht auf jede Staatstätigkeit die bessere Option darstellt. Die These vom Effizienzverlust meint aber, dem Staat gehe die Wirksamkeit grundsätzlich verloren. In Wahrheit liegt lediglich eine Fehlerwartung vor, eine Überschätzung der staatlichen Einflußmöglichkeiten.

Mit seiner Erweiterung der Instrumente gewinnt der Staat neue, durchaus positive Qualitäten. Zum Beispiel wächst seine »responsiveness«, die Bereitschaft und Fähigkeit, auf Bedürfnisse und Interessen stärker und rascher zu reagieren; vielleicht wird er sogar zu einem »Reflexionsstaat«. Bei der Außensteuerung von Selbststeuerung nimmt überdies der Grad der Subsidiarität zu (vgl. Kap. 10). Derartige Veränderungen greifen jedoch nicht so tief, daß sie die traditionelle Legitimationsaufgabe obsolet machten. Denn wie interessensensibel, selbstreflexiv und subsidiaritätsfreundlich auch immer die öffentlichen Gewalten werden – sie verbinden sich, wenn sie von seiten des »politischen Systems« erfolgen, mit einer Entscheidungs- und Zwangsbefugnis, die regelförmig und aufgrund von Ermächtigungen, die also rechtsförmig organisiert wird und die am Ende die traditionelle Legitimationsfrage aufwirft: Was ermächtigt das System der Ermächtigungen; wo liegt der Legitimationsgrund dafür, daß sich eine soziale Institution bzw. ein Komplex von Institutionen mit Entscheidungs- und Zwangsgewalt verbindet?

Ein Teil der neuerlichen Staatsskepsis ist von der Vormeinung geprägt, »Gesellschaft« und »Staat« seien alternative Grundbegriffe. Sachgerechter dürfte es sein, das Recht für die Grammatik einer Gesellschaft, zumindest für deren Kern, zu halten, da es bei Fragen von Koordination, Konflikt und Autorisierung verbindliche Entscheidungen fällt. Die Staatsgewalten wiederum dienen der Durchsetzung dieser Grammatik. Moderne, demokratische Gesellschaften zeigen sich nun keineswegs als grammatik-, sprich: rechts- und staatsärmer. Allenfalls ist ihre soziale Grammatik vielerorts so selbstverständlich geworden, daß sie in die elementare Staatsbürgerkunde sedimentiert ist.

Vielleicht richtet sich die sozial- und staatstheoretische Skepsis nicht gegen den Staat überhaupt, sondern lediglich gegen den Ausdruck »Staat« im Singular. Ein Teil dieser Skepsis läßt sich aber mit dem Hinweis relativieren, sie reagiere nur auf den Umstand, daß die heute dominierende englischsprachige Literatur für den Ausdruck »Staat« kein Äquivalent kenne. Und einen anderen Teil der Skepsis entkräftet man dadurch, daß man den Staat im Singular mit Blick auf den Staat im Plural, nämlich als Inbegriff der öffentlichen Gewalten, definiert. Für den Staat im Singular spricht aber auch ein positives Argument. Bei einer sowohl quantitativ wie qualitativ gewachsenen Staatstätigkeit ist es schwieriger, die öffentlichen Aufgaben wahrzunehmen, nämlich sie zu erkennen, zu übernehmen und zu koordinieren. Um die Wahrnehmung trotzdem sicherzustellen, ist es sinnvoll, nicht nur vom Plural »öffentlicher Aufgaben«, sondern auch vom Singular »Staat« zu sprechen. Denn selbst wenn er, ontologisch gesehen, ein fiktives Subjekt ist, trägt doch allein er die Verantwortung dafür, daß sich jene Eigenschaften und Kompetenzen eines »Reflexionsstaates« entwickeln, die es heute zur Wahrnehmung der öffentlichen Aufgaben braucht. Die Sozialwissenschaften mögen sich primär für den Staat im Plural interessieren. Trotzdem bleibt auch für sie der Staat im Singular ein sinnvoller Begriff, ist er doch so etwas wie eine regulative Idee, die sie beispielsweise für die Frage brauchen, ob sich in der Gesamtheit der tatsächlich wahrgenommenen Aufgaben gewichtige Defizite finden, oder für die komplementäre Frage, ob die öffentlichen Gewalten ihren legitimen Tätigkeitsbereich nicht überschreiten.

8.3 Legitimation und Depotenzierung

Zur »neuen Staatlichkeit« gehört ein Komplex von Phänomenen, der nicht zugunsten einer Erosion, wohl aber gegen einen zu hohen Rang und für eine Depotenzierung des Staates spricht. Die tauschtheoretische Legitimation, die wir von der Rechtfertigung der Menschenrechte her kennen (s. Kap. 3.4; vgl. auch Kap. 9), steuert zur Depotenzierung vier Argumente bei; zugleich korrigiert sie zu einfache Ansichten der Depotenzierung.

Eine gründliche Legitimation richtet sich auf die Frage, ob es überhaupt öffentliche Entscheidungs- und Zwangsbefugnisse geben darf. In dem Umstand, daß diese Frage gegenüber der anderen, wie man die öffentlichen Gewalten organisiert, legitimationstheoretisch vorrangig ist, liegt ein erstes Argument zugunsten der Depotenzierung. Der spezifisch neuzeitlichen Organisation öffentlicher Gewalten, dem modernen Staat, kommt natürlich keine ahistorische und interkulturelle Gültigkeit zu; er ist nur unter gewissen historischen und kulturellen Randbedingungen legitim.

Ein zweites Argument erfolgt aus der Legitimationsgrundlage. In der Moderne findet eine »kopernikanische Revolution in der politischen Legitimation« statt. Ihr zufolge sind öffentliche Entscheidungs- und Zwangsgewalten weder aus eigenen Gnaden legitim noch aufgrund einer (bürger-)transzendenten Ermächtigung. Die Legitimation erfolgt aus der universalen Zustimmungsfähigkeit, die wiederum nur bei einem Vorteil für jeden Betroffenen vorliegt. Weil die Ermächtigung von den Betroffenen her erfolgt, liegt bei ihnen die legitimationstheoretische Priorität. Weil andererseits die Betroffenen, nachdem sie die öffentlichen Gewalten etabliert haben, diesen tatsächlich unterworfen sind, ist die in der sozialwissenschaftlichen Diskussion beliebte Alternative aufzugeben, der Staat bzw. das politische System sei entweder die Spitze einer hierarchischen Ordnung oder aber anderen, gleichberechtigten Teilsystemen bloß nebengeordnet. Phänomengerechter ist die Ansicht, daß die Betroffenen – »die Gesellschaft« – aus sich heraus gewisse Instanzen, die öffentlichen Gewalten, mit einer Entscheidungs- und Zwangsbefugnis, folglich einer Vorrangstellung, ermächtigen. Daraus folgt nicht eine Nebenordnung, vielmehr das Bestehen von zwei gegenläufigen Hierarchien. In der Legitimationshierarchie steht das Volk an der Spitze, in der Autoritätshierarchie der Inbegriff der öffentlichen Gewalten, der Staat. Die Rechtsgenossen setzen nämlich höchste Gewalten ein, die, einmal eingesetzt, allen Teilen und Bereichen der Gesellschaft vorgeordnet sind. Dabei liegt die wirklich höchste Gewalt, die Souveränität, beim Volk, denn von ihm geht alle Gewalt aus, so daß man statt von zwei gegenläufigen Hierarchien besser von einem Kreislauf spricht, der beim Volk beginnt und über Parlament, Regierung und Verwaltung wieder zum Volk zurückführt. Allerdings hat das Volk dabei zweierlei Bedeutung: im ersten Fall ist es der Ursprung öffentlicher Gewalt, im zweiten Fall deren Adressat. Und zusammengehalten werden die zwei Bedeutungen durch das Phänomen der Selbstbindung. Das Volk qua Souverän schafft eine Bindung, eben die öffentlichen Gewalten, der es sowohl als Bürger wie als Privatperson unterworfen ist.

Die öffentlichen Gewalten erhalten freilich keine Blankovollmacht. Eingesetzt werden sie nur für wohlbestimmte Aufgaben, woraus eine dritte Depotenzierung folgt. Der Vorrang der Staatsgewalten ist auf ihre charakteristischen Aufgaben limitiert, und jedes Überschreiten der Grenzen ist illegitim. Die anderen Gesellschaftsbereiche bzw. Teilsysteme müssen für ihre Aufgaben nicht eigens eingesetzt werden; sie sind für sie schon immer zuständig. In epistemischer Hinsicht liegt die Priorität bei der Wissenschaft, für Geld und anderes liegt sie bei der Wirtschaft usw. In der Gesellschaft existieren also durchaus Prioritäten; sie gelten aber von vornherein nur funktionsspezifisch, außerdem bestehen sie nicht im Singular, sondern im Plural. Im übrigen gibt es den Plural nicht, wie sozialwissenschaftliche Modernisierungstheorien annehmen, erst seit wenigen Generationen; für das Wissen sind schon seit langem Philosophie und die Wissenschaft verantwortlich, für das Geld seit langem die Wirtschaft usw. Im Prinzip war es sogar immer schon so, allenfalls durch fehlende Ausdifferenzierung verdeckt.

Weil sich die öffentlichen Gewalten nur von den Betroffenen her legitimieren, muß sich ihre Einrichtung als für alle Betroffenen vorteilhaft erweisen. Da der Tausch, der zu grundlegenden Rechten führt, der transzendentale Tausch, diese Bedingung erfüllt, erscheinen die öffentlichen Gewalten zunächst als überflüssig; eine staatsfreie Selbstorganisation der Gesellschaft reicht anscheinend aus. Wenn trotzdem öffentliche Befugnisse legitim sein sollen, muß sich zeigen lassen, daß ohne sie der Tausch nicht zustande kommt. Nach diesem Argumentationstyp sind öffentliche Gewalten lediglich sekundär und subsidiär, zur Durchsetzung grundlegender Rechte, legitim. Damit wird der Staat ein viertes Mal depotenziert; er hängt nicht nur von der Ermächtigung der Betroffenen, sondern auch von dem Umstand ab, daß der allseitige Vorteil sich nicht unmittelbar realisiert.

An dieser Stelle kann man auf ein Argumentationsmuster der politischen Ökonomie zurückgreifen; hinsichtlich des transzendentalen Tausches liegt ein mindestens dreifaches Marktversagen vor. Zugunsten einer öffentlichen Gewalt spricht als erstes die Aufgabe, den Inhalt des transzendentalen Tausches genau zu definieren. Überließe man diese Aufgabe dem Markt, also dem freien Spiel der Kräfte, so erfolgte die Definition nach Maßgabe der aktuellen Macht- und Drohpotentiale, womit das Ziel, ein gleichwertiger Tausch, verhindert würde. Die Überwindung des ersten Marktversagens obliegt dem Verfassungs- und Gesetzgeber; er hat die Aufgabe, eine von Macht- und Drohpotentialen unabhängige Definition vorzunehmen. Ferner gibt es selbst bei genauen Definitionen trotzdem kontroverse Auslegungen; es ist das tägliche Brot der Gerichte, entsprechende Streitigkeiten zu schlichten. Vor allem gibt es die Komplikation, daß man für die Anerkennung der wechselseitigen Freiheitsverzichte votieren und doch versuchen kann, deren Vorteile zu genießen, ohne den Preis, den eigenen Freiheitsverzicht, zu bezahlen. Insbesondere dort, wo die Vorteile zeitverschoben zum Tragen kommen, kann man sich beim Freiheitstausch wie ein Trittbrettfahrer verhalten und den allseitigen Vorteil parasitär ausnützen. Gegen diese Gefahr sind öffentliche Gewalten ein drittes Mal, hier als Durchsetzungsmacht, als »Schwert der Gerechtigkeit« gefragt. Nach Kersting (1997) besteht der Bedarf an »sanktionsgestützter Handlungskoordination nur aus einem sekundären Grund«, den »Strapazen von Individualismus und Pluralismus«. Das dreifache Marktversagen verweist dagegen auf elementarere Gründe.

Die drei Aufgabenbereiche – die Legislative, die Jurisdiktion und die Exekutive – sind ohne Zweifel traditionell; nicht so traditionell sind erst die neuen Anwendungsbedingungen. Dazu gehört der erwähnte neue Adressat; der Staat ist nicht nur im Blick auf individuelle und kollektive Subjekte (Betriebe, Verbände ...), sondern auch im Hinblick auf die gesellschaftlichen Teilsysteme tätig. Ferner haben sich die Möglichkeiten des Trittbrettfahrens erweitert. Neu ist beispielsweise jene Externalisierung negativer Effekte, die wir als Umweltprobleme längst wahrnehmen, die aber auch in anderen Bereichen stattfindet: Während man die Vorteile gruppenintern bzw. subsystemintern in Anspruch nimmt, werden die Kosten »der Allgemeinheit« aufgebürdet.

Habermas (1989, 325) hat gegen den transzendentalen Tausch die Befürchtung geäußert, daß »hinter den constraining conditions die enabling conditions« verschwinden. Wahr ist, daß fundamentale »enabling conditions« entwickelt werden. Weil nach dem skizzierten Legitimationsmuster die öffentliche Zwangsbefugnis nur sekundär, subsidiär zum transzendentalen Tausch, legitim ist, stehen die »constraining conditions« im Dienst der »enabling conditions«; und nur dort, wo diese Bedingung erfüllt wird, sind Zwangsbefugnisse berechtigt.

Damit eine Staatstätigkeit als legitim gelten kann, muß sie erstens als wechselseitig vorteilhaft ausgewiesen und muß zweitens gezeigt werden, daß der wechselseitige Vorteil nur dann – entweder überhaupt oder hinreichend verläßlich – zustande kommt, wenn ein strukturelles Marktversagen vorliegt und es deshalb öffentliche Gewalten braucht. Offensichtlich muß aber der wechselseitige Vorteil nicht überall dort gegeben sein, wo wir uns an gewisse Staatstätigkeiten gewöhnt haben. Hier eröffnet sich Raum für eine Neugestaltung und in ihrem Rahmen für einen Abbau staatlicher Macht. Ihr Ziel darf allerdings nicht bloß lauten: Verringerung der Staatsquote am Bruttosozialprodukt; es kommt ebenso auf eine Neugestaltung der Beziehung zwischen Staat und Gesellschaft an. Dort, wo sich Individuen zu »freien Assoziationen« (Genossenschaften, Kooperativen ...) zusammenschließen und sich, wie es den Frühsozialisten vorschwebte, selber gewähren, was bislang eine öffentliche Dienstleistung war, dort müßte man sie »honorieren«, beispielsweise durch Steuerabzüge und durch die »Delegation« von Kompetenzen. Der legitimationstheoretischen Depotenzierung des Staates zufolge werden die Kompetenzen sogar nicht eigentlich delegiert, sondern dem Staat erst gar nicht übertragen.

Die politische Ökonomie spricht heute von Staatsversagen und meint, daß gewisse Leistungen vom Staat nicht sachgerecht oder nicht effizient genug erbracht werden. In dieser Situation drängt sich eine Übertragung der entsprechenden Aufgaben an nichtstaatliche Agenturen auf. Der Begriff des Staatsversagens verbindet eine Staatskritik mit der Aufforderung zur Staatsreform, setzt allerdings voraus, daß die entsprechenden Aufgaben »im Prinzip« beim Staat liegen, der sie nur mangels Effizienz lieber an andere Agenturen delegiert. Legitimationstheoretisch gesehen, ermöglicht der Begriff eine nur sekundäre Staatskritik. Nach der hier vertretenen, bloß subsidiären Legitimität öffentlicher Gewalten gibt es einen grundsätzlicheren Einwand: daß der Staat, selbst wenn er denn doch effizient wäre, trotzdem keine Berechtigung hat. Wenn er trotzdem Kompetenzen an sich zieht, macht er sich eines Machtmißbrauchs schuldig, und zwar nicht bloß eines personalen – Stichwort: Korruption –, sondern eines strukturellen Machtmißbrauchs; sprechen kann man auch von einer neuen Form von Amtsanmaßung. Üblicherweise verstehen wir darunter den Mißbrauch des Amtes zu amtsfremden Zwecken; hier erreicht der Mißbrauch das Amt selbst; die öffentlichen Gewalten maßen sich Aufgaben an, die ihnen von vornherein nicht zustehen.

9. Soziale Gerechtigkeit als Tausch

9.1 Ein neues Paradigma

Der Gerechtigkeitsdiskurs ist inzwischen so weit fortgeschritten, daß man seinen Ansatz, den der Verteilungsgerechtigkeit, kaum noch erörtert. In der Regel geht es nur noch um Feinheiten oder aber um den Versuch, die durch den Diskurs »entmachtete« Ethik, den Utilitarismus, zu rehabilitieren (z. B. Trapp 1988). Am Beispiel der sozialen Gerechtigkeit will ich einen anderen Ansatz vorschlagen, jenes neue Paradigma aus der *Politischen Gerechtigkeit* (1987), das sich für einen interkulturellen Diskurs besonders gut eignet.

Der Vorschlag geht von einem erstaunlichen Befund aus. Während der Begriff der Gerechtigkeit der Philosophie wohlvertraut ist, kennt sie den Begriff, der heute in sozialpolitischen Debatten vorherrscht, die soziale Gerechtigkeit, nicht. Sie weiß zwar seit Aristoteles, daß es *pleious dikaiosynai*, »mehrere Gerechtigkeiten«, gibt (*Nikomachische Ethik* V 5, 1130b 6). Neben ihnen, der *iustitia universalis* und der *iustitia particularis*, der allgemeinen und der besonderen Gerechtigkeit, sowie der *iustitia commutativa* und der *iustitia distributiva*, der Tausch- und der Verteilungsgerechtigkeit, kommt aber eine *iustitia socialis* nicht vor.

Dieser Befund bleibt nicht nur viele Jahrhunderte gültig. Bemerkenswert ist auch, wie provokativ beiläufig der Ausdruck endlich auftaucht. Die bescheidene Frage, wann ungefähr es geschieht, dürfte selbst Fachleute in Verlegenheit bringen. Irgendwann schleicht sich der Ausdruck in die Debatte einfach ein. Vermutlich erscheint er zuerst in der christlichen Sozialethik und wandert von dort in die politische Debatte und später in die Philosophie. Im Beitrag »The Concept of Social Justice« (in: Brandt 1962) bezieht sich William Frankena auf den Theologen Emil Brunner. Die theologische Debatte dürfte aber einige Generationen früher begonnen haben, während das erste größere philosophische Werk von Friedrich v. Hayek (1976) stammt.

Bis (fast) in die Gegenwart behält der Ausdruck eine derart nachgeordnete Rolle bei, daß die einschlägigen Lexikonartikel ihn nicht berücksichtigen; weder Benn (1967) in der älteren *Encyclo-*

pedia of Philosophy noch Hauser, Kohlenberger und andere (1974) im *Historischen Wörterbuch der Philosophie*, noch Loos und Schreiber (1985) im *Lexikon geschichtlicher Grundbegriffe* gehen auf ihn ein. Skeptiker gegen den Begriff finden sich durch diese Beobachtung vielleicht bestätigt. Wir sind vorsichtiger, halten den Befund fest, daß zumindest den Klassikern der Gerechtigkeitstheorie der Begriff unbekannt ist, und überlegen, in welcher Hinsicht er sinnvoll sein könnte.

Die soziale Gerechtigkeit, angeblich die »natürliche Richtschnur politischen Handelns in der Demokratie« (Müller 1996, 34), dürfte heute in zwei Bedeutungen verstanden werden. In einem unspezifischen Sinn meint »sozial« lediglich die Explikation und Verstärkung dessen, was der Ausdruck »Gerechtigkeit« schon für sich besagt: es geht um die Moral gesellschaftlicher Verhältnisse und Institutionen. Hier antwortet die soziale Gerechtigkeit auf die generelle Frage: »Was ist eine gerechte Gesellschaft?« (vgl. Brandt 1962, v; später Barry 1989). In einem spezifischen Sinn der sozialen Gerechtigkeit geht es dagegen lediglich um gewisse Teile der generellen Frage.

In den bekannten Begriffen der Tausch- und der Verteilungsgerechtigkeit verbindet sich eine moralische Grundidee, etwa die der Gleichheit oder die der Unparteilichkeit, mit einem charakteristischen Aufgabenbereich. Wird die soziale Gerechtigkeit nach diesem Muster »Gerechtigkeitsidee plus lebensweltliche Aufgabe« bestimmt, so ist letztere aufzusuchen. Da der Ausdruck spät, wahrscheinlich im 19. Jahrhundert auftaucht, darf man vermuten, daß er mit spezifischen Schwierigkeiten dieser Zeit zusammenhängt, namentlich mit der »sozialen Frage«, also mit Phänomenen wie etwa: Arbeitslosigkeit; Schutzlosigkeit in der Situation von Krankheit und Alter; mangelnde Bildung oder Ausbildung; Armut, sogar Hunger, kurz: Verelendung. (Vgl. Ashford 1986, Fischer 1972, v. Maydell/Kannengießer 1988, Rosanvallon 1995.)

Eine Lösung der Schwierigkeiten kann man von unterschiedlichen normativen Leitideen aus suchen, zum Beispiel um des sozialen Friedens willen oder aus christlicher Nächstenliebe bzw., säkularisiert, aus Gründen der Brüder- und Schwesterlichkeit oder aber, wie der Utilitarismus, zum Zweck des kollektiven Wohlergehens. Im Rahmen des spezifischen Begriffs der sozialen Gerechtigkeit kann ein weiter, zugleich vager Sinn irgendeine dieser normativen Leitideen bezeichnen oder gegen die Unterschiede indifferent sein. Zur sozialen Gerechtigkeit im engeren Sinn gehören dagegen die drei Merkmale des allgemeinen Gerechtigkeitsbegriffs: daß (1) eine soziale Verbindlichkeit vorliegt, die (2) einen moralischen Rang hat, wobei (3) ihre Anerkennung – im Unterschied zu Haltungen wie Wohlwollen und Großzügigkeit, wie Sympathie und Mitleid – geschuldet ist.

An das Merkmal des Geschuldeten schließen sich für die soziale Gerechtigkeit drei Fragen an: (1) Wem schuldet man eine Lösung der sozialen Frage? (2) Was und wieviel schuldet man ihm? (3) Wer steht in der Schuld? Zu bestimmen sind also drei Elemente: der Gläubiger, der Schuldner und der Inhalt der Schuld. Vorab ist aber die Frage zu klären, wieso die Lösung überhaupt geschuldet ist; die philosophische Hauptfrage richtet sich auf den Grund der Verpflichtung.

In der heutigen Debatte gilt als Kern der Gerechtigkeit die Verteilungsgerechtigkeit. Deutlich trifft es auf Rawls zu; aber auch Paul Ricœur (1995, 97) sagt: »La justice ne peut être que distributive«. Diese Ansicht hat sich inzwischen so weit durchgesetzt, daß man von einem Dogma der Gerechtigkeitsdebatte sprechen kann. Trotzdem drängt sich Kritik auf. Sie beginnt mit der Einsicht, daß die Frage, woher das zu Verteilende denn komme, ausgeklammert wird. Allenfalls wird unterstellt, daß es »von oben« komme: von Gott oder von der Natur, von einem Familienvater, einem Sippenhäuptling oder einer großen Mutter, später von einem Staat, der dann notwendigerweise paternalistische bzw. maternalistische Züge trägt. Nach dem bislang vorherrschenden Paradigma verdankt sich das zu Verteilende einer zwar nicht machtmäßig, aber produktiv überlegenen Instanz.

Das zu Verteilende fällt aber nicht wie das Manna vom Himmel; selbst wenn am Beginn ein Geschenk der Natur oder Gottes steht, muß man sich das Geschenk doch herrichten. Gegenüber der letzten Grundlage aller Verarbeitung, der Erde mitsamt ihren Früchten und Tieren, stellt sich zwar eine Verteilungsaufgabe, die soziale Frage betrifft aber spätere Entwicklungen; allenfalls als ein Fluchtpunkt der Debatte spielt der allererste Anfang eine Rolle. In der Hauptsache geht es um das Verhältnis zwischen der Arbeit, die man an der Erde und ihren Früchten vornimmt, und dem Anteil, den am Ende jeder erhält. Außerdem sind die ersten Gegenstände der politischen Gerechtigkeit, jene Rechte und Freiheiten, von denen Rawls' erstes Prinzip handelt, gar nicht Resultat einer Arbeit.

Für beides, sowohl für das Verhältnis von eingesetzter Arbeit zum Ertrag als auch für die gegen die Arbeit indifferenten Rechte und Freiheiten, ist ein anderes Muster sozialer Beziehungen einschlägig, nicht die Verteilung, sondern der Tausch. Für ihn spricht ein flankierendes, argumentationsstrategisches Argument. Während über das Kriterium der Verteilungsgerechtigkeit heftig gestritten wird, besteht über das der Tauschgerechtigkeit (der kommutativen Gerechtigkeit) Einigkeit. Der genaue Wert der zu tauschenden Waren oder Dienstleistungen ist zwar häufig kontrovers, unkontrovers ist jedoch das Kriterium für einen gerechten Tausch, das Prinzip der Äquivalenz. Geben und Nehmen müssen gleichwertig sein; und dort, wo der Wert umstritten ist, muß es zumindest einen wechselseitigen Vorteil geben.
Wichtiger als das strategische ist freilich das legitimatorische Argument, daß die Instanz, die heute für die soziale Gerechtigkeit vornehmlich verantwortlich ist, der Staat, grundsätzlich gesehen nur zu sekundären und subsidiären Leistungen fähig ist. Ob er mittels Strafgesetzen elementare Rechtsgüter schützt, ob er mittels Formvorschriften das Sozial- und Geschäftsleben ordnet oder ob er mittels Steuern Bildungseinrichtungen, Sozialfonds oder allein nicht lebensfähige Wirtschaftszweige (mit-)finanziert – all dies setzt Leistungen der Rechtsgenossen bzw. Bürger voraus: daß man sich gegenseitig weder tötet noch beraubt, daß man gesellschaftliche Bindungen eingeht und geschäftliche Transaktionen vornimmt und daß man Steuern zahlt. Nun sind die Bürger zunächst einmal als einander neben-, nicht untergeordnet anzusehen. Während jeder Verteilung ein asymmetrischer, ein maternalistischer oder paternalistischer Charakter anhaftet, besteht das Grundmuster der Kooperation unter Gleichen in der Wechselseitigkeit oder, pars pro toto, dem Tausch.
Für den Tausch darf man allerdings weder einen »kleinlichen« noch einen »ungeduldigen«, noch einen sonstwie zu engen Begriff haben. »Ungeduldig« ist ein Tauschbegriff, der Phasenverschiebungen einzurechnen vergißt. Ferner ist »kleinlich«, wer immer nur dem gibt, von dem er erhalten hat, und nur so viel, wie er gerade empfangen hat. Schließlich hat einen zu engen Tauschbegriff, wer lediglich an Geld, Waren oder an jene Dienstleistungen denkt, die man sich in unseren Gesellschaften kaufen kann. Gewöhnlich denkt man beim Tausch zwar nur an einen Markt, also an Wirtschaftsprozesse, und muß dann vom neuen Paradigma be-

fürchten, es erniedrige die Gerechtigkeit zu einem bloß ökonomischen Geschäft. Getauscht werden aber nicht bloß Waren, Dienstleistungen und Geld, sondern auch Gesänge, Geschichten, Gedanken und in Form von Heiratsverträgen selbst Personen. Außerdem kann man negative Leistungen, beispielsweise Gewaltverzichte, tauschen.

Mit Hilfe des Tauschdenkens läßt sich hier eine Gesellschaftskritik einflechten: Vieles spricht dafür, daß wir in einer Gesellschaft leben, die nicht nur im Bereich des Ökonomischen von Ungeduld, Kleinlichkeit und Enge bestimmt ist. Ein Blick auf andere, angeblich einfache Gesellschaften lehrt jedenfalls, daß das Kriterium, an dem wir den Erfolg messen, das Erwerben und Besitzen, andernorts als schändlicher Geiz gilt; jedes gesellschaftliche Ansehen kommt dort vom Geben und nochmals Geben. Auch im klassischen Griechentum zeichnet den »tugendhaften« Menschen die Freigebigkeit aus und noch mehr die Freigebigkeit im großen Stil, die Großzügigkeit oder Hochherzigkeit (vgl. Aristoteles, *Nikomachische Ethik* IV 1-10). Es wäre ein Zeichen von Humanität, könnte unsere Gesellschaft derartige Einstellungen wiedergewinnen. Die Schwierigkeiten dürfen wir freilich nicht unterschätzen, denn in gewisser Weise gehört der Verlust an Großzügigkeit zum Preis für Modernisierungen. Was in überschaubaren Gesellschaften spontan gedeiht, ist in anonymen und vielfach ausdifferenzierten Gesellschaften bestenfalls in anderer Form lebensfähig, beispielsweise als Rockefeller-Biographie: Wer sich am Ende als Mäzen und Philanthrop hervortut, hat zunächst als besitzindividualistischer Unternehmer begonnen.

Um zum Tauschbegriff zurückzukehren: Da es neben dem üblichen synchronen auch den phasenverschobenen, diachronen Tausch gibt, lassen sich aufgrund der Kombination beider Alternativen positiv-negativ und synchron-diachron vier Grundformen unterscheiden: (1) der positive synchrone, (2) der negative synchrone, (3) der positive diachrone und (4) der negative diachrone Tausch.

Aus umfangreichen Studien zu archaischen Gesellschaften hat der Durkheim-Schüler Marcel Mauss eine zu Marx alternative Gesellschaftstheorie entwickelt. In ihr gibt der Tausch, formal als Gabe und Gegengabe, als Wechselseitigkeit, verstanden, den gesellschaftstheoretischen Grundbegriff ab: »Zuerst mußten die Menschen es fertigbringen, ihre Speere niederzulegen. Dann konnte es ihnen gelingen, Güter und Personen auszutauschen. Und erst dann konnten sich die Leute Interessen schaffen, sie gegenseitig befriedigen und sie verteidigen, ohne zu den Waffen zu greifen ... Es gibt keine andere Moral, keine andere Wirtschaft, keine andere gesellschaftliche Praxis als diese« (Mauss 1923-24/1968, 181 f.; vgl. auch Sahlins 1972, Kap. 4).

Da der Tausch die weder maternalistische noch paternalistische, vielmehr geschwisterliche, das heißt aber auch demokratische Form der Zusammenarbeit darstellt, darf man gegen eine Überbewertung der Verteilungsgerechtigkeit Bedenken haben. Daraus folgt aber nicht, wie v. Hayek (1976) und Nozick (1974) annehmen, daß man die Idee der sozialen Gerechtigkeit und die ihr entsprechende Sozialstaatlichkeit zu verwerfen und allein den Minimal- oder Nachtwächterstaat für legitim zu halten habe (zur Kritik an Nozick vgl. Höffe 1988, 79-104).

Der folgende Versuch, den Tauschgedanken auf das Thema der sozialen Gerechtigkeit anzuwenden, verfolgt ein vierfaches Interesse. (1) In staatstheoretischer und zugleich sozialpolitischer Hinsicht wird der Gedanke des Minimalstaates zurückgewiesen und die Sozialstaatlichkeit gerechtfertigt. (2) Legitimationstheoretisch wird dafür ein Paradigmenwechsel vorgeschlagen, die Ablösung der Verteilungsgerechtigkeit durch die Tauschgerechtigkeit (kommutative Gerechtigkeit). (3) Dazu kommt die stets, auch bei der Verteilungsgerechtigkeit, notwendige Ergänzung durch die korrektive oder ausgleichende Gerechtigkeit; hat man jemandem Unrecht getan, so hat er Anspruch auf Wiedergutmachung. (4) Schließlich soll das neue Legitimationsmuster methodisch schärfer profiliert werden. Die Tauschgerechtigkeit, so wird sich zeigen, bildet für sich allein nur einen Kern, der ohne zusätzliche Rahmen- und Randbedingungen keine legitimatorische Kraft entfaltet.

Beginnen wir mit einer klassischen sozialen Aufgabe, der Sorge für die ältere Generation. Eine Pflicht, das Alter zu ehren, kennen so gut wie alle Kulturen. Zwar glaubt man gelegentlich, auf Gegenbeispiele zu stoßen, etwa die Südseebewohner, wo die Söhne ihre Väter zu deren sechzigsten Geburtstag lebendig begraben (vgl. Brandt 1961, 435). Diese Praxis wirkt nicht nur sehr grausam; sie könnte auch zur Entlastung von Verhaltensweisen dienen, die sich in den westlichen Ländern mehr und mehr ausbreiten. Nach Auskunft empirischer Forschung gibt es namentlich vier

Problemfelder. Nach zunehmender Verwerflichkeit geordnet, heißen sie: (1) Einschränkung des Handlungsspielraums von Älteren, (2) Entmündigung im Alter, (3) Vernachlässigung der Älteren, (4) schließlich Gewalt gegen sie. Auch ohne subtile ethische Überlegungen sieht man, daß solche Verhaltensweisen moralisch abzulehnen sind. Falls man nun in anderen Kulturen viel Schlimmeres findet, dann gäbe es die beliebte Entlastungsstrategie: Erstens ist das kritisierte Handeln menschlich, und zweitens sind wir doch besser als die anderen.

Die Praxis dieser Südseebewohner gründet aber auf einer religiösen Annahme, dem Glauben an ein Leben nach dem Tode, ferner auf der Ansicht, daß dieses Leben in dem Zustand stattfindet, in dem man sich vor dem Tode befindet. Unter diesen Voraussetzungen entpuppt sich die erste Interpretation als perspektivische Täuschung. Das moralisch Verwerfliche ist in Wahrheit ein Zeichen der Ehrfurcht vor dem Alter. Allerdings muß man sich fragen, was die »säkularisierten Südseebewohner« machen, also jene, die den Glauben ihrer Vorfahren nicht mehr teilen.

Obwohl also die Forderung, das Alter zu ehren, so gut wie universal verbreitet ist, bereitet ihre Rechtfertigung Schwierigkeiten. Gegen das in unserem Kulturraum naheliegende Prinzip der (Nächsten-)Liebe weckt die Formulierung des Dekalogs Bedenken: »Ehre deinen Vater und deine Mutter, damit deine Tage verlängert werden und es dir wohl ergehe auf dem Boden, den der Herr, dein Gott, dir schenken wird« (Dt 5, 16; vgl. Ex 20, 12). Hier erfährt das gerontologische Grundgebot, die Sorge für die Älteren, keine altruistische, sondern eine egoistische Begründung. Für sie spricht, daß sie Illusionen vermeidet und nicht einen Altruismus unterstellt, der so häufig gar nicht vorkommt. Im übrigen kennen wir die Ideologiekritik von den Sophisten bis Nietzsche, nach der der Altruismus nichts anderes ist als eine versteckte Eigenliebe. Gerade weil das gerontologische Grundgebot sich in so gut wie allen Kulturen findet, der Altruismus aber eine im Kulturvergleich seltene Einstellung ist, muß es in seinem Kern vor- und außeraltruistische Wurzeln haben.

Eine mindestens partielle »Legitimation ohne Nächstenliebe« hat den weiteren Vorteil, daß sie die Anerkennung der entsprechenden Verbindlichkeiten nicht zu einer Gnade macht, die man den Älteren jederzeit entziehen könnte; statt dessen gibt es Rechte, auf die man, gnadenunabhängig, zählen darf. Aus diesem Grund empfiehlt sich, eine kleine »Umwertung von Werten« vorzunehmen und zu zeigen, daß zumindest in einem Kernbereich die älteren Menschen Rechte haben, die aus der Tauschgerechtigkeit folgen, so daß man ihre Einhaltung beanspruchen darf.

Von den vier Tauschformen spielt die zweite Form, der negative und synchrone Tausch, hier eine geringere Rolle. Und die erste Form, der synchrone Tausch positiver Leistungen und Gegenleistungen, ist in der Moderne weit weniger wichtig als in archaischen Gesellschaften. Gleichwohl ist sie nicht ausgestorben, insoweit auch heute noch die verschiedenen Generationen die ihnen spezifischen Fähigkeiten, Beziehungen, auch Erfahrungen distributiv zum wechselseitigen Vorteil austauschen. Dies gelingt um so mehr, als man über die Fähigkeit zu einer eigentümlichen Transzendenz des Selbstinteresses verfügt. Jede Sozialbeziehung, die über eine bloße »Geschäftsbeziehung« hinausreicht, jede tragfähige personale Beziehung, lebt von einer besonderen Form von Selbstvergessenheit, nämlich von der Bereitschaft und Fähigkeit, bei der Zuwendung zum anderen, trotz manchen Vorteils, zunächst einmal das eigene Interesse zurückzustellen und den anderen in seiner Andersheit anzuerkennen. Wo diese Haltung vorherrscht, erzielen beide Seiten einen größeren Vorteil.

Mit der vierten Form, dem phasenverschobenen Tausch von Gewaltverzichten (bei Mauss: dem Niederlegen der Speere), lassen sich, bezogen auf die ältere Generation, die Freiheitsrechte legitimieren und zugleich von den genannten vier Problemfeldern das krasseste Problem, die Gewalt gegen Ältere, beurteilen: Mit der Generationsstruktur menschlichen Lebens verbinden sich unterschiedliche Macht- und Drohpotentiale, was zunächst gegen das Tauschdenken spricht. Weil der Mensch so gut wie machtlos auf die Welt kommt und im Alter wieder zu einem hohen Maß an Machtlosigkeit zurückkehrt, kann er in diesen zwei Lebensphasen für den Gewaltverzicht so wenig anbieten, daß er auf die Gnade und das Mitleid der anderen angewiesen ist. Dieses Ergebnis vermeidet, wer den Umstand berücksichtigt, daß, um heranwachsen zu können, die Kinder und, um in Ehren alt zu werden, die gebrechlich gewordenen Eltern ein Interesse haben, daß man ihre Schwäche nicht ausnützt. Für die mittlere Generation ist es deshalb vorteilhafter, ihre Machtüberlegenheit nicht auszuspielen, damit sie nicht, wenn die Kinder heranwachsen, sie selber aber zur dritten Generation geworden sind, ihrerseits den Machtpotentialen der inzwischen mittleren Generation ausgesetzt sind. Der generationsübergreifende Blick zeigt also, daß nicht erst aus Gründen von Mitleid oder Nächstenliebe, sondern schon wegen der Tauschgerechtigkeit die genannten Gruppen in den wechselseitigen Gewaltverzicht einzubeziehen sind. Dazu kommt ein Argument korrektiver Gerechtigkeit: Kein Mensch entscheidet sich selber, auf die Welt zu kommen und sein Leben als hilfloser Säugling zu beginnen. In beiden Hinsichten, der Geburt und der langdauernden Hilfsbedürftigkeit, ist jeder Mensch nicht Täter, sondern Opfer und hat daher auf jene langdauernde Sorge Anspruch, die zunächst das bloße Leben, später mehr und mehr das selbständige Leben ermöglicht.

Ein weiteres Problem zeigt sich beim »säkularisierten Südseebewohner«. Da er an das Leben nach dem Tode nicht glaubt, will er sich nicht im Alter von sechzig Jahren lebendig begraben lassen. Die jüngere, ebenfalls säkularisierte Generation sieht in ihm aber einen »überflüssigen Esser«. So droht die Gefahr, daß man erlebt, was sich nach neueren Forschungen auch in den westlichen Industriegesellschaften ausbreitet, die Vernachlässigung der älteren Generation. Die Vernachlässigung hält sich bei uns zwar in Grenzen, soweit es eine ausreichende Altersrente gibt; den Älteren geht es aber nicht nur um das materielle Auskommen.

Um die Vernachlässigung tauschtheoretisch zu kritisieren, hilft der Gedanke eines zweiten phasenverschobenen Tausches. Er beruft sich wieder auf eine anthropologische Tatsache, die sowohl elementar als auch trivial ist: Da der Mensch nicht bloß machtlos, sondern auch extrem hilflos geboren wird und da er nach einer Zeit relativer Selbständigkeit die Welt wieder hilflos verläßt, hat er in beiden Phasen, am Anfang und am Ende seines Lebens, ein Interesse an Hilfe. In einer dritten Form, dem positiven diachronen Tausch, werden die Hilfsleistungen, die man nach der Geburt und beim Heranwachsen erfährt, später durch eine Hilfe gegen die Älteren »wiedergutgemacht«. Entwicklungsgeschichtlich gesehen, findet der entsprechende Tausch zunächst innerhalb der Familie und der Großfamilie, der Sippe, statt. Er entspricht einem (stillschweigenden) Vertrag zwischen Eltern und Kindern, der über eine phasenverschobene und doch wechselseitige Hilfe abgeschlossen wird.

9.2 Entschädigung für Sonderrisiken

Teils weil die Sozialverhältnisse komplizierter geworden sind, teils weil die Eltern nicht vom Wohlverhalten ihrer Kinder abhängig sein sollen, ist der »Familien-Vertrag« längst zu einem »Generationen-Vertrag« erweitert worden. Zugunsten dieser Erweiterung sprechen zwei Argumentationsreihen, die auf deskriptiver Seite sozialgeschichtliche Sachverhalte und auf normativer Seite die zur Tauschgerechtigkeit notwendige Ergänzung, die korrektive Gerechtigkeit, einbringen. Das Argumentationsmuster heißt jetzt: Ethik plus Anthropologie plus Sozialgeschichte.

1. Durch das politische Gemeinwesen, eine Institution zweiter Ordnung, wird eine Primärinstitution wie die Familie oder Großfamilie (Sippe, Klan) nicht bloß koordiniert, sondern auch in ihrem Eigenrecht und Eigengewicht beschnitten. Dieser Vorgang bringt der Primärinstitution einerseits eine Entlastung, andererseits aber auch eine Entmachtung. Das tauschtheoretische Prinzip, die (ungefähre) Gleichwertigkeit des Nehmens und Gebens, gebietet nun, dem Gemeinwesen für die Entmachtung »Entschädigungen« zu leisten, indem es jene Aufgaben übernimmt, die die Primärinstitution wegen ihrer Entmachtung entweder gar nicht mehr oder nur noch unzureichend erfüllen kann.

Nach diesem Argumentationsmuster ist ein großer Teil der Sozialstaatsaufgaben, die Forsthoff (schon 1938, später 1971, 75-81) im Begriff »Daseinsvorsorge« zusammenfaßt, eine Kompensationspflicht und Auffangverantwortung. Mag der Sozialstaat an seiner Oberfläche als eine Solidaritätsgemeinschaft oder, wie Rawls annimmt, als eine Gemeinschaft der Verteilungsgerechtigkeit erscheinen – in seinem legitimationstheoretischen Kern erweist er sich als Gemeinschaft, die aus der Tauschgerechtigkeit und der komplementären korrektiven Gerechtigkeit heraus lebt.

Gegen das Tauschdenken drängen sich zwei Einwände auf. Erstens wachse wegen der höheren Lebenserwartung die Zeitspanne, in der die Älteren die Hilfe der Jüngeren bräuchten, so daß der Generationen-Vertrag inzwischen mehr den Älteren zugute komme. Dagegen spricht aber, daß sich für die Jugendlichen der Zeitpunkt der Berufsfähigkeit verschoben habe, teils durch die Verlängerung der Schulpflicht, teils durch die längeren Ausbildungszeiten.

Nach dem zweiten, grundsätzlicheren Einwand könne das Tauschdenken jene Personen nicht berücksichtigen, die, wie beispielsweise von Geburt an Schwerstbehinderte, in den Tausch nichts einbringen. Dieser Einwand läßt sich aber durch ein mehrteiliges Argument entkräften. Ein erstes Teilargument erinnert an die Verantwortung, die übernimmt, wer Kinder in die Welt setzt, eine Verantwortung, die die Eltern mit der Primärgruppe, in der sie leben, teilen. Der Mensch kommt nicht aus freiem Entschluß auf die Welt, sondern aufgrund fremder Entscheidung. Wer Kinder in die Welt setzt, wissend, daß sie hilfsbedürftig sind und gegebenenfalls, wegen Behinderungen, besonderer Hilfe bedürfen, der übernimmt die Pflicht zur entsprechenden Hilfeleistung. Das zweite Teilargument bringt den Gedanken der Kompensationspflicht und Auffangverantwortung ein, er meint weit mehr als nur eine Ausfallbürgschaft: Insoweit die Familien durch den Staat entmachtet worden sind, muß er in Aufgaben, die ursprünglich allein bei der Familie lagen, miteintreten. Nach einem dritten Teilargument verdankt sich ein Großteil der Behinderungen jenen Risiken, die mit unserer Zivilisationsform zusammenhängen. Da wir deren Vorteile kollektiv in Anspruch nehmen, sind auch die Nachteile kollektiv zu tragen.
Eine analoge Aufgabe besteht bei anderen klassischen sozialen Fragen, beispielsweise im Bereich der Arbeitslosigkeit und der Armut. Gewissermaßen als Fortsetzung von Familien- und Sippenverbänden waren die Kommunen bis weit ins 19. Jahrhundert wesentlich Solidargemeinschaften. Teils direkt, teils über Berufsgenossenschaften, die Zünfte, vermittelt, kümmerten sie sich um die Arbeitsmöglichkeiten und übernahmen wichtige Aufgaben der Daseinsvorsorge. Nun gehört zu den vielfältigen Faktoren, die die kommunalen Solidargemeinschaften zerfallen lassen, das Erstarken der politischen Zentralmacht. Indem diese größere Regelungskompetenzen, überdies einen höheren Anteil am gestiegenen Steueraufkommen an sich zieht, hat sie aus Gründen der Tauschgerechtigkeit die Pflicht, die Entmachtung der Kommunen zu kompensieren. Teils indirekt, auf dem Weg der Sozialversicherungen, teils direkt, durch eine Wirtschafts- und Sozialpolitik, übernimmt sie Aufgaben vorstaatlicher Agenturen.
Weitere Entschädigungsaufgaben ergeben sich aus ungerechten Tauschbeziehungen der Vergangenheit. Man denke an das Unrecht, das gegen Eskimos, Indianer, Indios und andere Ureinwoh-

ner verübt wurde, indem man deren Besitz bald gewaltsam, bald gegen unzureichende Gegenleistungen an sich nahm. So weit das Unrecht bis heute durchschlägt und in den entsprechenden Ländern hinsichtlich der Besitzverhältnisse die Ureinwohner benachteiligt sind, verdienen sie einen Ausgleich. Ähnliches gilt für die Schwarzen Nord- und Südamerikas sowie für andere Gruppen, denen durch Sklaverei, durch Leibeigenschaft und Erbuntertänigkeit oder auch durch »subtilere« Einrichtungen jahrhundertelang der Zugang zu Eigentumstiteln, zu gleichberechtigten Bildungseinrichtungen und zum sozialen Aufstieg versperrt wurde. In dem Maße, allerdings auch nur in dem Maße, wie das Unrecht bis heute nachwirkt und die entsprechenden Gruppen geringere Chancen haben, besteht das Recht auf eine Kompensation, die von denen zu leisten ist, die nicht überhaupt, wohl aber aufgrund des früheren Unrechts bevorteilt sind. Ähnliches gilt für die Kolonien. Sofern in ihnen ein langfristig wirksames Unrecht geschehen ist – durch Monokulturen, durch mangelnde Bildungschancen für die Eingeborenen usw. –, schuldet man ihnen einen Ausgleich. Ihn schuldet freilich nicht die Weltgemeinschaft, sondern der, der sich das Unrecht hat zuschulden kommen lassen, also die jeweils zuständige Kolonialherrschaft – insbesondere dann, wenn sie sich bis heute eines Vorteiles, etwa eines bleibenden kulturellen Einflusses, erfreut.

Auch für die Frage, ob man den Frauen im Berufsleben vorübergehend eine gewisse Bevorzugung einräumen soll, trägt das Argumentationsmuster bei. Soweit sich nachweisen läßt, daß die in früheren Generationen geübte kollektive Benachteiligung bis heute »durchschlägt«, allerdings auch nur so weit, wie der etwaige Nachweis reicht, ist eine kompensatorische und wieder kollektive Bevorzugung von Frauen legitim.

2. Zugunsten einer Reihe von sozialstaatlichen Aufgaben spricht ein weiteres institutionstheoretisches Argument. Wie das erste Argument wird es nur in Verbindung mit sozialgeschichtlichen Entwicklungen triftig, bestätigt also das Argumentationsmuster »Ethik plus Anthropologie plus Sozialgeschichte«: Im Laufe ihrer Geschichte entwickeln sich soziale Institutionen zu fortschreitend differenzierteren Komplexen. Bei dieser Entwicklung handelt es sich zu einem großen Teil um strukturelle, also kollektiv eintretende Veränderungen mit einer strukturell, also wieder kollektiv neuen Lage von Vorteilen und Risiken, die sich allerdings auf die

einzelnen Gruppen und Individuen unterschiedlich verteilen. Daß zum Beispiel die industrielle Produktion die materiellen Güter verbilligt, kommt zwar allen zugute; ist aber nur mit Hilfe einer Arbeiterschaft möglich, die in den Produktionsprozeß (fast) nichts als ihre Arbeitskraft einbringt, vom Risiko der Arbeitslosigkeit daher stärker betroffen ist als die Gruppen, die auch über Grund und Boden oder Kapital verfügen. Für den kollektiven Vorteil, die verbilligte Güterproduktion, übernimmt die Arbeiterschaft einen partikularen Nachteil, das Sonderrisiko eines hohen Maßes an Schutzlosigkeit. Darin liegt solange eine Ungerechtigkeit, wie das Risiko nicht von allen, die in den Genuß der verbilligten Güterproduktion geraten, also von der Gesamtgesellschaft, mitgetragen wird.

Ähnliches gilt für die spezialisierte Arbeitsgesellschaft. Sie erhöht nicht nur die Produktivität und Leistungsfähigkeit; sie verbessert nicht bloß die Chancen für eine individuelle und individualisierte Selbstverwirklichung, sie birgt auch eine Reihe von Risiken, beispielsweise erhöht sie die gesellschaftliche Interdependenz und daraus folgend die Störanfälligkeit. Weiterhin wächst der Anteil der nichtselbständig Erwerbstätigen. Ferner wird die Arbeit in kleinere und immer kleinere Portionen zerstückelt; außerdem wird sie mehr und mehr vorgeplant. Nicht zuletzt geht mit der erforderlichen Mobilität ein Verlust heimatlicher Lebensräume einher, was sowohl die emotionale Stabilität als auch die kulturelle Identität gefährdet. Da die Risiken wieder strukturell, also kollektiv gegeben sind, aber nicht jede Gruppe gleichermaßen treffen, müssen auch sie aus Gründen korrektiver Gerechtigkeit kollektiv aufgefangen werden.

Offensichtlich wachsen dem Sozialstaat aufgrund dieser Argumentation neue Aufgaben zu, etwa im Bereich der Bildung, da eine Arbeitsgesellschaft sie nicht nur um ihrer selbst willen, sondern auch zum Zweck der Berufsfähigkeit sucht. Die Tauschgerechtigkeit, das wird sich zeigen, bildet für sich allein nur einen Kern, der ohne zusätzliche Rahmen- und Randbedingungen keine legitimatorische Kraft entfaltet. Schließlich erklären die Zusatzbedingungen, warum das Gemeinwesen, heute: der Staat, nicht immer dieselben Aufgaben übernimmt und es trotzdem demselben Legitimationsmuster verbunden bleibt, der Idee der Tauschgerechtigkeit.

Im Verlauf der Neuzeit erhält bekanntlich der Staat immer mehr

Aufgaben. Die entsprechende Entwicklung, namentlich die zum Sozialstaat, pflegt man als einen moralischen Fortschritt anzusehen. Während man in anderen Bereichen, insbesondere bei Wissenschaft und Technik, gegen den Fortschrittsgedanken skeptisch geworden ist, hält man im Bereich der Staatsaufgaben an diesem Gedanken gern fest. Nach dem neuen Paradigma ist auch hier Zurückhaltung geboten. Denn verändert haben sich in vielen Fällen lediglich jene nicht-normativen, also deskriptiven Elemente, ohne die sich aus der Idee der Tauschgerechtigkeit keine substantiellen Forderungen ergeben. Gelegentlich ist allerdings auch die Sensibilität für die neuen Randbedingungen gewachsen; dann, allerdings auch nur dann, darf man von einem gewissen Fortschritt sprechen.

3. Der gegenwärtig wichtigste Gerechtigkeitstheoretiker, John Rawls (1971: §§ 13, 17 u.a.), trägt sowohl in deskriptiver wie normativer Hinsicht andere Argumente vor. Seine Legitimationsstrategie kann jedoch in beiden Hinsichten weniger überzeugen. In deskriptiver Hinsicht läßt sich Rawls auf jene sozialgeschichtlichen Randbedingungen, die die soziale Frage hervorgerufen haben, nicht ein; hier verfolgt er eine unspezifische, zu generelle Strategie. Und in normativer Hinsicht übersieht er den tauschtheoretischen Kern; daß für Bevölkerungsgruppen und Persönlichkeits»typen«, die durch die Entwicklung einer Industriegesellschaft benachteiligt werden, der entsprechende kollektive Vorteil nur dann gerecht ist, wenn jeder einzelne am kollektiven Vorteil beteiligt wird.

Aus der neuen Legitimationsstrategie folgt für die soziale Gerechtigkeit ein neues Prinzip. Während Rawls' erstes Prinzip, das der größten gleichen Freiheit, zur politischen und nicht sozialen Gerechtigkeit gehört, ist sein sogenanntes Unterschiedsprinzip (»difference principle«) zwar ein ungefähres Äquivalent zur sozialen Gerechtigkeit; daß es aber nicht deren Kern trifft, zeigt folgende Überlegung: Menschen, die sich in ernster Not befinden, verdienen auch dann unser tätiges Mitleid, wenn sie ihre Not selbst verschuldet haben; einen Anspruch auf unsere Hilfe haben sie aber nicht. Ist dagegen die Not von der Gesellschaft mitverschuldet, beispielsweise weil sie sich auf kollektive Risiken eingelassen hat, so ist sie zur Kompensation verpflichtet. Nicht für die Schlechtergestellten als solche trägt die Gesellschaft Verantwortung, wohl aber für diejenigen, die durch die kollektiven Verbesserungen schlechter gestellt werden. Damit die Ausbildung einer Industriegesellschaft als legitim gelten kann, müssen die einschlägigen Benachteiligungen in einen Per-Saldo-Vorteil transformiert werden.

Zweifelsohne entwickelt sich eine Gesellschaft zu einem guten Teil naturwüchsig. Außerdem lassen sich vorab weder die Art noch die Bilanz der Vor- und Nachteile genau bestimmen. Deshalb muß der Staat jene Qualität, die man heute – etwas verkürzend – »Reflexionsstaat« nennt (s. Kap. 8), aus tauschtheoretischen Gründen erreichen. Unter dem Gesichtspunkt »kollektive Vorteile und partikulare Nachteile« muß er immer wieder neu die gesellschaftlichen Entwicklungen reflektieren, gegebenenfalls Korrekturmaßnahmen überlegen und dafür neue Kompetenzen, namentlich Planungskompetenzen, übernehmen.

Eine tauschtheoretische Legitimation des Sozialtaates sucht nicht nur Antworten, sondern formuliert auch Fragen. Über Marcel Mauss (1923-24) kennen wir als besondere Tauschform einen weitläufigen Ringtausch, den Potlatsch, bei dem der Tausch materieller Gegenstände nur ein Vorwand oder besser nur ein Symbol für das eigentliche Ziel darstellt, die friedliche, vielleicht sogar freundschaftliche Koexistenz. Von dieser Art ist der Tausch, von dem B. Chatwin (1990, 29) erzählt: Ein Kameltreiber »stiehlt« einem Geologen einen Hammer, läßt dafür sein Messer liegen, auf daß es der andere »stehle«, um schließlich unter Gelächter die Werkzeuge auszutauschen und auf diese Weise Freunde zu werden. Bemerkenswert ist, daß sich dieser Tausch für die Konstitution und Erhaltung der entsprechenden Gesellschaften als wichtiger denn der materielle Tausch erweist. Meine Frage lautet: Könnte der Sozialstaat ein Element von Potlatsch in sich aufnehmen und die materiellen Leistungen als Vorwand und Symbol für einen nichtmateriellen Tausch auffassen, für die ständig geübte und immer wieder erneuerte Vergewisserung einer friedlichen, fast freundschaftlichen Koexistenz? Allerdings könnte es sein, daß der Sozialstaat, gerade wegen seines Staatscharakters, dies verhindert. Die Rechts- und Staatsform hat nämlich Phänomene zur Folge, die Bürokratisierung und das Anspruchsdenken, die dem nichtmateriellen Tausch, der Realisierung einer freundschaftlichen Koexistenz, im Wege stehen.

Im übrigen darf man nicht vergessen, daß der vielbeschworene Generationenvertrag über mindestens drei Generationen abgeschlossen wird. Die unter dem wohlklingenden Titel »soziale Gerechtigkeit« ausufernde Sozialstaatlichkeit geht auf Kosten der dritten Generation, der Kinder- und Kindeskinder: die Schuldenlast steigt, die nicht nur finanziell zu verstehende Investitionsrate, beispielsweise die Forschung im Verhältnis zur Lehre, sinkt, das Gesundheitswesen wächst stärker als das Bildungswesen, und vielerorts wird jene soziale Infrastruktur, die sich in funktionierenden Strukturen darstellt, mehr überlastet als erneuert.

9.3 Die neue soziale Frage: Umweltschutz

Bei der neuesten sozialen Frage, dem Schutz der natürlichen Umwelt, scheint das Tauschdenken zu versagen. Denn die natürliche Umwelt ist eine Vorgabe, die sich wegen ihrer Natürlichkeit nicht tauschen läßt. Der Einwand ist berechtigt, in seiner Tragweite aber geringer, als man erwartet. Angesichts der naturalen Natur braucht es – zwar nicht als Alternative, aber als Ergänzung – den Gedanken einer Verteilung primordialer Verfügungsrechte über die Natur. All das, was man an der Natur verändert – und der überwiegende Teil der Sozial- und Zivilisationsprozesse besteht aus derartigen Veränderungen –, läßt sich jedoch nach dem neuen Paradigma oder aber der korrektiven Gerechtigkeit betrachten: beispielsweise der Abbau von Ressourcen, die Bewältigung von Gefahren und die Schaffung bzw. Inkaufnahme neuer Risiken.

Einige Aufgaben lassen sich schon rechtsstaatlich begründen; dort, wo unmittelbar Leib und Leben oder fremdes Eigentum bedroht sind, gestaltet sich der Umweltschutz als klassische Polizeiaufgabe. Andere Aufgaben lassen sich sozialstaatlich rechtfertigen, namentlich der Umweltschutz als Gerechtigkeit gegen künftige Generationen, wieder andere gehen jedoch über diese Aufgaben hinaus. Da die lebenden Generationen von den zukünftigen Generationen keine Gegenleistungen erhalten, infolgedessen der Prozeß des Nehmens und Gebens entfällt, scheint hier das Legitimationsmuster der Tauschgerechtigkeit endgültig zu versagen. Sobald man sich mit dem Gedanken eines phasenverschobenen Tausches vertraut gemacht hat, sieht man aber, daß der Einwand nur begrenzt gültig ist. Bei den weitaus meisten Fragen, die wir als »Verantwortung gegen die künftigen Generationen«

diskutieren, reicht nämlich der Blick auf die Kinder- und Kindeskinder-Generationen aus; da sie kontinuierlich heranwachsen, weist der Blick weit in die Zukunft.

Weil die Art, wie die natürliche Umwelt der nächsten Generation hinterlassen wird, deren Lebenschancen und Lebensrisiken mitbestimmt, kommt es im Generationenvertrag darauf an, der nächsten Generation keine Hypotheken zu vererben, für die keine entsprechend hohen Bürgschaften mitvererbt werden. Nach diesem Maßstab ist beispielsweise ein Abbau nichterneuerbarer Energiequellen nur unter der Bedingung gerecht, daß er nicht schneller erfolgt, als man neue Quellen erschließt. Ferner darf man erst dann behaupten, neue Quellen erschlossen zu haben, wenn sich das Risiko der Energiegewinnung nicht im Verhältnis zu den traditionellen Energiequellen vergrößert.

Für den Umweltschutz grundlegender als der Gedanke der Tauschgerechtigkeit ist der der korrektiven Gerechtigkeit. Um ihn entwickeln zu können, muß man einerseits eine Interpretation dessen voraussetzen, was die Natur für die Menschheit bedeutet, andererseits ein Prinzip für die Verteilung der primordialen Verfügungsrechte. Ich begnüge mich hier mit einem Vorschlag. Als intuitiv plausibel erscheint es, die naturale Natur, weil sie eine prinzipielle Vorgabe darstellt, als Gemeineigentum der Menschheit, als Allmende der ganzen Gattung, zu betrachten, die jeder Generation und, innerhalb der Generationen, jedem einzelnen Individuum gleichermaßen gehört. Wer diesen Gedanken anerkennt, hat es nicht schwer, als Verteilungsprinzip ein Gleichheitsprinzip zu vertreten. Es besagt, daß jede Generation und, innerhalb der Generationen, jedes Individuum das gleiche Recht auf die Allmende hat.

Unter Voraussetzung des Gleichheitsprinzips verlangt die korrektive Gerechtigkeit, daß jeder, sei es ein Individuum, eine Gruppe oder eine Generation, der sich etwas vom Gemeineigentum nimmt, in anderer Weise etwas zurückgibt und dabei den Gesichtspunkt der Gleichwertigkeit beachtet. Nun sind vielleicht gewisse Dinge nicht substituierbar und trotzdem lebensnotwendig, so daß hier ein bloßer Abbau der natürlichen Ressourcen stattfindet. Dann müßte auch dieses Problem nach dem Gleichheitsprinzip gelöst werden; hinsichtlich der nicht substituierbaren Ressourcen darf jede Generation nur das – in etwa – selbe Maß an Abbau vornehmen. Daß ein derartiger Vorschlag eine Fülle von

Zusatzfragen aufwirft, versteht sich von selbst. Schwierigkeiten, die einer Operationalisierung (dem Messen, Vergleichen, Durchsetzen ...) entgegenstehen, stellen aber noch nicht den Grundgedanken in Frage; als eine Art von regulativer Idee gibt er nämlich die Richtung vor, in der die Operationalisierungen zu suchen sind (vgl. Höffe 1993, Kap. 11).

Ohne Zweifel stellen die vorangehenden Überlegungen nicht mehr als eine Legitimationsskizze dar, die man genauer ausführen und gegen weitere Einwände verteidigen müßte. Ich betrachte sie als einen Vorschlag, nicht nur die unstrittigen, sondern auch die strittigen Staatsaufgaben einmal so zu diskutieren: nicht mit Solidaritäts-, sondern mit Gerechtigkeitsüberlegungen und im Rahmen der Gerechtigkeit nicht (lediglich) mit einer Verteilungs-, sondern (zusätzlich) mit der kommutativen und der korrektiven Gerechtigkeit. Dabei kommt es auf mindestens vier Punkte an: zunächst, normativ, auf eine Wechselseitigkeit der zum Tausch anstehenden Vor- und Nachteile; sodann, nicht-normativ, auf einen hinreichend weiten und sozialgeschichtlich sensiblen Tauschbegriff; ferner auf den Nachweis, daß tatsächlich eine Wechselseitigkeit stattfindet; und schließlich auf den Nachweis, daß sich ohne die Entscheidungs- und Zwangsbefugnisse öffentlicher Gewalten die Wechselseitigkeit nicht hinreichend verläßlich durchsetzt.

10. Subsidiarität als Staatsprinzip

In der Europa-Debatte ist das Subsidiaritätsprinzip inzwischen vertraut, vom Standpunkt der Staatstheorie ist es eine Anomalie. Die wesentlichen Merkmale der Rechts- und Staatsordnung – Menschen- und Grundrechte, Demokratie und Gewaltenteilung, selbst Föderalismus – haben nämlich in der Staatstheorie eine bald vorlaufende, bald nachfolgende Entsprechung; die Subsidiarität taucht dagegen fast nur in der christlichen Sozialethik auf. Die wissenschaftliche Klugheit geböte daher, sich auf vertrautes Parkett zu begeben und den verwandten, zugleich in der Staatstheorie bekannten Begriff des Föderalismus zu diskutieren. Weil an entsprechender Stelle aber von Subsidiarität und mit gutem Grund nicht von Föderalismus die Rede ist (zum Verhältnis beider Begriffe s. Stewing 1992), vermeiden wir den bequemen Themenwechsel, skizzieren die Sozialethik der Subsidiarität (10.1), werfen einen Blick auf die Vorgeschichte, auf Aristoteles und seine Gründe zugunsten der Subsidiarität (10.2), übertragen dann den Begriff auf die Staatstheorie (10.3) und überlegen schließlich einige europapolitische Konsequenzen (10.4).

Zunächst vergegenwärtigen wir uns den politischen Hintergrund: Bei der Weiterentwicklung der Europäischen Gemeinschaft zu einer Europäischen Union stellt sich die Frage nach deren Zuständigkeit im Verhältnis zu den Gliedstaaten. Für sie greift man auf das Stichwort Subsidiarität zurück und nimmt es in den Maastrichter »Vertrag über die Europäische Union« (1992) auf, und zwar an zwei rechtstheoretisch grundverschiedenen Stellen. Zum einen erscheint das Stichwort in der Präambel, womit es die Bedeutung einer Rechts- und Staatsidee erhält; zum anderen steht es im Titel 1, Art. B, mit Verweis auf Art. 3b, wo das Prinzip näher ausgeführt wird und einen justiziablen Charakter gewinnt.

Interpretiert man die politischen Verhältnisse der Antike mit Hilfe des Gegensatzes Föderalismus – Zentralismus, so war Rom nicht rein, aber sowohl insgesamt als auch innerhalb der Provinzen stärker zentralistisch geordnet, Griechenland dagegen sowohl innerhalb der einzelnen Stadtstaaten als auch zwischen ihnen föderalistisch aufgebaut. Obwohl die politische Philosophie Europas von ihrem Ursprung her griechisch inspiriert ist, setzt sich in der tat-

sächlichen Politik immer wieder Rom durch. Dieser Umstand könnte zu den Gründen gehören, warum sich die lateinischen Staaten mit dem Föderalismus schwerer tun als jene Staaten, die Rom hinhaltend Widerstand leisteten, und warum gegen die Gefahr einer zu kompetenzreichen Zentralinstanz die Staaten mit föderalistischer Tradition das Stichwort Subsidiarität einbringen. Innerhalb der Europapolitik taucht es schon 1987 auf, damals aber erst punktuell, in einer Norm über die Umweltpolitik (Art. 130r Abs. 4 des Vertrages über die Gründung der Europäischen Wirtschaftsgemeinschaft). Eine generelle Rolle spielt das Prinzip erst auf der »Konferenz Europa der Regionen« (München 1989), wo es heißt: »Subsidiarität und Föderalismus müssen die Architekturprinzipien der Gemeinschaft sein«. Der entscheidende Impuls, das Prinzip im Maastrichter Vertrag zu verankern, dürfte von dieser Konferenz ausgegangen sein. Noch im gleichen Jahr setzt sich im Europa-Kolleg in Brügge der damalige EG-Kommissionspräsident Jaques Delors für Subsidiarität in Europa ein.
Was genau das Prinzip bedeutet, ist allerdings umstritten, und die Kontroverse beginnt nicht erst bei der Feininterpretation: 1. Hinsichtlich der politischen Intention erhofft sich die eine Seite eine wirksame Waffe gegen eine übermächtige Zentralinstanz, während die Gegenseite fürchtet, die Vertiefung der europäischen Gemeinschaft werde gestoppt und die Subsidiarität zum Instrument einer Renationalisierung, sogar »Balkanisierung«, Europas mißbraucht (Pescatore 1995). – 2. Entscheidend ist die nähere Aufgabe. Hier halten die einen den Subsidiaritätsgedanken für ein Kompetenz*verteilungs*prinzip, die anderen für eine Kompetenz*ausübungs*regel. – 3. In bezug auf die Kompetenzübertragung nach oben erwarten manche eine verbindliche Grenze; nach einer zweiten Ansicht liegt nur eine politische Handlungsmaxime im Sinne einer Regel für freiwillige Selbstbeschränkungen vor; und nach einer dritten Ansicht hat das Prinzip lediglich appellativen Charakter, sei mithin als Waffe gegen zentralistische Tendenzen denkbar stumpf. – 4. Eine weitere Kontroverse betrifft die Kriterien- oder Meßfähigkeit: Kann der Subsidiaritätsgedanke hinreichend genau abgrenzen, welche Kompetenzverteilung oder aber -ausübung der Europäischen Union erlaubt, welche geboten, welche verboten ist?
Diese vier Fragen kann man in die *eine* Frage zusammenfassen: Ist das Subsidiaritätsprinzip fähig, Kompetenzfragen zu lösen? Ver-

bindet es zu diesem Zweck ein hinreichendes Maß an Orientierung und Entscheidung mit genügend Offenheit für die je verschiedenen Probleme? Darüber hinaus stellt sich die Frage der Legitimation: Hat im Rechts- und Staatsdiskurs die Subsidiarität überhaupt einen genuinen Ort?

10.1 Das sozialethische Prinzip

Bekannt ist der Gedanke aus der katholischen Soziallehre (vgl. Nell-Breuning 1990 und Schneider 1983), in die er wahrscheinlich unter dem Einfluß von Bischof Ketteler (z. B. 1862/1977, 244-247) gelangt. Schon die erste große Sozialenzyklika *Rerum novarum* (1891) nimmt den Gedanken auf, und volles Heimatrecht besitzt er in der Soziallehre seit der Enzyklika *Quadragesimo anno* (1931).

Die einschlägige Forschung belehrt uns zwar über eine längere Geschichte (z. B. Lecheler 1993, 29-43; Pieper 1994, 27-60). Der Sache nach ist der Subsidiaritätsgedanke etwa in der liberalistischen Staatstheorie zu finden, beispielsweise bei Abraham Lincoln und vorher bei Wilhelm v. Humboldt (vgl. Battisti 1994), während John Dewey ihn gegen den Lockeschen Liberalismus und zugunsten einer lebensfähigen Gesellschaft (»sustaining society«; vgl. Bellah 1991, 262 ff.) verwendet. Politisches Gewicht gewinnt er aber nicht wegen seiner Vorgeschichte, auch nicht wegen der Bemerkung eines so bedeutenden Staatsrechtlehrers wie Jellinek (^{3}1914, 259), daß der Staat nur eingreifen darf, »soweit die freie individuelle oder genossenschaftliche Tat unvermögend ist, den vorgesetzten Zweck zu erreichen«. Ohnehin sind derartige Elemente bloß wenigen Gelehrten bekannt. Politischen Einfluß erlangt der Subsidiaritätsgedanke allein wegen seiner heutigen Präsenz, was lediglich auf die neuere katholische Soziallehre und auf einige von ihr beeinflußte Rechtsbereiche zutrifft, in Deutschland etwa auf das Jugendwohlfahrtsgesetz von 1953 und das Bundessozialhilfegesetz von 1961 (s. Collmer 1963). Nach Ansicht einiger deutscher Staatslehrer spielt das Subsidiaritätsprinzip aber für die »Verfassungsordnung des demokratischen Rechtsstaates« eine generelle Rolle (Kimminich 1981, auch Isensee 1968; dort Literatur zur kontroversen Debatte). Nimmt man als Beispiel das deutsche Grundgesetz (= GG), so werden in der Tat die klassischen Stufen genannt und verfassungsrechtlich garantiert: der Einzelmensch (Art. 1 ff. GG), die Familie (Art. 6 GG), private Vereine (Art. 9 GG), Länder und Bund (Art. 20 I und 79 III GG) und supranationale Institutionen (Art. 24 GG). Andererseits wird das Subsidiaritätsprinzip nicht streng beachtet, da zum Beispiel der Bund auch Aufgaben erhält, die von den Ländern mühelos übernommen werden könnten. Der 1992 neugefaßte Artikel 23 führt zwar den »Grundsatz der Subsidiarität« ausdrücklich an; inwieweit er eine Gestaltungskraft entfaltet, bleibt aber abzuwarten.

Daß die Subsidiarität in den Verfassungen anderer europäischer Länder ein nennenswertes Gewicht erhält, ist mir nicht bekannt. (Zu den USA vgl. Fischer 1994 und Greß 1995; für die Vereinten Nationen s. deren Charta, Art. 52, bes. Abs. 2.) In einer neueren französischen Monographie wird sie jedoch für andere Bereiche diskutiert, namentlich als Gegengewicht zu dem die individuelle Freiheit bedrohenden Wohlfahrtsstaat (Millon-Delsol 1992). Und in Österreich taucht das Prinzip in einer Verfassung, allerdings nur in einer Landesverfassung, der von Vorarlberg (Art. 7 Abs. 1), auf (s. Häberle 1994, Teil 1). Weil es dort mit der »freien Entfaltung der Persönlichkeit« und mit »Solidarität« verbunden wird, kann man als Hintergrund auf die katholische Soziallehre schließen, baut diese doch auf der Trias Personalität – Solidarität – Subsidiarität auf.

Die Anerkennung, die sich das Prinzip auf gesamteuropäischer Ebene verschafft, dürfte durch zwei Elemente seiner Geschichte erleichtert werden. Nach dem Subsidiaritätsartikel des *Evangelischen Staatslexikons* (^{2}1975), immerhin von Roman Herzog verfaßt, haben sich »von evangelischer Seite wichtige kirchenamtliche und auch wissenschaftliche Äußerungen ... für das Subsidiaritätsprinzip ausgesprochen«. Nach Herzog ist zwar ›seiner Entstehungsgeschichte nach das Subsidiaritätsprinzip eindeutig katholischer Herkunft‹ (2597). Gegen die Gefahr einer konfessionellen Engführung spricht aber der Umstand – so ein zweites Element –, daß zur Vorgeschichte des Subsidiaritätsprinzips ein Rechts- und Sozialphilosoph gehört, der unter Einfluß von Calvin und der reformatorischen Föderaltheologie steht, Johannes Althusius. Ferner könnte man Pufendorf, ebenfalls Protestant, nämlich Lutheraner, anführen.

Weil trotzdem die weit größere Rolle der Subsidiaritätsgedanke in der katholischen Soziallehre spielt, greifen wir hier nur auf den dafür wichtigsten Text, die Sozialenzyklika *Quadragesimo anno*

(1931; s. Schnatz 1973, 401-417), zurück. Der entscheidende Passus steht im Abschnitt »Societatis ordo instaurandus« (Die einzurichtende Gesellschaftsordnung). Argumentationslogisch überzeugend, beginnt er mit einer Diagnose der damals vorherrschenden sozialen Pathologien und sagt, während es früher einen Reichtum an Gesellschaftsformen gegeben habe, seien jetzt fast nur noch zwei Instanzen, die Einzelmenschen und der Staat (singulares homines et res publica), übriggeblieben. Aus der Verarmung des Sozialen folge eine Überforderung des Staates – die komplementäre Überforderung der Individuen wird überraschenderweise nicht erwähnt –, gegen die als Therapie das überhaupt wichtigste sozialphilosophische Prinzip (in philosophia sociali gravissimum principium), der Subsidiaritätsgedanke, ins Feld geführt wird: »Jedwede Gesellschaftstätigkeit ist ihrer Kraft und ihrer Natur nach (vi naturaque sua) subsidiär; sie soll die Glieder des Sozialkörpers unterstützen, darf sie aber niemals zerschlagen oder aufsaugen.«
Diese Bestimmung läßt sich als die Grundformel ansprechen. Ihr zufolge geht es um die Rechte, die einem »Sozialkörper« zustehen. Das Subsidiaritätsprinzip hat eine legitimationstheoretische Bedeutung und dabei einen doppelten Gehalt. Nach seiner *konstruktiven* Seite hat die Gesellschaft kein Eigenrecht, steht vielmehr in (fremden) Diensten, für die die *kritische* Seite eine absolute Grenze aufstellt; Glieder des Sozialkörpers zerstören oder auch nur ihre Selbständigkeit nehmen, darf man auf keinen Fall. Folgt man den Erläuterungen, so bestimmt sich das Subsidiaritätsprinzip des näheren aus sieben begrifflichen Momenten:
1. Das erste Moment, das letztentscheidende Maß, klingt überraschend individualistisch. Nach einem weiteren Prinzip der neueren Soziallehre, der Personalität, erwartet man nämlich, daß die Enzyklika den normativ reicheren und anspruchsvolleren Ausdruck »persona« verwendet. Vielleicht ungewollt vom Liberalismus beeinflußt, spricht sie aber von »singularis homo«; den sowohl ersten als auch letzten, den entscheidenden Bezugspunkt bildet der Einzelmensch. Im Gegensatz zu einem organologischen und einem utilitaristischen Verständnis und jeder anderen Hypostasierung des Sozialen gibt nicht die Gemeinschaft das Maß ab, sondern der einzelne. Was er »aus eigener Initiative und mit eigenen Kräften leisten kann, darf nicht ihm entzogen und der Gemeinschaft zugewiesen werden (eripere et communitati demandare)«.

2. Man könnte meinen, Subsidiarität falle mit Delegieren und Dezentralisierung zusammen. Wer delegiert, gibt Kompetenzen von oben nach unten ab; wie der Ausdruck »eripere« (rauben) deutlich macht, stehen sie aber nach dem Subsidiaritätsprinzip der oberen Instanz erst gar nicht zu; Mehrkompetenzen sind nichts weniger als illegitime Kompetenzanmaßungen.
3. Eine anthropologische Prämisse erläutert, warum es Gesellschaft überhaupt braucht: Der einzelne ist für sich selbst nicht genug; mangels Autarkie bedarf er des subsidium, der Hilfe. Das Subsidiaritätsprinzip im engeren Sinn stellt dafür eine Prioritätsregel auf. Da sie in zwei deontischen Modalitäten erscheint, als Gebot und Verbot, und beide nicht das genau selbe Thema behandeln, spricht man besser von zwei Prioritätsregeln, einem Hilfsgebot und einem Kompetenzanmaßungsverbot. Beide Regeln bestehen übrigens aus zwei Teilen, was das verbreitete Verständnis korrigiert, der Subsidiarität gehe es bloß um das Verhältnis der höheren zu den niedrigeren Gemeinschaften.
4. Das Hilfsgebot richtet sich an die Gemeinschaften; die gesamte Sphäre des Sozialen wird in einen Dienst an den Einzelmenschen gestellt. Erst der zweite Teil besagt, was man üblicherweise vom Subsidiaritätsprinzip erwartet, daß im Rahmen einer Hierarchie von Gemeinschaften die größeren und übergeordneten den kleineren und untergeordneten dienen.
5. Für die zum Dienst erforderlichen Kompetenzen stellt die zweite Prioritätsregel, das Verbot, eine klare Grenze auf. Sie ist wieder zweiteilig und betrifft sowohl die Beziehung der Sozialsphäre zu den Individuen als auch die Beziehung der größeren, umfassenderen zu den kleineren Sozialeinheiten. In beiden Hinsichten wird das Subsidiaritätsprinzip zu einer negativen Kompetenzverteilungsregel, zu einer Kompetenzbegrenzungsregel. In ihr spricht sich eine Parteinahme für unten aus, jene Minimierung der Kompetenz übergeordneter Instanzen, die von der jeweils höchsten Stufe größte Zurückhaltung verlangt. Keine Zuständigkeit darf höher als nötig angesetzt werden; was das Individuum vermag, darf nicht von der Gemeinschaft beansprucht werden; und was die kleinere Sozialeinheit vermag, darf ihr die größere nicht entziehen. Da die Enzyklika, von der Kirche abgesehen, den Staat als höchste Instanz anspricht, dient das Subsidiaritätsprinzip vornehmlich der Einschränkung staatlicher Kompetenzen; es ist ein Prinzip der Begrenzung staatlicher Kompetenz.

Man kann sich fragen, wer die Begrenzung denn vornehmen soll, darauf antworten, nur der Staat sei dazu fähig, und daraus ableiten, die Subsidiarität könne nur für die Verteilung, nicht auch für die Begrenzung staatlicher Kompetenz zuständig sein. Selbst der Schutz vor zu viel an Staatlichkeit müsse also von seiten des Staates erfolgen. Eine solche Überlegung übersieht zweierlei: das Demokratieprinzip und die legitimationstheoretische Bedeutung des Subsidiaritätsprinzips. Einerseits entscheidet über das Maß an Staatlichkeit nicht der Staat, sondern die Civitas, die Gesamtheit der Rechtsgenossen. Andererseits stellt das Subsidiaritätsprinzip für deren Entscheidung ein Legitimationskriterium auf: Staatliche Tätigkeit ist nur so weit legitim, wie die unteren Sozialeinheiten gar nicht oder nicht annähernd so gut tätig sein können.

6. Anwendungsfähig ist das Prinzip, genauer: der zweite Teil der beiden Prioritätsregeln, nur unter der Voraussetzung, daß es in irgendeiner Weise hierarchisch geordnete Sozialeinheiten gibt. Diese Anwendungsbedingung, die sozialtheoretische Prämisse des Subsidiaritätsprinzips, kann man empirisch lesen und sagen, von Subsidiarität könne nur dort die Rede sein, wo die Gesellschaftsordnung nicht insgesamt, wohl aber zum Teil von der Art ist: Individuum – Familie – Sippe – größere Einheit. Da aber die Enzyklika die Erosion intermediärer Gesellschaftsformen beklagt, lese ich die Anwendungsbedingung zusätzlich in dem normativen Sinn, daß man das Individuum nicht einer einzigen, dann tendenziell übermächtigen Sozialeinheit aussetzen darf. In der entsprechenden Forderung liegt sogar der erste und elementarste Gehalt des Subsidiaritätsprinzips: Zwischen das Individuum und die höchste Instanz sollen intermediäre Gesellschaftsformen zwischengeschaltet werden. Soweit sie schon bestehen, sind sie zu stärken; soweit sie fehlen, sind sie neu zu etablieren.

7. Das letzte Moment im Subsidiaritätsprinzip betrifft die Verbindlichkeitsart und ist wieder zweistufig. Jeder Verstoß gilt als Ungerechtigkeit und darüber hinaus als gravierender Schaden, mithin sowohl als rechtsmoralische wie als sozialpragmatische, utilitaristische Verfehlung, als eine kollektive Selbstschädigung. Mit beiden Gesichtspunkten entgeht das Subsidiaritätsprinzip einem naiven Moralisieren. Statt sich auf das spezifisch Christliche zu berufen, auf jene hochgemute Moral der Nächstenliebe, die wir in säkularisierter Form als Brüderlichkeit bzw. Solidarität kennen, beruft sich die Enzyklika in der zweiten Hinsicht auf eine

kollektive Klugheit. Und in der ersten, genuin moralischen Hinsicht argumentiert sie mit der kulturübergreifenden und zugleich bescheideneren Moral dessen, was die Menschen einander schulden, mit der Rechtsmoral oder Gerechtigkeit. Der entscheidende Ausdruck ist nachdrücklich genug; wer gegen das Subsidiaritätsprinzip verstoße, mache sich eines Diebstahls (eripere), einer Kompetenzanmaßung, schuldig.

Weil beide Prioritätsregeln zweiteilig sind, kann es Spannungen geben. Für ihre Lösung bieten sich zwei Metaregeln oder Konfliktentscheidungsregeln an. Räumt man die Priorität den unteren Sozialeinheiten ein, so dürfen sie Kompetenzen übernehmen, die gegebenenfalls den homo singularis benachteiligen. Da aber eine derartige Metaregel dem homo singularis als letztem Kriterium widerspricht, bleibt nur die andere Metaregel übrig. Weil der einzelne und zugleich einzigartige Mensch das Maß abgibt, stärke man bei Kompetenzkonflikten, die zwischen den Gemeinschaften auftauchen, nicht grundsätzlich die kleinere Form, sondern diejenige, die am meisten dem Individuum dient.

Ein Beispiel möge die Tragweite dieser Metaregel andeuten: Nach Yerushalmi (1995) haben die Juden im Verlauf ihrer Geschichte das Bündnis mit den Königen, sprich: den höheren Instanzen, gesucht, weil sie von ihnen einen Schutz erhielten, den zu gewährleisten lokale und regionale Instanzen oft außerstande waren. Ein zweites Beispiel bieten Sippenverbände, die einerseits den einzelnen tragen und stützen, andererseits enge Fesseln mit sich führen. Will der Mensch sich von ihnen lösen, etwa um die Möglichkeiten einer urbanen Zivilisation zu erhalten, so dürfte jene Schwächung unvermeidlich sein, die wir aus der Antike kennen. Die herausragenden Kulturleistungen des antiken Athen und vorher von Sumer, Ägypten, China usw. sind ohne eine Entmachtung der vorpolitischen Einheiten nicht denkbar; zugespitzt: ohne eine gewisse Zentralinstanz gibt es keine Hochkultur. Vielleicht ist sogar, sieht man von anomalen Fällen ab, die Achtung vor dem Individuum desto größer, je stärker der Staat ist. Denn wie Durkheim (1896-1915/1991, 85 und 94) sagt, war es der »Staat, der das Kind aus der patriarchalischen Abhängigkeit befreit und der häuslichen Tyrannei entzogen hat; er war es auch, der den Bürger aus den feudalen und später den kommunalen Gruppen herauslöste«. Allerdings sollte man Durkheims eigene Einschränkung nicht unterschlagen: »Darin jedenfalls findet die zunehmende Ausdehnung seiner Funktionen ihre Rechtfertigung«. Diese Einschränkung läuft uneingestanden auf das Subsidiaritätsprinzip hinaus. Dort nämlich, wo die genannte Rechtfertigung nicht gegeben ist und die staatlichen Kompetenzen nicht mehr letztlich den Individuen dienen, verlieren die Kompetenzen ihre Legitimität.

Die Möglichkeit, die zwischen der staatlichen und der vorstaatlichen Gemeinschaft gegeben ist, ein Kompetenzkonflikt, kann sich zwischen den verschiedenen Sozialstufen wiederholen. Denkbar sind Kompetenzkonflikte, deren Lösung dann den Individuen dient, wenn sie zugunsten der größeren Gemeinschaft entschieden werden: Unter bestimmten Bedingungen kann etwa eine Stärkung des Sippenverbandes die Einzelfamilien schwächen und zugleich die Individuen stärken. Die übliche Lesart der Subsidiarität, nach der der kleineren Sozialeinheit möglichst viel an Kompetenz zu belassen sei, ist jedenfalls zu korrigieren. Zu Recht nennt die Europäische Kommission das Subsidiaritätsprinzip einen ›dynamischen Begriff‹ und erläutert ihn: »So soll die Subsidiarität die Gemeinschaftsaktionen nicht lähmen, sondern sie vielmehr fördern, wenn die Umstände es verlangen, und umgekehrt sie einschränken, ja aufgeben, wenn sich ihre Fortführung auf Gemeinschaftsebene nicht mehr als gerechtfertigt erweist« (Europe Documents, Dok. Nr. 1804/05 vom 30.10.1992).

10.2 Aristotelische Gründe

Das zugrundeliegende lateinische Wort, *subsidium*, kommt aus dem militärischen Bereich und bezeichnet dort die dritte Reihe in der römischen Schlachtordnung, jene Triarier, die erst dann eingreifen, wenn die Kräfte der beiden vorderen Schlachtreihen nicht ausreichen. Nach der ursprünglichen Bedeutung geht es in der Subsidiarität also um eine Hilfe im Sinne einer Reserve: einer Hilfsmannschaft oder, ökonomisch gesprochen, eines Notvorrates, jedenfalls um Dinge, die man unter günstigen Bedingungen gar nicht braucht. Später tritt aber die militärische Bedeutung zurück, und *subsidium* bezeichnet generell jeden Beistand, jede Hilfe.

Beide, die engere und die weitere Bedeutung, finden sich im sozialethischen Subsidiaritätsgedanken durchaus wieder: Wenn die Instanz, auf die es letztlich ankommt, der einzelne Mensch, sich selbst genug wäre, bräuchte es – von der Familie bis zum Staat – die sozialen Einheiten nicht. Da aber dem Menschen seinem Wesen nach die Selbstgenügsamkeit fehlt, bedarf er entsprechender Hilfe. Sie ist freilich nur so weit gerechtfertigt, wie sie sich nicht in den Vordergrund spielt, vielmehr den einzelnen Menschen, seine Freiheit und Würde, als Ziel und Mittelpunkt anerkennt.

Hinter dem Subsidiaritätsgedanken steht eine Sozialphilosophie, die in der Sache bis in die Antike zurückreicht, bis zum locus classicus der Anthropologie und Philosophie des Politischen, zu Aristoteles' These, der Mensch sei von Natur aus ein politisches Tier (*Politik* I 2, 1253a 2 f.). Für eine (noch zu schreibende) Geschichte des Subsidiaritätsgedankens genügt es nicht, hinter die katholischen Sozialenzykliken zu Autoren wie Althusius und Pufendorf zurückzugehen. Sie muß sich auch mit deren Inspirationsquelle, Aristoteles, befassen, ferner mit dem Umstand, daß dieser sich mit Platons These aus der *Politeia* (II, 369b) auseinandersetzt, daß der einzelne sich nicht selbst genug ist (*ouk autarkēs*), sondern vieler (Mitmenschen) bedarf (*pollōn endeēs*).

Die Gemeinschaft hat auch bei Platon und Aristoteles kein Eigenrecht, dient vielmehr den Individuen, die mangels Autarkie auf eine Kooperation mit ihresgleichen angewiesen sind. Nach der in dieser Hinsicht reicheren, außerdem wirkungsmächtigeren Argumentation, der von Aristoteles, kommen Mann und Frau um der Fortpflanzung, Herr und Knecht um des Überlebens willen zusammen. Aus beiden Beziehungen, ergänzt um eine dritte, die von Eltern und Kindern, entsteht die Grundform des Sozialen, jene aus der Familie und der kleinsten Wirtschaftseinheit bestehende Hausgemeinschaft (*oikos*), die im wesentlichen dem bloßen Leben (*zēn*) dient. Weil Kinder heranwachsen und ihrerseits eine Hausgemeinschaft gründen, entsteht aber eine größere Einheit, der Dorfverband oder die Sippe (*kōmē*), im Sinne einer Gruppe, deren Wir-Gefühl aus dem Wissen um gemeinsame Vorfahren lebt. Aristoteles spricht anschaulich von *homogalaktai*, von »Milchgenossen« (*Politik* I 2, 1252b 18). Da die Kooperation verschiedener Sippen nicht nur das bloße Leben, sondern auch das gelungene Leben (*eu zēn*) zu verwirklichen erlaubt, gibt sich der Mensch nicht mit der naturalen Vollendung des Sozialen, der Sippe, zufrieden. Er schafft eine neue, höhere und künstliche Einheit, die politische Gemeinschaft, für die Griechen: den Stadtstaat, die Polis.

Wir wissen, daß sich die Polis vom modernen Staat vielfältig unterscheidet. Die Differenz beginnt mit der geringeren Größe; sie setzt sich in der geringeren Regelungsdichte der Rechtsordnung fort; auch zeigt sie sich im Fehlen professioneller Richter und Juristen. Vor allem herrscht ein Maß an direkter Demokratie, das nicht nur unseren repräsentativen Demokratien, sondern selbst dem heutigen Vorbild direkter Demokratie, den Schweizer Kantonen mit Landsgemeinden, unbekannt ist. Das staatstheoretisch wichtigste Element findet sich aber schon. Die Polis ist fürs Zivil- und Strafrecht zuständig; sie darf Abgaben einfordern, zum Kriegsdienst einberufen, ins Exil verbannen und sogar, man denke an Sokrates, zum Tode verurteilen. Kurz: sie kennt öffentliche Gewalten und damit eine Herrschaft im neutralen Sinn des Begriffs.

Erstaunlicherweise kommt bei Aristoteles deren Legitimation nur in Ansätzen zur Sprache; nicht so erstaunlich ist es jedoch von seinem anthropologischen Ansatz her. Wer, wie Aristoteles an der zitierten Stelle, mehr auf die Kooperationsnatur der Menschen blickt, weniger – ein wenig allerdings doch (*Politik* I 2, 1253a 6f., a 27-29, a 31-34) – auf die komplementäre Konfliktnatur, wirft auf die öffentlichen Gewalten einen »beschönigenden Blick«. Er nimmt primär ihr Ordnungspotential wahr und verkleinert den Herrschaftscharakter.

Ein zweites Defizit ist ebenso erstaunlich; es fehlt der Blick auf die panhellenische Gemeinschaft, obwohl sie sowohl fürs Überleben notwendig war, etwa für den Kampf gegen Persien, als auch für das gelungene Leben, etwa für den religiösen, den sprachlich-kulturellen und den wirtschaftlichen Zusammenhalt. Ebenso fehlt ein Blick auf die Außenbeziehungen von Hellas. Den Grund sehe ich in einer Überbewertung des Autarkiepotentials der Einzelpolis. Das Moment, das die Gemeinschaftsbildung in Gang bringt, die dem Menschen mangelnde Autarkie, drängt jedenfalls aus sich heraus auf größere Einheiten. Und das ihr mögliche Maß an Autarkie erreicht die Menschheit erst mit der Bildung einer globalen Sozialeinheit. Aus diesem Grund drängt sich am üblichen Subsidiaritätsverständnis, dem Votum für die kleineren Einheiten, eine zweite Korrektur auf. Gemäß der ersten Korrektur kann die Subsidiarität auch eine Entmachtung, freilich nicht Auflösung, intermediärer Gemeinschaften fordern; nach der zweiten Korrektur verlangt sie die Einrichtung neuer, umfassenderer Sozialeinheiten.

Althusius kann in der *Politica* (³1614, c. 17, §§ 25-53) umfassendere Einheiten in den Blick nehmen (allerdings nur in dieser dritten Auflage), da sie zu seiner Zeit schon weiter als zu Aristoteles' Zeiten entwickelt waren. Ansonsten übernimmt er das Grundmuster der Aristotelischen Argumentation; Grundbegriff des Politischen ist die *consociatio symbiotica*, die Lebensgemeinschaft. Ihre kleinste Form bildet die Ehe, auf der sich sukzessive und organisch das soziale Ganze aufbaut: zunächst die Familie und die Genossenschaft (Zunft), dann die Gemeinde bzw. die Stadt, danach das Land bzw. die Provinz, schließlich das Reich. Mit den zwei letzten Sozialstufen geht Althusius über Aristoteles' Orientierung an der Einzelpolis hinaus. Hingegen fehlt eine Theorie der umfassendsten Einheit, der internationalen Rechtsgemeinschaft; nicht einmal ihre Ansätze, beispielsweise die Verträge, die das Reich mit anderen »Reichen« eingeht, werden berücksichtigt.

Nach dem Aristotelischen Legitimationsmuster gibt es nicht zuerst Gemeinschaften, von denen man später, etwa unter Berufung auf die Solidarität, Hilfe verlangt. Die Hilfe geht vielmehr in die Konstruktion ein: Die Gemeinschaften bilden sich aus genau dem Grund, daß die Individuen ihr Leben nicht je für sich »organisieren« können. Ebenso entstehen dort größere und umfassendere Gemeinschaften, wo die bislang existierenden Formen an eine Grenze ihrer Leistungskraft stoßen.

Die Frage, wo das der Fall ist, hängt von Faktoren ab, die hinter dem Rücken der Menschen wirken. Für die unteren Sozialeinheiten sind biologische Gegebenheiten verantwortlich, die Sexualität, die Hilfsbedürftigkeit der Kinder und – um es neutraler als bei Aristoteles zu formulieren – eine unterschiedliche Begabung für die Arbeitswelt. Für die Entstehung der Polis wiederum ist zwar eine normative Perspektive mitverantwortlich. Sie ist aber nicht anders als die biologischen Faktoren den subjektiven Meinungen und Interessen enthoben; der Mensch hat ein natürliches Interesse am gelungenen Leben, dem Glück (*eudaimonia*). Bei Althusius dürfte ein weiterer, ebenfalls der menschlichen Entscheidung entzogener Faktor hinzukommen, jene Ausdifferenzierungen, die im Verlaufe der abendländischen Sozialgeschichte ein immer reicheres Sozialgefüge hervorbringen. Und für die noch höhere Sozialeinheit, die globale Rechtsgemeinschaft, spricht der Umstand, daß die Menschen auf derselben, räumlich begrenzten Erde wohnen und deshalb, ob sie wollen oder nicht, gelegentlich in Kontakt zueinander treten.

10.3 Übertragung auf die Staatstheorie?

Die Frage, ob das bislang nur sozialethische Prinzip auf den modernen Staat übertragbar sei, entscheidet sich an beiden Begriffen, am Begriff der Subsidiarität und an dem des modernen Staates. Die Übertragung erscheint zunächst als problematisch, weil die Subsidiarität auf der vormodernen Sozialanthropologie aufbaut, auf der aristotelischen Betonung der Kooperation, während die Moderne, zumal ihre Staatstheorie, auf den Konflikt aufbaut.
Auf der anderen Seite lassen sich viele Begriffsmomente der Subsidiarität mit dem modernen Staatsbegriff unschwer zusammenbringen. Hier wie dort wird jede Hypostasierung des Sozialen abgelehnt und der einzelne Mensch als letztes Maß anerkannt. Gemeinsam ist auch das zweite Begriffsmoment der Subsidiarität, das Delegieren von unten nach oben. Nach dem Grundaxiom neuzeitlicher Staatslegitimation, der Volkssouveränität, entspringt alle Kompetenz öffentlicher Gewalten bei den einzelnen. Zugleich wird aber eine Frage aufgeworfen, die das sozialethische Subsidiaritätsprinzip wohl deshalb so nicht stellt, weil ihre Anthropologie das Konfliktmoment unterbewertet, die Frage nach dem Ursprung von Kompetenzen, mit denen sich Zwangsbefugnisse verbinden.
Auf die Anschlußfrage, warum man Freiheitseinschränkungen auf sich nehmen soll, antwortet die neuzeitliche Staatslegitimation mit dem Gedankenexperiment des Naturzustandes. Weil eine uneingeschränkte Freiheit der analogen Freiheit der anderen widerspricht, weil also in sozialer Perspektive eine uneingeschränkte Freiheit gar nicht existenzfähig ist, braucht es Freiheitseinschränkungen. Diese stehen im Dienst der Freiheitssicherung, sollen überdies jedem Betroffenen zugute kommen, eine doppelte Bedingung, die auf das zweite Prinzip neuzeitlicher Staatslegitimation hinausläuft, auf den Gedanken der Menschenrechte (vgl. Kap. 3).
Mindestens dem Kern der Menschenrechte, den Freiheitsrechten und dem Minderheitenschutz, liegt nun die veränderte Sozialanthropologie zugrunde. Das von Aristoteles kommende Subsidia-

ritätsprinzip geht von der den Individuen fehlenden Autarkie aus und versteht die Gesellschaft vornehmlich als Hilfe und Kooperation; die Freiheitsrechte dagegen erweitern den Blick um Konkurrenz und Konflikt. Davon abgesehen greifen aber die beiden Prinzipien neuzeitlicher Staatslegitimation auf die ersten drei Grundmomente des Subsidiaritätsprinzips zurück. Sie erklären das Individuum zum letzten Kriterium, delegieren Kompetenzen von unten nach oben und halten den Staat nur deshalb für legitim, weil er mit dem Schutz des Rechts, namentlich der Gewährleistung der Menschenrechte, eine Leistung übernimmt, die den Individuen grundsätzlich versagt ist.

Wegen der so weitreichenden Übereinstimmung fragt sich, wofür eine Theorie des modernen Staats das Subsidiaritätsprinzip noch braucht. Eine erste Antwort betrifft die genaue Kompetenzverteilung. Bei ihr könnte man meinen, ein Staat dürfe ausschließlich jene Kompetenzen übernehmen, für die allein er über Kompetenz verfügt, einem Staat seien nur staatsspezifische Aufgaben erlaubt. Für den Minimalstaat, auf den diese Antwort hinausläuft, mögen gute Gründe sprechen; so gut, daß jede weitergehende Staatskompetenz als »eripere«, als Kompetenzdiebstahl, gelten muß, sind sie aber nicht. Vom Subsidiaritätsprinzip her ist die angedeutete Kompetenzreduktion auch nicht geboten. Nach einem generellen Sozialgesetz pflegt die Bildung einer neuen, höheren Instanz die bislang höchste Instanz zu entmachten, so daß sie bei Aufgaben, die sie vorher allein erfüllen konnte, jetzt auf die Hilfe von oben angewiesen ist. Die entsprechende Hilfe erweitert die staatsspezifischen Aufgaben um die rechtsmoralisch gebotene Pflicht, die angedeutete Entmachtung zu kompensieren; schon aus dieser Kompensationspflicht geht ein Mehr als lediglich Minimalstaatlichkeit hervor. Weitere kompensatorische Mehraufgaben bieten soziale Veränderungen von der Art der Industrialisierung, die zwar die Gesamtheit besser stellt, aber nicht jede Gruppe und jedes Mitglied gleichermaßen (s. Kap. 9). Auf der anderen Seite bleibt das sechste Moment des Subsidiaritätsprinzips gültig, die Forderung, zwischen das Individuum und die höchste Instanz intermediäre Instanzen zwischenzuschalten und ihnen angemessene Macht zu lassen oder zu geben. Nach dieser Forderung sind etwa die Familien, in anderer Weise die Tarifparteien, in wieder anderer Weise die Kommunen und die Gliedstaaten zu stärken.

Für die genauere Kompetenzverteilung innerhalb eines Gemeinwesens fungiert das Subsidiaritätsprinzip wieder als Legitimationskriterium und das heißt hier: als Beweislastregel. Nach dem positiven Subsidiaritätsbegriff werden die neuen Staatsaufgaben überhaupt eingefordert, während der negative Begriff verlangt, was angesichts der überbordenden Staatstätigkeit ohnehin als wünschenswert erscheint; er votiert für eine weitgehende Kompetenzreduktion. Fragen kann man sich allerdings, ob es für derlei Forderungen ein eigenes Prinzip braucht und ob dieses, das Subsidiaritätsprinzip, nicht sogar in Konkurrenz zum Demokratieprinzip tritt. Dieser noch zu wenig diskutierten Frage ist andernorts nachzugehen; hier genügen zwei Hinweise: Auf der einen Seite wird das Demokratieprinzip durch das Subsidiaritätsprinzip bekräftigt. Im Souveränitätsanspruch des modernen Staates liegt nämlich eine Tendenz zur Selbstüberschätzung, der die Subsidiarität mit der Erinnerung entgegentritt, daß politische Macht nicht von oben kommt und wie eine Gnade nach unten weitergegeben wird. Sie wird im Gegenteil von unten, von den Rechtsgenossen, verliehen und dem Staat nur unter der Bedingung übertragen, daß er allen Rechtsgenossen dient. Weil diese subsidiäre Bedeutung jedweder Staatsgewalt auch für die Demokratie zutrifft, gibt es andererseits in der Tat eine gewisse Spannung zwischen Subsidiarität und Demokratie. Nach dem Demokratieprinzip darf nämlich das Volk bzw. das Parlament Dinge beschließen, etwa eine Entmachtung der substaatlichen Gemeinschaften, die, sofern sie nicht den Individuen dienen, dem Subsidiaritätsprinzip widersprechen. Zu derartigen Spannungen kann es aber auch zwischen dem Demokratieprinzip und den Menschenrechten kommen. Wobei hier, gegenüber den Menschenrechten, dieselbe Antwort zu geben ist wie dort, gegenüber dem Subsidiaritätsprinzip: Auch wenn entsprechende Beschlüsse positivrechtlich gültig sind, fehlt es ihnen an rechtsmoralischer Legitimität, darüber hinaus an sozialpragmatischer Klugheit.

10.4 Subsidiarität in Europa

Die Europäische Union hat zwar keinen Staatscharakter – sie ist weder ein Bundesstaat noch ein Staatenbund –; sie verfügt aber über gewisse staatsanaloge Elemente. In der Europadebatte geht es daher nicht um die Aufgabenverteilung zwischen staatlichen und nichtstaatlichen Agenturen, sondern um die zwischen verschiedenen Ebenen innerhalb einer gestuften Staatlichkeit. Soweit es die Stufung schon gibt – und selbst Kleinstaaten wie Luxemburg und Liechtenstein sind in sich gegliedert –, verlangt das Subsidiaritätsprinzip etwas, womit sich Staaten mit föderalistischer Tradition leichter tun: Gemeinden haben im Verhältnis zu den Gliedstaaten, den Bundesländern, Départements oder Kantonen, ein zweifaches Recht. Einerseits dürfen sie ihre Angelegenheiten selber regeln, andererseits dürfen sie immer dann Hilfe in Anspruch nehmen, wenn sie ihre Aufgaben allein nicht bewältigen können. In bezug auf Staatlichkeit votiert das Subsidiaritätsprinzip also für jene vertikale Gewaltenteilung, die über so hohe Vorzüge verfügt wie größere Bürgernähe, höhere Lernfähigkeit und größere Effizienz; die Subsidiarität plädiert für Föderalismus. Staaten mit prekärer Staatlichkeit können sich den Föderalismus vielleicht noch nicht leisten, selbstbewußte Staatswesen vermögen es sehr wohl.

Wendet man das Prinzip auf Europa an, so weckt es zunächst Bedenken gegen eine Praxis des Europäischen Gerichtshofs. Nach seiner sogenannten teleologischen Rechtsauslegung soll im Falle von Kompetenzstreitigkeiten immer zugunsten einer »Stärkung der Gemeinschaft« entschieden werden. Bedenklich ist hier nicht, daß der Gerichtshof das Recht von der Einheit der Europäischen Gemeinschaft her interpretiert, wohl aber, daß er sich als Motor der europäischen Einigung versteht, die Kompetenzen der Gemeinschaft expansiv auslegt und sich sogar die Befugnis nimmt, ein bestimmtes Ergebnis selbst gegen den Wortlaut der anzuwendenden Vorschrift durchzusetzen (Belege bei Bruha 1994; kritisch gegen die Praxis des Europäischen Gerichtshofs Kirchhof 1992, 878). Hier handelt es sich um eine klare Amtsanmaßung; ein Organ, das das Recht nur auslegen soll, greift in die Kompetenz der Legislative ein.

Die Föderalismus-Debatte ist zwar aktuell, aber nicht neu. Aktuell und zugleich neu ist erst der Blick nach weiter oben, die Frage, ob es eine Staatlichkeit oberhalb der europäischen Einzelstaaten, ob es eine Europäische Union geben soll, die über einen Staatenverbund hinausreicht, und die Anschlußfrage, welche Kompetenzen der Union gegebenenfalls zu übertragen wären. Vom Subsidiaritätsprinzip ist zunächst einmal der negative Begriff plausibel. Wenn die Beispiele nicht Wirklichkeit wären, würde man sie für absurde Erfindungen halten: daß auf europäischer Ebene entschieden wird über Kriterien für Teigwaren, für Bier, selbst für die Größe von Murmeln. Allerdings sind die Beispiele nicht so eindeutig absurd, wie sie zunächst scheinen. Ein Teil der Entscheidungen stimmt insofern mit der Metaregel, dem Schutz des homo singularis, überein, als er sich für die Konsumenten und gegen den nationalen Protektionismus einsetzt. Und nur in dieser Hinsicht erscheint die Brüsseler Regelungstätigkeit als gerechtfertigt, nicht aber darin, daß sie es häufig an Augenmaß fehlen läßt oder bei Konflikten von Produzenten- mit Konsumenteninteressen eher zugunsten der in Brüssel tätigen Lobbys, also der Produzenten, entscheidet.

Plausibel ist auch der positive Subsidiaritätsbegriff, demzufolge jene Aufgaben, die die Einzelstaaten nicht erfüllen, zumindest nicht annähernd so gut erfüllen können, eine europäische Einheit übernehme. Bei der europäischen Einheit sind allerdings zwei Arten zu unterscheiden, ein Pflichteuropa von einem Wahleuropa (s. Kap. 11). Einem Pflichteuropa obliegen sicherheitspolitische Aufgaben; es trägt Sorge für die Ächtung jedes Krieges zwischen den europäischen Staaten und für die Sicherung dieser Ächtung. Weiterhin hat es ein Recht auf politische (Ehe-)Scheidung, ein Sezessionsrecht, zu entwickeln. Für andere gemeineuropäische Aufgaben ist dagegen ein freiwilliger Zusammenschluß, ein Wahleuropa, zuständig. Beispielsweise tauchen dort, wo es (militärische, politische, wirtschaftliche oder kulturelle) Hegemonietendenzen von außerhalb gibt – ob geplant oder nicht, kann dahingestellt bleiben –, Fragen der Selbstbehauptung auf, und diese Fragen löst man besser gemeinsam als einzeln.

Ein weiteres: In der Regionalpolitik und der Sozialpolitik herrscht bislang das Prinzip Lobby. Dagegen verlangt das Subsidiaritätsprinzip, den Lebenswillen der bestehenden Sozialeinheiten anzustacheln und nicht ihre Fähigkeit, betteln zu gehen. Schließlich weckt das Subsidiaritätsprinzip Bedenken gegen die vor allem in Deutschland herrschende Ansicht, es müsse überall, sowohl in den Einzelstaaten als auch in Europa, flächendeckend die gleichen Lebensverhältnisse geben. Ohnehin werden nur wenige Parameter angeglichen, während Wohn- und Freizeitmöglichkeiten, der Lebensstil, das Klima usw. unterschiedlich bleiben.

Die bisherigen Überlegungen betrachten die Subsidiarität als ein generelles staatstheoretisches Prinzip. Von der Funktion aus gesehen, gibt es aber zwei Begriffe, die Subsidiarität als Prinzip der Rechtssetzung und als Prinzip der Rechtsanwendung. Dort ist sie ein Kompetenzverteilungs-, hier ein Kompetenzausübungsprinzip. Ohne daß die zweite Bedeutung ausgeschlossen wäre, scheint mir in der Sozialethik die Subsidiarität vornehmlich im ersten Sinn verstanden zu werden. In den Maastrichter Verträgen taucht sie aber nicht in dieser Funktion, sondern lediglich als Kompetenzausübungsprinzip auf. Über »die Verfahren zur Anwendung des Subsidiaritätsprinzips« gibt es eine eigene »Interinstitutionelle Vereinbarung zwischen dem Europäischen Parlament, dem Rat und der Kommission« (abgedruckt in Hailbronner 1994, 131 f.). Ihr Art. 18 spricht ausdrücklich von »der Ausübung der den Gemeinschaftsorganen ... übertragenen Zuständigkeiten«.

Für diese eingeschränkte Bedeutung gibt es, von der politischen Situation aus gesehen, einen guten Grund. Über die Kompetenz der Europäischen Union entscheiden die Mitgliedstaaten; unter dem Stichwort Subsidiarität reflektieren sie nicht über ihr Recht, Rechte abzugeben, sondern lediglich über die Ausübung der von ihnen in formellen Verträgen übertragenen Kompetenzen. Vorangegangen war eine »europäische Pathologie«, ein wachsendes Unbehagen an der Regelungswut, gelegentlich sogar: an einer Macht- und Kompetenzanmaßung der europäischen Instanzen.

Nachdem das Subsidiaritätsprinzip in der Europäischen Union eingeführt ist, sind hier drei Kompetenzbereiche zu unterscheiden (vgl. Art. 3b): Gewisse Kompetenzen sind der Union voll übertragen; hier hat die Subsidiarität nach dem geltenden Recht kein Recht. Andere Kompetenzen sind voll bei den Mitgliedstaaten geblieben; hier findet sich die Subsidiarität – wieder nach dem geltenden Europarecht – ohne Arbeit. Nur in jenem dritten, mittleren Bereich, der weder im ersten noch zweiten Sinn klar definiert ist, allein dort, wo es Kompetenzen sowohl auf europäischer Ebene als auch bei den Mitgliedstaaten gibt, ist die Subsidiarität gefragt: teils als Gegengewicht gegen die Generalermächtigung des Artikels 235, teils als Prinzip, das die Wahl der Rechtsform bestimmt, in der Brüssel seine Regeln erläßt. Nach der Subsidiarität als Ausübungsprinzip liegt der Handlungsvorrang bei den Einzelstaaten, während Brüssel für ein eventuelles Handeln die Beweislast trägt.

Für die Beweislast stellt Art. 3b drei Kriterien auf: (1) eine Erfordernisklausel, (2) eine Besser-Klausel, (3) ein Gebot der Verhältnismäßigkeit. Wenn die europäischen Organe legitim handeln wollen, müssen sie in ihre Begründungen diesen dreifachen Test aufnehmen. Dies ist offensichtlich nicht (immer) der Fall, womit sich Brüssel entsprechender Rechtsverstöße schuldig macht. Die Union darf beispielsweise keine Verordnungen erlassen, wenn Richtlinien ausreichen, das heißt eine Regelungsform, die den Mitgliedstaaten das Recht läßt, ihre eigene Form der Umsetzung zu finden. Als eine Begründungspflicht für die EU-Kommission sollte festgeschrieben werden: Wann immer die Kommission anstelle der Mitgliedstaaten eine Angelegenheit regelt, muß sie Gründe dafür nennen, beispielsweise eine grenzüberschreitende Bedeutung oder die Gefahr einer Wettbewerbsverzerrung. Die Subsidiaritätsprüfung darf aber nicht zu einer Alibi-Übung werden, vielmehr muß die Einführung des Subsidiaritätsprinzips zum Rückgang gemeinschaftlicher Normierungen führen.

Obwohl auf europäischer Ebene die Subsidiarität bislang nur als Kompetenzausübungsprinzip gilt, ist sie auch als Kompetenzverteilungsprinzip gefragt. Zu plazieren wäre sie in einer Europäischen Verfassung – wenn es sie geben wird –, und dann neben den Prinzipien der Menschen- und Grundrechte, der Demokratie, der Gewaltenteilung und des Föderalismus. Vereinfacht gesagt, benennt das Demokratieprinzip den Ursprung aller staatlichen Gewalt; die Grund- und Menschenrechte sprechen über deren legitimen Inhalt und die Gewaltenteilung und der Föderalismus über den Aufbau dieser Gewalt. Weil es nach dem Prinzip Föderalismus verschiedene Schichten staatlicher Gewalt gibt, stellt sich die Frage der Verteilung auf die verschiedenen Schichten. Hier, für die Verteilung der Kompetenzen zwischen einzelstaatlicher und europäischer Ebene, fehlt in der Staatstheorie noch ein Prinzip, weshalb die Subsidiarität ein Recht erhält. Ebenso sinnvoll ist sie in bezug auf die Tendenz des modernen Staates, sich immer mehr Kompetenzen anzueignen; namentlich der Sozialstaat (vgl. Kap. 9) könnte durch den Subsidiaritätsgedanken auf seinen eigentlichen Kern zurückgeführt werden.

Die Subsidiarität hat dabei den Rang eines Prinzips, einer Rechts- und Staatsidee, nicht den Rang einer Regel, die eindeutige Entscheidungen definiert. Ab wann genau die Hilfe einer höheren Einheit gefragt ist, worin die Hilfe besteht, ab wann eine Kompetenzanmaßung vorliegt – auf all diese Fragen gibt das Subsidiari-

tätsprinzip allein keine Antwort. Es bedarf zusätzlicher Überlegungen zu den Sacherfordernissen des jeweiligen Bereichs, außerdem zu den konkreten Randbedingungen. Und selbst eine Verbindung dieser drei Arten von Überlegung läßt für kontroverse Auslegungen noch genug Raum.
Der heutigen Aufgabe, ein gemeinsames Europa zu bauen, gibt das Subsidiaritätsprinzip also eine Richtung, aber keinen genauen Weg vor (für eine Bestandsaufnahme vgl. Merten ²1994, Hrbek 1995 und Nörr/Oppermann 1996). Für sich genommen, sagt das Prinzip nur, aber auch immerhin folgendes: Wenn eine höhere staatliche Einheit tätig werden will, so muß sie subsidiär wirken; und wenn eine höhere Einheit das Überleben oder das gute Leben der niedrigeren Einheit gefährdet, so muß sie ihre Tätigkeit einschränken – es sei denn, und hier tritt die Metaregel auf den Plan, damit werde einer noch niedrigeren Einheit gedient, insbesondere dem entscheidenden Maß, dem homo singularis.

11. Zwei Gesellschaftsverträge für Europa: dreizehn Thesen

Obwohl sich die Philosophie im Fall von Recht und Staat als praktische und politische Philosophie versteht, gibt es von dieser Seite kaum Beiträge zu dem politisch aktuellen Thema Europa. Die folgenden Überlegungen verbinden genuin philosophische Gedanken mit Ansätzen zu einer Zeitdiagnose, für die der Philosoph nicht als Philosoph, sondern als *citoyen*, als Bürger, kompetent ist.

11.1 Der Grundvertrag

Was aus Europa wird, entscheidet nicht die Philosophie. Ein philosophischer Gedanke steckt aber den Rahmen ab, den die entscheidende Instanz, ein europäischer Wille, mit Substanz und Leben erfüllt. Immerhin gehört der entsprechende Gedanke, der eines Vertrages, der allen historischen Verträgen zugrunde liegt und eine basale Legitimation leistet, der Gesellschaftsvertrag, zum gemeineuropäischen Erbe.

Sieht man von den sophistischen Vorläufern ab, so beginnt das Erbe in einer Situation existenziellen Ernstes. Einer der ersten staatstheoretischen Texte Europas, Platons Dialog *Kriton* (50a-52d), zeigt uns das Vorbild der abendländischen Philosophie, Sokrates, in der Nacht vor seiner Hinrichtung. Kriton versucht im Auftrag der Freunde, den verehrten Lehrer zur Flucht zu bewegen. Sokrates lehnt das Ansinnen unter Hinweis auf einen Vertrag ab, den er mit Athen, freilich nur stillschweigend, abgeschlossen habe. Ein »Bürger von Genf«, wie es auf Rousseaus Titelblatt heißt, macht das Thema »Gesellschaftsvertrag« weltbekannt; erfunden hat es aber – wie alles Wichtige in der politischen Philosophie – das antike Griechenland; Platon greift es außer im *Kriton* in der *Politeia* (II 359a) und den *Nomoi* auf (*Gesetze* III 684a-b).

Der Gedanke eines politischen Grundvertrages gehört also zur Tradition, die Europa nicht trennt, sondern eint. Ähnlich sieht es mit der Fortbildung des Gedankens in der Epoche der Aufklärung aus. Der frühneuzeitliche Vertreter Marius Salamonius (*De principatu*, 1544) stammt aus Rom. Der erste große Theoretiker, der Engländer Hobbes, verbringt mehrere Jahre im Pariser Exil. Der zweite Theoretiker, Pufendorf, lehrt sukzessive im deutschen Heidelberg, im dänischen Lund und im schwedischen Stockholm. Locke ist wieder Engländer, der Genfer Rousseau ist auch Franzose, überdies für einige Zeit, nämlich in Neuenburg, preußischer Bürger. Und Kant ist zwar nur Preuße, aber seinem philosophischen Zuschnitt nach, als Höhepunkt und Wende der Aufklärungsepoche, Bürger Europas. Deshalb die *erste These: Der Gesellschaftsvertrag ist von seinem griechischen Ursprung und seiner neuzeitlichen Ausführung her ein gemeineuropäischer Gedanke.*

Für Europa ebenso typisch ist die Vielfalt, in der der Vertragsgedanke entfaltet wird, ferner der Umstand, daß von Hume und Burke über Hegel und Schlegel bis Durkheim grundlegende Skepsis laut wird. Mit beidem, der Vielfalt und der Skepsis, ist angesagt, was ebenfalls typisch europäisch ist: der Streit. Der Grundrahmen für Recht, Staat und Politik soll jedoch unstrittig sein. Wieso also setzt man bei so etwas Strittigem wie dem Gesellschaftsvertrag an? Die Antwort lautet: Nur hinsichtlich der Genese, nicht aber der Geltung ist der Gesellschaftsvertrag ein europäischer Gedanke. Die *zweite These: Der Gesellschaftsvertrag bildet die philosophische Grundlage jeder politischen Ordnung; obwohl in Europa entstanden, ist die Sache interkulturell bzw. universal gültig.*

Ohne Zweifel ist Europa von vielen vor- und außereuropäischen Kulturen inspiriert; schon deshalb verbietet sich eine Apologie des Eurozentrismus. Der Gesellschaftsvertrag wird aber nach bisheriger Kenntnis in Europa entwickelt, insofern ist er, etwas pathetisch formuliert, ein Geschenk Europas an die Menschheit.

Die These der interkulturellen Gültigkeit läßt sich schon am Dialog *Kriton* erläutern, enthält er doch die drei für den Gesellschaftsvertrag entscheidenden Elemente. Gültig ist zunächst das Thema, die Legitimation dessen, was in einer Hinrichtung überdeutlich zutage tritt, die öffentliche Gewalt. Gültig ist weiterhin das formale Legitimationsprinzip, das inzwischen als politische Binsenwahrheit erscheint: Legitim werden öffentliche Gewalten weder durch überlegene Macht noch »von Gottes Gnaden«, vielmehr allein – sei es ausdrücklich, sei es stillschweigend – kraft

Zustimmung der Betroffenen. Die Verfassungstheorie sagt lapidar: Alle Gewalt geht vom Volke aus. Dabei reicht keine noch so qualifizierte Mehrheit aus; gefordert ist Einstimmigkeit. Schließlich deutet schon Platon das inhaltliche Legitimationsprinzip an; die Zustimmung zu den öffentlichen Gewalten gibt, wer sich von ihrem Bestehen einen größeren Vorteil verspricht. *Dritte These: Vertragstheorien binden die politische Legitimation an die Zustimmung jedes einzelnen, folglich an distributive, nicht bloß kollektive Vorteile.*

Föderalistische Staaten wie Deutschland, Österreich, Schweiz und die USA bestehen, verfassungstheoretisch gesehen, nicht einfach aus Individuen, sondern zusätzlich aus Gruppen, die schon eine politische Struktur haben, den Ländern, Kantonen oder (Teil-) Staaten. Beim Bundesstaat bzw. der Bundesrepublik geht innerhalb der Gliedstaaten alle Gewalt von der Gesamtheit der Rechtsgenossen, dem Volk, aus, im Gesamtstaat dagegen von beiden Seiten, vom Gesamtvolk und von den Gliedstaaten, zugleich. Dadurch kompliziert sich die Situation. Statt »Alle Gewalt geht vom Volke aus« heißt es jetzt »Alle Gewalt geht vom Volk und den Ländern (bzw. Ständen, d. h. Kantonen, bzw. Gliedstaaten) aus«. Folgerichtig besteht das Parlament aus zwei Kammern, dem Bundesparlament und der Vertretung der Länder bzw. Kantone. *These drei (a): In föderalistischen Staaten ergibt sich der Gesellschaftsvertrag aus einer zweifachen Zustimmung, der des (Gesamt-) Volkes und der der Gliedstaaten.*

Ob föderalistisch oder nicht: Ideengeschichtlich gesehen begnügt der Gesellschaftsvertrag sich zunächst mit der Normierung von Herrschaft. Angefangen mit der Stelle aus Platons *Gesetzen*, legt er bis zur frühen Neuzeit innerhalb einer vorgegebenen Rechts- und Staatsordnung lediglich des Herrschers nähere Rechte und Pflichten fest. Erst die Aufklärungsphilosophie nimmt jene Aufgabenerweiterung deutlich vor, die sich in der Stelle aus Platons *Politeia* nur andeutet. Dem Vertrag obliegt jetzt die Legitimierung von Herrschaft bzw. öffentlichen Gewalten überhaupt. Wird die Herrschaft dabei lediglich legitimiert und nicht zugleich auch normiert, so erhält die höchste öffentliche Gewalt, der Souverän, eine Blankovollmacht. Eine sachgerechte Theorie verbindet aber beides, die Legitimierung mit der Normierung. Im Unterschied zu Hobbes, vielleicht auch zu Rousseau, wird im Gesellschaftsvertrag keine Blankovollmacht erteilt; im Gegensatz zu Althusius und Pufendorf reicht ein einziger Vertrag aus. Kurz: Der Gesellschaftsvertrag ist herrschaftslegitimierend und herrschaftslimitierend zugleich.

Auf die schwierige Anschlußfrage, welcher Vertrag denn nicht bloß kollektive, sondern auch distributive Vorteile verspricht und daher Einstimmigkeit verdient, antwortet die Philosophie mit »transzendentalen Interessen« und einem »transzendentalen Tausch«. Die Sache selbst ist einfach. Unsere gewöhnlichen Interessen sind so vielfältig, zumal in der pluralistischen Gesellschaft der Moderne, daß Einstimmigkeit allenfalls durch Fanatismus und kollektive Verblendung erzwungen werden kann. Wirklich und rundum gemeinsam sind zunächst nur logisch höherstufige Interessen, die Bedingungen für Handlungsfähigkeit, die »conditions of agency«.

Für einige der transzendentalen Interessen kann man allein Sorge tragen, so daß eine gemeinsame, öffentliche Verantwortung nicht auf einhellige Zustimmung rechnen kann. Anders sieht es bei transzendentalen Interessen aus, die sich nur in Wechselseitigkeit mit seinesgleichen verwirklichen lassen. Hier, bei einer Wechselseitigkeit, der man nicht entraten kann, bei einer inhärenten oder angeborenen Wechselseitigkeit, bei einem transzendentalen Tausch, kann niemand seine Zustimmung verweigern. Die entsprechenden Interessen haben den Rang von Menschenrechten (s. Kap. 3). Dabei ist zweierlei zurückzuweisen, einerseits die Rousseausche Tendenz zu einer »totalitären Demokratie«, andererseits die liberalistische Ansicht, Lockes Trias von Life, Liberty and Property gebe eine vollständige Liste der Menschenrechte ab.

Vierte These: Der Gesellschaftsvertrag verbindet das Prinzip Einstimmigkeit (»Demokratie«) mit drei Gruppen von Menschenrechten, mit Rechten, die den Menschen als Leib- und Lebewesen, als Sprach- und Vernunftwesen, schließlich als Sozial- und Kulturwesen betreffen.

Man könnte glauben, die Menschenrechte setzten sich, weil sie jedem zugute kommen, von allein durch. Träfe diese Ansicht zu, so wäre nur das legitim, was manche unter einer »Zivilgesellschaft« verstehen: eine herrschaftsarme, am liebsten sogar herrschaftsfreie Koexistenz. Die erste Menschenrechtserklärung erfolgt aber in Virginia, einem Staat also, der die Sklaverei noch pflegt und weder den Frauen noch den Besitzlosen, noch den Indianern gleiche Rechte gewährt. Um diese und andere Wirklichkeitsdefizite zu überwinden, sind auch die Menschenrechte auf die bekannte Trias öffentlicher Gewalten angewiesen: auf einen Verfassungs- und Gesetzgeber, der die Rechte genauer bestimmt; auf ein Gerichtswesen, das über kontroverse Auslegungen entscheidet; auf ein »Schwert der Menschenrechte«, das für ihre Durchsetzung sorgt.

Die Vor- und Nachteile kommen oft zeitversetzt zum Tragen; Eltern beispielsweise brauchen in der Regel Hilfe erst dann, wenn die Kinder deren Hilfe nicht mehr benötigen. Daher droht die Gefahr, die Sokrates für sich durch das Nicht-Fliehen überwindet; man kann sich an der Wechselseitigkeit als Trittbrettfahrer beteiligen. Weil man den allseitigen Vorteil parasitär ausnützen kann, schreibt der erste große Vertragstheoretiker, Hobbes (*De cive*, Kap. 1 2.), zu Recht »civil societies are not mere meetings, but bonds, to the making whereof faith and compacts are necessary« (die bürgerlichen Gesellschaften sind nicht bloße Zusammenkünfte, sondern Verbindungen, zu deren Abschluß Treue und Verträge notwendig sind). Den Sinn der Verbindungen kündigt der letzte klassische Vertragstheoretiker, Kant, im Titel der einschlägigen Schrift an; es geht um einen ewigen, das heißt hier: vorbehaltlosen Frieden. *These fünf: Auch wenn sie nur subsidiär zu den Menschenrechten legitim sind, bleiben jene öffentlichen Gewalten unabdingbar, deren Inbegriff »Staat« und deren Sinn »Friede« heißt.*

Ziehen wir eine Zwischenbilanz: Dem Gesellschaftsvertrag geht es nicht um irgendein Zusammenleben, sondern um die »civil society«, unter der nicht etwa eine Zivilgesellschaft, sondern ein politisches Gemeinwesen zu verstehen ist. Selber noch kein Staatsgründungsvertrag, legitimiert er das Gründen von Staaten und stellt dafür Kriterien, namentlich die Menschenrechte und die Volkssouveränität, auf: Wesen, die sich behindern, sogar bekriegen können, stiften in freier Übereinkunft eine Friedensordnung. Die Sprache ihrer Übereinkunft besteht zu einem wesentlichen Teil aus Rechten, die einem jeden zugute kommen; und die legitime Lebensform dieser Rechte ist jene Organisation öffentlicher Gewalten, die wir als Staat kennen.

11.2 Pflichteuropa und Wahleuropa

Seit der Auflösung des »Ostblocks« enthalten die ersten Thesen für Europa kaum mehr als Binsenwahrheiten. Problematisch ist erst etwas, das in der traditionellen Vertragstheorie, sowohl von Hobbes über Locke bis Rousseau als auch von Buchanan über Rawls (1971) bis Nozick, fehlt. Unter den großen Rechts- und Staatsphilosophen achtet nur Kant – er steht hier in der Tradition des deutschen Aufklärers Christian Wolff – auf die Tatsache, daß es die Staaten im Plural gibt, so daß sich die Aufgabe des Gesellschaftsvertrages wiederholt. Wie natürliche Individuen, so haben auch individuelle Staaten sowohl elementare Rechte gegeneinander als auch die Aufgabe, die Rechte mittels öffentlicher Gewalten zu verwirklichen.

Vier Gründe zählt man gern zugunsten einer Europäischen Union auf: kollektive Sicherheit nach innen und außen, grenzüberschreitende Umweltbelastungen, Märkte in großem Maßstab, schließlich die Bündelung des handelspolitischen Einflusses. Die vier Gründe sind zweifelsohne plausibel und doch so heterogen, daß sie nicht zu einem einzigen Gesellschaftsvertrag gehören. Unbeschadet des Umstandes, daß am Anfang des heutigen Europa, in der Gründungsphase nach dem Zweiten Weltkrieg, ein friedenspolitisches Interesse vorherrschte, sprechen die Gründe für zwei wesentlich verschiedene Arten von Europa; die ersten zwei Gründe betreffen ein »Pflichteuropa«, nur die nächsten zwei ein »Wahleuropa«.

Weil auf die kollektive Sicherheit jeder Staat einen rechtsmoralischen Anspruch hat, nimmt der zuständige Grundvertrag den existenziellen Ernst, den wir von Sokrates kennen, auf. Er hat den Rang eines Pflichtvertrages und führt zu einem »Europäischen Friedensbund« bzw. zu »Vereinten Nationen von Europa«. Abgeschlossen wird er von den hier zuständigen Individuen, also nicht direkt von den europäischen Bürgern, sondern von den europäischen Staaten. Nach dem europäischen Gegenstück zum innerstaatlichen Begriff der Volkssouveränität geht alle Gewalt in Pflichteuropa von seinem Staatsvolk, der Gemeinschaft der Einzelstaaten, aus.

Wie der einzelstaatliche Gesellschaftsvertrag, so ist auch der europäische Pflichtvertrag für den transzendentalen Tausch bzw. die Menschenrechte zuständig, allerdings für eine neue Art, für den transzendentalen Tausch bzw. die »Menschenrechte« der europäischen Staaten. Dabei gibt es, ebenso klar wie eng umgrenzt, im wesentlichen nur zwei Rechte (s. Kap. 5). Wie Individuen, so haben auch Staaten ein Recht auf Leib und Leben sowie auf Eigentum, was vor allem die territoriale Unversehrtheit, aber auch den Schutz geistigen Eigentums beinhaltet. Dazu kommt das Recht auf politische und kulturelle Selbstbestimmung. Gerade weil die Primärstaaten, die Einzelstaaten, Mehraufgaben zu erfüllen haben, steht dem Sekundärstaat, Pflichteuropa, nur eine minimale Staatlichkeit zu. Würde Pflichteuropa seine Zuständigkeit um eine Sozial-, vielleicht sogar Kulturstaatlichkeit erweitern, so fände nichts weniger als eine Rechtsanmaßung statt. Die vertrauten Staatsaufgaben, die Verantwortung für das Zivil- und das Strafrecht, für das Arbeits- und Sozialrecht, für das Recht der Sprachen, Religionen und Kulturen, für eventuelle soziale und regionale Umverteilungen – all diese Aufgaben verbleiben zunächst in der Kompetenz der einzelnen europäischen Staaten.

These sechs: Ein europäischer Pflichtvertrag ist für den Frieden in Europa und dabei für zwei »Menschenrechte der europäischen Staaten« zuständig, für die territoriale Integrität und für das Selbstbestimmungsrecht, und für nichts sonst.

Nach der Erfahrung dieses Jahrhunderts denkt man beim Stichwort »Friedenssicherung« vor allem an Deutschland und an die Sowjetunion. Unter Napoleon war es aber Frankreich, im Dreißigjährigen Krieg auch Schweden, im Griff nach der Weltmacht war es Großbritannien, davor waren es Spanien und Portugal, die ihre Expansionstendenzen mit kriegerischen Mitteln betrieben. Und der Philosophiehistoriker erinnert sich an Hegels erste politische Schrift, eine Übersetzung und Kommentierung der »Vertrauliche(n) Briefe über das vormalige staatsrechtliche Verhältnis des Waadtlands (Pays de Vaud) zur Stadt Bern« (1788). Diese Briefe erinnern uns, daß selbst kleinere politische Einheiten wie etwa Bern von kriegerischer Expansion nicht frei sind. Gegen die vielerorts drohenden Expansionstendenzen sind jedenfalls gesamteuropäische Sicherheitsanstrengungen geboten. (Den Fragen, wie man das Gebot in eine wirksame Organisation umsetzt und ob man sich zu diesem Zweck an die Grenzen Europas halten muß, gehe ich hier nicht nach. Die Westeuropäische Union, WEU, hat jedenfalls weder die Ausdehnung noch das Gewicht eines gesamteuropäischen Friedensbundes.)

Die beiden Friedensaufgaben – Schutz der territorialen Integrität und Selbstbestimmungsrecht – klingen konventionell, enthalten gleichwohl politische Sprengkraft. Bei der Unverletzlichkeit der Territorien denkt man meist nur an militärische Übergriffe. Auf ein fremdes Territorium greift aber auch über, wer seinen Nachbarn ökologisch schädigt, sogar wer ihn ökologisch gefährdet. Nur in Parenthese: Von einer europaweit geregelten ökologischen Haftung ist ein hoher prophylaktischer Wert zu erwarten. Hätte die damalige Sowjetunion die gesamteuropäischen Opfer von Tschernobyl so entschädigen müssen, wie es nach dem Chemie-Unfall bei Basel von Schweizer Seite unternommen wurde, hätte sie für eine so weit erhöhte Sicherheit gesorgt, daß der Unfall kaum stattgefunden hätte.

Legitimatorisch schwieriger ist die aktuelle Seite der politischen Selbstbestimmung, ein Recht auf politische Sezession. Gemeint ist nicht einfachhin ein subjektiver Anspruch auf jedwede Sezession, wohl aber ein Problem, das rechtsförmig gelöst werden soll und nicht etwa neu ist. Ob wir an das Alexander-Reich oder an das Römische Imperium denken – Gemeinwesen vom Charakter der (partiellen) Fremdherrschaft lösen sich über kurz oder lang auf. Weil das Thema komplex ist, begnüge ich mich hier mit zwei Hinweisen, mit einer Empfehlung und mit einer Frage. Zum einen empfiehlt sich, zwischen Staaten zu unterscheiden, die sich zunächst auf Konsens aufbauen, und jenen, die seit Anbeginn nur durch Gewalt existieren. Zum anderen fragt sich, ob ein Staat seine Teile zwingen darf, dem Gesamtstaat weiterhin anzugehören, ob er es selbst bei jenen Teilen darf, die die Obergewalt des längeren, oft schon seit Anbeginn, als Fremdherrschaft ansehen. Oder haben die Teile – von Slowenien bis Tschetschenien – nicht dasselbe Recht, das sich die baltischen Staaten, die Ukraine und Weißrußland ausbedungen und das die Tschechen und die Slowaken sich gegenseitig anerkannt haben, das Recht auf politische Selbständigkeit?

Der naheliegende Hinweis, Nationalstaaten seien doch überholt, ist kein Gegenargument. Die Trennung der Tschechoslowakei erfolgte entlang nationaler Grenzen und erscheint doch als rundum legitim; und in Italien wären Sezessionsbegehren nicht schon deshalb illegitim, weil sie innerhalb nationaler Grenzen stattfänden. Ein Verstoß gegen den europäischen Grundvertrag ist jedenfalls dort nicht zu sehen. Wenn der neue Staat seinen Bürgern die Menschenrechte gewährleistet, insbesondere allfällige Minderheiten schützt, wenn er außerdem mit seinen Nachbarn in Frieden lebt, kann man ihm die Selbständigkeit nicht a priori verweigern. Keiner bestreitet, daß eine einvernehmliche Regelung schöner ist; der einseitige Einspruch macht das Sezessionsbegehren aber nicht grundsätzlich illegitim. Absolutistische Staaten haben schon immer, angefangen mit der frühen Neuzeit bis zum Herrschaftsbereich der Sowjetunion mit der Mauer und dem Eisernen Vorhang, ihre Bürger zum Bleiben gezwungen. Dem stellt die Aufklärungsphilosophie ein Menschenrecht auf Auswanderung entgegen. Kann es auf der Ebene von Kollektiven nicht Analoges geben?

Im Einzelfall sind Selbstbestimmungsbegehren freilich so kompliziert wie Erbstreitigkeiten. Dazu kommt ein neuartiges Problem, das der Vorleistungen bzw. phasenverschobenen Vorteile. Wer die Vorteile einer Kooperation heute erhält, kann, sobald er den Preis dafür zahlen soll, aus der Kooperation ausscheren wollen. Daher obliegt es Europa, zunächst einmal das Problem anzuerkennen, um sodann sowohl Grundsätze für ein entsprechendes Recht zu erarbeiten als auch entscheidungskompetente Instanzen einzurichten, einschließlich, freilich nur als ultima ratio, militärischer Mittel. Zuständig dafür ist aber nicht, wie man mit anklagendem Unterton sagt, die Europäische Union, wohl aber Pflichteuropa.

Nur als Anmerkung: Die Wirklichkeit von Sezessionsbegehren macht deutlich, daß die Leistungen eines realen Staates über das vom Grundvertrag Verlangte weit hinausgehen. Vor allem zu diesen Mehrleistungen muß er die Zustimmung seiner Bürger immer wieder erneuern; und gelingt ihm die Erneuerung, so erstickt er jedes Sezessionsbegehren schon im Keim.

These sieben: Aktuell für Pflichteuropa sind zwei Aufgaben: die Regelung grenzüberschreitender Umweltbelastungen und die eines Sezessionsrechtes.

Hinsichtlich anderer europäischer Themen, etwa den größeren Märkten und dem handelspolitischen Einfluß, besteht zur Kooperation keine Pflicht. *These acht: Vom Pflichtvertrag für Europa ist ein zweiter Gesellschaftsvertrag zu unterscheiden, ein freiwilliger Vertrag oder Wahlvertrag, der ein Wahleuropa schafft.*

Wird die Frage »Welches Europa?« zunächst territorial gestellt, so läßt sie sich für den Pflichtvertrag zumindest nach außen nicht leicht beantworten. Die Grenzen sind nämlich nur im Westen und

Norden klar gezogen, aber weder im Osten – frühere Geographen ließen Europa am Don enden, erst im 18. Jahrhundert verlegt man die Grenzen bis zum Ural – noch im Süden und Südosten, denn das Mittelmeer galt, wie der Name sagt, die längere Zeit als Verbindungsraum, nicht als trennende Grenze. Die genaue Grenze nach außen, abhängig von historischen Entwicklungen und politischen Entscheidungen, ist in philosophischer Hinsicht aber nicht so wichtig wie die Abgrenzung nach innen. Und hier ist die Antwort leicht; zum europäischen Friedensbund gehört Europa ohne Ausnahme, von Island über die Schweiz bis Rußland. Ebenso leicht ist die Antwort für Wahleuropa zu geben; weil das im Pflichteuropa enthaltene Selbstbestimmungsrecht jedem Staat seine Eigenart, sogar Eigenwilligkeit erlaubt, darf man weder zum Beitritt noch zur Annahme eines Beitrittsgesuches zwingen. Zu Wahleuropa gehört jeder, der erstens will und zweitens von den anderen akzeptiert wird.

Vorausgesetzt, die Betroffenen haben den politischen Willen, so darf niemand die skandinavischen Länder, darf niemand die Polen, Tschechen, Slowaken, Ungarn und andere hindern, sich zu einer je eigenen Union zusammenzuschließen. Auch wenn zur Zeit die meisten Staaten der Brüsseler Europäischen Union beitreten wollen, muß Wahleuropa im Unterschied zu Pflichteuropa nicht eines sein. Es könnten durchaus neben Westeuropa ein eigenes Nordeuropa und ein eigenes Ost(mittel)europa gegründet werden. Außerdem sind die möglichen Zusammenschlüsse nicht an die geographischen Grenzen Europas gebunden. Weiterhin ist auch der Gedanke eines Kerneuropa nicht a priori von der Hand zu weisen; mehr als die sogenannte Freundschaft zweier Staaten, Frankreich und Deutschland, sollte es allerdings schon umfassen. Im übrigen kann man sich einen Zusammenschluß der vierzig europäischen Staaten zu einer einzigen Union nur als deren Ausdünnung vorstellen, als die Rückentwicklung der Europäischen Union zu einem lockeren Staatenbund, vielleicht sogar einer bloßen Freihandelszone. Zwei Alternativen sind denkbar. Entweder nimmt die Brüsseler Union – fast – keine neuen Staaten mehr auf und läßt die anderen, die »Reststaaten«, eine zweite, vielleicht auch dritte Union bilden. Oder man entwickelt Assoziierungs- und Kooperationsverträge, die sich mit Nachdruck auf eine spätere Vollmitgliedschaft nicht festlegen. In manchem Beitrittsgesuch spricht sich ohnehin nicht mehr als das Interesse an einer

Freihandelszone, in anderen vor allem das Interesse an den Brüsseler Finanzquellen aus. *These neun: Mit einer großzügigen quantitativen Erweiterung gefährdet die Europäische Union ihre bisher erreichte Qualität.*

Die Frage »Welches Europa?« ist nicht bloß territorial gemeint. Zu klären ist auch, wofür sich der Zusammenschluß lohnt. Auf diese Frage kann man nicht mit transzendentalen Interessen und einem transzendentalen Tausch antworten. Die erste Antwort – wirtschaftliche Interessen – kennen wir nicht bloß aus der politischen Realität, sondern ebenso vom großen Philosophen des Friedens, von Kant. Auch weitere Gesichtspunkte sind so unstrittig, daß man sie pauschal zusammenfassen kann. *These zehn: Wahleuropa hat die Aufgabe, den Reichtum Europas, den sprachlichen, kulturellen und wissenschaftlichen, den sozialen, politischen und wirtschaftlichen Reichtum, zu wahren und zu mehren.*

Zwei Gesichtspunkte verdienen eine eigene Erwähnung: Im Rahmen des kulturellen Reichtums spielt eine besondere Rolle die Sprachenvielfalt. Um sie zu wahren, ist die Mehrsprachigkeit zu fördern. Der britische Historiker Norman Stone (1992) bedauert, daß für die Großen seines Landes heute nicht mehr zutrifft, was im 19. Jahrhundert noch galt, etwa für Eliot, Gladstone und Carlyle: »Alle sprachen trefflich Deutsch.« Wenn sich ein kleines Land wie die Schweiz eine Mehrsprachigkeit leistet (und zusätzlich das Nebeneinander von Dialekt und Hochsprache), sollte sie für Europa selbstverständlich werden. Bedroht ist die Mehrsprachigkeit insbesondere bei jenen Sprachräumen, die im Bewußtsein ihrer tatsächlichen Macht Fremdsprachenkenntnisse schlicht vernachlässigen und damit ihr sprachliches Gewicht, sei es bewußt oder unbewußt, noch verstärken. Deutlich trifft es auf das Englische bzw. Amerikanische zu, in anderer Weise auch aufs Französische. Nach einem Bonmot spricht man in Brüssel drei Sprachen: Französisch, Französisch und Französisch. Wer den anderen nur als Juniorpartner ansieht, pflegt keine Freundschaft. In diesem Sinn ist die deutsch-französische Freundschaft erst dann gegeben, wenn die Sprache von Pascal, Rousseau und Baudelaire die Sprache von Kant, Goethe und Thomas Mann als gleichberechtigt anerkennt.

Ein anderes Problem werfen die Regional- und Strukturfonds auf, deren Finanzvolumen sich in den letzten zehn Jahren versechsfacht hat. Zu befürchten ist, daß unter dem Titel »Sozialstaat« die schöne Tugend der Solidarität zu einem staatlich verordneten und bürokratisch exekutierten Gemeinsinn verkommt. Die Erwartung finanzieller Unterstützung ist jedenfalls ein falscher Anreiz, um Wahleuropa beizutreten. Im übrigen wissen wir, daß die europäische Sozialstaatlichkeit nur deshalb funktioniert, weil es – bis vor kurzem – einen einzigen Nettozahler gab, das teils naive, teils subtil erpreßte Deutschland.

Ein letztes: Weltweit gesehen nimmt das Phänomen der Heimatlosigkeit der Menschen rapide zu. Auch wenn andere Faktoren einen weit größeren Einfluß haben – für seinen Lebensraum wird Wahleuropa, ob es will oder nicht, diese Tendenz verstärken. Umso wichtiger ist ein Gegensteuern, das sich nicht mit der Pflege von Folklore zufrieden gibt. Der Anspruch der neueren sozialtheoretischen Bewegung, des Kommunitarismus, eine Alternative zu Aufklärung und politischem Liberalismus zu bieten, ist gewiß verfehlt, als ihr Kontrapunkt könnte er jedoch berechtigt sein (s. Kap. 7).

11.3 Defizit: Politische Öffentlichkeit

»Nous ne voyons point qu'on jette par terre toutes les maisons d'une ville, pour le seul dessin de les refaire d'autre façon, et d'en rendre les rues plus belles«. Nach dieser Maxime Descartes' (*Discours*, 2^{e} partie) erwarten wir für Europa keine fundamental neuen Institutionen. Für Pflichteuropa nenne ich nur einen Gesichtspunkt. Solange der Ost-West-Gegensatz vorherrschte, waren europäische Friedensprobleme nur auf globaler Ebene zu lösen. Seit der Auflösung des Gegensatzes erscheinen die beiden zuständigen Institutionen, Nato und Vereinte Nationen, als nur begrenzt lösungskompetent. Zu überlegen ist, ob wir nicht »Vereinte Nationen von Europa« brauchen, zwar nicht anstelle der globalen Vereinten Nationen, wohl aber zu ihrer Ergänzung. Da die Zahl der Staaten geringer ist, außerdem die Probleme der Dritten und Vierten Welt entfallen, könnten »Vereinte Nationen von Europa« handlungsfähiger als der New Yorker Glaspalast sein. Und falls sich die Vermutung bewahrheitet, könnten die Vereinten Nationen von Europa sowohl für die globalen Vereinten Nationen ein Vorbild abgeben als auch für andere regionale Vereinte Nationen, etwa die des Pazifikraums. Näher befassen will ich mich nur mit Wahleuropa, mit zwei konstruktiven Gesichtspunkten und mit einem grundlegenden Defizit.

Die Frage, ob Europa eine Föderation (Bundesstaat) oder eher eine Konföderation (Staatenbund) oder etwas Eigenes, Drittes werden soll, stellt sich erst in späterer Zeit, wenn es eine Verfassung für Europa zu diskutieren gebe. Aus Gründen politischer Klugheit ist jedenfalls mit der anspruchsloseren Form, mit einem lockeren Staatenbund, zu beginnen. Nur wenn man mit ihm Erfahrungen gemacht hat; wenn er weiterhin die Zustimmung nicht nur der Regierungen, sondern auch der Bürger, und zwar die gelebte, nicht bloß die formelle Zustimmung, gefunden hat; wenn zusätzlich ein nachweisbares Bedürfnis nach mehr Integration besteht, nur dann, also bloß unter mindestens drei strengen Bedingungen, darf man ein Mehr an europäischer Staatlichkeit erwägen.

Unabhängig von der Frage, ob mehr oder weniger europäische Staatlichkeit – in jedem Fall ist das Prinzip »Föderalismus« zu beachten. (1) Als Riegel gegen Machtmißbrauch, (2) als Schutz der politischen und kulturellen Vielfalt, (3) wegen der größeren Bürgernähe, (4) wegen höherer Lernfähigkeit, (5) wegen größerer Effizienz und (6) generell, wenn auch bedauerlicherweise zunehmend weniger als Barriere gegen zuviel Bürokratie, also wegen eines beachtlichen Straußes von Gründen, ist Wahleuropa nicht als ein zentralistischer Staat zu etablieren. Weder dürfen die bisherigen Einzelstaaten aufgelöst, noch dürfen sie aufs Kompetenzniveau eines Département en France reduziert werden. *These elf: Für Wahleuropa bedarf es jener gestuften Staatlichkeit, die wir Föderalismus nennen.*

Der Föderalismus ist ein Prinzip, das allenfalls Staaten mit prekärer Staatlichkeit fürchten müssen, selbstbewußte Staaten sich dagegen leisten können. Föderalismus ist nämlich insofern Zeichen einer hochentwickelten Staatskultur, als seine Flexibilität ein so starkes Entgegenkommen gegen Sezessionsbegehren erlaubt, daß das Begehren – fast – überflüssig werden könnte. Die Fremdherrschaft, die das Bedürfnis nach Selbständigkeit weckt, reduziert sich dort erheblich, wo man den Teilrepubliken mehr Eigenrechte zubilligt.

Das antike Griechenland war föderalistisch, Rom eher zentralistisch organisiert. Obwohl Europas politische Philosophie von ihrem Ursprung her griechisch inspiriert ist, setzt sich in der politischen Praxis oft genug Rom durch. Es sind nicht nur Europagegner, bei denen der Brüsseler Zentralismus Unbehagen hervorruft. *These zwölf: Die Therapie gegen die drohende Gefahr von Zentralismus heißt Subsidiarität.*

Wer Angst hat, Subsidiarität sei nur ein katholisches Prinzip, darf sich an Johannes Althusius erinnern, an einen von Calvin beeinflußten, vorhobbesschen Vertragstheoretiker. Und eine Legitimation des Subsidiaritätsprinzips findet sich schon in der Antike, bei Aristoteles (*Politik*, Buch I 2). Das Subsidiaritätsprinzip enthält, recht verstanden, sieben Elemente (s. Kap. 10.1), von denen hier vier hervorzuheben sind. Als erstes richtet es sich gegen jederart Kollektivismus: Sozialeinheiten sind nicht etwa in sich, sondern nur dann legitim, wenn sie dem Individuum ein *subsiduum*, eine Hilfe und Unterstützung, bieten. Zum Zweck der Hilfe sollen, zweitens, zwischen den Individuen und der höchsten Sozialeinheit intermediäre Gesellschaftsformen zwischengeschaltet werden, wobei die Subsidiarität von den höheren Einheiten Zurückhaltung verlangt. Mit dem Argument der mittleren Einheiten läßt sich gegenüber den schon existierenden Vereinten Nationen ein neuer Friedensbund mittlerer Ebene, ein Bund von der Art »Vereinte Nationen von Europa«, rechtfertigen. Man könnte meinen, Subsidiarität falle mit Delegieren zusammen. Wer delegiert, gibt aber Kompetenzen von oben nach unten ab; nach der Subsidiarität steht sie, drittens, der oberen Instanz erst gar nicht zu; Mehrkompetenzen Europas sind schlicht Rechtsanmaßungen. Schließlich verlangt das Prinzip Subsidiarität, die Frage, auf welcher Ebene man die Kompetenzen ansetzen soll, vom Individuum her zu entscheiden. Im Gegensatz zum üblichen Verständnis, einer grundsätzlichen Privilegierung der unteren Instanzen, verdienen die unteren Sozialeinheiten nur dann möglichst viel Kompetenz, wenn es den Einzelmenschen zugute kommt. Andernfalls kann ihre Schwächung geboten sein.

Man wirft der Entwicklung Europas gern eine Bevorzugung des Ökonomischen vor. Sofern sie in Maßen geschieht, liegt darin, vom Standpunkt der Subsidiarität aus gesehen, ein Vorteil. Den anderen großen Bereich, Schule – Wissenschaft – Kultur, können nämlich die einzelnen Staaten weitgehend allein bewältigen; und sie bewahren genau damit Europas kulturelle Vielfalt. (Für eine europäische Bildungspolitik unter den Anforderungen des Subsidiaritätsprinzips vgl. Hrbek 1994.) Zu ihr gehört das Nebeneinan-

der von zwei kulturpolitischen Modellen, dem zentralistischen Modell (Muster: Frankreich) und dem föderalistischen Modell (etwa Deutschland und die Schweiz). Wer nun größere kulturpolitische Aufgaben europäischen Instanzen übertragen will – sei es der Kommission in Brüssel, sei es lieber dem Parlament in Straßburg –, privilegiert nicht etwa nur das eine, zentralistische vor dem anderen, föderalistischen Modell. Er gefährdet auch einen kulturellen Reichtum, der sich im freien Spiel der Kräfte am besten entfaltet. Bekanntlich stammen die großartigen Kulturleistungen Griechenlands aus einer Zeit, in der die vielen kleinen Stadtrepubliken eifersüchtig auf ihre Unabhängigkeit pochten.
Ein Beispiel aus der Wissenschaftspolitik: Vom Prinzip der Subsidiarität ist kaum vertretbar, daß Brüssel auch für den akademischen Austausch Zuständigkeiten erhält, zunächst parallel zu den nationalen Institutionen und bald einmal ihnen übergeordnet. Soweit Bedarf besteht, sollten die nationalen Institutionen von sich aus kooperieren. Bleibt die Kooperation aus, so darf man getrost auf fehlendes Interesse schließen. Eine überstaatliche Aufgabe besteht nur dort, wo aus der europäischen Integration kulturelle Verarmung und eine sprachliche Hegemonie drohen.
Für eine europäische Rechtsordnung braucht es zweierlei: einerseits einen gemeinsamen Hintergrund, eine gewisse Wertegemeinschaft, die ein Wir-Gefühl vermittelt, ohne daß es eine Nation im Sinne gemeinsamer Vorfahren geben müßte, andererseits ein Forum, auf dem die unterschiedlichen Interpretationen gemeinsamer Werte und auch die unterschiedlichen Interessen ins Gespräch treten. Das Forum wäre der Ort, auf dem Mißverständnisse entdeckt, auf dem Konflikte ausgetragen und Lernprozesse in Gang gesetzt werden und an dem sich in der Diskussion anstehender Entscheidungen ein Konsens anbahnt. Denkbar ist ein solches Forum nur in Vielzahl und Vielfalt und zugleich als lokkere Einheit, kurz: als eine politische Öffentlichkeit. Echte Demokratisierung geht Hand in Hand mit der Entwicklung einer einflußreichen politischen Öffentlichkeit.
Die erste Bedingung – »Wertegemeinschaft« – ist längst erfüllt. Europa verfügt über einen seltenen Reichtum von gemeinsamen Bezugspunkten, ohne daß es für jeden von ihnen ein Exklusivrecht beansprucht. Außerdem gibt es verwickelte Traditionsströme. Die griechische Kultur beispielsweise wird von Christen an den Islam vermittelt und später von dort an Europa wieder

zurückgegeben. Wie für die Geographie, so gibt es auch für die identitätsstiftenden Merkmale keine klaren Grenzen, hier aber eine außergewöhnlich große Familie von Gemeinsamkeiten, deren Grenzen genau bestimmen zu wollen kaum sinnvoll ist. Gemeinsam sind etwa: die griechische Philosophie und Wissenschaft, das jüdisch-christliche Denken, das römische Recht, ferner Elemente von Architektur, bildender Kunst, Musik und Literatur, außerdem die Aufklärung und die Skepsis gegen bloße Aufklärung, weiterhin die Wertschätzung der individuellen Persönlichkeit, die Vorsorge gegen Machtzusammenballungen, der Schutz von Minderheiten. Gemeineuropäisch ist ein rationales Wirtschaften mit den bekannten Folgen: einem früher unbekannten Reichtum, aber auch einem früher unbekannten Maß an ökologischer Belastung. Gemeinsam ist ein Großteil der – oft leidvollen – Geschichte. Nicht zuletzt gehört zu Europa die in der Menschheitsgeschichte seltene Bereitschaft zur Selbstrelativierung, jene ungewöhnliche Offenheit für Anderes und Neues, die mal als Indo-, mal als Sinophilie, mal als Bewunderung für Naturvölker auftritt.
Bekanntlich stützen sich viele Gesellschaften bis heute auf Feindbilder oder auf ein Gefühl moralischer Überlegenheit über den Nachbarn. Andere Gesellschaften leben aus den ruhmreichen Anteilen ihrer Vergangenheit und hüllen die nicht so ruhmreichen Anteile in einen Mantel des Schweigens. Beide Einstellungen sind in Europa durchaus verbreitet. Ein aufgeklärtes und zugleich mündiges Europa verzichtet aber auf die ersten zwei Optionen ganz und nimmt an der dritten Option kräftige Korrekturen vor. In diesem Sinn übersieht es nicht seine Schattenseiten: beispielsweise die Sklaverei, den Imperialismus, die Kolonialisierung und die vielen innereuropäischen Kriege. Es erinnert sich auch an die ständige Bevölkerungszunahme, die es über lange Zeiträume gegeben hat und die in Verbindung mit wirtschaftlicher Not zu Auswanderungen großen Stils führte.
Während es mit der Bedingung »Wertegemeinschaft« kaum Schwierigkeiten hat, sieht es mit der zweiten Bedingung, der politischen Öffentlichkeit, anders, sogar grundlegend anders aus. Während Regierungskonferenzen der Mitgliedstaaten schon Entscheidungen über die Zukunft der Europäischen Union treffen, fehlen immer noch jene zeitlich vorlaufenden Debatten, die über die Gespräche weniger Experten, der entsprechenden Funktions-

eliten in Politik, Publizistik und Verbänden, hinausgehen. Eine politische Öffentlichkeit auf europäischer Ebene sucht man vergebens. Im kleinen Rahmen der eigenen Erfahrung kann es jeder bestätigen; selbst wer viel mit europäischen Kollegen zusammenkommt, diskutiert doch selten über Europa. Ebenso fehlt es an einem europäischen Parteien-, ebenso an einem europäischen Verbändegefüge.

Ob es die Medien, die kulturellen Verbände oder einzelne Intellektuelle sind – über ihrer Kritik an anderen vergessen sie die Selbstkritik, über ihren Bedenken am »Moloch Europa« verschlafen sie ihre eigene Aufgabe, die vielbeklagten Demokratie-Defizite mitzubeheben. Ausschließlich im Rahmen politischer Institutionen lassen sie sich nämlich nicht überwinden. Eine stärkere Bindung der europäischen Exekutive an das Europäische Parlament reicht gewiß nicht aus; wenn ein Europa-Parlamentarier beispielsweise in Deutschland etwa 800.000 Bürger vertritt (in Luxemburg freilich nur 60.000), handelt er notgedrungen bürgerfern. Außerdem sind parlamentarische Debatten generell nicht dafür geschaffen, ganz neue Gesichtspunkte einzubringen; ihre Aufgabe liegt eher in der Selektion und Dignifikation schon bekannter Argumente.

Um die Argumente europaweit vorzubereiten, braucht es eine europaweite Öffentlichkeit. Zu ihren Vorbedingungen gehört die Mehrsprachigkeit, damit nicht, weil Anglophone nur Englisches, Frankophone nur Französisches rezipieren, anderssprachige Stimmen ungehört verhallen. Vor allem müßten alle Medien – jeder Sender, jede Zeitung ... – nicht nur *über* Europa berichten; sie müßten sich auch insofern *europäisieren*, als sie Stimmen aus verschiedenen Teilen Europas mehr und mehr zu Wort kommen lassen. Hier besteht sogar ein strenges Junktim. Daß es mißachtet wird, inzwischen seit vielen Jahren, ist eine grobe Fahrlässigkeit, sogar ein Skandal.

These dreizehn: Die politische Integration darf erst fortschreiten, wenn sich vorher eine europäische politische Öffentlichkeit gebildet hat. Solange sie ausbleibt, ist auf ein unzureichendes Interesse an europäischer Integration zu schließen.

12. Wieviel Politik ist dem Verfassungsgericht erlaubt?

Über lange Zeit nahm das oberste deutsche Gericht, das Bundesverfassungsgericht, in der Rangliste politischen Vertrauens einen Spitzenplatz ein. Daß sich diese Situation in den neunziger Jahren ändert und das Gericht – nach der teils heftigen Kritik der fünfziger Jahre – erneut ins Gerede kommt, diesmal nicht als eine noch junge Einrichtung, sondern als wohletablierte Institution, ist keine geringfügige Sache. Verursacht ist der Vertrauensverlust durch eine Reihe von Entscheidungen, namentlich durch die »Soldaten sind Mörder«-Entscheidung (vom 25.8.1994, in: *Europäische Grundrechte Zeitschrift* 1994, 463-465), den Sitzdemonstrations-(»Sitzblockade«)-Beschluß (vom 10.1.1995, in: *Entscheidungen des Bundesverfassungsgerichts* (BVerfGE), Bd. 92, 1 ff. und den Kruzifix-Beschluß (vom 16.5.1995, in: BVerfGE 93, 1 ff.).

In der Debatte um diese Fälle geht es um mehr als nur die Zustimmung oder Ablehnung von Gerichtsentscheiden, auch um mehr als den juristischen Rang der Begründungen und das Niveau der Berichterstattung in den Medien. Mit zur Diskussion steht die Aufgabe des Gerichts, die konsensbewahrende und konsensfortbildende Verfassungsauslegung. Darüber hinaus geht es um ein Thema, das für moderne Gemeinwesen essentiell ist, daher den Experten, den Verfassungsrechtlern, nicht überlassen werden darf; es geht um das demokratische Machtgleichgewicht.

Die Gefährdung der Machtbalance droht von verschiedenen Seiten. Das Parlament trägt Mitverantwortung, wenn es aus Entscheidungsschwäche und Verantwortungsscheu dem Verfassungsgericht zuviele Aufgaben zuspielt. Politiker sind mitverantwortlich, wenn sie die Entscheidungen des Gerichts zu ignorieren auffordern; was auf den ersten Blick wie Zivilcourage aussieht, ist in Wahrheit populistisch: man hofft auf Beifall. Gefährdet werden kann das verfassungsgebotene Machtgleichgewicht aber auch von jener Instanz, die als »Hüter der Verfassung« (die Formel stammt von Carl Schmitt, 1929/^{2}1931) besonders sensibel sein sollte, vom Verfassungsgericht selbst. Bevor wir diese Gefährdung erörtern, werfen wir einen Blick auf den rechtlichen Rahmen, die besondere Kompetenz des deutschen Verfassungsgerichts.

12.1 Machtzuwachs der Judikative

Im Konzert der öffentlichen Gewalten verfügt das deutsche Bundesverfassungsgericht über eine singuläre Macht. Noch nicht singulär, aber auch nicht ganz unstrittig ist das Bestehen einer Verfassungsgerichtsbarkeit überhaupt. Daß souveräne Fürsten ihre Macht ungern von einem Verfassungsgericht kontrollieren lassen, liegt auf der Hand. Aber auch für die gewaltenteilende Demokratie versteht sich ein derartiges Gericht nicht von selbst. Demokratische Verfassungsstaaten ruhen nämlich auf zwei Pfeilern, auf der Volkssouveränität bzw. Demokratie und auf ihrer Bindung an Verfassungsvorgaben, namentlich die Menschenrechte und die Gewaltenteilung. Die von altersher bekannte Spannung zwischen Macht und Recht wird dadurch zugunsten des Rechts entschieden. Zugleich taucht, jetzt innerhalb des Rechts, eine neue Spannung auf, die zwischen Demokratie und ihren normativen Vorgaben. Je nach dem relativen Gewicht der beiden Pfeiler darf es nun eine Verfassungsgerichtsbarkeit geben oder nicht.

Versteht man die Vorgaben lediglich in einem rechtsmoralischen Sinn, als Prinzipien, auf die die Gesetzgebung verpflichtet ist, ohne den Prinzipien eine positive Rechtskraft zu verleihen, so liegt die höchste Gewalt bei der Volksvertretung. Sie, die ihre Befugnisse nach und nach einem absoluten Monarchen abgetrotzt hat, ist selbst keiner anderen Gewalt mehr unterworfen; sie verfügt über die Suprematie. Versteht man dagegen die Vorgaben in einem rechtlichen Sinn, verankert man sie in einem Gesetz zweiter Stufe, in einem Grund-Gesetz beziehungsweise einer Verfassung, so gewinnt diese die höchste Gewalt. Zugleich verliert der demokratische Gesetzgeber an Macht, während sich die Judikative eines entsprechenden Machtzuwachses erfreut. Denn als Verfassungsgerichtsbarkeit erhält sie das Recht, alle anderen Gewalten, sowohl die Exekutive bis hin zur Regierung als auch die Legislative, zu kontrollieren.

Dort, wo man im Parlament den Kern der Demokratie, die Souveränität des Volkes, am unmittelbarsten repräsentiert sieht, namentlich in Großbritannien, kennt man bis heute kein Verfassungsgericht. Nach einem strengen Begriff der Rule of Law ist die britische Gerichtsbarkeit an das Gesetz gebunden und nicht umgekehrt der Gesetzgeber einem Gericht untergeordnet, das seinerseits keiner Kontrolle ausgesetzt wird. Noch ein anderes Argument kann gegen eine Verfassungsgerichtsbarkeit sprechen, die Ansicht nämlich, die Aussagen einer geschriebenen Verfassung – sie fehlt freilich in Großbritannien – seien kein geeigneter Maßstab für Rechtsentscheidungen. Bei der Anwendung der allgemeinen, folglich interpretationsbedürftigen Aussagen drohe nämlich die Gefahr, daß das Gericht seine eigenen weltanschaulichen und politischen Überzeugungen an die Stelle der gesetzgebenden Entscheidung setzt. Folglich sei Verfassungsgerichtsbarkeit nicht Rechtssprechung, sondern Politik, aber von einer Instanz durchgeführt, die dazu nicht legitimiert sei (vgl. Simon 1984, 1259 f.). Wegen diesen Gründen und unter Hinweis auf nicht ermutigende Erfahrungen in Deutschland hat sich übrigens Schweden in den siebziger Jahren der Einführung einer Verfassungsgerichtsbarkeit widersetzt (ebd.).

Für die Beurteilung der Verfassungsgerichtsbarkeit ergibt sich aus diesen Beobachtungen ein *erster Gesichtspunkt*: Die namentlich unter deutschen Verfassungsrechtlern beliebte Ansicht, die Verfassungsgerichtsbarkeit gehöre zum selbstverständlichen Bestandteil der westlichen Rechtstradition (Brünneck 1992, 15 f.), trifft nicht zu. Im Gegenteil darf die hohe Wertschätzung, die das höchste deutsche Gericht noch genießt, nicht darüber hinwegtäuschen, daß die Verfassungsgerichtsbarkeit in die gewaltenteilende Demokratie nicht so leicht einzuordnen ist.

Selbst dort, wo man eine Verfassungsgerichtsbarkeit zuläßt, müssen ihre Befugnisse nicht so weit wie in Deutschland reichen. Einer so erprobten Demokratie wie der schweizerischen beispielsweise gehen sie entschieden zu weit. Dem deutschen Verfassungsgericht stehen nach den einschlägigen Artikeln des Grundgesetzes, insbesondere den Artikeln 93 und 100, aber auch den Artikeln 18, 21 (2), 41 (2), 61, 84 (4), 115 (g, h) und 126, vor allem vier Aufgaben zu. Von ihnen ist die erste Aufgabe im Prinzip unproblematisch, die Streitschlichtung zwischen verschiedenen Staatsorganen und, innerhalb der gliedstaatlichen Ordnung, die Schlichtung von Kompetenzkonflikten. Vielleicht nicht unstrittig, aber zweifelsohne ein Fortschritt an Verfassungsstaatlichkeit ist die zweite Aufgabe, der Schutz der verfassungsmäßigen Rechte des einzelnen, der individuelle Rechtsschutz auf dem Weg der Verfassungsbeschwerde. Nicht mehr unproblematisch ist die dritte Aufgabe, die Überprüfung der Verfassungsmäßigkeit von Rechtsnormen, die sogenannte Normenkontrolle; denn sie schränkt die demokratische Souveränität ein und verschiebt zugleich die Machtbalance zugunsten der Judikative. Vorgenommen wird die Normenkontrolle in Deutschland in zwei Grundformen. Die abstrakte Normenkontrolle prüft ein Gesetz als solches auf seine Verfassungsmäßigkeit, während die konkrete Normenkontrolle die Prüfung der Verfassungsgemäßheit aus Anlaß eines Einzelfalles unternimmt. Die vierte Aufgabe besteht in der Sicherung des Verfassungsbestandes; dabei hat das Gericht die Funktion, jedem Verfassungsorgan seine eigene Aufgabe zu ermöglichen.

Nach Artikel 113 der Bundesverfassung urteilt dagegen das Schweizer Bundesgericht nur »1. über Kompetenzkonflikte zwischen Bundesbehörden einerseits und Kantonalbehörden andererseits; 2. über Streitigkeiten staatsrechtlicher Natur zwischen Kantonen; 3. über Beschwerden betreffend Verletzung verfassungsmäßiger Rechte der Bürger«. Ausgeschlossen ist insbesondere die Normenkontrolle über Bundesgesetzesrecht. Die Schweizer »Expertenkommission für die Vorbereitung einer Totalrevision der Bundesverfassung« (1977) empfiehlt zwar, freilich nur mehrheitlich, nicht einstimmig deren Einführung. Es sollen aber »weder eine abstrakte Normenkontrolle noch eine Regelung von Kompetenzstreitigkeiten zwischen den obersten Bundesbehörden (wie sie in der Bundesrepublik Deutschland bestehen) eingeführt werden« (177). Weil es ihr vor allem auf den Schutz individueller Rechte und weit weniger auf eine Schiedsrichterrolle im Streit der politischen Kräfte ankommt, dient der Schweizer Expertenkommission ausdrücklich das ›amerikanische System‹ als Muster, und ebenso ausdrücklich wird das deutsche Modell verworfen. Und selbst diese »typisch schweizerisch vorsichtige und reduzierte Form der Verfassungsgerichtsbarkeit« (ebd.) ist wie die Totalrevision insgesamt noch nicht in Kraft getreten.

Auch das Vorbild der modernen Verfassungsgerichtsbarkeit, der Supreme Court der USA, verfügt über geringere Befugnisse als das deutsche Verfassungsgericht. (Die Rechtsgrundlage bildet Art. III § 2 der US-Verfassung.) Zwei Faktoren dürften hier eine Rolle spielen: eine höhere Achtung des offenen politischen Pro-

zesses und ein Mißtrauen gegen zu weite verfassungsgerichtliche Machtansprüche. Die Verfassung gilt nicht als eine säkulare Bibel, die das oberste Gericht mit jener Unfehlbarkeit auslegt, die übrigens selbst Päpste nur höchst selten und mit äußerster Behutsamkeit in Anspruch nehmen. Aus Respekt vor dem demokratischen Element erkennt der Supreme Court die »political question doctrine« an und hält sich aus gewissen politischen Fragen grundsätzlich heraus (vgl. Engelen 1984). Diese Lehre nähert sich zwar der deutschen Lehre vom »politischen Ermessen« an, dürfte aber in den USA deutlich enger ausgelegt werden. Vor allem nimmt ihr Gericht keine abstrakte Normenkontrolle vor. Nicht zuletzt ist seine Entscheidungsdichte weit geringer. Obwohl es auch Zivil- und Strafsachen behandelt, entscheidet es im Jahr nur über etwa 150 bis 160 Fälle (*Harvard Law Review* 106, 1992, 93 I, 328), während das deutsche Gericht nur fürs Verfassungsrecht weit mehr Entscheidungen fällt (*Statistisches Jahrbuch* 1992, 396).
Die Befugnis, Gesetze für verfassungswidrig zu erklären, war übrigens für den Supreme Court zunächst nicht ausdrücklich vorgesehen. Gleichwohl nimmt er sie in einer berühmten Entscheidung, Marbury v. Madison, bereits im Jahre 1803 in Anspruch (5 *United States Supreme Court Reports* 137; vgl. Brugger 1987, § 2). Das Argument: Ein Staat, der sich eine geschriebene Verfassung gebe, erkläre diese zur grundlegenden und obersten Rechtsnorm. Infolgedessen müsse das Gericht bei der Anwendung von Gesetzen prüfen, ob diese mit dem höherrangigen Verfassungsrecht übereinstimmten; gegebenenfalls müsse es das Gesetz für verfassungswidrig erklären und dürfe es dann nicht anwenden. Damit war die konkrete Normenkontrolle geboren.
Deutschland hat durchaus eigene geschichtliche Wurzeln. Sie reichen sogar ein halbes Jahrtausend, bis zum Reichskammergericht (1495) und dem Reichshofrat (1539), zurück (vgl. Diestelkamp 1990). Deren Befugnisse beruhten allerdings auf der Aufgabe des Kaisers, den Frieden zu wahren, und noch nicht auf einer Vorherrschaft der Verfassung. Seitdem sie besteht, gibt es aber eine Verfassungsgerichtsbarkeit. Schon die Verfassung der Paulskirche (1849, Art. 126) sieht sie vor, freilich noch ohne die richterliche Normenkontrolle, jedoch mit einem weit vorausweisenden Instrument, der Verfassungsbeschwerde eines einzelnen Bürgers gegen staatliche Akte. Und der nach der Weimarer Reichsverfas-

sung errichtete Staatsgerichtshof ist lediglich für Streitfragen zwischen dem Reich und den Ländern zuständig.

Aus Furcht vor einer Richterherrschaft, einem »gouvernement des juges«, hat Frankreich nicht nur spät, im Jahr 1958, den Conseil Constitutionel (Verfassungsrat) errichtet, sondern ihm auch bloß begrenzte Verfassungsgerichtsbefugnisse übertragen. Charakteristisch ist die nur präventive Gesetzeskontrolle; die Verfassungswidrigkeit einer Rechtsnorm muß vor deren Inkrafttreten geltend gemacht werden, wozu nur die am Gesetzgebungsverfahren beteiligten Organe oder Organteile befugt sind, also weder Richter noch Bürger. Nur das spanische Verfassungsgericht hat, hier vom Bundesverfassungsgericht beeinflußt, ähnlich weite Kompetenzen. Dieser kurze Ländervergleich führt zum ersten singulären Merkmal. Auch wenn sich die Bundesrepublik Deutschland in manchen Bereichen am Vorbild der älteren Demokratien orientiert, weicht sie doch in einer wichtigen Hinsicht von ihnen ab. Sie schränkt die Macht des demokratischen Souveräns weit stärker zugunsten verfassungsrechtlicher Vorgaben und ihrer außerparlamentarischen Auslegung durch Gerichte ein. Im Ländervergleich verfügt das Bundesverfassungsgericht über die größere, oft sogar entschieden größere Kompetenz. Aus den ›ungewöhnlich weiten‹ Zuständigkeiten (Simon 1984, 1263) ergibt sich nun der *zweite Gesichtspunkt*: Weil ohnehin ein Höchstmaß an Befugnissen gegeben ist, besteht kein objektives Bedürfnis, die Befugnisse zusätzlich so großzügig auszulegen. Im Gegenteil spricht der Ländervergleich eher für eine restriktive Interpretation der vorhandenen Kompetenzfülle.

Zur Beurteilung der verfassungsgerichtlichen Kompetenz trägt eine Einschätzung der judikativen Gewalt überhaupt bei. Der erste große Theoretiker der modernen Gewaltenteilung, Montesquieu, sagt unter den Bedingungen des absolutistischen Staates, die richterliche Gewalt sei in gewisser Weise nicht vorhanden (»nul«: *L'esprit des lois*, 1748, Buch XI, Kap. 6). Vierzig Jahre später und jetzt unter den Bedingungen einer Republik, der USA, mildert Hamilton Montesquieus Einschätzung nur wenig ab und nennt die »Judikative unbestreitbar die unvergleichlich schwächste der drei Gewalten« (*Federalist Papers*, Hamilton/Jay/Madison 1788, Nr. 78). Im Unterschied zur Exekutive habe die Judikative nämlich keinen Einfluß auf das Schwert und im Gegensatz zur Legislative kein Kommando über die Geldbörse; folglich könne

sie weder über die Stärke noch den Reichtum der Gesellschaft verfügen.
Noch der Verfassungsrichter H. Simon (1984) spricht von der Gerichtsbarkeit als dem »schwächsten aller Verfassungsorgane« (1255) bzw. »Gewalten« (1276). In Wahrheit dürften sich die Verhältnisse inzwischen generell und nachhaltig zugunsten der Judikative verändert haben. Der erste und wichtigste Beleg: Der Rechtsstaat hat sich längst zum Rechtswege- und Rechtsmittelstaat entwickelt, was die Judikative nachhaltig stärkt. In den Bereichen, in denen der Staat sich mit dem Schwert zurückhält und statt dessen Verantwortung für einklagbare Leistungsansprüche übernimmt, schwindet die Gestaltungskraft der Exekutive. Analog sinkt die Gestaltungsmacht der Legislative dort, wo der Spielraum der öffentlichen Haushalte geringer geworden ist, etwa wegen rechtlich verbindlicher Personal- und Sozialkosten, wegen der öffentlichen Schulden, wegen Ansprüchen der Wählerklientel und weil die Staatsquote ohnehin sehr hoch ist. Bei abnehmender Macht der beiden »Konkurrenten« steigt aber die relative Macht der Judikative.
Zur Machtverschiebung trägt auch die ordnungspolitische Tragweite richterlicher, vor allem höchstrichterlicher Entscheide bei. Außerdem werden in Staaten wie Deutschland gewisse Rechtsbereiche wie das Arbeitsrecht nur zu einem kleineren Normenanteil auf dem Weg der Gesetzgebung festgelegt und zu einem Großteil der Rechtsfortbildung der Rechtsprechung überlassen, wobei die Richter zu einem Ersatzgesetzgeber werden. Diese Entwicklung ist verfassungsrechtlich bedenklich, legt sie doch die Vermutung nahe, daß ein vornehmlich richterrechtliches Arbeitsrecht »sich mit dem Grundsatz der Gewaltenteilung nur schlecht verträgt« (Mayer-Maly 1985, 301). Hier wird das Bundesverfassungsgericht in seiner vierten Aufgabe gefordert. Weil das Gericht für die Sicherung des Verfassungsbestandes zuständig ist, sollte es den Gesetzgeber aufrufen, den zum Ersatzgesetzgeber gewordenen Richter abzulösen und der eigenen, verfassungsgebotenen Aufgabe nachzukommen, statt die Verschiebung in der Gewaltenteilung schlicht als ›verfassungsänderndes Gewohnheitsrecht‹ hinzunehmen (Mayer-Maly, ebd.). Noch in einem anderen Bereich hat das Richterrecht eine dominierende Stellung erlangt, hier durch höchstrichterliche Rechtsprechung. Es ist das Hochschulrecht, das etwa durch den »Numerus-Clausus«-Entscheid des Bundesverfassungsgerichts vom 18.7.1972 (BVerfGE 33, 303 ff.) wesentlich bestimmt ist.

Ob die angedeuteten Entwicklungen innerhalb des Systems der Gewaltenteilung wünschenswert sind oder nicht, ist hier nicht die Frage. Vielmehr kommt es auf das Ergebnis an, eine Korrektur an der Einschätzung von Montesquieu, Hamilton und Simon. In verfassungsstaatlichen Demokratien, namentlich in Deutschland, ist die Judikative keineswegs mehr die »weitaus schwächste öffentliche Gewalt«. Im Fall des Bundesverfassungsgerichts – so ein *dritter Gesichtspunkt* – verbindet sich nun die generelle Stärkung der Judikative mit der speziellen Kompetenzfülle dieses Gerichts.

Singulär ist die Kompetenzfülle des Bundesverfassungsgerichts nicht nur im Ländervergleich der höchsten Gerichte. Eine zweite, jetzt generelle und verfassungsrechtlich grundsätzlichere Singularität betrifft das Verhältnis zu den anderen Gewalten. Zunächst heben wir aber die Gemeinsamkeit hervor, die länderübergreifend für die Gewaltenteilung zutrifft; die Macht jeder öffentlichen Gewalt ist begrenzt. Die für das Bundesverfassungsgericht wichtigste Abgrenzung betrifft jene die Verfassung erneuernde Interpretation, die sich bei gesellschaftlichem Wandel aufdrängt. Hier steht dem öffentlichen Rechtsdiskurs die Rolle eines beratenden »Vordenkers« zu. Das demokratische Parlament ist zur gesetzgeberischen Entscheidung berechtigt; allein in seiner Macht liegen Innovationen mit politischer Gestaltungskraft. Dem Verfassungsgericht gebührt lediglich eine kontrollierende Zweitinterpretation, insbesondere die »kassatorische Kontrolle«. Ohne ein Initiativrecht oder eine Befugnis zur begleitenden Verfassungskontrolle des Gesetzgebers stellt es nur im nachhinein fest, ob der Gesetzgeber sich an die Grenzen der Verfassung hält, und fällt ihm, wo dies nicht geschieht, in den Arm. Ohne jedes Recht zu einer Art Obergesetzgebung darf das Gericht nicht aktiv politisch gestalten, sondern nur rechtlich überprüfen. Denn, wie Kant sagt, ist es das Amt des Juristen nur, »vorhandene Gesetze anzuwenden, nicht aber, ob diese selbst nicht einer Verbesserung bedürfen, zu untersuchen« (*Zum ewigen Frieden*, Akad. Ausg. XIII 369).

Wie bei Grenzen generell stellen sich Fragen des genauen Grenzverlaufs. Der Grundsatz bloßer Überprüfung ist im Prinzip dort leicht anzuwenden, wo der Staatsgewalt Grenzen gezogen werden; hier ist lediglich die kassatorische Kontrolle zulässig. Schwieriger sieht es dort aus, wo die Verfassung gewisse Ziele setzt, ihre Verwirklichung aber dem Gesetzgeber überläßt, der sie nach den Erfordernissen der Zeit, nach seinen eigenen, legislativen Möglichkeiten und nach einer Güterabwägung, in die die Überzeugungen der jeweiligen Mehrheit eingehen, zu verwirklichen trachtet. Um hier die Befugnisse der demokratisch gewählten Volksvertretung nicht anzutasten, müßte richterliche Zurückhaltung strenges Gebot sein.

Die in der Staatstheorie entscheidende Anschlußfrage heißt seit Hobbes: »Quis iudicabit?« Wer entscheidet, wo die Befugnis des Gerichts endet und das Recht der anderen Instanzen beginnt? Die Antwort: Über die Grenzen der anderen öffentlichen Gewalten entscheidet das Verfassungsgericht – über die eigenen Grenzen auch. Diese Situation ist so ungewöhnlich, daß, bezogen aufs Bundesverfassungsgericht, Simon (1984, 1263) sogar meint, ihm falle »faktisch« – und das hieße hier: ohne Verfassungsdebatte und ohne Verfassungsentscheidung – »die Kompetenz-Kompetenz« zu; W. Geiger (1952, 482) spricht von der »Suprematie des Bundesverfassungsgerichts«. Tatsächlich verfügt ein Verfassungsgericht nicht über Kompetenz-Kompetenz mit bestimmtem, sondern lediglich mit unbestimmtem Artikel; es hat *eine*, aber nicht *die* Kompetenz-Kompetenz. Die entscheidende Kompetenz-Kompetenz liegt bei der Verfassung, da sie allen Verfassungsorganen klare Vorgaben macht; eine zweite Kompetenz-Kompetenz liegt beim Parlament, da es zur verfassungserneuernden Verfassungsinterpretation berechtigt ist; das Verfassungsgericht verfügt lediglich über eine Kontrollbefugnis.

Die in der Tat ungewöhnliche Situation eines Verfassungsgerichts ist anders zu beschreiben. Insofern das Gericht seine Vorgaben, die Vorschriften über die Zuständigkeiten, selbst auslegt, wird das sonst vorherrschende System der »checks and balances« gesprengt. In das komplexe Machtgleichgewicht der Demokratie kommt ein neues, nicht mehr wie im Ländervergleich graduell, sondern jetzt strukturell singuläres Moment herein. Nicht mehr kontrolliert die eine Gewalt die andere, vielmehr kontrolliert eine Gewalt sich selbst. Im Fall des deutschen Verfassungsgerichtes verbindet sich die strukturelle Singularität noch mit der graduellen Singularität, der ungewöhnlich großen Kompetenz. Das Ergebnis besteht in einer Machtfülle, bei der die Frage, die sich bei jeder Macht aufdrängt, die nach der Kontrolle, sich um so dringlicher stellt. Auf die Frage »Wer hütet die Verfassung vor ihren Hütern?« kann man nur antworten »Die Hüter hüten sich selbst«,

was nichts anderes heißt als: ihre Machtfülle bleibt ohne Kontrolle. Das Parlament wird vom Verfassungsgericht kontrolliert, das Verfassungsgericht von niemandem.
Blickt der einfache Bürger ins Grundgesetz, so wird er übrigens die (graduelle) Machtfülle für befremdlich halten. Denn manche Dinge, die das Gericht sich zuschreibt, findet er dort nicht: weder den Anspruch, ein Verfassungsorgan zu sein (BVerfGE 7, 14); aufgenommen ins Bundesverfassungsgerichtsgesetz, § 1, vgl. dazu Maunz 1996), noch das Recht, sich allein eine Geschäftsordnung zu geben. Das Grundgesetz sieht zwar den Bundestag (Art. 38), den Bundesrat (Art. 50), den Bundespräsidenten (Art. 54) und die Bundesregierung (Artikel 62) als Verfassungsorgane an; das Bundesverfassungsgericht erscheint dagegen nur unter dem Titel »IX. Die Rechtsprechung«. Wenn es in der Judikative überhaupt ein Verfassungsorgan gibt, dann die Judikative als ganze. Und zum zweiten Punkt sagt Artikel 94 Abs. 2 vom Bundesverfassungsgericht: »Ein Bundesgesetz regelt seine Verfassung und das Verfahren und bestimmt, in welchen Fällen seine Entscheidungen Gesetzeskraft haben.«

12.2 Ethos der Selbstbindung

Müßte eine Kontrollmacht ständig tätig werden, so würde konstruktive Politik schon im Ansatz erstickt werden. Um eine derartige Situation zu verhindern und statt dessen die Demokratie funktionsfähig zu halten, braucht es ein Ethos der Selbstbindung. Nur dort, wo das Ethos zu schwach wird, ist die Kontrollmacht des öfteren vonnöten. Da sie gegenüber dem Verfassungsgericht aber überhaupt fehlt, darf es nicht den Schatten eines Zweifels aufkommen lassen, es überschreite sein Recht zur kontrollierenden Zweitinterpretation. Wenn Politiker in ihrer Richterschelte zu weit gehen, gefährden sie immerhin, aber auch nur die politische Kultur. Wenn das Verfassungsgericht seine Befugnis um ein Gran überschreitet, so verschiebt es das demokratische Machtgleichgewicht. Folglich wird wesentlich und unverzichtbar, was bei den anderen Gewalten bloß eine zusätzliche Bedeutung erhält: ein Ethos der Selbstbindung und das uneingeschränkte Vertrauen in dessen Wirksamkeit. Ein Politiker muß Politik machen, ein Rechtsprofessor darf es versuchen,

einem Verfassungsrichter ist es – über die kontrollierende Verfassungsprüfung hinaus – verwehrt. In zwei Hinsichten, sowohl im öffentlichen Diskurs als auch in der Rechtsprechung, drohen Schatten eines Zweifels.
Die Prämisse ist unumstritten: Medien verfügen, bloß als Medien gesehen, über politischen Einfluß, sogar über politische Macht. Medienpräsenz ist deshalb für Politiker ein inzwischen unverzichtbarer Bestandteil ihrer professionellen Aufgabe, der Einfluß- und Machtsuche. Verfassungsrichter, die in den Medien amtsbezogen präsent sind, können sich dem nicht entziehen. Daß sie im Gegensatz zum Politiker aber nicht für politische Einflußnahme zuständig sind, gebietet strenge Zurückhaltung. Zwei Gruppen, aus denen sich die Richter, sofern es nicht Berufsrichter sind, vornehmlich rekrutieren, Professoren und Politiker, haben damit Schwierigkeiten. Vor der Amtsübernahme können sie nämlich an der Rechtsdebatte kräftig teilnehmen, die Professoren am wissenschaftlichen, die Parlamentarier am politischen Diskurs. Deswegen werden sie denn auch ins Verfassungsgericht gewählt, teilweise wegen der Qualität ihrer Beiträge, zunehmend aber – auch dieser Umstand beeinträchtigt das Machtgleichgewicht – wegen ihrer politischen Ausrichtung. (Darüber hinaus hat man sogar schon versucht, das Bundesverfassungsgericht als Versorgungsinstitut für Politiker zu mißbrauchen.)
Sobald man sein Amt antritt, sollte selbstverständlich sein, was man bei einem jüngst ausgeschiedenen Verfassungsrichter glaubt lobend erwähnen zu müssen, jene Überparteilichkeit, die früher schlicht Unparteilichkeit hieß. Auch wenn es unüblich zu werden droht, bleibt es aus Gründen der Unparteilichkeit geboten, zu jenen Medien Distanz zu halten, die für den rechtswissenschaftlichen Diskurs ohnehin nicht zuständig sind, also zu Tages- und Wochenzeitungen, zu Magazinen und zu Fernsehauftritten, zumal in Talk-Shows. Sollte das Ethos der Zurückhaltung gefährdet bleiben, so ist Risiko-Vorsorge angesagt. Im Schweizer Bundesgericht sind Professoren eine höchst seltene Ausnahme; und aus Gespür für die Machtbalance gibt es dort ehemalige Bundes- und Regierungsräte, sprich: Minister, selbst ehemalige Parlamentarier so gut wie überhaupt nicht.
Zwei Grenzen sind auf jeden Fall einzuhalten: Man schweige zu anhängigen Urteilen, zumal wenn man sie selber mitfällen wird; ebenfalls schweige man zu verfassungspolitischen Themen, die auf

der Tagesordnung des Gesetzgebers stehen. Nur zwei Beispiele, fast willkürlich herausgegriffen, da es an Beispielen nicht fehlt: Im Dezember 1992 bezeichnet ein Verfassungsrichter im *Merkur* »die Verfassungsreform des Jahres 1993« als »die umfangreichste und einschneidendste in der Geschichte des Grundgesetzes« und fährt fort, sie komme »einer Veränderung des Systems selber nahe«. Mit dieser Äußerung ergreift D. Grimm (1992, 1072) in einer laufenden Verfassungsdebatte Partei (denn damals war es politisch umstritten, ob es eine umfangreiche und einschneidende Verfassungsreform überhaupt geben soll). Nicht bloß im nachhinein klingt das Stichwort »Veränderung des Systems« nach einer dramatisierenden Zuspitzung, der durchaus eine politische Intention zugrunde liegen konnte, nämlich eine Bekräftigung jener Forderung, die damals noch stärker umstritten war, die Verfassungsreform vom Volk, sprich: durch ein Plebiszit, zu sanktionieren. Nach Grimm sollte man sich sogar überlegen, »künftig alle Verfassungsänderungen einer Volksentscheidung« zu unterwerfen. (In ähnlichem Sinn wie Grimm bedauert Limbach später, daß sich die nach der deutschen Vereinigung gebildete Verfassungskommission nicht auf die Aufnahme plebiszitärer Elemente in das Grundgesetz geeinigt habe.)
Das andere Beispiel: In einer Festansprache an der Technischen Universität Chemnitz-Zwickau fordert im Frühjahr 1995 die Präsidentin des Bundesverfassungsgerichts, Limbach, den Gesetzgeber auf, den »Artikel unseres Grundgesetzes, der den Gleichstellungsauftrag für das nichteheliche Kind enthält«, also Artikel 6 Abs. 5, neu zu formulieren (Limbach 1995, 6). Außerdem sagt sie von der Ehe, die sie »als eine seit 31 Jahren mit ein und demselben Mann verheiratete Frau sehr schätze«, sie sei »eine weithin private Angelegenheit der Eheleute, die als solche keine steuerrechtliche Privilegierung verdient« (ebd.). Beide Aussagen greifen zweifelsohne über die kontrollierende *Nach*prüfung in die aktive Gestaltung über.
Die Argumente der beiden Autoren sind gewiß nicht schlecht. Zum einen überzeugt heute, bei einer längst gefestigten konstitutionellen Demokratie, die Skepsis gegen plebiszitäre Elemente weniger als in der Frühzeit der Bundesrepublik, als die negativen Erfahrungen der Weimarer Republik noch überwogen. Plebiszite – die übrigens nach Schweizer Erfahrung eher den konservierenden Tendenzen entgegenkommen – haben freilich nicht einen

derart basalen Rang, daß nur sie Legitimation begründen könnten. Das Erfordernis einer demokratischen Legitimation läßt sich weder auf einen einmaligen Abstimmungsakt verkürzen, noch spricht es überhaupt zugunsten einer direktdemokratischen statt einer repräsentativ-demokratischen Entscheidung. Zum anderen hat Limbach Recht zu fordern, »daß sich der Gesetzgeber und die Gerichte dem Wandel der Familienformen und der gesellschaftlichen Auffassungen öffnen müssen« (a. a. O.). Daraus folgt allerdings noch nicht das Recht, entsprechende Reformen anzumahnen (vgl. Limbach 1995, 7). Die Frage lautet aber nicht, ob die beiden Autoren die besseren Argumente haben, sondern allein, ob sie mit dem Wechsel von der Verfassungslehre (Grimm) bzw. der Politik (Limbach) zur Verfassungsrechtsprechung nicht jenes privilegierte Amt übernehmen, das wegen seiner autoritativen und so gut wie inappellablen Entscheidungskompetenz strengste Zurückhaltung verlangt. Wenn dies nicht schon der Buchstabe des Gesetzes fordert, dann gewiß der Geist der demokratischen Gewaltenteilung. Damit auf das Verfassungsgericht nicht auch nur der Schatten einer aktiven Verfassungspolitik fällt, sollten die Richter darauf achten, daß sie während ihrer Amtszeit im öffentlichen Diskurs kaum als schlichte Bürger oder Bürgerin auftreten können. Oder mit Hamilton gesprochen: »Man kann die Richter gar nicht wenig genug von jeder anderen Beschäftigung als der Gesetzesauslegung fernhalten.« (*Federalist Papers*, Hamilton/Jay/Madison 1788, Nr. 73).

12.3 Kompetenzanmaßung?

Noch wichtiger als die Zurückhaltung im öffentlichen Diskurs ist die richterliche Zurückhaltung (judicial self-restraint) in den Beschlüssen selbst. Hier darf es nicht zu dem kommen, was dann einer der Bundesverfassungsrichter, Böckenförde, in einer »Abweichenden Meinung« zu Recht moniert, daß nämlich ein »Senat mit seinen breit ausgeführten, durch die Vorlage nicht veranlaßten Darlegungen in den Kompetenzbereich des Gesetzgebers« übergreift (BVerfGE 93, 151). Böckenförde bezieht sich hier nur auf einen einzelnen Beschluß; das Problem, hier als Frage formuliert, ist aber grundsätzlicher Natur: Sind nicht in gewissen Bereichen die Kompetenzen des Parlaments nach und nach eingeschränkt worden? Die Einschränkung hat sogar in mehreren Bereichen stattgefunden, so daß die im Einzelfall vielleicht geringen Einschränkungen insgesamt recht erheblich sind. Überdies finden sie entgegen einer Sacherfordernis statt; denn noch einmal: etwas, das für die noch gefährdete »Jugendzeit« der deutschen Demokratie geboten erschien, ist es für die inzwischen erwachsen gewordene Demokratie nicht mehr. Das Verfassungsgericht darf jedenfalls nicht den Eindruck erwecken, sich in seinem Selbstverständnis dem Platonischen Ideal des Philosophenherrschers annähern zu wollen.

Eine erste Fortentwicklung der Verfassung durch das Bundesverfassungsgericht ist unproblematisch, eigentlich trivial. Sie betrifft vornormative, tatsächliche Veränderungen im Regelungsbereich. Beispielsweise erwähnt Artikel 5, der die Meinungsfreiheit garantiert, namentlich die »Pressefreiheit« und die Freiheit der Berichterstattung »durch Rundfunk und Film«. Das Fernsehen, im Jahre 1949 noch unbekannt, wird nicht eigens genannt. Trotzdem darf es weder aus der grundrechtlichen Garantie der Meinungsfreiheit noch der des Persönlichkeitsschutzes ausgenommen werden. Dagegen spricht nicht nur der »Geist der Verfassung«, sondern schon der erste Satz von Artikel 5 Abs. 1 (er bezieht die Meinungsfreiheit auf »Wort, Schrift und Bild«) und Artikel 5 Abs. 2, der unter anderem das »Recht der persönlichen Ehre« als Schranke anführt.

Nach Ansicht des deutschen Verfassungsgerichtes fallen unter den Grundrechtsschutz auch die realen Voraussetzungen ihrer effektiven Verwirklichung. Nach der hier maßgeblichen, bahn- oder aber dämmebrechenden Lüth-Entscheidung aus dem Jahr 1958 sollen die Grundrechte eine objektiven Wertdimension haben, deretwegen sie positive Schutz-, Organistions- und Leistungspflichten mit sich führen (BVerfGE 7, 198 ff.; zur Kontroverse s. Goerlich 1973). Für eine derart expansive Verfassunginterpretation lassen sich durchaus gute Gründe anführen. So zwingend, daß die alternative, restriktivere Interpretation im Widerspruch zur Verfassung steht, daß folglich die Entscheidung zugunsten der expansiven Interpretation lediglich unter die kontrollierende Zweitinterpretation fällt, sind die Gründe aber nicht. Die expansive Grundrechtsinterpretation ist allenfalls mehrheitsfähig; weder alle Verfassungsinterpreten noch alle grundrechtsschützenden Demokratien folgen ihr. Dort ist es der klassische Liberalismus, der Einwände erhebt, hier ist es der nordamerikanische Supreme Court, der von einer Fortentwicklung der Grundrechtsdogmatik im Sinne der Lüth-Entscheidung Abstand hält. In einer derartigen Situation reichen gute Gründe nicht aus. Um die Vermutung zu widerlegen, die entsprechende Frage sei dem demokratischen Prozeß überantwortet, müßte es schon überwältigend gute Gründe geben.

Die Folgen der expansiven Verfassungsinterpretation sind nicht gering. Da der politisch-parlamentarische Prozeß an Gewicht verliert, läuft die »methodische Selbstbedienung« des Verfassungsgerichts auf eine Gefährdung der Demokratie hinaus. Dem Gesetzgeber droht nicht nur, sondern ihm geschieht tatsächlich, was die britische Rule of Law auf jeden Fall verhindern will; er muß sich »unsicheren« Rechtssprüchen unterwerfen. Ein zweites Argument gegen die expansive Interpretation auf seiten des Verfassungsgerichts liefert der Umstand, daß schon durch die ständige, ebenso intensive wie extensive rechtsschöpferische Konkretisierung der Verfassung, daß also selbst bei einer restriktiven Interpretation eine inhaltliche Anreicherung stattfindet, die in der Summe ein Stück Verfassungspolitik bedeutet. Denn die Vorgaben für den Gesetzgeber nehmen im Verhältnis zur ursprünglichen Verfassung kräftig zu. Dazu kommt, daß der nötige Kontrapunkt, eine Fülle von Beschlüssen hinsichtlich des Verfassungsfaktors Demokratie, fehlt. Folglich vollzieht sich gleitend und doch – fast – unvermeidbar ein Übergang vom parlamentarischen Gesetzgebungsstaat zum verfassungsrechtlichen Jurisdiktionsstaat (vgl. den Bundesverfassungsrichter Böckenförde 1990, 22). Außerdem wird die »Freiheit der folgenden Generation« eingeschränkt (Großfeld 1995, 1722), da Verfassungsgerichtsentscheide zu ihren nur sehr schwierig veränderbaren Vorgaben gehören.

Gegen die judikative Entscheidung für die expansive Verfassungsauslegung spricht auch der Umstand, daß »es sich bei der positiven Funktion der Grundrechte zudem in aller Regel um weit komplexere Abwägungsprobleme handelt als bei der negativen Abwehrdimension«, weshalb »der legislative Prozeß, auch funktionell gesehen, der geeignetere Entscheidungsort« ist (Brugger 1990, 191). In jedem Fall ist die Kontroverse um die Frage, ob man der restriktiven oder aber der expansiven Grundrechtsinterpretation folgen soll, nicht bloß verfassungsrechtlicher, sondern auch verfassungspolitischer Natur. Daher ist nicht die Judikative zuständig, sondern die pluralistische Demokratie: die Legislative und die ihr vorlaufende öffentliche Debatte. Wer von größeren Verfassungsänderungen behauptet, sie dürften »sich die politischen Akteure und Mitglieder der staatliche Organe nicht selber gewähren« (Grimm 1992, 1072), der müßte noch mehr auf ein Recht verzichten, verfassungs*politische* Kontroversen judikativ zu entscheiden.

Bleiben wir bei der vorsichtigeren Form, der Frage: Bedarf nicht das Parlament und mit ihm der demokratische Prozeß der Politik heute jener Stärkung, die die sogenannte »representation reinforcement«-Schule vorschlägt? Vergessen darf man nicht die ursprüngliche Intention. Gedacht ist die Verfassungsgerichtsbarkeit gegen jenen eklatanten Machtmißbrauch, den etwa die USA aus dem Streit der jungen Kolonien mit der britischen Krone, den Deutschland in der gesteigerten Form einer Rechtsverwüstung aus dem Nationalsozialismus und den Spanien sowie Portugal aus ihren Diktaturen kennen. Über diese Intention, die Abwehr krassen Unrechts, hat das Verfassungsgericht, zumal in Deutschland, weit hinausgegriffen und sich zum Instrument einer Feinsteuerung entwickelt, die deutlich in die Dimension der Verfassungspolitik hineinwirkt. In dieser Situation läßt sich der Verdacht, das Gericht mische sich in die angestammten Aufgaben des Gesetzgebers ein, nicht mehr a priori von der Hand weisen.

Selbst wer anderer Meinung ist, wird einräumen, daß, verfassungsrechtlich gesehen, Kompetenzabgrenzungen nicht von einer Seite, dem Verfassungsgericht, allein entschieden werden dürfen. Vonnöten ist eine öffentliche Diskussion, vielleicht sogar eine parlamentarische Entscheidung. Im Verlauf einer Debatte müßte man unter anderem der Frage nachgehen, ob eine besonders extensive Praxis von Verfassungsgerichtsbarkeit nicht zweierlei darstellen kann: auf seiten des Verfassungsgerichts eine Machtausweitung, über die der originäre Verfassungs*geber* und nicht der sekundäre Verfassungs*interpret* zu entscheiden hätte, und auf seiten jener Instanz, von der alle Gewalt ausgeht, des Volkes, ein Obrigkeitsdenken, das eine selbstbewußte Demokratie auch dann von sich weist, wenn es in rechtsstaatlicher Form auftritt. Immerhin meldet sich die »representation reinforcement«-Schule schon dort zu Wort, wo der zuständige Gerichtshof, der Supreme Court, über geringere Befugnisse als das Bundesverfassungsgericht verfügt. Fürchten muß man allerdings, daß der Zeitpunkt für eine derartige

Debatte verpaßt ist. Verfassungsrechtler werden nämlich kaum eine Gruppe offen kritisieren, die sich zum Teil aus ihren eigenen Reihen rekrutiert. Für Politiker wiederum ist das Thema von den Tagesgeschäften zu weit entfernt; außerdem erlaubt es schwerlich ein Parteiprofil, da die Stärkung des demokratischen Souveräns parteiübergreifend gefördert werden müßte.

12.4 Zum Beispiel Kruzifixbeschluß

Unter dem Gesichtspunkt des Machtgleichgewichts sehen die öffentlichen Kontroversen um den Kruzifixbeschluß etwas anders aus. Gefragt war, ob das Anbringen eines Kreuzes oder Kruzifixes in den Unterrichtsräumen einer staatlichen Pflichtschule, die keine Bekenntnisschule ist, gegen die im Grundgesetz Artikel 4 Abs. 1 garantierte Religionsfreiheit verstößt. Nach dem Beschluß des Bundesverfassungsgerichts liegt ein solcher Verstoß vor, denn die Schüler würden gezwungen, unter dem Kreuz zu lernen und die davon symbolisierten Glaubensinhalte als vorbildhaft anzuerkennen; überdies sei für Nichtchristen und Atheisten das Kreuz das Symbol der missionarischen Ausbreitung des Christentums.
Die Kritik wehrt sich unter anderem dagegen, daß sich die mehrheitlich christliche Bevölkerung einer nichtchristlichen Minderheit beugen müsse. Diesen Einwand kann man rasch beiseite schieben, freilich nicht mit dem auch vorgebrachten, theologischen Argument, daß es in religiösen Fragen keinen Mehrheitsentscheid gibt, wohl aber mit einem basalen Verfassungsargument: Grundrechte schützen jedermann, auch Minderheiten, sogar jedes Individuum, Punkt. Die einleitend genannten Aufgaben der Konsensbewahrung und Konsensfortbildung können nur mitlaufend erfüllt werden; im Konfliktfall genießt der Grundrechtsschutz den Vorrang. Dem stimmt auch das Minderheitsvotum zum Kruzifixbeschluß zu, weshalb es kaum mit Denninger (1995) einem kommunitaristischen Demokratieverständnis, das Mehrheitsvotum dagegen einem liberalen Demokratieverständnis zuzuordnen ist.
Anders sieht es mit einer weiteren Befürchtung aus, hier werde die (völlige) Privatisierung der Religion betrieben, während die Befürworter sagen, Deutschland sei doch nicht mehr ernstlich ein christlicher Staat. Oder: Kritiker behaupten, das rechtsmoralische

Programm der Aufklärung – zumal die Freiheitsrechte – sei auf Dauer nicht lebensfähig, wenn man es von seinen religiösen Ursprüngen abschneide. Die Befürworter entgegnen, auch Nichtchristen, sogar Atheisten könnten dem moralischen Gesetz gehorchen. Über beide Themen läßt sich trefflich streiten, dort über die Praxis unserer Rechtsordnung, hier über ihre Theorie. Die entsprechenden Debatten gehen aber über eine kontrollierende Zweitinterpretation hinaus. Im einen Fall entscheidet die Politik, letztlich der Gesetzgeber, ob sich Deutschland den Laizismus Frankreichs oder die wohlwollende Neutralität (»benevolent neutrality«) der USA zum Vorbild nehmen oder aber seinem eigenen, dritten Weg treu bleiben will. Zur Frage dagegen, ob Böckenförde (1967/1991, 112) mit dem Diktum Recht hat, der freiheitliche, säkularisierte Staat lebe von Voraussetzungen, die er selbst nicht garantieren könne, zeichnet sich in der internationalen verfassungspolitischen Debatte noch kein Konsens ab. Und selbst wenn es derartige Voraussetzungen gibt, ist es nicht ausgemacht, daß sie einen christlichen, nicht einmal, daß sie überhaupt einen religiösen Charakter haben müssen; der religionsneutralen Moral sollte man nicht zuwenig zutrauen.
Nun sind die Artikel des Grundgesetzes, die für die Frage an das Gericht einschlägig sind, lapidar formuliert. Artikel 4 Abs. 1 – »Die Freiheit des Glaubens, des Gewissens und die Freiheit des religiösen und weltanschaulichen Bekenntnisses sind unverletzlich« – erlaubt in der Kruzifixfrage nicht unmittelbar eine eindeutige Entscheidung. Er erlaubt sie weder für sich allein noch in Verbindung mit Artikel 3 Abs. 3 (»Niemand darf wegen ... seiner religiösen ... Anschauung benachteiligt oder bevorzugt werden«), Artikel 6 Abs. 2 Satz 1 (»Pflege und Erziehung der Kinder sind das natürliche Recht der Eltern und die zuvörderst ihnen obliegende Pflicht«), Artikel 33 Abs. 3 (»Der Genuß bürgerlicher und staatsbürgerlicher Rechte ... (ist) unabhängig von dem religiösen Bekenntnis«) und Artikel 140 in Verbindung mit Art. 136 Abs. 4 der Deutschen Verfassung vom 11. 8. 1919, der jemanden zur Teilnahme an religiösen Übungen zu zwingen verbietet. Wegen der großen Offenheit der Begriffe braucht es eine Ergänzung. Sie besteht nicht so sehr in einer vagen Rücksicht auf die »konkreten Verhältnisse des Zusammenlebens und die geschichtlichen Traditionen« (Streithofen 1995, 64) als in einer Berücksichtigung der gewachsenen Rechtskultur. Diese interpretiert den Satz sowohl

im Sinne der negativen als auch der positiven Religionsfreiheit. Nach der ersten hat jeder den Anspruch, in weltanschaulich-religiösen Fragen von staatlichen Zwängen unbehelligt zu bleiben. Nach der zweiten Interpretation darf jeder seine Religion frei bekennen und die entsprechende Religionsausübung vornehmen. Selbst mit dieser Hilfe, der Freiheit von und der Freiheit zur Religion, ist die Entscheidung nicht eindeutig vorgegeben, zumal die beiden Seiten wie im vorliegenden Fall in Spannung miteinander stehen können; das Recht, von religiösen Elementen unbehelligt zu bleiben, kann mit dem Recht anderer, ihrer Religion zu folgen, kollidieren. Im Konfliktfall ist aber die negative Religionsfreiheit »kein Obergrundrecht, das die positiven Äußerungen der Religionsfreiheit ... verdrängt«; sie bedeutet, wie die »Abweichende Meinung« dreier Bundesverfassungsrichter betont, »kein Recht zur Verhinderung von Religion«. In dieser Situation einer zunächst nichteindeutigen Entscheidbarkeit muß man auf die gewachsene Rechtskultur noch weiter achten. (Gegen diese Bedingung, Selbstbindung an eine gewachsene Rechtskultur, dürfte die Sitzdemonstrations-Entscheidung verstoßen. Denn seit einer Entscheidung des Reichsgerichts aus dem Jahr 1911 gibt es eine gefestigte Rechtsprechung, die die Wegversperrung mit dem eigenen Körper als Gewalt ansieht.) Zwei Gegebenheiten sind hier wichtig:

Erstens enthält das Grundgesetz, abweichend von der Weimarer Verfassung (Art. 10 Nr. 2 und Art. 142-150), keinen besonderen Abschnitt »Bildung und Schule«. Nach Artikel 7 Abs. 1 steht zwar das gesamte Schulwesen unter der Aufsicht des Staates und ist damit, wie es schon im § 153 der Verfassung der Paulskirche heißt, »abgesehen vom Religionsunterricht, der Beaufsichtigung der Geistlichkeit als solcher enthoben«. Die Schulaufsicht wird aber nicht dem Bund übertragen, weder in Artikel 7 noch in den Zuständigkeitskatalogen der Artikel 73-75. Statt dessen herrscht, wie es das Bundesverfassungsgericht im Konkordatsurteil (vom 26. 3. 1957) selber beschreibt, eine »Kulturhoheit der Länder«. Sie geht so weit, daß im Unterschied zum sogenannten Schulkompromiß der Weimarer Verfassung (Art. 146 Abs. 1 Satz 2) nicht die Gemeinschaftsschule als Regelschule vorgesehen ist. Artikel 7 des Grundgesetzes geht vielmehr von der vollen Gestaltungsfreiheit der Länder im Schulwesen aus, wobei sie ihre öffentlichen Schulen – vorausgesetzt, sie berücksichtigen das Grundrecht auf Reli-

gionsfreiheit – als Gemeinschafts-, als Bekenntnis- oder als Weltanschauungsschulen einrichten dürfen (vgl. BVerfGE 6, 309 ff.; bes. 355 f.).
Weil das Schulrecht in den Hoheitsbereich der Länder fällt, ist *zweitens* auf ihre besonderen Gegebenheiten einzugehen. Die Frage, ob mit der Religionsfreiheit jeder Bezug aufs Christliche ausgeschlossen sei, trieb bekanntlich die Schulpolitik der Nachkriegszeit um. In den sechziger Jahren werden nun die katholischen und evangelischen Bekenntnisschulen abgelöst, und seitdem herrscht in Deutschland die sogenannte Gemeinschaftsschule vor. Sie weist in vielen Bundesländern einen freilich unterschiedlich starken Bezug zum Christentum auf. Die entsprechenden Unterschiede sind insofern verfassungskonform, als die Schulhoheit bei den Ländern liegt. In Bayern ist der Bezug zum Christentum sogar in die Landesverfassung eingegangen. Nachdem ihr Artikel 131 unter den obersten Bildungszielen als erstes die »Ehrfurcht vor Gott« anführt, sagt Artikel 135 von den öffentlichen Volksschulen: »In ihnen werden die Schüler nach den Grundsätzen der christlichen Bekenntnisschule unterrichtet und erzogen.«
Hier kann eine Beurteilung des Gerichtsbeschlusses sich nicht mit dem Stichwort »politische Eigenmächtigkeit« begnügen. Sie muß sich – mit allen Vorbehalten – auf eine juristische Diskussion einlassen: Auf die Verfassungskonformität des Schultyps »christliche Gemeinschaftsschule« angesprochen, erklärt das Bundesverfassungsgericht im Jahr 1975 »eine christlich bestimmte Orientierungsbasis« als verfassungskonform. Gefordert wird allerdings, daß es »keine missionarische Schule« gebe und »keine Verbindlichkeit christlicher Glaubensinhalte« beansprucht werde. Ein Leitsatz der Entscheidung zur christlichen Gemeinschaftsschule Baden sagt: »Eine Schulform, die weltanschaulich-religiöse Zwänge so weit wie irgend möglich ausschaltet sowie Raum für eine sachliche Auseinandersetzung mit allen religiösen und weltanschaulichen Auffassungen – wenn auch von einer christlich bestimmten Orientierungsbasis her – bietet und dabei das Toleranzgebot beachtet, führt Eltern und Kinder, die eine religiöse Erziehung ablehnen, nicht in einen verfassungsrechtlich unzumutbaren Glaubens- und Gewissenskonflikt« (BVerfGE 41, 29).
Muß man nun sagen, die in der Schulordnung für Volksschulen in Bayern (§ 13, Abs. X) enthaltene Bestimmung »In jedem Klassen-

zimmer ist ein Kreuz anzubringen«, das bloße Aufhängen von Kreuzen, widerspreche klarerweise dem damals vom Verfassungsgericht gewiesenen Mittelweg? Als ein Symbol, das allen christlichen Konfessionen gemeinsam ist, steht das Kreuz für das Christliche in der Gemeinschaftsschule. Und der Umstand, daß das Symbol nur hängt und niemanden zu einer besonderen Ehrerbietung oder gar religiösen Übung verpflichtet, erkennt die einschränkende Forderung nach einer nicht-missionarischen Schule an. Solange die Bekenntnisschule einen christlichen Charakter haben darf – und noch einmal: eine neue verfassungspolitische Entscheidung des Gesetzgebers könnte die Erlaubnis zurücknehmen –, solange kann man das bloße Aufhängen eines christlichen Symbols schwerlich als Missionierungsmittel verurteilen.

An dieser Stelle der Argumentation ist auf den Symbolgehalt des Kreuzes einzugehen. Nach dem vielzitierten Pauluswort (1 Kor 1, 18) ist das Kreuz ein Ärgernis, an dem, mancherlei Profanisierungsversuchen zum Trotz, die Christenheit festhalten sollte. In der Tat *kann* man das Kreuz so verstehen, obwohl dieses Verständnis unter den Konfessionen und ihren diversen Theologen nicht unkontrovers ist. Man *muß* es aber nicht so verstehen, zumal nicht außerhalb sakraler Räume. Selbst im schulischen Religionsunterricht einer bestimmten Konfession dürfte dieses Verständnis nur eine unter mehreren der vorgetragenen Optionen sein. Außerdem unterscheidet es sich dann immer noch von der Art, wie man das Kreuz in der gottesdienstlichen Predigt versteht. In der Predigt wird eine Kreuzestheologie appellativ, im Unterricht wird sie – sei es ausschließlich, sei es vornehmlich – intellektuell vorgestellt.

Nach der Formulierung des Bundesverfassungsgerichtes »versinnbildlicht« das Kreuz »die im Opfertod vollzogene Erlösung des Menschen von der Erbschuld, zugleich aber auch den Sieg Christi über Satan und Tod und seine Herrschaft über die Welt«. Für die Interpretation beruft es sich auf je eines der großen theologischen Nachschlagewerke der katholischen und der evangelischen Konfession. Dabei macht es aber die nicht zwingende Voraussetzung, das Kreuz müsse eindeutig als religiöses Symbol aufgefaßt werden. Mindestens ebenso möglich ist ein Verständnis, bei dem das Kreuz keineswegs verharmlost wird. Da für Christen das Kreuz nicht so exklusiv sakral ist, daß eine davon abgelöste Verwendung Anstoß erregt, tritt bei der deshalb erlaubten außersakralen Verwendung ein gewisses Maß an Profanisierung eo ipso ein. Damit geschieht de facto, was das Bundesverfassungsgericht glaubt ausschließen zu können, das Kreuz wird »seines spezifischen Bezugs auf die Glaubensinhalte entkleidet und auf ein allgemeines Zeichen abendländischer Kulturtradition reduziert«. Die Reduktion geschieht mindestens so weit, daß die vom Bundesverfassungsgericht im Jahre 1975 aufgestellte Bedingung erfüllt und »keine Verbindlichkeit christlicher Glaubensinhalte« beansprucht wird. Und die noch verbleibenden christlichen Bezüge sind so gering, daß sie sich an den Gestaltungsspielraum halten, den der Kruzifix-Beschluß bekräftigt: »dem Landesgesetzgeber ist die Einführung christlicher Bezüge bei der Gestaltung der öffentlichen Volksschulen nicht schlechthin verboten«. Die Situation sähe nur dann anders aus, wenn das Kreuz dem Unterricht als Unterrichtsmittel dient, vielleicht sogar mit der Autorität des Lehrers in Verbindung gebracht würde. Das Gericht stellt diese Behauptung aber nicht auf; noch weniger legt es entsprechende Belege vor.

Gemäß seinem Verständnis von richterlicher Zurückhaltung geht das Supreme Court im Fall einer Normenkontrollklage immer davon aus, daß der Gesetzgeber nicht die Absicht hatte, die Verfassung zu verletzen. Der Partei, die die Verfassungsmäßigkeit in Zweifel zieht, obliegt daher die Beweislast. Kann man für die in Frage stehende Rechtsnorm zeigen, daß sie noch eine verfassungskonforme Interpretation zuläßt, so wählt das amerikanische Gericht diese Interpretation und weist die Verfassungsklage ab. In diesem Sinn – weil das Kreuz, das in einem Klassenzimmer nur hängt, keine christliche Missionierung beinhalten *muß* – erlaubt das inkriminierte bayrische Gesetz eine verfassungskonforme Auslegung.

Außerhalb des Sakralen ist das Kreuz zweifelsohne schon lange ein Zeichen für eine der Wurzeln der abendländischen Kultur. »Lernen unter dem Kreuz« heißt dann, an zweierlei erinnert zu werden, zum einen an Werte, Einstellungen, selbst Staatsaufgaben, die von Mitleid, Nächstenliebe und Versöhnung bis zu Sozialstaatlichkeit und Entwicklungshilfe reichen, und zum anderen an deren Zusammenhang mit dem Christentum. Als Einwand legte sich nahe, die genannten Werte fänden sich auch im Islam und anderen Religionen. Der Einwand ist richtig und trotzdem nicht triftig. Denn für die Wirklichkeit der genannten Werte in der

deutschen Rechtskultur ist nicht der Islam, wohl aber das Christentum prägend, allerdings das Christentum nicht allein.
Die heftige Debatte um das Kruzifixurteil zeigt, daß manchen sozialen und politischen Kräften, sogar einigen Theologen der Beschluß willkommen ist. Einige der entsprechenden Befürworter sind mit den Schulgesetzen der sechziger Jahre und den Verfassungsurteilen der siebziger Jahre schon immer nicht einverstanden gewesen. Andere sind überzeugt, daß sich die Gesellschaftsverhältnisse inzwischen geändert haben. Eine Entscheidung, die sich dem anschließt, überschreitet aber eine bloß kontrollierende Zweitinterpretation und betritt den Bereich der die Verfassung erneuernden Erstinterpretation. Sie verläßt den Spielraum, der der Rechtsprechung obliegt, und begibt sich in den Aufgabenbereich der Gesetzgebung.
Damit komme ich zur Befürchtung zurück: Verschiebt sich nicht innerhalb der Gewaltenteilung die Machtbalance einmal mehr vom demokratischen Gesetzgeber weg in Richtung der Judikative, zugespitzt: vom parlamentarischen Gesetzgebungsstaat zum verfassungsgerichtlichen Jurisdiktionsstaat? Ferner: Liegt in der Verschiebung nicht eine kaum merkliche und doch nicht harmlose Verfassungsänderung? Schließlich: Vollzieht sich diese Änderung nicht in Form einer Selbstaneignung, also ohne eine Änderungsbefugnis, zudem von jener Instanz, die auf die Einhaltung der verfassungsgebotenen Befugnisse achten soll? Derartige Fragen sollte auch der ernst nehmen, dem der Entscheid politisch willkommen ist. Das uneingeschränkte Vertrauen in die Überparteilichkeit des Bundesverfassungsgerichtes ist ein zu hohes Gut, als daß kleinere politische Siege den Vertrauensverlust wert sein dürften.

Literaturverzeichnis

Abu Zaid, N. H. 1996: Islam und Politik. Kritik des religiösen Diskurses, Frankfurt/M.

Acham, K. 1989: Vernunftanspruch und Erwartungsdruck. Studien zu einer philosophischen Soziologie, Stuttgart.

Afshar, F. 1994: Der Umgang mit Minderheiten im Islam und im Okzident, in: S. Batzli/F. Kissling/R. Zihlmann (Hrsg.): Menschenbilder, Menschenrechte, Zürich.

Althusius, J. ^{3}1614: Politica. Methodice digesta atque exemplis sacris et profanis illustrata, Herborn; Nachdruck: Aalen 1961; dt. (Auszüge): Grundbegriffe der Politik, hrsg. v. E. Wolf, Frankfurt/M. ^{2}1948.

Arkoun, M. 1993: Die Frage nach dem Staat am islamischen Beispiel, in: Schwartländer 1993, 294-315.

Ashford, D. E. 1986: The Emergence of the Welfare States, Oxford.

Austin, J. 1832: The Province of Jurisprudence Determined, hrsg. v. H. L. A. Hart, London 1954.

Axelrod, R. 1984: The Evolution of Cooperation, New York; dt: Die Evolution der Kooperation, München 1987.

Barry, B. 1989: A Treatise of Social Justice, Bd. I: Theories of Justice, Berkeley.

Barth, K. 1955: Die Ordnung der Gemeinde, München 1973.

Battisti, S. 1994: Humboldts Staats- und Gesellschaftsauffassung und das Subsidiaritätsprinzip, in: Jahrbuch zur Liberalismus-Forschung 6, 31-44.

Bauer, J. (Hrsg.) 1977: Zum Thema Menschenrechte. Theologische Versuche und Entwürfe, Stuttgart.

Beitz, Ch. 1979: Political Theory and International Relations, Princeton.

Bellah, R. N. u. a. 1991: The Good Society, New York.

Bellebaum, A. 1976: Ferdinand Tönnies, in: D. Käsler (Hrsg.): Klassiker des soziologischen Denkens, Bd. 1, München, 232-266.

Benda, E. 1983: Die Menschenwürde, in: E. Benda/W. Maihofer/H.-J. Vogel (Hrsg.): Handbuch des Verfassungsrechts der Bundesrepublik Deutschland, Teil 1, Berlin/New York, 107-128.

Benn, S. 1967: Art. »Justice«, in: P. Edwards (Hrsg.): The Encyclopedia of Philosophy, Bd. IV, London/New York, 298-302.

Bentham, J. 1816: Declaration of Rights, wiederabgedruckt in: B. Parekh (Hrsg.): Bentham's Political Thought, London 1973.

– 1786-1789: Principles of International Law, zuerst erschienen in: The Works of Jeremy Bentham, hrsg. v. J. Bowring, Bd. 2, Edingburgh 1843, 535-571; dt.: Jeremy Benthams Grundsätze für ein künftiges Völkerrecht und einen dauerhaften Frieden, hrsg. v. O. Kraus, Halle 1915.

Böckenförde, E.-W. 1967: Die Entstehung des Staates als Vorgang der Säkularisation, wiederabgedruckt in: Recht, Staat, Freiheit. Studien zur Rechtsphilosophie, Staatstheorie und Verfassungsgeschichte, Frankfurt/M. 1991, 92-114.

– 1990: Zur Lage der Grundrechtsdogmatik nach 40 Jahren Grundgesetz, München.

Böckenförde E.-W./Spaemann, R. (Hrsg.) 1987: Menschenrechte und Menschenwürde. Historische Voraussetzungen – säkulare Gewalt – christliches Verständnis, Stuttgart.

Boxill, B. 1987: Global Equality and National Integrity, in: Social Philosophy and Policy 5, 143-168.

Brandt, R. B. 1961: Value and Obligation. Systematic Readings in Ethics, New York.

– (Hrsg.) 1962: Social Justice, New York.

Bratsiotis, N. P. 1973: Art. »Is«, in: G. J. Botterweck/H. Ringgren (Hrsg.): Theologisches Wörterbuch zum Alten Testament, Bd. 1, Stuttgart u. a., 238-252.

Brecht, M. 1977: Die Menschenrechte in der Geschichte der Kirche, in: J. Bauer (Hrsg.): Zum Thema Menschenrechte. Theologische Versuche und Entwürfe, Stuttgart, 39-96.

Brünneck, A. v. 1992: Verfassungsgerichtsbarkeit in den westlichen Demokratien. Ein systematischer Verfassungsvergleich, Baden-Baden.

Brugger, W. 1987: Grundrechte und Verfassungsgerichtsbarkeit in den Vereinigten Staaten von Amerika, Tübingen.

– 1990: Wertordnung und Rechtsdogmatik im amerikanischen Verfassungsrecht, in: R. Dreier (Hrsg.): Rechtspositivismus und Wertbezug des Rechts, Stuttgart, 173-192.

Bruha, T. 1994: Das Subsidiaritätsprinzip im Recht der Europäischen Gemeinschaft, in: A. Riklin/G. Batlinger (Hrsg.): Subsidiarität. Ein interdisziplinäres Symposium, Vaduz/Baden-Baden, 373-410.

Brumlik, M./Brunkhorst, H. (Hrsg.) 1993: Gemeinschaft und Gerechtigkeit, Frankfurt/M.

Bujo, B. 1989: Gibt es eine spezifisch afrikanische Ethik? Eine Anfrage an westliches Denken, in: Stimmen der Zeit 114, 591-606.

– 1990: Autorität und Normsetzung. Ethische Argumentation in einer multikulturellen Welt, in: Stimmen der Zeit 115, 703-714.

Byock, J. L. 1988: Medieval Iceland. Society, Sagas, and Power, Berkeley, Calif.

Chapman, J. W./Galston, W. A. (Hrsg.) 1992: Virtue, New York/London.

Charfi, M. 1993: Die Menschenrechte im Bezugsfeld von Religion, Recht und Staat in den islamischen Ländern, in: Schwartländer 1993, 93-118.

Chatwin, B. 1990: Traumpfade, München.

Colliot-Thélène, C. 1992: Le desenchantement de l'Etat. De Hegel à Max Weber, Paris.

Collmer, P. 1963: Beiträge zum Verfassungsstreit über das Bundessozialhilfegesetz und das Jugendwohlfahrtsgesetz, Stuttgart.

Dagognet, F. 1992: Philosophie de la proprieté. L'avoir, Paris.

Denninger, E. 1995: Aus Anlaß des Kruzifix-Streits: Der Einzelne und das allgemeine Gesetz, in: Kritische Justiz 28, 425-438.

Diels, H./Kranz, W. (Hrsg.) ^{6}1951: Die Fragmente der Vorsokratiker, Berlin.

Dihle, A. 1962: Die Goldene Regel. Eine Einführung in die Geschichte der antiken und frühchristlichen Vulgärethik, Göttingen.

Doyle, M. W. 1983: Kant, Liberal Legacies, and Foreign Affairs, in: Philosophy and Public Affairs 12, 205-235 und 323-353.

– 1995: Die Stimme der Völker. Politische Denker über die internationalen Auswirkungen der Demokratie, in: Höffe 1995, 221-244.

Durkheim, E. 1896-1915: Leçons de sociologie: Physique des mœurs et du droit (Vorlesungen, gehalten 1896-1915, zuerst erschienen 1950); dt.: Physik der Sitten und des Rechts. Vorlesungen zur Soziologie der Moral, Frankfurt/M. 1991.

Dworkin, R. 1977: Taking Rights Seriously, London; dt.: Bürgerrechte ernstgenommen, Frankfurt/M. 1984.

Engelen, K. J. 1984: Die »Political Question Doctrine« und ihre Anwendung durch die amerikanischen Gerichte auf außenpolitische Sachverhalte seit dem Vietnamkonflikt, Diss. Bonn.

Ermacora, F. 1983: Menschenrechte in der sich wandelnden Welt, Bd. II: Theorie und Praxis. Die Verwicklung der Menschenrechte im Nahen Osten, Wien.

Etzioni, A. 1993: The Spirit of Community. Rights, Responsibilities, and the Communitarian Agenda, New York; dt.: Die Entdeckung des Gemeinwesens. Ansprüche, Verantwortlichkeiten und das Programm des Kommunitarismus, Stuttgart 1995.

Fest, J. C. 1993: Die schwierige Freiheit. Über die offene Flanke der offenen Gesellschaft, Berlin.

Feuerbach, P. J. A. 1804: Über die Philosophie und Empirie in ihrem Verhältnisse zur positiven Rechtswissenschaft, Neudruck Darmstadt 1969.

Fischer, T. C. 1994: Comparative Federalism: The United States and the European Community, in: Hailbronner 1994, 15-28.

Fischer, W. 1972: Wirtschaft und Gesellschaft im Zeitalter der Industrialisierung, Göttingen.

Forst, R. 1994: Kontexte der Gerechtigkeit. Politische Philosophie jenseits von Liberalismus und Kommunitarismus, Frankfurt/M.

Forsthoff, E. 1938: Die Verwaltung als Leistungsträger, Stuttgart/Berlin.

– 1971: Der Staat der Industriegesellschaft. Dargestellt am Beispiel der Bundesrepublik Deutschland, München.

Garnham, D. 1986: War-Proneness, War-Weariness, and Regime Type: 1816-1980, in: Journal of Peace Research 23, 279-289.

Gauchet, M. 1989: La Révolution des droits de l'homme, Paris.
Gauthier, W. 1986: Moral by Agreement, Oxford.
Gehlen, A. 1956: Urmensch und Spätkultur. Philosophische Ergebnisse und Aussagen, Bonn.
Geiger, W. 1952: Einige Probleme der Bundesverfassungsgerichtsbarkeit, in: Die öffentliche Verwaltung 5, 481-487.
Gewirth, A. 1978: Reason and Morality, Chicago.
Giesen, K.-G. 1992: L'éthique des relations internationaux, Brüssel.
Ginther, K./ Benedek, W. (Hrsg.) 1983: New Perspectives and Conceptions of International Law. An Afro-European Dialogue (=Österreiche Zeitschrift für öffentliches Recht und Völkerrecht, Suppl. 6), Wien/New York.
Goerlich, H. 1973: Wertordnung und Grundgesetz, Baden-Baden.
Greß, F. 1995: Die USA als Vorbild für die ›Vereinigten Staaten von Europa‹?, in: Hrbek 1995, 157-178.
Grimm, D. 1987: Der Staat in der kontinentaleuropäischen Tradition, in: ders.: Recht und Staat der bürgerlichen Gesellschaft, Ffm., 53-83.
– 1992: Verfassungsreform in falscher Hand? Zum Stand der Diskussion um das Grundgesetz, in: Merkur 46, 1059-1072.
– 1995: Politik und Recht, in: E. Klein (Hrsg.): Grundrechte, soziale Ordnung und Verfassungsgerichtsbarkeit. Festschrift für Ernst Benda zum 70. Geburtstag, Heidelberg, 91-103.
Großfeld, B. 1995 Götterdämmerung? Zur Stellung des Bundesverfassungsgerichts, in: Neue Juristische Wochenschrift 48, 1719-1723.
Grün, R. P. 1970: Christoph Columbus. Das Bordbuch 1492. Leben und Fahrten des Entdeckers der Neuen Welt in Dokumenten und Aufzeichnungen, Tübingen/Basel.
Habermas, J. 1958: Philosophische Anthropologie, wiederabgedruckt in: Kultur und Kritik. Verstreute Aufsätze, Frankfurt/M. 1973, 89-111.
– 1962: Strukturwandel der Öffentlichkeit. Untersuchungen zu einer Kategorie der bürgerlichen Gesellschaft, Darmstadt.
– 1972: Wahrheitstheorien, wiederabgedruckt in: Vorstudien und Ergänzungen zur Theorie des kommunikativen Handelns, Frankfurt/M. 1984, 127-183.
– 1973: Legitimationsprobleme im Spätkapitalismus, Frankfurt/M.
– 1981: Theorie des kommunikativen Handelns, 2 Bde., Frankfurt/M.
– 1989: Otfried Höffes politische Fundamentalphilosophie, in: Politische Vierteljahresschrift 30, 320-327.
– 1991: Erläuterungen zur Diskursethik, Frankfurt/M.
– 1991a: Gerechtigkeit und Solidarität, in: Habermas 1991, 49-76.
– 1992/^{4}1994: Faktizität und Geltung. Beiträge zur Diskurstheorie des Rechts und des demokratischen Rechtsstaats, Frankfurt/M.
– 1995: Kants Idee des Ewigen Friedens – aus dem historischen Abstand von 200 Jahren, in: Kritische Justiz 28, 293-319.

Habermas, J./Luhmann, N. 1971: Theorie der Gesellschaft oder Sozialtechnologie – Was leistet die Systemforschung?, Frankfurt/M.
Häberle, P. 1994: Das Prinzip der Subsidiarität aus der Sicht der vergleichenden Verfassungslehre, in: A. Riklin/G. Batlinger (Hrsg.): Subsidiarität. Ein interdisziplinäres Symposium, Vaduz/Baden-Baden, 267-310.
Hailbronner, K. (Hrsg.) 1994: Europa der Zukunft – Zentrale und dezentrale Lösungsansätze, Köln.
Hamilton, A./Jay, J./Madison, J. 1788: The Federalist Papers, hrsg. v. I. Kramnick, London/New York 1987; dt.: Die Federalist Papers, hrsg. v. B. Zehnpfennig, Darmstadt 1993.
Hart, H. L. A. 1961: The Concept of Law, Oxford; dt.: Der Begriff des Rechts, Frankfurt/M. 1973.
Hauser, R./Kohlenberger, H. K. u. a. 1974: Art. »Gerechtigkeit«, in: J. Ritter (Hrsg.): Historisches Wörterbuch der Philosophie, Bd. 3, Darmstadt, 329-338.
Hayek, F. A. v. 1976: Law, Legislation, and Liberty. A New Statement of the Liberal Principles of Justice and Political Economy, Vol. II: The Mirage of Social Justice, Chicago/London; dt.: Recht, Gesetzgebung und Freiheit. Eine neue Darstellung der liberalen Prinzipien der Gerechtigkeit und der politischen Ökonomie, Bd. 2: Die Illusion der sozialen Gerechtigkeit, München 1981.
Heckel, M. 1987: Die Menschenrechte im Spiegel der reformatorischen Theologie, Heidelberg.
Herskovits, M. 1947: Statement on Human Rights, American Anthropologist 49, 539-543.
Herzog, R. 1975: Art. »Subsidiaritätsprinzip«, in: R. Herzog u. a. (Hrsg.): Evangelisches Staatslexikon, 2. Aufl., Stuttgart/Berlin, Sp. 2591 bis 2597.
Höffe, O. 1975: Strategien der Humanität. Zur Ethik öffentlicher Entscheidungsprozesse, Freiburg/München; Neuauflage Frankfurt/M. 1985.
– 1979: Kritische Überlegungen zur Konsensustheorie der Wahrheit (Habermas), in: Ethik und Politik, Frankfurt/M., 251-277.
– 1979a: Die Menschenrechte als Legitimation demokratischer Politik, in: Freiburger Zeitschrift für Philosophie und Theologie 26, 3-24.
– 1983: Erkenntnistheoretische Überlegungen zur kirchlichen Soziallehre, in: Jahrbuch für christliche Sozialwissenschaften 24, 9-28.
– 1987: Politische Gerechtigkeit. Grundlegung einer kritischen Philosophie von Recht und Staat, Frankfurt/M.
– 1988: Den Staat braucht selbst ein Volk von Teufeln. Philosophische Versuche zur Rechts- und Staatsethik, Stuttgart.
– 1988a: Personale Bedingungen eines sinnerfüllten Lebens. Eine ethisch-philosophische Erkundung, in: J. Eisenberg (Hrsg.): Sucht. Ein Massenphänomen als Alarmsignal, Düsseldorf, 156-166.

– 1989: Der Revolution noch eine Zukunft? Kants Utopie der Weltrepublik, in: Reformatio 38, 210-219.
– 1990: Kategorische Rechtsprinzipien. Ein Kontrapunkt der Moderne, Frankfurt/M.
– 1992: Ein transzendentaler Tausch: Zur Anthropologie der Menschenrechte, in: Philosophisches Jahrbuch 99, 1-28.
– 1993: Moral als Preis der Moderne. Ein Versuch über Wissenschaft, Technik und Umwelt, Frankfurt/M.
– 1993a: Eine Konversion der kritischen Theorie? Zu Habermas' Rechts- und Staatstheorie, in: Rechtshistorisches Journal, Heft 12, 70-88.
– 1993b: Vernunft im Recht, in: H. F. Fulda/R.-P. Horstmann (Hrsg.): Vernunftbegriffe in der Moderne, Stuttgarter Hegel-Kongreß 1993, Stuttgart, 369-385.
– 1994: Tauschgerechtigkeit und korrektive Gerechtigkeit: Legitimationsmuster für Staatsaufgaben, in: A. Grimm (Hrsg.), Staatsaufgaben, Baden-Baden, 713-737.
– 1994a: Subsidiarität als staatsphilosophisches Prinzip?, in: A. Riklin/G. Batliner (Hrsg.): Subsidiarität. Ein interdisziplinäres Symposium, Vaduz/Baden-Baden, 19-46.
– 1994b: Öffentliche oder politische Vernunft? Zu Rawls II, in: Zeitschrift für philosophische Forschung 48 (1994), 259-269.
– (Hrsg.) 1995: Immanuel Kant, Zum ewigen Frieden, Berlin (= »Klassiker Auslegen«, Bd. 1).
– (Hrsg.) 1995a: Aristoteles, Nikomachische Ethik, Berlin (= »Klassiker Auslegen«, Bd. 2).
– 1995b: Häretische Vernunft, in: Merkur 556, 595-607.
– 1995c: Zwei Gesellschaftsverträge für Europa: Elf Thesen, in: Liberales Institut (Hrsg.): Reflexionen 35, Sonderheft, 19-29.
– 1995d: Das Grundgesetz auslegen, oder: Wieviel Politik ist dem Verfassungsgericht der Bundesrepublik erlaubt?, in: Das Parlament, 27. 10./3. 11. 1995.
– 1996: Aristoteles, München.
– 1996a: »Sed authoritas, non veritas, facit legem«. Zum 26. Kapitel des »Leviathan«, erscheint in: W. Kersting (Hrsg.): Thomas Hobbes, Leviathan, Berlin (= »Klassiker Auslegen«, Bd. 5).
– 1996b: Individuum und Gemeinsinn – Thesen zu einer Sozialethik des 21. Jahrhunderts, in: E. Teufel (Hrsg.): Was hält die moderne Gesellschaft zusammen?, Frankfurt/M., 15-37.
Hoffner, H. A. Jr. 1987: Art. »Hittite Religion«, in: M. Eliade u. a. (Hrsg.): The Encyclopedia of Religion, Bd. 6, New York/London 1987, 408-414.
Honneth, A. (Hrsg.) 1993: Kommunitarismus. Eine Debatte über die moralischen Grundlagen moderner Gesellschaften, Frankfurt/M./New York.

Horkheimer, M. 1935: Bemerkungen zur philosophischen Anthropologie, in: Gesammelte Schriften, Bd. 3, Frankfurt/M. 1988, 249-276.
– 1942: Autoritärer Staat, in: Gesammelte Schriften, Bd. 5, Frankfurt/M. 1987, 293-319.
– 1970: Kritische Theorie gestern und heute, in: ders.: Gesellschaft im Übergang. Aufsätze, Reden und Vorträge 1942-1970, hrsg. v. W. Brede, Frankfurt/M., 162-175.
Horstmann, R. P. 1980: Art. »Menschenwürde«, in: J. Ritter/K. Gründer (Hrsg.): Historisches Wörterbuch der Philosophie, Bd. 5, Darmstadt, 1124-1127.
Hrbek, R. (Hrsg.) 1994: Europäische Bildungspolitik und die Anforderungen des Subsidiaritätsprinzips, Baden-Baden.
– (Hrsg.) 1995: Das Subsidiaritätsprinzip in der Europäischen Union – Bedeutung und Wirkung für ausgewählte Politikbereiche, Baden-Baden.
Huber, W./Tödt, H. E. 1977: Menschenrechte. Perspektiven einer menschlichen Welt, Stuttgart.
Hugo, G. 1798: Lehrbuch des Naturrechts als einer Philosophie des positiven Rechts, besonders des Privatrechts, Nachdruck der 4. Aufl. 1819, Glashütten i. Taunus 1971.
Huntington, S. P. 1993: The Clash of Civilizations?, in: Foreign Affairs 72, Heft 3, 22-49.
Isensee, J. 1968: Subsidiaritätsprinzip und Verfassungsrecht, Berlin.
– 1987: Die katholische Kritik an den Menschenrechten. Der liberale Freiheitsentwurf in der Sicht der Päpste des 19. Jahrhunderts, in: Böckenförde/Spaemann 1987, 138-174.
Jellinek, G. 1892/^{2}1905: System der subjektiven öffentlichen Rechte, Tübingen.
– ^{3}1914: Allgemeine Staatslehre, Berlin.
Joas, H. 1993: Gemeinschaft und Demokratie in den USA. Die vergessene Vorgeschichte der Kommunitarismus-Diskussion, in: Brumlik/Brunkhorst 1993, 49-62.
Justi, J. H. G. v. 1761: Beweiss, daß die Universalmonarchie vor die Wohlfahrt von Europa und überhaupt des menschlichen Geschlechts die größte Glückseligkeit wirken würde, in: Gesammelte Politische und Finanzschriften. Kopenhagen und Leipzig (Nachdruck Aalen 1970), Bd. II, 235-300.
Justitia et Pax 1976: Die Kirche und die Menschenrechte. Ein Arbeitspapier der päpstlichen Kommission Justitia et Pax.
Kelsen, H. ^{2}1928: Das Problem der Souveränität und die Theorie des Völkerrechts. Beitrag zu einer reinen Rechtslehre, Tübingen.
– 1944: The Strategy of Peace, in: The American Journal of Sociology 49, 381-389.
– ^{2}1960: Reine Rechtslehre, Wien.
Kersting, W. 1997: Herrschaftslegitimation, distributiver Vorteil und

Tauschgerechtigkeit. Eine kritische Einführung in das politische Denken Otfried Höffes, erscheint in: ders. (Hrsg.): Gerechtigkeit als Tausch? Auseinandersetzungen mit der politischen Philosophie Otfried Höffes, Frankfurt/M.

Kervégan, J.-F. 1995: Les droits de l'homme, in: D. Kambouchner (Hrsg.): Notions de philosophie, Bd. II, Paris, 637-696.

Ketteler, W. E. Frhr. v. 1862: Freiheit, Autorität und Kirche, in: Sämtliche Werke und Briefe, Bd. I, 1: Schriften, Aufsätze und Reden 1848-1866, hrsg. v. E. Iserloh u. a., Mainz 1977, 225-364.

Kettner, M. 1997: Otfried Höffes transzendental-kontraktualistische Begründung des Menschenrechts, erscheint in: W. Kersting (Hrsg.): Gerechtigkeit als Tausch? Auseinandersetzungen mit der politischen Philosophie Otfried Höffes, Frankfurt/M.

Khoury, A. T. 1993: Das Problem der religiösen Minderheiten im Islam, in: Schwartländer 1993, 380-384.

Kimminich, O. (Hrsg.) 1981: Subsidiarität und Demokratie, Düsseldorf.

Kirchhof, P. 1992: Der deutsche Staat im Prozeß der europäischen Integration, in: J. Isensee/P. Kirchhof (Hrsg.): Handbuch des Staatsrechts der Bundesrepublik Deutschland, Bd. VII, Heidelberg, 855-887.

Kluxen, W. 1974: Ethik des Ethos, München.

Kobusch, Th. 1993: Die Entdeckung der Person. Metaphysik der Freiheit und modernes Menschenbild, Freiburg i. Br.

Küng, H. 1990: Projekt Weltethos, München.

Kymlicka, W. 1989: Liberalism, Community, and Culture, Oxford.

Las Casas, B. de 1552: Kürzester Bericht über die Verwüstung und die Entvölkerung der indischen Länder, Leipzig 1958.

Lecheler, H. 1993: Das Subsidiaritätsprinzip. Strukturprinzip einer europäischen Union, Berlin.

Lévinas, E. 1974: Autrement qu'être ou au-delà de l'essence. Phaenomenologica 54, Den Haag.

Lévi-Strauss, C. 1949: Les structures élémentaires de la parenté, Paris; dt.: Die elementare Struktur der Verwandtschaft, Frankfurt/M. 1980.

Limbach, J. 1995: Familienrecht und sozialer Wandel, Manuskript.

Lochmann, J. M./Moltmann, J. ²1977: Gottes Recht und die Menschenrechte. Studien und Empfehlungen des reformierten Weltbundes, Neukirchen/Vluyn.

Loos, F./Schreiber, H.-L. 1984: Art. »Recht, Gerechtigkeit«, in: O. Brunner/W. Conze/R. Koselleck: Geschichtliche Grundbegriffe. Historisches Lexikon zur politisch-sozialen Sprache in Deutschland, Bd. V, Stuttgart, 231-312.

Luhmann, N. 1981: Ausdifferenzierung des Rechts. Beiträge zur Rechtssoziologie und Rechtstheorie, Frankfurt/M.

– 1984: Soziale Systeme, Frankfurt/M.

Lukács, G. 1922: Geschichte und Klassenbewußtsein. Studien über marxistische Dialektik, photomechanische Reproduktion Amsterdam 1967.
MacIntyre, A. [2]1985: After Virtue, London; dt.: Der Verlust der Tugend, Frankfurt/M. 1987.
– 1988: Whose Justice? Which Rationality? London.
– 1993: Ist Patriotismus eine Tugend?, in: Honneth 1993, 84-102.
Macpherson, C.B. 1961: The Political Theory of Possessive Individualism: Hobbes to Locke, Oxford.
Maier, H. [5]1988: Revolution und Kirche. Studien zur Frühgeschichte der christlichen Demokratie, Freiburg i. Br.
Maihofer, W. 1968: Rechtsstaat und menschliche Würde, Frankfurt/M.
Maritain, J. 1942: Les droits de l'homme et la loi naturelle, in: J. und R. Maritain, Œuvres complètes, hrsg. v. J. M. Allion u. a., Bd. VII, Fribourg 1988, 619-695.
Marquard, O. 1986: Apologie des Zufälligen. Philosophische Studien, Stuttgart.
Maunz, Th. et al. 1996: Bundesverfassungsgerichtsgesetz, München.
Mauss, M. 1923-24: Essai sur le don. Forme et raison de l'échange dans les sociétés archaïques, wiederabgedruckt in: Sociologie et Anthropologie, Paris [5]1993; dt.: Die Gabe. Form und Funktion des Austauschs in archaischen Gesellschaften, Frankfurt/M. 1968.
Maydell, B. v./Kannengießer, W. (Hrsg.) 1988: Handbuch Sozialpolitik, Pfullingen.
Mayer, R. (Hrsg.) 1980: Der Talmud, München.
Mayer-Maly, Th. 1985: Art. »Arbeitsrecht«, in: Staatslexikon der Görres-Gesellschaft, Freiburg u. a., 297-307.
Meiser, H. Ch. (Hrsg.) 1988: Schöpfungsmythen. Ausgewählte Texte, München.
Merle, J.-Ch. 1995: Droits économiques et sociaux à l'échelle mondiale. Un aspect négligé du troisième article définitif, erscheint in: P. Laberge/G. Lafrance (Hrsg.): Kant, la paix et les Nations-Unies, Paris 1997.
– 1996: Justice et progrès. Contribution à une doctrine du droit économique et social, Paris.
Merten, D. (Hrsg.) [2]1994: Die Subsidiarität Europas, Berlin.
Millon-Delsol, C. 1992: L'État subsidiaire, Paris.
Morgan, E. S. 1975: American Slavery. American Freedom. The Ordeal of Colonial Virginia, New York.
Morgenthau, H. 1960: The Purpose of American Politics, New York.
Müller, H. P. 1996: Soziale Gerechtigkeit heute, in: Merkur 50, 34-46.
Nagel, Th. 1991: Equality and Partiality, New York/Oxford; dt.: Eine Abhandlung über Gleichheit und Parteilichkeit, Paderborn u.a. 1994.
Nell-Breuning, O. v. 1990: Baugesetze der Gesellschaft. Solidarität und Subsidiarität, Freiburg i. Br.

Neumann, F. 1936: The Governance of the Rule of Law; dt.: Die Herrschaft des Gesetzes, Frankfurt/M. 1980.
Nörr, K. W./Oppermann, Th. (Hrsg.): Subsidiarität: Idee und Wirklichkeit, Tübingen 1996.
Nozick, R. 1974: Anarchy, State, and Utopia, New York; dt.: Anarchie, Staat und Utopie, München 1976.
Pannenberg, W. 1978: Christliche Rechtsbegründung, in: A. Heintz u. a. (Hrsg.): Handbuch der christlichen Ethik, Bd. II, Freiburg/Basel/Wien, 323-338.
– 1996: Grundlagen der Ethik. Philosophisch-theologische Perspektiven, Göttingen.
Pescatore, P. 1995: Mit der Subsidiarität leben. Gedanken zu einer drohenden Balkanisierung der Europäischen Gemeinschaft, in: O. Due/M. Lutter/J. Schwarze (Hrsg.): Festschrift für Ulrich Everling, Bd. 2, Baden-Baden, 1071-1094.
Picht, G. 1980: Zum geistesgeschichtlichen Hintergrund der Lehre von den Menschenrechten (1957), in: Hier und Jetzt 1, Philosophieren nach Auschwitz und Hieroschima, Stuttgart, 116-132.
Pieper, S. U. 1994: Subsidiarität. Ein Beitrag zur Begrenzung der Gemeinschaftskompetenzen, Köln u. a.
Pirson, D. 1981: Grundrechte in Recht und Tradition der reformatorischen Kirchen, in: E. Corecco u. a. (Hrsg.): Die Grundrechte der Christen in Kirche und Gesellschaft, Freiburg i. Br., 638-712.
Plant, R. 1978: Community: Concept, Conception and Ideology, in: Philosophy and Public Affairs 8, 79-107.
Pogge, Th. W. 1992: Cosmopolitanism and Sovereignity, in: Ethics 103, 48-75.
Preiser, W. 1978: Macht und Norm in der Völkerrechtsgeschichte, Baden-Baden.
Punt, J. 1987: Die Idee der Menschenrechte. Ihre geschichtliche Entwicklung und ihre Rezeption durch die moderne katholische Sozialverkündigung, Paderborn.
Putz, J. 1991: Christentum und Menschenrechte, Innsbruck/Wien.
Radbruch, G. ³1932: Rechtsphilosophie, in: Gesamtausgabe, hrsg. von A. Kaufmann, Bd. 2, Heidelberg 1993, 206-450.
Ratzinger, J. 1981: Freiheit und Bindung, in: E. Corecco u. a. (Hrsg.): Die Grundrechte der Christen in Kirche und Gesellschaft, Freiburg i. Br., 37-52.
Raumer, K. v. 1953: Ewiger Friede. Friedensrufe und Friedenspläne seit der Renaissance, Freiburg/München.
Rawls, J. 1971: A Theory of Justice, Oxford; dt. Eine Theorie der Gerechtigkeit, Frankfurt/M. 1975.
– 1992: Die Idee des politischen Liberalismus: Aufsätze 1978 – 1989, hrsg. v. W. Hinsch, Frankfurt/M.

– 1993: Political Liberalism, New York.
– 1993a: The Law of Peoples, in: S. Shute/S. Hurley (Hrsg.): On Human Rights (The Oxford Amnesty Lectures 1993), New York, 41-82 und 220-230.
Renaut, A./Sosoe, L. 1991: Philosophie du droit, Paris.
Ricœur, P. 1995: Le juste, Paris.
Rinderle, P. 1994: Die Idee einer wohlgeordneten Staatengemeinschaft, in: Politische Vierteljahresschrift 35, 658-698.
Rippe, K. P. 1993: Ethischer Relativismus. Seine Grenzen, seine Geltung, Paderborn u. a.
Roetz, H. 1995: Konfuzius, München.
Rorty, R. 1988: Solidarität oder Objektivität. Drei philosophische Essays, Stuttgart.
– 1989: Contingency, Irony, and Solidarity, Cambridge; dt.: Kontingenz, Ironie und Solidarität, Frankfurt/M. 1989.
Rosanvallon, P. 1995: La nouvelle question sociale. Repenser l'État-providence, Paris.
Rosenblum, N. L. (Hrsg.) 1989: Liberalism and the Moral Life, Cambridge, Mass./London.
Russett, B. 1993: Grasping the Democratic Peace. Principles for a Post-Cold War World, Princeton.
Sahlins, M. 1972: Stone Age Economics, Chicago/New York.
San Nicolò, M. 1931: Beiträge zur Rechtsgeschichte im Bereich der heilsschriftlichen Rechtsquellen, Oslo.
Sandel, M. 1982: Liberalism and the Limits of Justice, Cambridge.
– 1984: The Procedural Republic and the Unencumbered Self, in: Political Theory 1, 81-96; dt.: Die verfahrensrechtliche Republik und das ungebundene Selbst, in: Honneth 1993, 18-35.
Sartre, J. P. 1988: »Die Verdammten dieser Erde« von Franz Fanon, in: ders., Wir sind alle Mörder. Der Kolonialismus ist ein System, Reinbek bei Hamburg, 141-160.
Schmid, B. 1995: Otfried Höffes transzendental-anthropologische Menschenrechtsbegründung, in: Archiv für Rechts– und Sozialphilosophie 81, 563-568.
Schmitt, C. 1929/^{2}1931: Der Hüter der Verfassung, Berlin.
Schnatz, H. (Hrsg.) 1973: Päpstliche Verlautbarungen zu Staat und Gesellschaft. Originaldokumente mit deutscher Übersetzung, Darmstadt.
Schneider, L. 1983: Subsidiäre Gesellschaft. Implikative und analoge Aspekte eines Sozialprinzips, Paderborn.
Schüßler, R. 1990: Kooperation unter Egoisten: vier Dilemmata, München.
Schwartländer, J. (Hrsg.) 1993: Freiheit der Religion. Christentum und Islam unter dem Anspruch der Menschenrechte, Mainz.
Selznick, Ph. 1987: The Idea of a Communitarian Morality, in: California Law Review 75, 445-463.

Sepúlveda, J. G. de 1550: Democrates segundo o De las justas causas de la guerra contra los indios, hrsg. v. A. Losada, Madrid 1951.
Simon, H. 1984: Verfassungsgerichtsbarkeit, in: E. Benda/W. Maihofer/H.-J. Vogel (Hrsg.): Handbuch des Verfassungsrechts der Bundesrepublik Deutschland, Teil II, Berlin/New York, 1253-1289.
Singer, D./Small, M. 1976: The War-Proneness of Democratic Regimes. 1816-1965, in: The Jerusalem Journal of International Relations 1, 50-69.
Spaemann, R. 1989: Glück und Wohlwollen. Versuch über Ethik, Stuttgart.
Stewing, C. 1992: Subsidiarität und Föderalismus in der Europäischen Union, Köln u.a.
Stone, N. 1992: Neue Gewichte in der politischen Realität Europas?, in: M. Zöller (Hrsg.): Europäische Integration als Herausforderung der Kultur. Pluralismus der Kulturen oder Einheit der Bürokratien?, Essen, 52-58.
Streithofen, H. B. 1995: Das Kruzifixurteil. Deutschland vor einem neuen Kulturkampf?, Frankfurt/M./Berlin.
Taylor, Ch. 1989: Cross-Purposes: The Liberal-Communitarian Debate, in: Rosenblum 1989, 159-182 u. 279-281; dt. in: Honneth 1993, 103-130.
– 1992: Multiculturalism and 'The Politics of Recognition', Princeton; dt.: Multikulturalismus und die Politik der Anerkennung, Frankfurt/M. 1993.
Taylor, M. 1976: Anarchy and Cooperation, London.
– 1982: Community, Anarchy, and Liberty, Cambridge.
Tibi, B. 1994: Im Schatten Allahs: Der Islam und die Menschenrechte, München/Zürich.
Tönnies, F. 1887/[8]1935: Gemeinschaft und Gesellschaft. Grundbegriffe der reinen Soziologie, Berlin.
Trapp, R.W. 1988: Nicht-klassischer Utilitarismus. Eine Theorie der Gerechtigkeit, Frankfurt/M.
United Nations 1982: Human Rights. International Instruments of the United Nations 1948-1982, New York.
Villey, M. 1964: La genèse du droit subjectif chez Guillaume d'Occam, in: Archives de philosophie du droit 9, 97-127.
Waltz, K. 1979: Theory of International Politics, Reading/Mass.
Walzer, M. 1983: Spheres of Justice. A Defense of Pluralism and Equality, New York; dt.: Sphären der Gerechtigkeit. Ein Plädoyer für Pluralität und Gleichheit, Frankfurt/M./New York 1992.
– 1990: Nation and Universe, in: The Tanner Lectures on Human Values XI, 507-556.
Weber, M. 1972: Wirtschaft und Gesellschaft, Tübingen.
Wendt, A. 1992: Anarchy is What States Make of it. The Social Construction of Power-Politics, in: International Organization 46, 391-425.
Westermann, C. 1977: Das Alte Testament und die Menschenrechte, in:

J. Bauer (Hrsg.): Zum Thema Menschenrechte. Theologische Versuche und Entwürfe, Stuttgart 1977.
Wigard, F. 1848: Stenographischer Bericht über die Verhandlungen der deutschen constituirenden Nationalversammlung zu Frankfurt am Main, 9 Bde., Frankfurt/M.
Williams, R. 1644: The bloody tenent of persecution for cause of conscience discussed in a conference between truth and peace, in: The Complete Writings of Roger Williams, Bd. 3, New York 1963.
Willke, H. 1983: Entzauberung des Staates. Überlegungen zu einer sozietalen Steuerungstheorie, Königstein/Ts.
Wolf, E. ^{2}1966: Recht des Nächsten. Ein rechtstheologischer Entwurf, Frankfurt/M.
Wright, Q. ^{2}1965: A Study of War, Chicago/London.
Yerushalmi, Y. H. 1995: »Diener von Königen und nicht Diener von Dienern«. Einige Aspekte der politischen Geschichte der Juden, München (Privatdruck) 1995.

Personenregister

suhrkamp taschenbücher wissenschaft
Philosophie

– Bd. 3: Geist der Utopie. Zweite Fassung. stw 552
– Bd. 4: Erbschaft dieser Zeit. stw 553
– Bd. 5: Das Prinzip Hoffnung. 3 Bde. stw 554
– Bd. 6: Naturrecht und menschliche Würde. stw 555
– Bd. 7: Das Materialismusproblem. stw 556
– Bd. 8: Subjekt-Objekt. stw 557
– Bd. 9: Literarische Aufsätze. stw 558
– Bd. 10: Philosophische Aufsätze. stw 559
– Bd. 11: Politische Messungen, Pestzeit, Vormärz. stw 560
– Bd. 12: Zwischenwelten in der Philosophiegeschichte. stw 561
– Bd. 13: Tübinger Einleitung in die Philosophie. stw 562
– Bd. 14: Atheismus im Christentum. stw 563
– Bd. 15: Experimentum Mundi. stw 564
– Bd. 16: Geist der Utopie. Faksimile der Ausgabe von 1918. stw 565
– Bd. 17: Tendenz – Latenz – Utopie. stw 566
– Leipziger Vorlesungen zur Geschichte der Philosophie. 4 Bde. stw 567- 570
– Bd. 1: Antike Philosophie. stw 567
– Bd. 2: Philosophie des Mittelalters. stw 568
– Bd. 3: Neuzeitliche Philosophie 1. stw 569
– Bd. 4: Neuzeitliche Philosophie 2. stw 570
– Vorlesungen zur Philosophie der Renaissance. stw 252
Materialien zu Ernst Blochs »Prinzip Hoffnung«. Hg. v. B. Schmidt. stw 111
Zur Philosophie Ernst Blochs. Hg. von B. Schmidt. stw 268
Blumenberg: Die Genesis der kopernikanischen Welt. 3 Bde. stw 352
– Das Lachen der Thrakerin. stw 652
– Die Lesbarkeit der Welt. stw 592
– Der Prozeß der theoretischen Neugierde. (Die Legitimität der Neuzeit. 3. Teil) stw 24
– Schiffbruch mit Zuschauer. stw 289
Böhler/Nordenstam/Skirbekk (Hg.): Die pragmatische Wende. stw 631
Böhme, G.: Philosophieren mit Kant. stw 642
– Der Typ Sokrates. stw 1016
Böhme, H./Böhme, G.: Das Andere der Vernunft. stw 542
Braun/Holzhey/Orth (Hg.): Über Ernst Cassirers Philosophie der symbolischen Formen. stw 705
Bubner: Antike Themen und ihre moderne Verwandlung. stw 998
– Geschichtsprozesse und Handlungsnormen. stw 463
– Handlung, Sprache und Vernunft. stw 382

201/2/8.92

suhrkamp taschenbücher wissenschaft
Philosophie

Bungard/Lenk (Hg.): Technikbewertung. Philosophische und psychologische Perspektiven. stw 684
– *siehe auch Lenk*
Cassirer: *siehe Braun/Holzhey/Orth (Hg.)*
Castoriadis: Durchs Labyrinth. Seele, Vernunft, Gesellschaft. stw 435
– Gesellschaft als imaginäre Institution. stw 867
Condorcet: Entwurf einer historischen Darstellung der Fortschritte des menschlichen Geistes. stw 175
Cramer/Fulda/Horstmann/Pothast (Hg.): Theorie der Subjektivität. stw 862
Danto: Analytische Philosophie der Geschichte. stw 328
– Die Verklärung des Gewöhnlichen. stw 957
Davidson: Handlung und Ereignis. stw 895
– Wahrheit und Interpretation. stw 896
Picardi/Schulte (Hg.): Die Wahrheit der Interpretation. Beiträge zur Philosophie Donald Davidsons. stw 897
Deleuze: Foucault. stw 1023
Deleuze/Guattari: Anti-Ödipus. stw 224
Demmerling/Kambartel (Hg.): Vernunftkritik nach Hegel. stw 1038
Derrida: Vom Geist. stw 995
Descombes: Das Selbe und das Andere. stw 346
Dewey: Kunst als Erfahrung. stw 703
Dilthey: Der Aufbau der geschichtlichen Welt in den Geisteswissenschaften. stw 354
Materialien zur Philosophie Wilhelm Diltheys. Hg. von F. Rodi und H.-U. Lessing. stw 439
Duerr: Ni Dieu – ni mètre. stw 541
Dummett: Ursprünge der analytischen Philosophie. stw 1003
Durkheim: Soziologie und Philosophie. stw 176
Edelstein/Nunner-Winkler (Hg.): Zur Bestimmung der Moral. stw 628
Euchner: Naturrecht und Politik bei John Locke. stw 280
Ferguson: Versuch über die Geschichte der bürgerlichen Gesellschaft. stw 739
Fetscher: Rousseaus politische Philosophie. stw 143
Feyerabend: Wider den Methodenzwang. stw 597
Fichte: Ausgewählte politische Schriften. stw 201
– *siehe auch Batscha/Saage*
Fischer/Retzer/Schweitzer (Hg.): Das Ende der großen Entwürfe. stw 1032
Foerster: Wissen und Gewissen. stw 876
Forum für Philosophie Bad Homburg (Hg.): Die Ideen von 1789 in der deutschen Rezeption. stw 798
– Intentionalität und Verstehen. stw 856

201/3/8.92

suhrkamp taschenbücher wissenschaft
Philosophie

201/4/8.92

suhrkamp taschenbücher wissenschaft
Philosophie

- Texte und Kontexte. stw 944
- Theorie und Praxis. stw 243
- Zur Logik der Sozialwissenschaften. stw 517
- Zur Rekonstruktion des Historischen Materialismus. stw 154
- *siehe auch Honneth/Joas*
- *siehe auch McCarthy*

Hahn: Empirismus, Logik, Mathematik. stw 645

Hampe/Maaßen (Hg.): Prozeß, Gefühl und Raum-Zeit. stw 920
- Die Gifford Lectures und ihre Deutung. stw 921

Hare: Freiheit und Vernunft. stw 457
- Die Sprache der Moral. stw 412

Harman: Das Wesen der Moral. stw 324

Hausen/Nowotny (Hg.): Wie männlich ist die Wissenschaft. stw 590

Haussmann: Erklären und Verstehen: Zur Theorie und Praxis der Geschichtswissenschaft. stw 918

Hegel: Werke in 20 Bänden. stw 601-621
- Bd. 1: Frühe Schriften. stw 601
- Bd. 2: Jenaer Schriften. stw 602
- Bd. 3: Phänomenologie des Geistes. stw 603
- Bd. 4: Nürnberger und Heidelberger Schriften. stw 604
- Bd. 5: Wissenschaft der Logik I. stw 605
- Bd. 6: Wissenschaft der Logik II. stw 606
- Bd. 7: Grundlinien der Philosophie des Rechts. stw 607
- Bd. 8: Enzyklopädie der philosophischen Wissenschaften I. stw 608
- Bd. 9: Enzyklopädie der philosophischen Wissenschaften II. stw 609
- Bd. 10: Enzyklopädie der philosophischen Wissenschaften I-II. stw 610
- Bd. 11: Berliner Schriften. stw 611
- Bd. 12: Philosophie der Geschichte. stw 612
- Bd. 13: Ästhetik I. stw 613
- Bd. 14: Ästhetik II. stw 614
- Bd. 15: Ästhetik III. stw 615
- Bd. 16: Philosophie der Religion I. stw 616
- Bd. 17: Philosophie der Religion II. stw 617
- Bd. 18: Geschichte der Philosophie I. stw 618
- Bd. 19: Geschichte der Philosophie II. stw 619
- Bd. 20: Geschichte der Philosophie III. stw 620
- Bd. 21: Registerband von H. Reinicke. stw 621

Materialien zu Hegels ›Phänomenologie des Geistes‹. stw 9

Materialien zu Hegels Rechtsphilosophie. Bd. 1/2. stw 88/89
- *siehe auch Horstmann*
- *siehe auch Jakobson/Gadamer/Holenstein*
- *siehe auch Jamme/Schneider*

201/5/8.92

suhrkamp taschenbücher wissenschaft
Philosophie

201/6/8.92

201/7/8.92

suhrkamp taschenbücher wissenschaft
Philosophie

Lorenzen: Grundbegriffe technischer und politischer Kultur. stw 494
– Methodisches Denken. stw 73
Luhmann/Spaemann: Paradigm lost: Über die ethische Reflexion der Moral. stw 797
Lukács: Der junge Hegel. 2 Bde. stw 33
Mandeville: Die Bienenfabel oder Private Laster, öffentliche Vorteile. stw 300
Marquard: Schwierigkeiten mit der Geschichtsphilosophie. stw 394
McCarthy: Kritik der Verständigungsverhältnisse. stw 782
McGuinness: Wittgensteins frühe Jahre. stw 1014
McGuinness/Habermas/Apel u.a.: »Der Löwe spricht ... und wir können ihn nicht verstehen«. stw 866
McGuinness/Schulte (Hg.): Einheitswissenschaft. stw 963
Meggle (Hg.): Analytische Handlungstheorie. Bd. 1: Handlungsbeschreibungen. stw 488
– *siehe auch Beckermann*
Menke: Die Souveränität der Kunst. stw 958
Merleau-Ponty: Die Abenteuer der Dialektik. stw 105
Millar: Vom Ursprung des Unterschieds in den Rangordnungen und Ständen der Gesellschaft. stw 483
Mises: Kleines Lehrbuch des Positivismus. stw 871
Mittelstraß: Der Flug der Eule. stw 796
– Leonardo-Welt. stw 1042
– Die Möglichkeit der Wissenschaft. stw 62
– Wissenschaft als Lebensform. stw 376
Morris: Pragmatische Semiotik und Handlungstheorie. stw 179
Moscovici: Versuch über die menschliche Geschichte der Natur. stw 873
Münch (Hg.): Kognitionswissenschaft. stw 989
Neurath: Wissenschaftliche Weltauffassung, Sozialismus und Logischer Empirismus. stw 281
Niehues-Pröbsting: Der Kynismus des Diogenes und der Begriff des Zynismus. stw 713
Oelmüller: Die unbefriedigte Aufklärung. stw 263
Pannenberg: Wissenschaftstheorie und Theologie. stw 676
Peirce: Naturordnung und Zeichenprozeß. stw 912
– Schriften zum Pragmatismus und Pragmatizismus. stw 945
– *siehe auch Apel*
Peukert: Wissenschaftstheorie - Handlungstheorie - Fundamentale Theologie. stw 231
Piaget: Einführung in die genetische Erkenntnistheorie. stw 6
– Weisheit und Illusionen der Philosophie. stw 539
– *siehe auch Furth*
Picardi/Schulte: *siehe Davidson*

201/8/8.92

suhrkamp taschenbücher wissenschaft
Philosophie

Plessner: Die verspätete Nation. stw 66
Polanyi, M.: Implizites Wissen. stw 543
Pothast: Die eigentlich metaphysische Tätigkeit. stw 787
– Die Unzulänglichkeit der Freiheitsbeweise. stw 688
Pothast (Hg.): Freies Handeln und Determinismus. stw 257
Putnam: Vernunft, Wahrheit und Geschichte. stw 853
Quine: Grundzüge der Logik. stw 65
– Theorien und Dinge. stw 960
– Wurzeln der Referenz. stw 764
Rawls: Eine Theorie der Gerechtigkeit. stw 271
Ricœur: Die Interpretation. stw 76
Riedel: Für eine zweite Philosophie. stw 720
– Urteilskraft und Vernunft. stw 773
Riedel (Hg.): Materialien zu Hegels Rechtsphilosophie. Bd. 1/2. stw 88/89
– Hegel und die antike Dialektik. stw 907
Riegas/Vetter (Hg.): Zur Biologie der Kognition. stw 850
Ritter: Metaphysik und Politik. stw 199
Rodi: Erkenntnis des Erkannten. stw 858
– *siehe auch Dilthey*
Ropohl: Technologische Aufklärung. stw 971
Rorty: Kontingenz, Ironie und Solidarität. stw 981
– Der Spiegel der Natur. stw 686
Rusch/Schmidt (Hg.): Konstruktivismus: Geschichte und Anwendung. DELFIN 1992. stw 1040
Sandkühler (Hg.): Natur und geschichtlicher Prozeß. Studien zur Naturphilosophie F. W. J. Schellings. stw 397
Schadewaldt: Die Anfänge der Philosophie bei den Griechen. stw 218
Scheidt: Die Rezeption der Psychoanalyse in der deutschsprachigen Philosophie vor 1940. stw 589
Schelling: Ausgewählte Schriften. 6 Bde. stw 521-526
– Bd. 1: Schriften 1794-1800. stw 521
– Bd. 2: Schriften 1801-1803. stw 522
– Bd. 3: Schriften 1804-1806. stw 523
– Bd. 4: Schriften 1807-1834. stw 524
– Bd. 5: Schriften 1842-1852. 1. Teil. stw 525
– Bd. 6: Schriften 1842-1852. 2. Teil. stw 526
– Philosophie der Offenbarung. stw 181
– Philosophische Untersuchungen über das Wesen der menschlichen Freiheit. stw 138
Materialien zu Schellings philosophischen Anfängen. Hg. von M. Frank und G. Kurz. stw 139
– *siehe auch Frank*

201/9/8.92

suhrkamp taschenbücher wissenschaft
Philosophie

– *siehe auch Frank/Kurz*
– *siehe auch Sandkühler*
Schleiermacher: Hermeneutik und Kritik. stw 211
Schlick: Allgemeine Erkenntnislehre. stw 269
– Fragen der Ethik. stw 477
– Philosophische Logik. stw 598
– Die Probleme der Philosophie in ihrem Zusammenhang. stw 580
Schmidt, S. J. (Hg.): Der Diskurs des Radikalen Konstruktivismus. stw 636
– Gedächtnis. stw 900
– Kognition und Gesellschaft. Der Diskurs des Radikalen Konstruktivismus 2. stw 950
Schmidt-Biggemann: Theodizee und Tatsachen. stw 722
Schnädelbach: Philosophie in Deutschland 1831-1933. stw 401
– Vernunft und Geschichte. stw 683
– Zur Rehabilitierung des animal rationale. stw 1043
Scholtz: Zwischen Wissenschaftsanspruch und Orientierungsbedürfnis. stw 966
Schopenhauer: Sämtliche Werke in 5 Bänden. stw 661-665
– Bd. 1: Die Welt als Wille und Vorstellung I. stw 661
– Bd. 2: Die Welt als Wille und Vorstellung II. stw 662
– Bd. 3: Kleinere Schriften. stw 663
– Bd. 4: Parerga und Paralipomena I. stw 664
– Bd. 5: Parerga und Paralipomena II. stw 665
Materialien zu Schopenhauers ›Die Welt als Wille und Vorstellung‹. Hg. v. V. Spierling. stw 444
Schulte: Chor und Gesetz. stw 899
Schulte (Hg.): Texte zum Tractatus. stw 771
Schwemmer: Ethische Untersuchungen. stw 599
– Handlung und Struktur. stw 669
– Philosophie der Praxis. stw 331
– Die Philosophie und die Wissenschaften. stw 869
Searle: Ausdruck und Bedeutung. stw 349
– Geist, Hirn und Wissenschaft. stw 591
– Intentionalität. stw 956
– Sprechakte. stw 458
Serres: Der Parasit. stw 677
Siep: Praktische Philosophie im Deutschen Idealismus. stw 1035
Simmel: Aufsätze 1887-1890. Über sociale Differenzierung (1890). Die Probleme der Geschichtsphilosophie (1892). stw 802
– Einleitung in die Moralwissenschaft I. stw 803
– Einleitung in die Moralwissenschaft II. stw 804
– Aufsätze und Abhandlungen 1894-1900. stw 805
– Philosophie des Geldes. stw 806

201/10/8.92

suhrkamp taschenbücher wissenschaft
Philosophie

- Aufsätze und Abhandlungen 1901-1908. Band II. stw 808
- Das individuelle Gesetz. stw 660
- *siehe auch Frisby*

Skirbekk (Hg.): Wahrheitstheorien. stw 210

Sommer: Lebenswelt und Zeitbewußtsein. stw 851
- Identität im Übergang: Kant. stw 751

Sorel: Über die Gewalt. stw 360

Spierling: *siehe Schopenhauer*

Spinner: Pluralismus als Erkenntnismodell. stw 32

Strauss: Naturrecht und Geschichte. stw 216

Taylor: Hegel. stw 416
- Negative Freiheit. stw 1027

Theorie der Subjektivität. Hg. v. K. Cramer, H. F. Fulda, R.- P. Horstmann, U. Pothast. stw 862

Theunissen: Negative Theologie der Zeit. stw 938
- Sein und Schein. stw 314
- *siehe auch Angehrn*

Theunissen/Greve(Hg.): Materialien zur Philosophie Sören Kierkegaards. stw 241

Tiedemann: Dialektik im Stillstand. stw 445

Toulmin: Kritik der kollektiven Vernunft. stw 437
- Voraussicht und Verstehen. stw 358

Tugendhat: Philosophische Aufsätze. stw 1017
- Selbstbewußtsein und Selbstbestimmung. stw 221
- Vorlesungen zur Einführung in die sprachanalytische Philosophie. stw 45

Turgot: Über die Fortschritte des menschlichen Geistes. stw 657

Varela: Kognitionswissenschaft - Kognitionstechnik. stw 882

Vranicki: Geschichte des Marxismus. stw 406

Wahl (Hg.): Einführung in den Strukturalismus. stw 10

Waldenfels: In den Netzen der Lebenswelt. stw 545
- Phänomenologie in Frankreich. stw 644
- Der Spielraum des Verhaltens. stw 311
- Der Stachel des Fremden. stw 868

Waldenfels/Broekman/Pažanin (Hg.): Phänomenologie und Marxismus. Bd. 1. stw 195
- Phänomenologie und Marxismus. Bd. 2. stw 196
- Phänomenologie und Marxismus. Bd. 3. stw 232
- Phänomenologie und Marxismus. Bd. 4. stw 273

Wellmer: Ethik und Dialog. stw 578
- Zur Dialektik von Moderne und Postmoderne. stw 532

Whitehead: Prozeß und Realität. stw 690
- Wie entsteht Religion? stw 847
- Wissenschaft und moderne Welt. stw 753

Whitehead/Russell: Principia Mathematica. stw 593
- *siehe auch Holzhey/Rust/Wiehl*

201/11/8.92

suhrkamp taschenbücher wissenschaft
Philosophie

- *siehe auch Hampe/Maaßen*

Winch: Die Idee der Sozialwissenschaft und ihr Verhältnis zur Philosophie. stw 95

Wittgenstein: Werkausgabe in 8 Bänden. stw 501-508
- Bd. 1: Tractatus logico-philosophicus. Tagebücher 1914-1916. Philosophische Untersuchungen. stw 501
- Bd. 2: Philosophische Bemerkungen. stw 502
- Bd. 3: Ludwig Wittgenstein und der Wiener Kreis. stw 503
- Bd. 4: Philosophische Grammatik. stw 504
- Bd. 5: Das Blaue Buch. Eine Philosophische Betrachtung (Das Braune Buch). stw 505
- Bd. 6: Bemerkungen über die Grundlagen der Mathematik. stw 506
- Bd. 7: Bemerkungen über die Philosophie der Psychologie. Letzte Schriften über die Philosophie der Psychologie. stw 507
- Bd. 8: Bemerkungen über die Farben. Über Gewißheit. Zettel. Vermischte Bemerkungen. stw 508
- Philosophische Bemerkungen. stw 336
- Vorlesungen 1930-1935. stw 865
- Vortrag über Ethik und andere kleine Schriften. stw 770

»Der Löwe spricht ... und wir können ihn nicht verstehen.« Ein Symposion an der Universität Frankfurt anläßlich des 100. Geburtstages von Ludwig Wittgenstein. stw 866

Ludwig Wittgenstein: Porträts und Gespräche. Hg. v. R. Rhees. stw 985

Texte zum Tractatus. Hg. v. J. Schulte. stw 771
- *siehe auch Kenny*
- *siehe auch McGuinness*
- *siehe auch Wright*

Wolf (Hg.): Eigennamen. stw 1057

Wright: Wittgenstein. stw 887

Über sämtliche bis Mai 1992 erschienenen suhrkamp taschenbücher wissenschaft (stw) informiert Sie das Verzeichnis der Bände 1 – 1000 (stw 1000) ausführlich. Sie erhalten es in Ihrer Buchhandlung.

201/12/8.92